ÉCRITURES DE FEMMES

ÉCRITURES DE FEMMES

NOUVELLES CARTOGRAPHIES

Compilé et edité par

Mary Ann Caws, Mary Jean Green,

Marianne Hirsch et Ronnie Scharfman

Introductions et biographies

traduites de l'anglais par

Lori Saint-Martin et Paul Gagné

YALE UNIVERSITY PRESS

NEW HAVEN AND LONDON

Printed in the United States of America.

Library of Congress Cataloging-in-Publication Data

Ecritures de femmes : nouvelles cartographies / compilé et édité par Mary Ann Caws . . . [et al.] ; introductions et biographies traduites de l'anglais par Lori Saint-Martin et Paul Gagné.

    p.   cm.

    Includes bibliographical references.

    ISBN 0-300-06412-8 (pbk. : alk. paper)

    1. French literature—Women authors.   2. French literature—20th century.

I. Caws, Mary Ann.

PQ149.E25 1996

840.8'09287'0904—dc20

                                            95-49489

                                              CIP

A catalogue record for this book is available from the British Library.

The paper in this book meets the guidelines for permanence and durability of the Committee on Production Guidelines for Book Longevity of the Council on Library Resources.

10   9   8   7   6   5   4   3   2   1

TABLE DES MATIÈRES

DEUXIÈME PARTIE

Être   189

REMERCIEMENTS

Les éditeurs remercient chaleureusement Judith Calvert de Yale University Press, dont l'enthousiasme a mené à bien ce projet ; Karen Gangel et Noreen O'Connor pour la grande patience qu'elles ont manifestée dans la préparation du manuscrit ; Isabelle Koper pour son aide avec la traduction des introductions ; Leslie Abend Callahan, pour avoir fait les recherches préliminaires pour les biographies, et Anna Lehmann pour les avoir complétées ; et Rosette Lamont et Anne-Catherine Benchelah pour leur aide avec les photos.

INTRODUCTION

Écritures de femmes : nouvelles cartographies est un recueil de textes de femmes du XXe siècle dans lequel nous avons choisi de privilégier les femmes qui écrivent en langue française plutôt que celles qui vivent uniquement en terre française. Tout comme la critique littéraire féministe s'est employée à redéfinir le paysage littéraire du point de vue de la généricité, nous nous proposons, dans le présent ouvrage, d'établir une cartographie plus large de la littérature d'expression française, en tenant compte des multiples différences qui vont au-delà du sexe, à savoir : la race, la classe sociale, la sexualité, la langue et les relations de pouvoir entre colonisateurs et colonisés. Nous considérons ainsi que l'espace culturel français englobe, outre les écrits provenant de France, de Belgique et de Suisse, les voix francophones de l'Afrique du Nord et de l'Afrique sub-saharienne, des Antilles et du Canada français. Cet élargissement de l'espace culturel correspond en un sens à la transformation récente de l'institution littéraire française que dénote, par exemple, l'attribution du prix littéraire le plus prestigieux qui puisse couronner un roman écrit en français, le Prix Goncourt, à l'Acadienne Antonine Maillet (1979), au Marocain Tahar Ben Jelloun (1990), au Martiniquais Patrick Chamoiseau (1992) et au Libanais Amin Malouf (1993). Toutefois, cette ouverture du champ littéraire français commence à peine à inclure les femmes qui écrivent. Du reste, ce champ ne correspond toujours pas à un espace où les auteurs français et francophones, hommes ou femmes, peuvent être lus de concert afin de dialoguer les uns avec les autres.

Ironiquement, on oppose souvent « français » à « francophone ». En vertu de cette division hiérarchique, la France se réserve l'adjectif englobant « français ». Dès lors, les autres régions où l'on parle français ne se définissent plus que par le rapport purement linguistique qu'elles entretiennent avec la France comme centre culturel. Elles sont donc victimes d'une forme de marginalisation inhérente. L'opposition binaire entre « français » et « francophone », ou entre l'intérieur et l'extérieur, repose sur une compréhension homogène, transparente et non problématique du mot « français » ainsi que sur la perception d'une « francophonie » clairement délimitée et divisée en régions et en nations distinctes. Une telle carte littéraire délimite des espaces culturels monolithiques et hermétiquement scellés, comme en témoigne l'anthologie Bordas intitulée *Les littératures francophones depuis 1945* (distincte des deux volumes consacrés à *La littérature en France* [*de 1945 à 1968* et *depuis 1968*]), où ces littératures sont divisées en quatre secteurs : « L'Afrique du Nord et Madagascar », « Les Îles Créoles », « La Méditerranée » (le Maghreb et le Proche-Orient) et, enfin, « D'Europe en Amérique » (la Belgique, la Suisse, le Québec et le Canada français)[1]. Implicitement hiérarchisé, ce modèle laisse entendre que la diffusion et l'influence vont toujours et uniquement du centre vers la périphérie, de la métropole vers chacune des régions éloignées.

Cette perception traditionnelle issue de l'hégémonie culturelle française fait fi de la complexité de l'espace interculturel à multiples strates où l'on parle français. A cet égard, il est révélateur que les textes réunis dans cet ouvrage, pourtant tous écrits en français par des femmes du XXe siècle, résistent à toute forme de classification géographique simpliste. Les femmes dont les textes sont reproduits ici ne peuvent être confinées à un seul lieu. Renée Vivien, qui se trouve parmi les aînées, est née en Angleterre d'un père britannique et d'une mère américaine, mais a passé le plus clair de son enfance et de sa vie adulte à Paris, où elle a écrit en français, sa langue d'adoption. Son amie et amante, Natalie Clifford Barney, née aux États-Unis, a choisi de s'établir en France à l'âge de vingt et un ans. Marguerite Yourcenar, première femme élue à l'Acadé-

---

1. *Les littératures francophones depuis 1945,* J.-L. Joubert, J. Lecarme, E. Tabone et B. Vercier (dir.), Paris, Bordas, 1986.

mie française, est née à Bruxelles, a écrit en français, mais a passé une bonne partie de sa vie sur une petite île au large des côtes du Maine. Par ailleurs, ni l'une ni l'autre des deux femmes associées au Nouveau Roman n'est née en France. D'origine russe, Nathalie Sarraute était enfant lorsqu'elle est venue en France ; quant à l'œuvre de Marguerite Duras, elle a été profondément marquée par l'Indochine française, où l'auteur a grandi.

De la même façon, les figures de proue de la théorie féministe française contemporaine se sont établies en France à l'âge adulte. Hélène Cixous, qui se définit elle-même par le vocable « juifemme », est née à Oran, à une époque où l'Algérie appartenait toujours à la France. Julia Kristeva est venue de Bulgarie pour étudier la philosophie à Paris, et Luce Irigaray a vécu et étudié en Belgique avant de rejoindre les rangs de l'École freudienne de Jacques Lacan dans les années 1960. Tout comme l'Algérienne Assia Djebar, la Québécoise Anne Hébert vit à Paris depuis des années : les deux revisitent toutefois régulièrement les cultures qu'elles mettent en scène dans leurs textes. Née d'un père algérien et d'une mère française, Leïla Sebbar écrit à propos des enfants d'immigrés nord-africains nés en France qui, pour désigner leur double identité culturelle, ont adopté le vocable « Beur ». Évelyne Accad, tiraillée entre ses racines suisses et libanaises tout au long de son enfance au Liban, écrit maintenant en français, mais partage sa vie entre Paris et les États-Unis. Ces quelques exemples, où se croisent et s'entrecroisent allègrement les frontières géographiques et culturelles, remettent en question la validité de toute classification fondée sur les lieux. De simples adjectifs comme « français » ou « francophone » ne suffisent tout simplement pas à rendre compte des influences multiples qui façonnent l'œuvre des femmes qui écrivent en langue française.

Pour tenter de composer un ouvrage où ces auteurs femmes qui ont en commun le fait d'écrire en français puissent être lues comme si elles dialoguaient entre elles, nous avons choisi de les regrouper autrement que selon le pays ou la région d'où elles proviennent ou qu'elles décrivent. En les plaçant côte à côte, au bénéfice d'autres principes organisateurs qui rendent compte de la complexité de leurs affiliations nous espérons faire ressortir les frontières mouvantes de leur géographie personnelle et l'écheveau de leurs diverses identités culturelles, qu'on désigne maintenant par le nom de *métissage*[2]. Nous

2. Françoise Lionnet analyse cette notion dans l'introduction de son ouvrage *Autobiographical Voices,* Ithaca, Cornell University Press, 1989.

pouvons ainsi invoquer la pluralité de ce qu'on nous a enseigné à considérer comme « la France » de même que les influences réciproques qui façonnent la textualité au féminin.

A une époque où les mots « différence » et « spécificité » font partie intégrante du discours critique, un tel choix ne fera certainement pas l'unanimité, et nous sommes parfaitement conscientes des enjeux. En mettant en lumière les influences réciproques et les liens interculturels, il ne faut pas occulter les traditions culturelles distinctes et la spécificité de l'identité culturelle de chacune. En établissant des liens entre femmes écrivains de cultures différentes et en faisant du féminin la catégorie analytique primordiale, il faut éviter de tomber dans l'essentialisme. Des femmes écrivains algériennes devraient-elles être lues aux côtés de femmes écrivains françaises plutôt qu'en contrepoint d'hommes algériens ? Est-il plus important de situer l'œuvre de Mariama Bâ dans le contexte mondial des femmes qui écrivent en français plutôt que dans la tradition culturelle du Sénégal ? Est-il possible de mettre en relief ce que des récits de femmes ont en commun sans recourir à ce qui pourrait être interprété comme une conception non problématisée de l'écriture au féminin ? La carte que nous dressons repose sur une notion mobile de l'espace littéraire qui oppose la différence à l'identité, la séparation à l'union. Il nous semble que l'espace dans lequel nous pensons et écrivons se caractérise actuellement par le foisonnement et l'enchevêtrement : le local et le mondial s'y croisent d'une multitude de façons. L'identité culturelle est donc un processus de négociation complexe, aux frontières perméables et aux formes mouvantes. Comme nous le rappelle Edward Said : « no one today is purely *one* thing [...] : our philological home is the world[3]. » C'est dans ce contexte mondial que nous souhaitons situer les textes du présent recueil.

Ce qui permet aux femmes réunies ici d'entretenir un dialogue linguistique et culturel, c'est l'usage du français qu'elles ont en commun. En tant que langue de la diplomatie, de l'exploration et de la colonisation, le français est depuis longtemps capable de traverser les espaces culturels. Des auteurs du début du XXᵉ siècle, comme Natalie Barney et Renée Vivien, se sont joints à tous ceux et celles qui, des quatre coins du monde, se sont tournés vers Paris, ville cosmopolite, et vers le français pour s'émanciper à titre personnel de l'esprit de clocher

---

3. Edward Said, *Culture and Imperialism,* New York, Knopf, 1993, pp. 318, 336.

qui, à l'époque, caractérisait la Grande-Bretagne et les États-Unis. Toutefois, la culture française, si elle semble ouverte aux auteurs venus d'ailleurs, n'est pas dépourvue de forces hégémoniques et répressives. Voici ce qu'a retenu Frantz Fanon d'une éducation française reçue à la Martinique : « un homme qui possède le langage possède par contrecoup le monde exprimé et impliqué par ce langage[4]. » Le cas, maintes fois cité, d'Edmond Laforêt, poète haïtien qui s'est noyé en s'attachant le *Larousse* autour du cou, illustre bien combien cette expérience peut se révéler néfaste. Pour des auteurs qui, en raison de leur sexe, de leur race, de leur classe sociale, de leur religion ou de leur lieu d'origine, diffèrent du modèle traditionnel de l'intellectuel français métropolitain, l'entrée dans la culture française se caractérise souvent par une aliénation et une marginalisation intenses. L'éducation française peut certes ouvrir la porte à un monde culturel nouveau, mais elle oblige également bon nombre de femmes écrivains à renoncer à la langue et à la tradition de leur mère. Cette expérience s'est révélée particulièrement douloureuse pour Assia Djebar, qui a grandi dans l'Algérie coloniale, où seules les écoles françaises étaient ouvertes aux femmes. Comme elle le déplore dans son autobiographie intitulée *L'amour, la fantasia,* le fait même d'accéder à l'écriture, et donc au monde masculin de l'autonomie personnelle, l'a coupée de la maison de sa mère et de la langue maternelle parlée et chantée par des générations d'Algériennes. Face à ce dilemme, Djebar a décidé d'écrire en français, langue des colons, pour donner la parole aux mères et aux sœurs, demeurées jusque-là sans voix.

La marginalisation découlant de la tradition littéraire française n'est d'ailleurs pas étrangère aux femmes écrivains dont le français est la langue maternelle. Née et élevée en Normandie, Annie Ernaux explique comment elle a été séparée du monde de sa mère et de son père, petits commerçants issus du milieu paysan, par son éducation d'intellectuelle française. Ernaux s'efforce de trouver un style lui permettant de parler à ses parents et au monde dans lequel elle a été formée. Cette tentative de retrouver la langue d'origine n'est pas sans rappeler le travail de Simone Schwarz-Bart, qui intègre dans ses romans expressions et proverbes créoles hérités d'une enfance vécue à la Guadeloupe. On songe également à Antonine Maillet, qui s'emploie à convertir à l'écrit toute la richesse du français parlé acadien, où persiste un riche vocabulaire venu tout droit du XVIe siècle français.

---

4. *Peau noire, masques blancs,* Paris, Seuil, 1952, p. 14.

Dans les efforts qu'elles déploient pour traduire une expérience toute différente de celle de Racine et de Voltaire — ou même de Proust et de Gide —, les femmes écrivains enrichissent et élargissent le pouvoir d'évocation de la langue française en produisant des textes littéraires où s'emmêlent les divers fils conducteurs de leurs origines et affiliations multiples. Elles travaillent à réimaginer la langue française. Aux mains de femmes comme Djebar et Schwarz-Bart, elle devient un instrument donnant voix non seulement à celle qui écrit, mais aussi à des générations de femmes qui n'ont pas eu accès à l'écriture. Pour une Africaine comme Mariama Bâ, le français ouvre la porte sur un monde plus vaste, qui s'étend au-delà des communautés linguistiques restreintes de sa propre culture. Ensemble, les voix réunies ici s'emploient à une « re-territorialisation » au féminin de la langue française.

Notre ouvrage suppose une double révision de l'histoire de la littérature « française » du XXᵉ siècle. Comment faudrait-il repenser la définition traditionnelle des périodes, des genres et du génie pour faire en sorte qu'elle englobe, d'une part les femmes, d'autre part les sujets coloniaux ? La réécriture de cette histoire pourrait-elle rendre compte de ce déplacement radical, du territoire de la France vers celui de la langue française ? Parmi les principaux projets de la critique féministe, on retrouve l'analyse des normes de la consécration littéraire et l'exclusion chronique des femmes écrivains. Comme l'affirment Joan DeJean et Nancy K. Miller dans *Displacements : Women, Tradition and Literatures in French*[5], la grande tradition littéraire française, particulièrement en France, s'est montrée très réticente à l'idée d'intégrer les femmes. Au XXᵉ siècle, seules Colette, Simone de Beauvoir, Marguerite Yourcenar, et peut-être Nathalie Sarraute, Marguerite Duras et Hélène Cixous, ont été reconnues. L'un des projets principaux du féminisme américain, qui consiste à redonner voix aux femmes écrivains oubliées ainsi qu'à élargir le domaine des auteurs reconnus, n'a toujours pas d'équivalent en France.

L'histoire littéraire française traditionnelle reconnaît comme périodes du XXᵉ siècle : le modernisme (Marcel Proust et André Gide) ; le surréalisme (André Breton, Paul Éluard, Robert Desnos) ; l'existentialisme (Jean-Paul

---

5. *Displacements : Women, Tradition and Literatures in French,* Joan DeJean et Nancy K. Miller (dir.), Baltimore, Johns Hopkins University Press, 1991.

Sartre, André Malraux, Albert Camus) ; le Nouveau Roman (Alain Robbe-Grillet, Michel Butor, Claude Simon) ; l'écriture d'après-1968 (Philippe Sollers). Les mouvements philosophiques correspondants, comme la phénoménologie, l'existentialisme, le structuralisme, la psychanalyse post-freudienne, la déconstruction et la « nouvelle philosophie » sont, de la même façon, centrés sur les hommes et dominés par eux. Dans une telle tradition et dans une telle conception de la nation, donner une place aux femmes ne va pas de soi. Bien entendu, des femmes écrivains et penseurs ont toujours été associées à ces mouvements, mais comme Natalie Barney et Renée Vivien, elles ont de tout temps été marginalisées et passées sous silence. D'autres, comme Colette, ne « cadraient » tout simplement pas et sont donc demeurées à l'écart des périodisations conventionnelles. Comment, par exemple, reconceptualiser le modernisme afin qu'il tienne compte de l'œuvre de ces femmes ? Le mélange d'autobiographie et de fiction pratiqué par Colette, à l'origine d'un genre littéraire hybride, nous permet-il de relire Proust et Gide et de constater une parenté entre eux ? Peut-être l'inclusion de Colette donnerait-elle une image du modernisme moins aliénée, moins angoissée et moins individualiste que celle que nous ont léguée ses représentants de sexe masculin. Écouter la voix de Joyce Mansour n'ouvrirait-il pas une interprétation toute différente du surréalisme, mouvement à la vision hautement marquée par la mystification du féminin ? Traditionnellement, la pensée de Simone de Beauvoir est considérée comme le pâle reflet de celle de Jean-Paul Sartre. Si ses romans, son autobiographie et surtout son principal essai, *Le deuxième sexe,* étaient relus en tant que textes fondateurs de l'existentialisme, ce mouvement semblerait-il moins abstrait et davantage en prise sur la réalité historique contemporaine ? Ce n'est qu'avec le Nouveau Roman, et particulièrement avec Sarraute et Duras, puis avec les post-structuralistes Cixous, Irigaray et Kristeva, qu'on a commencé à reconnaître les femmes comme faisant partie intégrante des grands mouvements de la pensée française contemporaine.

Pour peu qu'ils soient soigneusement étayés par une analyse textuelle et idéologique serrée, les efforts déployés pour redéfinir la carte littéraire de la France aboutiraient certainement à une nouvelle histoire littéraire, probablement plus complexe et moins tranchée. Toutefois, même cette nouvelle histoire ne pourrait intégrer l'œuvre des écrivains hors de France. La plupart des femmes francophones représentées ici ont fait leurs études dans la tradition littéraire et culturelle française, et bon nombre d'entre elles ont vécu ou vivent en France. Pourtant, leurs textes présentent une histoire différente, voire même des histoires différentes, qu'il convient de placer aux côtés de celle de la France. L'espace culturel dans lequel leurs œuvres s'inscrivent, à la fois composite et syncrétique, se compose de l'éducation française, de l'histoire locale et de la tradition orale. Leurs textes reposent donc sur une traduction et une transformation culturelles complexes. Simone Schwarz-Bart puise dans la tradition orale de la Guadeloupe de son enfance pour créer un *bildungsroman* enraciné dans la vie non-transcrite de ses aïeules. Ce roman d'éducation retrace non seulement l'apprentissage d'un individu, mais aussi l'évolution de tout un groupe et la transmission de l'histoire d'une génération à l'autre.

Directement engagées dans le politique, ces femmes écrivains font un portrait historique du colonialisme français et de la décolonisation, une histoire du sujet colonial racontée du point de vue des femmes. La fiction autobiographique et intime prend chez ces écrivains sa raison d'être dans l'analyse historique et la lutte politique. Les textes d'Assia Djebar et de Yamina Mechakra reproduits ici ont comme toile de fond la guerre d'Algérie, de même que les chants d'Évelyne Accad se font l'écho du conflit qui déchire le Liban. La vie des femmes s'inscrit toujours dans un récit historique plus vaste : l'histoire personnelle et l'histoire culturelle sont profondément entrelacées. Pour décrire la réalité de la dictature haïtienne, Marie Chauvet fait appel à la violence sexuelle, tandis qu'Antonine Maillet recourt à l'art du conteur pour doter le peuple acadien d'une nouvelle histoire. Si les femmes francophones d'autres régions du monde écrivent l'histoire au moyen de la fiction ou de l'autobiographie, il n'en va pas autrement des Françaises : c'est précisément ce que les juxtapositions particulières retenues ici nous permettent de constater. *Le deuxième sexe* de Simone de Beauvoir incarne parfaitement l'esprit des années 1940 : la guerre, le vote des femmes en France et les luttes menées pour les droits civiques aux États-Unis sont autant de contextes utilisés par Beauvoir pour mettre en question le concept de l'altérité de la femme. Dans *Une femme,* Annie Ernaux décrit de la même façon l'embourgeoisement rapide de la France dans le contexte des deux guerres et après.

A la lecture de ces écrivains, on constate qu'il est impossible de séparer l'histoire littéraire de l'histoire sociale et politique. Une histoire littéraire complète devrait s'articuler autour de nouveaux points de référence — les deux guerres mondiales, la montée du fascisme, les guerres coloniales d'Indo-chine et d'Algérie, les conflits haïtiens, l'émigration massive et l'exil —, lus en relation ou en contradiction avec les tendances culturelles et littéraires plus traditionnelles[6]. Cette mise-en-relief des liens entre l'esthétique et le politique, le privé et le public, le personnel et le collectif, a redéfini la notion même de littérature et d'histoire littéraire qui fonde notre anthologie.

Ancrée dans le matériel et dans le social — classe, sexe, sexualité, race, pouvoir —, la littérature est également le véhicule qui permet d'aborder et de négocier la différence. Pris ensemble, les textes réunis dans ce volume articu-lent un discours de la différence qui transcende les structures hégémoniques de la culture coloniale ainsi que la spécificité des luttes pour la libération nationale et pour l'identité. De Simone de Beauvoir à Luce Irigaray, d'Assia Djebar à Julia Kristeva, se dégage une impression profonde de connexion interculturelle facilitée, mais non déterminée, par l'expérience commune des femmes et de la féminité. Dans *Le deuxième sexe,* par exemple, de Beauvoir fonde son analyse de l'oppression sexiste sur ce qu'elle sait de la discrimination et de l'exclusion qui victimisent les Noirs-Américains et les Juifs d'Europe. Bien entendu, de Beau-voir ne prend pas en considération la situation des femmes noires et juives, que leur race et leur sexe rendent doublement autres. En faisant ressortir ce que les femmes, les Noirs et les Juifs ont en commun, elle tend néanmoins à situer la femme en tant qu'« Autre » dans le réseau d'altérités connexes qui fonde les cultures européennes.

A la manière de Simone de Beauvoir, qui compare le racisme et l'antisémi-tisme au sexisme et à la misogynie, Julia Kristeva, dans *Étrangers à nous-mêmes,* se sert de son analyse de l'exclusion et de l'oppression des femmes pour montrer comment les nations elles-mêmes s'édifient sur la foi de l'exclusion. Écrivant dans le contexte de l'hostilité croissante que suscite l'immigration en France, elle affirme que « nous sommes tous des étrangers ». Lisant « L'inquiétante étrangeté » de Freud, Kristeva démystifie le familier et le moi, tout en recon-naissant l'étrangeté qui les compose. Ainsi, multiple et hybride, le moi est déjà autre, et la notion d'altérité s'en trouve déplacée : « L'étrange est en moi, donc nous sommes tous des étrangers. Si je suis étranger, il n'y a pas d'étrangers ». Le

6. C'est Said qui, avec *Culture and Imperialism,* est à l'origine de la notion de lecture en contrepoint.

fait de reconnaître notre propre étrangeté constitue une approche beaucoup plus radicale des relations entre soi et autrui, entre les cultures et les nations et enfin entre le sexes : « Désormais, poursuit-elle, nous nous savons étrangers à nous-mêmes, et c'est à partir de ce seul appui que nous pouvons vivre avec les autres »[7]. Concevoir un monde sans « étrangers », c'est concevoir un moi non pas construit par opposition à autrui, mais bien plutôt pluriel et divers.

Dans *J'aime à toi*, Irigaray, comme en écho à la pensée de Kristeva, définit un rapport au « toi » fondé sur l'indirection et la reconnaissance : « *J'aime à toi* : signifie je garde à toi un rapport d'indirection. Je ne te soumets ni ne te consomme. Je te respecte (comme irréductible) »[8]. Dans le cadre du présent ouvrage, nous tenons cette forme de relation à soi et à l'autre comme emblématique des relations entre femmes, entre femmes et hommes, entre races et entre cultures où l'on parle français.

Dans un essai intitulé « Regard brisé, son coupé », Assia Djebar souligne toutefois les silences imposés et les écarts de pouvoir qui empêchent la formation de tels rapports. Sa perspective est à la fois celle des femmes du harem du tableau de Delacroix, « Femmes d'Alger dans leur appartement », et celle du peintre lui-même. Objets du regard interdit de Delacroix, les femmes lui renvoient à leur tour un regard chargé de la promesse suivante : un jour, elles s'émanciperont de la prison où leurs yeux ne regardent que vers l'intérieur et où leurs voix sont étouffées. Le regard réciproque imaginé par Djebar, selon lequel le peintre français est regardé alors qu'il regarde, ouvre la voie à des récits d'interconnexion et d'interrelation culturelles. En vertu des structures actuelles du pouvoir, qui excluent les Algériennes et qui les condamnent au silence, ces récits commencent tout juste à s'énoncer. Ce n'est qu'à partir du moment où les femmes, en tant que sujets, peuvent s'unir qu'elles peuvent imaginer la conversation avec Delacroix entrevue par Djebar. Cet échange, comme ceux amorcés entre les femmes écrivains d'expression française et leurs textes, doit à tout moment débuter par les questions que soulève Gayatri Spivak dans son essai intitulé « French Feminism in an International Frame » : « non simplement qui suis-je ? mais qui est l'autre femme ? Comment est-ce

---

7. Julia Kristeva, *Étrangers à nous-mêmes*, Paris, Arthème Fayard, pp. 248, 250.
8. Luce Irigaray, *J'aime à toi*, Paris, Bernard Grasset, 1992, p. 171.

que je la nomme ? Comment me nomme-t-elle[9] ?» Et Luce Irigaray de demander : « Donc : comment te parler ? Et : comment t'écouter ?» (177).

L'organisation du présent ouvrage ouvre un dialogue entre les femmes du XXᵉ siècle écrivant en français. Y sont explorés, selon des perspectives différentes, les croisements des identités sexuelle, raciale, textuelle, linguistique, nationale et sociale. Les deux parties de ce volume fournissent chacune un point de vue distinct sur ces multiples carrefours.

Dans la première partie, l'accent est mis sur les relations et sur la violence qui résulte de leur effondrement. Les textes de « Parentés » opposent les relations personnelles aux relations politiques. Si en surface ils portent tous sur les liens familiaux qui forment l'identité féminine — interaction parent-enfant, amour, mariage, passion charnelle —, certains d'entre eux, à un autre niveau, autorisent une lecture allégorique où la famille est remplacée par la nation, et les luttes pour le pouvoir par les problèmes au sein des colonies. La violence constitue un motif central des relations familiales et de la situation politique présentée dans ces textes. Le chapitre intitulé « Violences » se penche donc une fois de plus d'un point de vue personnel et politique sur l'effondrement des relations subi par les femmes.

La deuxième partie, qui compte trois sections, explore les dimensions textuelles et discursives conscientes de l'écriture au féminin, où le croisement des différentes marques de l'identité — la race, la langue, la nation et la sexualité — se trouve au premier plan. Dans « Être », on examine les diverses dimensions — métaphysique, symbolique, sociale, culturelle — qu'implique le fait d' « être » femme. Dans « Se dire », les textes révèlent des juxtapositions analogues dans le récit de la venue de femmes à l'écriture ; dans « Imaginer » se profilent des solutions de type plus visionnaire ou utopiste aux ruptures et aux divisions qu'imposent les dimensions contradictoires de l'identité du monde francophone.

Cette organisation nous permet de passer outre la conception que nous aurions peut-être choisie pour une anthologie de la sorte il y a quelques années — soit aux plus beaux jours de la politique identitaire. Dans la pre-

---

9. Gayatri Chakravorty Spivak, *In Other Worlds : Essays in Cultural Politics,* New York, Routledge, 1987, p. 150.

mière partie, il s'agit d'une organisation thématique plus convenue, tandis que dans la deuxième, on insiste davantage sur la textualité, de manière à mettre au jour, de plusieurs points de vue, le croisement de différents aspects de l'identité. Loin d'estomper la diversité régionale, une telle organisation a l'avantage de la mettre en relief et de la juxtaposer à d'autres distinctions. L'ouvrage vise donc à faire ressortir les différences, tout en permettant d'examiner ce qu'ont en commun les femmes vivant et écrivant dans les diverses cultures francophones. C'est dans cet effort multidimensionnel pour opposer l'affinité à la différence que l'on retrouvera l'aspect le plus fécond et le plus radical d'*Écritures de femmes : nouvelles cartographies*.

PREMIÈRE PARTIE

Parentés

La théorie psychanalytique du développement nous apprend que chaque être humain se constitue par ses relations avec autrui. Les femmes écrivains dont les textes sont réunis dans ce chapitre explorent nombreux aspects de ces relations, les liens affectifs les plus privés avec la mère et l'amant, par exemple, ainsi que les liens plus publics, conditionnés par la race, la classe socio-économique, les rites et coutumes et l'éducation. Bon nombre de femmes représentées dans ces textes décrivent des relations dramatiques les situant dans un monde contemporain où elles négocient la multiplicité des positions adoptées par le sujet. Même si le lien mère-fille et le paradigme familial en général sont au cœur de la plupart des relations vécues par les femmes, les textes regroupés dans « Parentés » élargissent, remettent en question, voire subvertissent certains des modèles traditionnels de relations sur lesquels repose le contrat qui lie la femme à la société.

La jeune narratrice de « L'enlèvement » de Colette, déroutée par son éveil sexuel, en vient à confondre la surprotection maternelle avec la peur — accompagnée de stimulations visuelles — d'un enlèvement. Il en résulte une erreur sur la personne, teintée d'une forme d'inceste à l'ambiguïté charmante, qui révèle un côté plus sombre de la personnalité magique de Sido.

Soulignant le rôle joué par l'imaginaire et l'imagination dans la quête ontologique de soi entreprise par la jeune fille, Colette, dans « La petite », décrit un groupe d'amies à l'identité féminine encore mal définie, mal dégrossie et androgyne, occupées à revêtir diverses défroques adultes et à imiter les grandes personnes qui les entourent. Les frontières toujours fluides du moi, qui permettent à « la petite » de rêver qu'elle est marin, auront tôt fait de se figer dans la féminité convenue. La vie provinciale française du début du XXᵉ siècle, caractérisée par ses préjugés petits-bourgeois et un avenir limité pour les filles, qui grandissent « captives dans la boutique maternelle », est décrite en contrepoint de l'image saisissante de la main maternelle affairée à coudre, symbole à la fois de protection et d'interdits. Un texte classique comme celui de Colette révèle la complexité de l'identité féminine dans la société française.

Quel genre d'écrivains sont les filles ? Quel genre de filles sont les écrivains ? Il arrive souvent que les filles, dans les efforts qu'elles déploient pour affirmer leur identité face à leurs parents, illustrent les tensions inhérentes à ces relations par l'incapacité de leur mère à leur permettre de s'affranchir. Dans « Maternité », Colette trace un portrait émouvant de cette dyade symbiotique. La mère y est physiquement séparée de sa fille aînée une fois celle-ci mariée et aliénée par les aspects juridiques rébarbatifs liés à son statut de monnaie d'échange dans la famille de son nouveau mari. Mais le lien est resserré, au figuré du moins, lorsque la mère donne à nouveau naissance à sa fille, en accouchant symboliquement avec elle dans le jardin d'une maison voisine. Alors que sa fille est en effet en travail, elle lui demeure inaccessible. Brillamment mis en scène, le récit insiste sur l'importance des liens viscéraux qui unissent les femmes entre elles.

Dans le récit de Maryse Condé, qui aborde également les relations familiales, mais sous un jour différent, une fille illégitime connaît une crise d'identité, prise entre une mère noire sévère, introvertie, isolée et froide et un père mulâtre, citadin, bon vivant, coureur de jupons, charmeur, mais irresponsable. Assoiffée d'affection et de reconnaissance, naïve quant à la société et indifférente à la politique, Étiennise se tourne vers son père et la vie de liberté qu'il mène à la ville dans l'espoir d'échapper à l'univers répressif et oppressif de la morale maternelle. Toutefois, son nom même, féminisation de celui de son père, révèle son manque d'autonomie et perpétue l'impuissance que sa mère lui a inévitablement léguée. Comme sa quête d'identité l'amène à rejeter sa mère au profit de son père, elle trahit tout en étant trahie.

Dans les premières pages allégoriques de son roman, Marie-Claire Blais explore le rôle de la femme dans une grande famille de paysans catholiques dans la société québécoise traditionnelle. Vue à travers les yeux d'un nouveau-né, Emmanuel, la grand-mère apparaît comme une figure matriarcale toute-puissante, celle par qui tout arrive. Dans la mesure où ils accentuent les bons et les mauvais côtés de la vie, les aspects sombres et clairs de la figure de la grand-mère reflètent les conflits politiques auxquels est en proie le Québec au milieu des années 1960, pendant ce qu'on a appelé la « Révolution tranquille ». En effet, ce roman décrit un univers dans lequel le désir sexuel est réprimé et canalisé dans la reproduction. Les parents exténués travaillent sans cesse pour pourvoir aux besoins de leurs seize enfants. Condamnant indirectement une situation sociale oppressive et une pauvreté dévastatrice imputée en partie à une doctrine religieuse patriarcale qui interdit la planification des familles, le récit démystifie l'extase maternelle et concentre toute sa puissance sur la tendresse de la grand-mère. Tout en montrant comment une situation économique difficile influe sur le prétendu instinct maternel, Marie-Claire Blais confere à la grand-mère un vrai pouvoir, quoique limité, sur sa descendance : c'est elle qui, à l'occasion du baptême, nomme chaque enfant pour le réinscrire dans une généalogie ambiguë qui désigne ceux qui iront à l'école, et pendant combien d'années. De cette manière, elle donne sa bénédiction et transmet sa protection et ses espoirs d'avenir, même si elle sait que les possibilités de ses petits-enfants sont limitées.

De la grand-mère traditionnelle de Marie-Claire Blais, nous passons, dans le texte d'Antonine Maillet, à la figure maternelle de la collectivité au sens large. Ce récit illustre comment et où se croisent l'histoire privée et l'histoire publique. Par l'intermédiaire de son personnage principal, Antonine Maillet remet en question et réécrit l'histoire traditionellement représentée en Acadie par le pouvoir anglophone dominant. De façon sarcastique, elle démythifie et démystifie l'édification d'Évangéline en « héroïne » : elle y voit une sorte de symbole commode de l'exil idéalisé par les Anglais pour occulter les véritables horreurs de l'expulsion des Français dont ils se sont rendus coupables. Elle propose plutôt des héroïnes locales, ancrées dans le terroir. Puisant dans les légendes, le savoir et les contes indigènes issus des luttes menées par la fière minorité francophone qui pêche le long de la côte du Nouveau-Brunswick, le texte d'Antonine Maillet constitue une forme subtile de résistance politique à l'effacement. Travaillant à petite échelle, la narratrice subvertit le récit colonisateur généralement admis en créant une sous-culture de la résistance, marquée par l'enracinement et la solidarité. Elle laisse même la vieille tireuse de cartes parler la langue de sa mère, dialecte local du français acadien, insistant sur un usage rare pour affirmer la présence d'une communauté minoritaire mais tenace. Son discours illustre le rôle que joue la langue dans l'identité et la « re-territorialisation ». La tireuse de cartes du titre, paysanne vieille et pauvre, douée de clairvoyance — don fort prisé et espace de prédilection de l'imaginaire féminin —, fait de sa sagesse passive un agent de changement et de réconciliation au sein d'une communauté presque déchirée en deux par des rivalités.

Le roman de Mariama Bâ fait l'apologie des relations amicales, et autres liens, entre les femmes. Veuve depuis peu, la narratrice d'*Une si longue lettre* reprend la tradition islamique qui consiste à parler des morts pour faire le récit de sa propre vie et de ses rapports avec sa fille et son amie de toujours. Elle peut ainsi exprimer l'accablement et le sentiment de trahison qu'elle a ressentis lorsque, après de nombreuses années de mariage, son mari a choisi de prendre une deuxième épouse, beaucoup plus jeune. L'acte d'écrire, privé et personna-lisé, sert de contrepoint au rôle de la veuve — personnage public imposé par la société bourgeoise sénégalaise et les rites mortuaires musulmans. Opprimée par une société à laquelle elle ne peut résister sans mettre en péril son identité et sa sécurité, elle travaille à l'intérieur des structures afin de mieux les subvertir. En faisant appel à la forme épistolaire, intimiste par nature, la protagoniste de Bâ peut critiquer la communauté hypocrite et égoïste dont elle est prisonnière, tout en dénonçant la coutume déchirante, mais socialement acceptée, de la polygamie. Sa relation à l'écriture, privilège d'une femme instruite, lui permet d'articuler l'horreur et le dégoût que lui inspire le deuil de façade observé par sa vaste famille. Mais plus important encore, elle sait qu'elle écrit à son amie la plus proche, et c'est précisément l'importance de cette lectrice sympathisante qui confère aux luttes affectives menées par la narratrice tout leur sens en même temps que leur caractère d'urgence.

Le récit érotique lesbien de Renée Vivien, intitulé « Ode à une femme aimée », va bien au-delà de la simple exploration d'un autre aspect relationnel, c'est-à-dire, celui de la jalousie sexuelle. Si une telle douleur est universelle, qu'advient-il lorsque les pôles traditionnels de l'éternel triangle sont dé-construits, l'objet de passion étant du même sexe et le rival, de sexe masculin ? Lorsque le séducteur bénéficie du pouvoir phallique, quels éléments de vulné-rabilité entrent en jeu avec la crainte de perdre l'être cher ? Pour le poète

Natalie Barney, l'amante de Renée Vivien, les enjeux sociaux embrouillent souvent ce qui devrait également constituer une apologie du corps lesbien. Si un poème intime comme « Femme » témoigne sans ambiguïté de ce que l'expérience érotique a de particulièrement féminin, « Équinoxe », qui par le ton et le contenu s'apparente plus au travail des « poètes maudits » comme Baudelaire, illustre les difficultés de l'amour homosexuel dans une société hétérosexuelle. Exclu de l'« amour familial dans la maison jolie » traditionnelle, le couple lesbien doit s'alimenter au « feu de la folie ». De l'extase érotique à la douleur de l'isolement, ces femmes recourent à la poésie pour illustrer la complexité des besoins et des désirs dans leurs relations et interpellent le lecteur hétérosexuel en remettant en question la notion même de « norme ». Même si écrire a eu pour effet de les exclure de la famille, elles n'ont résolu ni les difficultés ni les complications inhérentes aux relations familiales.

COLETTE

Sidonie Gabrielle Colette est née le 28 janvier 1873 à Saint-Saveur-en-Puisaye (Normandie). Elle y fréquente l'école du village. Son œuvre porte la marque de sa campagne natale et des personnages de son enfance. Elle se marie à vingt ans avec Henri Gauthier-Villars (Willy), qui pousse sa jeune épouse à écrire, entre 1902 et 1904, des récits qu'il signe de sa propre main (*Claudine à l'école, Claudine à Paris, Claudine amoureuse, Claudine en ménage*). Elle se sépare de lui en 1905 et entame une vie de femme autonome au cours de laquelle elle travaillera dans le théâtre et dans le journalisme. C'est durant cette période qu'elle écrit *La vagabonde* (1911). En 1912, elle épouse Henri de Jouvenel, rédacteur en chef du *Journal du matin*, auquel elle a collaboré. Leur fille, Colette, naît en 1913. Par la suite, elle publie *Chéri* (1920) et *Le blé en herbe* (1923). En 1924, à cause des infidélités de Jouvenel et de la liaison de Colette avec le fils de son mari, le couple divorce. En 1925, Colette recontre Maurice Goudeket, de seize ans son cadet ; leur union durera jusqu'à la mort de Colette, en 1954. Grande femme de lettres de Paris, Colette est élue à l'Académie Goncourt en 1945 ; on la nomme Officier de la Légion d'honneur en 1953. De son œuvre immense (elle a signé plus de soixante livres), retenons *La maison de Claudine* (1922), *L'enfant et les sortilèges,* dont la musique a été composée par Maurice Ravel (1925), *Sido* (1929), *Mes apprentissages* (1936) et *Gigi et autres nouvelles* (1944).

Les textes réunis dans *La maison de Claudine* célèbrent la figure mythique de Sido, son refus audacieux des conventions, son harmonie avec la nature, sa compréhension des autres, le courage dont elle fait preuve pour les aider. Comme l'affirmera plus tard Colette dans *Sido*, sa mère n'est pas une personne ; c'est un univers fécond. Les extraits retenus ici remettent en question cette perfection en laissant deviner, bien que de manière extrêmement subtile, un aspect étouffant et quelque peu menaçant de la mère. Ainsi, dans « La petite », les mains maternelles constituent les limites de l'univers et empêchent à l'enfant de rêver d'aventures et d'évasion. C'est la mère qui ravit sa fille dans « L'enlèvement », imitant de manière ambiguë l'amant dangereux, au moment même où il s'agit de protéger l'enfant contre lui. Et comment interpréter l'identification intense et entière qui réunit mère et fille dans « Maternité », où Sido reprend, dans son jardin, les douleurs de l'accouchement que vit sa fille, Juliette, avec qui elle est brouillée ? Dans d'autres textes brefs de Colette, l'ambivalence de son attachement pour Sido et de sa dépendance vis-à-vis d'elle trouve une expression concrète dans les longs cheveux que Sido seule a le secret de tresser, et qui lient la fille à sa mère et au monde perdu de l'enfance avec la même force qu'un cordon ombilical renouvelé. Ainsi, lorsqu'elle écrit sur son enfance, Colette se demande, de manière obsessionnelle, si, devenue adulte, elle est digne de regagner le domaine maternel.

La maison de Claudine (extraits)

LA PETITE

Une odeur de gazon écrasé traîne sur la pelouse, non fauchée, épaisse, que les jeux, comme une lourde grêle, ont versée en tous sens. Des petits talons furieux ont fouillé les allées, rejeté le gravier sur les plates-bandes ; une corde à sauter pend au bras de la pompe ; les assiettes d'un ménage de poupée, grandes comme des marguerites, étoilent l'herbe ; un long miaulement ennuyé annonce la fin du jour, l'éveil des chats, l'approche du dîner.

Elles viennent de partir, les compagnes de jeu de la Petite. Dédaignant la porte, elles ont sauté la grille du jardin, jeté à la rue des Vignes, déserte, leurs derniers cris de possédées, leurs jurons enfantins proférés à tue-tête, avec des gestes grossiers des épaules, des jambes écartées, des grimaces de crapauds, des strabismes volontaires, des langues tirées tachées d'encre violette. Par-dessus le mur, la Petite — on dit aussi Minet-Chéri — a versé sur leur fuite ce qui lui

Colette, *La maison de Claudine,* « La petite », © Hachette.

restait de gros rire, de moquerie lourde et de mots patois. Elles avaient le verbe rauque, des pommettes et des yeux de fillettes qu'on a saoulées. Elles partent harassées, comme aviliies par un après-midi entier de jeux. Ni l'oisiveté ni l'ennui n'ont ennobli ce trop long et dégradant plaisir, dont la Petite demeure écœurée et enlaidie.

Les dimanches sont des jours parfois rêveurs et vides ; le soulier blanc, la robe empesée préservent de certaines frénésies. Mais le jeudi, chômage encanaillé, grève en tablier noir et bottines à clous, permet tout. Pendant près de cinq heures, ces enfants ont goûté les licences du jeudi. L'une fit la malade, l'autre vendit du café à une troisième, maquignonne, qui lui céda ensuite une vache : « Trente pistoles, bonté ! Cochon qui s'en dédit !» Jeanne emprunta au père Gruel son âme de tripier et de préparateur de peaux de lapin. Yvonne incarna la fille de Gruel, une maigre créature torturée et dissolue. Scire et sa femme, les voisins de Gruel, parurent sous les traits de Gabrielle et de Sandrine, et par six bouches enfantines s'épancha la boue d'une ruelle pauvre. D'affreux ragots de friponnerie et de basses amours tordirent mainte lèvre, teinte du sang de la cerise, où brillait encore le miel du goûter... Un jeu de cartes sortit d'une poche et les cris montèrent. Trois petites filles sur six ne savaient-elles pas déjà tricher, mouiller le pouce comme au cabaret, assener l'atout sur la table : « Et ratatout ! Et t'as biché le cul de la bouteille ; t'as pas marqué un point !»

Tout ce qui traîne dans les rues d'un village, elles l'ont crié, mimé avec passion.

Ce jeudi fut un de ceux que fuit la mère de Minet-Chéri, retirée dans la maison et craintive comme devant l'envahisseur.

A présent, tout est silence au jardin. Un chat, deux chats s'étirent, bâillent, tâtent le gravier sans confiance : ainsi font-ils après l'orage. Ils vont vers la maison, et la Petite, qui marchait à leur suite, s'arrête ; elle ne s'en sent pas digne. Elle attendra que se lève lentement, sur son visage chauffé, noir d'excitation, cette pâleur, cette aube intérieure qui fête le départ des bas démons. Elle ouvre, pour un dernier cri, une grande bouche aux incisives neuves. Elle écarquille les yeux, remonte la peau de son front, souffle « pouh !» de fatigue et s'essuie le nez d'un revers de main.

Un tablier d'école l'ensache du col aux genoux, et elle est coiffée en enfant de pauvre, de deux nattes cordées derrière les oreilles. Que seront les mains, où la ronce et le chat marquèrent leurs griffes, les pieds, lacés dans du veau jaune écorché ? Il y a des jours où on dit que la Petite sera jolie. Aujourd'hui, elle est laide, et sent sur son visage la laideur provisoire que lui composent sa sueur, des traces terreuses de doigts sur une joue, et surtout des ressemblances successives, mimétiques, qui l'apparentent à Jeanne, à Sandrine, à Aline la couturière en journées, à la dame du pharmacien et à la demoiselle de la poste. Car elles ont joué longuement, pour finir, les petites, au jeu de « qu'est-ce-qu'on-sera ».

— Moi, quante je serai grande...

Habiles à singer, elles manquent d'imagination. Une sorte de sagesse résignée, une terreur villageoise de l'aventure et de l'étranger retiennent d'avance la petite horlogère, la fille de l'épicier, du boucher et de la repasseuse, captives dans la boutique maternelle. Il y a bien Jeanne qui a déclaré :

— Moi, je serai cocotte !

« Mais ça », pense dédaigneusement Minet-Chéri, « c'est de l'enfantillage... »

A court de souhait, elle leur a jeté, son tour venu, sur un ton de mépris :

— Moi, je serai marin ! parce qu'elle rêve parfois d'être garçon et de porter culotte et béret bleus. La mer qu'ignore Minet-Chéri, le vaisseau debout sur une crête de vague, l'île d'or et les fruits lumineux, tout cela n'a surgi, après, que pour servir de fond au blouson bleu, au béret à pompon.

— Moi, je serai marin, et dans mes voyages...

Assise dans l'herbe, elle se repose et pense peu. Le voyage ? L'aventure ?... Pour une enfant qui franchit deux fois l'an les limites de son canton, au moment des grandes provisions d'hiver et de printemps, et gagne le chef-lieu en victoria, ces mots-là sont sans force et sans vertu. Ils n'évoquent que des pages imprimées, des images en couleur. La Petite, fatiguée, se répète machinalement :

« Quand je ferai le tour du monde... » comme elle dirait : « Quand j'irai gauler des châtaignes... »

Un point rouge s'allume dans la maison, derrière les vitres du salon, et la Petite tressaille. Tout ce qui, l'instant d'avant, était verdure, devient bleu, autour de cette rouge flamme immobile. La main de l'enfant, traînante, perçoit dans l'herbe l'humidité du soir. C'est l'heure des lampes. Un clapotis d'eau courante mêle les feuilles, la porte du fenil se met à battre le mur comme en hiver par la bourrasque. Le jardin, tout à coup ennemi, rebrousse, autour d'une petite fille dégrisée, ses feuilles froides de laurier, dresse ses sabres de yucca et ses chenilles d'araucaria barbelées. Une grande voix marine gémit du côté de Moutiers où le vent, sans obstacle, court en risées sur la houle des bois. La

Petite, dans l'herbe, tient ses yeux fixés sur la lampe, qu'une brève éclipse vient de voiler : une main a passé devant la flamme, une main qu'un dé brillant coiffait. C'est cette main dont le geste a suffi pour que la Petite, à présent, soit debout, pâlie, adoucie, un peu tremblante comme l'est une enfant qui cesse, pour la première fois, d'être le gai petit vampire qui épuise, inconscient, le cœur maternel ; un peu tremblante de ressentir et d'avouer que cette main et cette flamme, et la tête penchée, soucieuse, auprès de la lampe, sont le centre et le secret d'où naissent et se propagent, — en zones de moins en moins sensibles, en cercles qu'atteint de moins en moins la lumière et la vibration essentielles, — le salon tiède, sa flore de branches coupées et sa faune d'animaux paisibles ; la maison sonore sèche, craquante comme un pain chaud ; le jardin, le village... Au-delà, tout est danger, tout est solitude...

Le « marin », à petits pas, éprouve la terre ferme, et gagne la maison en se détournant d'une lune jaune, énorme, qui monte. L'aventure ? Le voyage ? L'orgueil qui fait les émigrants ?... Les yeux attachés au dé brillant, à la main qui passe et repasse devant la lampe, Minet-Chéri goûte la condition délicieuse d'être — pareille à la petite horlogère, à la fillette de la lingère et du boulanger, — une enfant de son village, hostile au colon comme au barbare, une de celles qui limitent leur univers à la borne d'un champ, au portillon d'une boutique, au cirque de clarté épanoui sous une lampe et que traverse, tirant un fil, une main bien-aimée, coiffée d'un dé d'argent.

L'ENLÈVEMENT

— Je ne peux plus vivre comme ça, me dit ma mère. J'ai encore rêvé qu'on t'enlevait cette nuit. Trois fois je suis montée jusqu'à ta porte. Et je n'ai pas dormi.

Je la regardai avec commisération, car elle avait l'air fatigué et inquiet. Et je me tus, car je ne connaissais pas de remède à son souci.

— C'est tout ce que ça te fait, petite monstresse ?

— Dame, maman... Qu'est-ce que tu veux que je dise ? Tu as l'air de m'en vouloir que ce ne soit qu'un rêve.

Elle leva les bras au ciel, courut vers la porte, accrocha en passant le cordon

Colette, *La maison de Claudine,* « L'enlèvement », © Hachette.

de son pince-nez à une clef de tiroir, puis le jaseron de son face-à-main au loquet de la porte, entraîna dans les mailles de son fichu le dossier pointu et gothique d'une chaise Second Empire, retint la moitié d'une imprécation et disparut après un regard indigné, en murmurant :

— Neuf ans !... Et me répondre de cette façon quand je parle de choses graves !

Le mariage de ma demi-sœur venait de me livrer sa chambre, la chambre du premier étage, étoilée de bleuets sur un fond blanc gris.

Quittant ma tanière enfantine — une ancienne logette de portier à grosses poutres, carrelée, suspendue au-dessus de l'entrée cochère et commandée par la chambre à coucher de ma mère — je dormais, depuis un mois, dans ce lit que je n'avais osé convoiter, ce lit dont les rosaces de fonte argentée retenaient dans leur chute des rideaux de guipure blanche, doublés d'un bleu impitoyable. Ce placard-cabinet de toilette m'appartenait, et j'accoudais à l'une ou l'autre fenêtre une mélancolie, un dédain tous deux feints, à l'heure où les petits Blancvillain et les Trinitet passaient, mordant leur tartine de quatre heures, épaissie de haricots rouges figés dans une sauce au vin. Je disais, à tout propos :

— Je monte à ma chambre... Céline a laissé les persiennes de ma chambre ouvertes...

Bonheur menacé : ma mère, inquiète, rôdait. Depuis le mariage de ma sœur, elle n'avait plus son compte d'enfants. Et puis, je ne sais quelle histoire de jeune fille enlevée, séquestrée, illustrait la première page des journaux. Un chemineau, éconduit à la nuit tombante par notre cuisinière, refusait de s'éloigner, glissait son gourdin entre les battants de la porte d'entrée, jusqu'à l'arrivée de mon père... Enfin, des romanichels, rencontrés sur la route, m'avaient offert, avec d'étincelants sourires et des regards de haine, de m'acheter mes cheveux, et M. Demange, ce vieux monsieur qui ne parlait à personne, s'était permis de m'offrir des bonbons dans sa tabatière.

— Tout ça n'est pas bien grave, assurait mon père.

— Oh ! toi... Pourvu qu'on ne trouble pas ta cigarette d'après-déjeuner et ta partie de dominos... Tu ne songes même pas qu'à présent la petite couche en haut, et qu'un étage, la salle à manger, le corridor, le salon, la séparent de ma chambre. J'en ai assez de trembler tout le temps pour mes filles. Déjà l'aînée qui est partie avec ce monsieur...

— Comment, partie ?

— Oui, enfin, mariée. Mariée ou pas mariée, elle est tout de même partie avec un monsieur qu'elle connaît à peine.

Elle regardait mon père avec une suspicion tendre.

— Car, enfin, toi, qu'est-ce que tu es pour moi ? Tu n'es même pas mon parent...

Je me délectais, aux repas, de récits à mots couverts, de ce langage, employé par les parents, où le vocable hermétique remplace le terme vulgaire, où la moue significative et le « hum !» théâtral appellent et soutiennent l'attention des enfants.

— A Gand, dans ma jeunesse, racontait mère, une de mes amies, qui n'avait que seize ans, a été enlevée... Mais parfaitement ! Et dans une voiture à deux chevaux encore. Le lendemain... hum !... Naturellement. Il ne pouvait plus être question de la rendre à sa famille. Il y a des... comment dirai-je ? des effractions que... Enfin ils se sont mariés. Il fallait bien en venir là.

« Il fallait bien en venir là ! »

Imprudente parole... Une petite gravure ancienne, dans l'ombre du corridor, m'intéressa soudain. Elle représentait une chaise de poste, attelée de deux chevaux étranges à cous de chimères. Devant la portière béante, un jeune homme habillé de taffetas portait, d'un seul bras, avec la plus grande facilité, une jeune fille renversée dont la petite bouche ouverte en O, les jupes en corolle chiffonnée autour de deux jambes aimables, s'efforçaient d'exprimer l'épouvante. « *L'Enlèvement !*» Ma songerie, innocente, caressa le mot et l'image.

Une nuit de vent, pendant que battaient les portillons mal attachés de la basse-cour, que ronflait au-dessus de moi le grenier, balayé d'ouest en est par les rafales qui, courant sous les bords des ardoises mal jointes, jouaient des airs cristallins d'harmonica, je dormais, bien rompue par un jeudi passé aux champs à gauler les châtaignes et fêter le cidre nouveau. Rêvai-je que ma porte grinçait ? Tant de gonds, tant de girouettes gémissaient alentour... Deux bras, singulièrement experts à soulever un corps endormi, ceignirent ici mes reins, ici ma nuque, pressant en même temps autour de moi la couverture et le drap. Ma joue perçut l'air plus froid de l'escalier ; un pas assourdi, lourd, descendit lentement, et chaque pas me berçait d'une secousse molle. M'éveillai-je tout à fait ? J'en doute. Le songe seul peut, emportant d'un coup d'aile une petite fille par-delà son enfance, la déposer, ni surprise, ni révoltée, en pleine adolescence hypocrite et aventureuse. Le songe seul épanouit dans une enfant tendre l'ingrate qu'elle sera demain, la fourbe complice du passant, l'oublieuse qui quittera la maison maternelle sans tourner la tête... Telle je partais, pour le pays où la chaise de poste, sonnante de grelots de bronze, arrête devant l'église un jeune homme de taffetas et une jeune fille pareille, dans le désordre de ses jupes, à une rose au pillage... Je ne criai pas. Les deux bras m'étaient si doux, soucieux de m'étreindre assez, de garer, au passage des portes, mes pieds ballants... Un rythme familier, vraiment, m'endormait entre ces bras ravisseurs...

Au jour levé, je ne reconnus pas ma soupente ancienne, encombrée maintenant d'échelles et de meubles boiteux, où ma mère en peine m'avait portée, nuitamment, comme une mère chatte qui déplace en secret le gîte de son petit. Fatiguée, elle dormait, et ne s'éveilla que quand je jetai, aux murs de ma logette oubliée, mon cri perçant :

— Maman ! viens vite ! Je suis enlevée !

MATERNITÉ

Sitôt mariée, ma sœur aux longs cheveux céda aux suggestions de son mari, de sa belle-famille, et cessa de nous voir, tandis que s'ébranlait l'appareil redoutable des notaires et des avoués. J'avais onze, douze ans, et ne comprenais rien à des mots comme « tutelle imprévoyante, prodigalité inexcusable », qui visaient mon père. Une rupture suivit entre le jeune ménage et mes parents. Pour mes frères et moi, elle ne fit pas grand changement. Que ma demi-sœur — cette fille gracieuse et bien faite, kalmoucke de visage, accablée de cheveux, chargée de ses tresses comme d'autant de chaînes — s'enfermât dans sa chambre tout le jour ou s'exilât avec un mari dans une maison voisine, nous n'y voyions ni différence ni inconvénient. D'ailleurs, mes frères, éloignés, ressentirent seulement les secousses affaiblies d'un drame qui tenait attentif tout notre village. Une tragédie familiale, dans une grande ville, évolue discrètement, et ses héros peuvent sans bruit se meurtrir. Mais le village qui vit toute l'année dans l'inanition et la paix, qui trompe sa faim avec de maigres ragots de braconnage et de galanterie, le village n'a pas de pitié et personne n'y détourne la tête, par délicatesse charitable, sur le passage d'une femme que des plaies d'argent ont, en moins d'un jour, appauvrie d'une enfant.

On ne parla que de nous. On fit queue le matin à la boucherie de Léonore pour y rencontrer ma mère et la contraindre à livrer un peu d'elle-même. Des

Colette, *La maison de Claudine*, « Maternité », © Hachette.

créatures qui, la veille, n'étaient pourtant pas sanguinaires, se partageaient quelques-uns de ses précieux pleurs, quelques plaintes arrachées à son indignation maternelle. Elle revenait épuisée, avec le souffle précipité d'une bête poursuivie. Elle reprenait courage dans sa maison, entre mon père et moi, taillait le pain pour les poules, arrosait le rôti embroché, clouait, de toute la force de ses petites mains emmanchées de beaux bras, une caisse pour la chatte près de mettre bas, lavait mes cheveux au jaune d'œuf et au rhum. Elle mettait, à dompter son chagrin, une sorte d'art cruel, et parfois je l'entendis chanter. Mais, le soir, elle montait fermer elle-même les persiennes du premier étage, pour regarder — séparés de notre jardin d'En-Face par un mur mitoyen — le jardin, la maison qu'habitait ma sœur. Elle voyait des planches de fraisiers, des pommiers en cordons et des touffes de phlox, trois marches qui menaient à un perron-terrasse meublé d'orangers en caisses et de sièges d'osier. Un soir — j'étais derrière elle — nous reconnûmes sur l'un des sièges un châle violet et or, qui datait de la dernière convalescence de ma sœur aux longs cheveux. Je m'écriai : « Ah ! tu vois, le châle de Juliette ?» et ne reçus pas de réponse. Un bruit saccadé et bizarre, comme un rire qu'on étouffe, décrut avec les pas de ma mère dans le corridor, quand elle eut fermé toutes les persiennes.

Des mois passèrent, et rien ne changea. La fille ingrate demeurait sous son toit, passait raide devant notre seuil, mais il lui arriva, apercevant ma mère à l'improviste, de fuir comme une fillette qui craint la gifle. Je la rencontrais sans émoi, étonnée devant cette étrangère qui portait des chapeaux inconnus et des robes nouvelles.

Le bruit courut, un jour, qu'elle allait mettre un enfant au monde. Mais je ne pensais plus guère à elle, et je ne fis pas attention que, dans ce moment-là justement, ma mère souffrit de demi-syncopes nerveuses, de vertiges d'estomac, de palpitations. Je me souviens seulement que l'aspect de ma sœur déformée, alourdie, me remplit de confusion et de scandale...

Des semaines encore passèrent... Ma mère, toujours vive, active, employa son activité d'une manière un peu incohérente. Elle sucra un jour la tarte aux fraises avec du sel, et au lieu de s'en désoler, elle accueillit les reproches de mon père avec un visage fermé et ironique qui me bouleversa.

Un soir d'été, comme nous finissions de dîner tous les trois, une voisine entra tête nue, nous souhaita le bonsoir d'un air apprêté, glissa dans l'oreille de ma mère deux mots mystérieux, et repartit aussitôt. Ma mère soupira : « Ah ! mon Dieu... » et resta debout, les mains appuyées sur la table.

— Qu'est-ce qu'il y a ? demanda mon père.

Elle cessa avec effort de contempler fixement la flamme de la lampe et répondit :

— C'est commencé... là-bas...

Je compris vaguement et je gagnai, plus tôt que d'habitude, ma chambre, l'une des trois chambres qui dônnaient sur le jardin d'En-Face. Ayant éteint ma lampe, j'ouvris ma fenêtre pour guetter, au bout d'un jardin violacé de lune, la maison mystérieuse qui tenait clos tous ses volets. J'écoutai, comprimant mon cœur battant contre l'appui de la fenêtre. La nuit villageoise imposait son silence et je n'entendis que l'aboiement d'un chien, les griffes d'un chat qui lacéraient l'écorce d'un arbre. Puis une ombre en peignoir blanc — ma mère — traversa la rue, entra dans le jardin d'En-Face. Je la vis lever la tête, mesurer du regard le mur mitoyen comme si elle espérait le franchir. Puis elle alla et vint dans la courte allée du milieu, cassa machinalement un petit rameau de laurier odorant qu'elle froissa. Sous la lumière froide de la pleine lune, aucun de ses gestes ne m'échappait. Immobile, la face vers le ciel, elle écoutait, elle attendait. Un cri long, aérien, affaibli par la distance et les clôtures, lui parvint en même temps qu'à moi, et elle jeta avec violence ses mains croisées sur sa poitrine. Un second cri, soutenu sur la même note comme le début d'une mélodie, flotta dans l'air, et un troisième... Alors je vis ma mère serrer à pleines mains ses propres flancs, et tourner sur elle-même, et battre la terre de ses pieds, et elle commença d'aider, de doubler, par un gémissement bas, par l'oscillation de son corps tourmenté et l'étreinte de ses bras inutiles, par toute sa douleur et sa force maternelles, la douleur et la force de la fille ingrate qui, si loin d'elle, enfantait.

MARYSE CONDÉ

Romancière, essayiste, dramaturge et critique prolifique, Maryse Condé est née en Guadeloupe. Étudiante à Paris, elle termine, en 1975, un doctorat en littérature comparée à la Sorbonne. Ses romans, dont *Heremakhonon* (1976), *Une saison à Rihata* (1981), *Segou I* (1984) et *Segou II* (1985), ont retenu l'attention de la critique française et américaine. Un autre roman, *Moi, Tituba sorcière...* (1986), l'histoire d'une esclave condamnée comme sorcière en 1692 à Salem, Massachusetts, lui a valu le Grand Prix littéraire de la femme. Elle a également publié *La vie scélérate* (1987), *Traversée de la mangrove* (1989), *Les derniers rois mages* (1992) et *La colonie du nouveau monde* (1993). Son œuvre la plus récente, *Penser la créolité,* a paru en 1995. Elle enseigne à Columbia University, à New York.

〜

Dans la nouvelle reproduite ici, Maryse Condé reprend plusieurs thèmes fondamentaux de ses romans : le métissage antillais et son incidence sur la classe sociale et la sexualité, l'arrivée à l'âge adulte d'une femme antillaise, le rôle de l'instruction (française) et ses retombées sur la culture créole et, enfin, le père absent et les situations familiales parfois insolites. Étiennise est tiraillée entre deux pôles, sa mère et son père, auxquels se rattachent quantité de valeurs. En quelque sorte, prise dans les limbes de l'indétermination, elle tente d'établir des allégeances afin de consolider sa propre identité. L'hostilité que lui inspire d'abord sa mère n'a pas pour cause sa propre naissance illégitime, mais bien la vie stérile de cette femme plus âgée, marquée par le refoulement sexuel. Solitaire, rongée par la culpabilité, pauvre, pieuse, la mère paraît sévère et répressive à sa fille, qui lui reproche secrètement de s'être laissé séduire et abandonner. Lorsqu'Étiennise s'installe dans la capitale pour poursuivre ses études, elle doit habiter dans la maison de son père naturel et de sa famille. Assoiffée d'amour, elle se laisse séduire par la joie de vivre de son père. Mais ses exigences machistes lui pèsent ; il fait montre de vues très larges en ce qui concerne les folies de la formation française aliénante que reçoit la jeune étudiante enthousiaste. La nouvelle met en lumière les configurations complexes de l'identité d'une femme qui vit dans le monde francophone et postcolonial des Antilles. Si l'identification constitue toujours une trahison, comment une jeune fille peut-elle s'en sortir ?

La châtaigne et le fruit à pain[1]

J'ai connu mon père quand j'avais dix ans.

Ma mère n'avait jamais prononcé son nom devant moi et j'avais bien fini par croire que ma vie était née de sa seule inflexible volonté. Ma mère marchait à pas rigides dans le droit chemin de la vie. Apparemment, elle ne s'en était écartée qu'une seule fois pour suivre cet homme sans visage, mon père, qui tout de même avait su l'enjôler avant de la rendre au devoir et à la religion. C'était une grande femme qui me paraissait sans beauté tant elle était sévère. Le front rétréci sous un madras violet et blanc. La poitrine effacée dans une robe noire sans pinces. Les pieds chaussés de tennis soigneusement passées au blanc d'Espagne. Elle était lingère à l'hôpital de Capesterre, Marie-Galante, et chaque matin, elle se levait à quatre heures pour ranger sa case, cuisiner, laver, repasser, que sais-je encore. A sept heures moins vingt, elle ouvrait les grosses portes après avoir enflé la voix :

— Sandra, je suis partie, hein !

Vingt minutes plus tard, Voisine Sandra donnait du poing dans la cloison et hurlait :

— Étiennise ! Debout !

Sans tarder, je m'asseyais sur le matelas que chaque soir j'étendais au flanc

---

1. Ce titre est tiré d'un proverbe antillais : « La femme est une châtaigne. L'homme un fruit à pain ».

du lit de mahogany de ma mère et je contemplais le visage morose de la journée. Lundi, mardi, mercredi, vendredi, samedi se ressemblaient comme des gouttes d'eau. Jeudi et dimanche étaient différents, avec le catéchisme et la messe des enfants.

Quand j'eus dix ans donc, ma mère cassa sa haute taille et s'assit en face de moi :

— Ton père est un chien qui mourra comme un chien dans l'ordure de sa vie. Mais voilà que tu dois rentrer au lycée de Pointe-à-Pitre. D'ailleurs chez qui ? Alors il faut bien que je m'adresse à lui.

J'apprenais du même coup, et que j'avais été admise au concours d'entrée en sixième, et que j'allais quitter mon îlot cul-de-sac, et que j'allais vivre loin de ma mère. J'en éprouvai un bonheur si suffoquant que d'abord je ne pus rien dire. Puis je balbutiai d'un ton que je parvins à rendre chagrin :

— Tu resteras toute seule ici ?

Ma mère me lança un regard qui signifiait qu'elle ne se payait pas de mes mots.

Je sais aujourd'hui pourquoi je croyais haïr ma mère. Parce qu'elle était seule.

Jamais un pesant corps d'homme dans sa couche aux draps tirés comme ceux d'une première communiante. Jamais un gras rire d'homme dans le gris de ses sereins[2]. Jamais un bon goumé[3] dans les devant-jour ! Nos voisines, en sanglotant, exhibaient des bleus, des bosses, des lèvres fendues qui parlaient de douleurs et de voluptés. Elle, quant à elle, tenait la main de Sainte Thérèse de Lisieux et de Bernadette Soubirou.

En ce temps — je parle de la fin des années cinquante —, je ne sais trop combien d'âmes comptaient le bourg de Capesterre. Tout m'y paraissait somnoler. Les maîtres qui nous faisaient réciter : « La Loire prend sa source au mont Gerbier-de-Jonc... » Les prêtres qui nous faisaient ânonner : « Un seul Dieu en trois personnes distinctes... » Et le garde qui battait à son de caisse : « Avis à la population... ».

Il n'y avait que la mer, femme démente aux yeux d'améthyste, qui par endroits bondissait par-dessus les rochers et tentait de prendre bêtes et gens à la gorge.

2. Soir.
3. Bataille.

Trois fois la semaine, un bateau que l'on prenait à Grand-Bourg reliait Marie-Galante à la Guadeloupe proprement dite. On y chargeait des porcelets noirs, de la volaille, des cabris et des jerricanes de rhum à 55 degrés, des matrones fessues et des enfants en pleurs. Un matin de fin septembre, ma mère me traça une croix sur le front, m'embrassa sèchement et me confia au capitaine avec mon maigre bagage. Nous eûmes à peine quitté la jetée sur laquelle la foule rapetissait que ma félicité fit place à un sentiment de panique. La mer s'ouvrait comme la gueule d'un monstre, enragé à nous avaler. Nous étions aspirés vers ce gouffre, puis rejetés, vomis avec dégoût avant d'être entraînés à nouveau. Le manège dura une heure et demie. Des femmes, le rosaire à la main, priaient la Vierge Marie. Enfin nous entrâmes dans une darse violette au fond de laquelle riait Pointe-à-Pitre.

Je fus trois jours sans voir mon père qui se trouvait « pour affaires » à la Martinique. En son absence, je me familiarisai avec ma belle-mère, une petite femme couverte de bijoux et inflexible comme ma mère et ma demi-sœur, presque blonde, en jupe plissée soleil qui m'ignora superbement.

Quand il s'adossa à la porte du réduit qui m'avait été assigné au galetas, il me sembla que le soleil se levait sur ma vie. C'était un mulâtre assez foncé dont les cheveux bouclés commençaient à grisonner et dont un réseau de rides entourait les yeux gris foncé. Il rit de toutes ses dents étincelantes :

— Quelle sacrée négresse tout de même, ta mère ! Elle ne m'a même pas informé de ta naissance et voilà que de but en blanc, elle m'écrit pour me mettre « en face de mes responsabilités »! Mais je ne peux me dédire, tu es mon portrait craché !

Je fus infiniment flattée de ressembler à un si beau monsieur ! Étienne Bellot, mon père, appartenait à une excellente famille. Son père avait été notaire. Son frère aîné avait repris la charge paternelle tandis que sa sœur se mariait à un juge de paix. A vingt ans, alors qu'il était recalé à la première partie du baccalauréat pour la quatrième fois, il avait eu l'excellente idée de faire un enfant à Larissa Valère, fille unique du grand quincaillier de la place du Marché. On l'avait donc marié en grande pompe à la cathédrale Saint-Pierre-et-Saint-Paul, quatre mois avant la naissance de sa fille, puis on l'avait assigné au remplacement de son beau-père qui se faisait vieux. Cela ne dura pas bien longtemps ! On s'aperçut que la recette journalière pourtant importante de la quincaillerie fondait entre les hommes avec qui il avait perdu aux cartes dans les bars du Carénage, les femmes avec qui il avait fait l'amour un peu partout et les tapeurs professionnels. Larissa avait donc pris sa place à la caisse et ne l'avait plus quittée.

Je n'étais pas la seule bâtarde d'Étienne, même si j'étais la seule à demeure. Loin de là ! Le dimanche, après la messe des enfants, c'était un flot de garçons et de filles de tous âges et de toutes couleurs qui venaient saluer leur géniteur et recevoir de la main de Larissa un billet de 10 francs craquant neuf qu'elle tirait d'une boîte réservée à cet effet. Le flot s'interrompait à l'heure du déjeuner et de la sieste pour reprendre plus tumultueux dès quatre heures de l'après-midi et ne tarir qu'à l'entrée de la nuit. Mon père, qui, le dimanche, jour du Seigneur, ne quittait pas son lit, n'entrebaillait même pas la porte de sa chambre pour faire don d'un sourire ou d'une caresse...

En fait, il n'y avait de place dans son cœur que pour Jessica, ma demi-sœur presque blonde, qui levait rarement son œil gris, tellement pareil à celui de notre père, de ses romans à quatre sous. Je ne tardai pas à apprendre que la méchanceté d'une maîtresse d'Étienne avait frappé Larissa d'un mal mystérieux qui lui avait fait porter en terre deux autres enfants légitimes — deux garçons, ceux-là — et que Jessica était le bien le plus précieux du couple.

Larissa avait dû être très belle. A présent fanée sur pied, elle gardait des yeux couleur de fougère derrière ses lunettes et des dents de perle que ses sourires montraient parfois. Elle ne sortait de sa maison que pour s'asseoir, dos bien droit, derrière la caisse de la quincaillerie ou pour se rendre à confesse et à la messe. Levée à quatre heures comme ma mère, Larissa, qui employait trois servantes, ne laissait à personne le soin de repasser les complets de drill de son homme, ses chemises, ses sous-vêtements, ses chaussettes. Elle cirait elle-même ses chaussures. « Faisait couler » son café. Lui servait son petit déjeuner, seul repas qu'il prenait à heure régulière. Car tout le jour, il ne faisait qu'apparaître et disparaître. Son couvert demeurait mis des heures durant, la glace se fondant en eau dans le petit seau qui flanquait son verre et les mouches s'y noyant de désespoir. Quand il était là, quelqu'un l'attendait dans le salon, sur le trottoir, au volant d'une voiture, et il se hâtait vers de mystérieux rendez-vous dont il revenait tard dans la nuit, butant toujours sur la cinquième marche de l'escalier qui menait au premier étage. Je ne sais trop comment naquit son intérêt pour moi. Pendant des semaines, il ne me regarda guère, trouvant naturel que je sois traitée à peine mieux qu'une servante, vêtue des vieilles robes de Jessica, chaussée de ses vieilles sandalettes, étudiant dans ses vieux livres souvent réduits en « morue[4] ». Le dimanche, quand elle faisait la distribution aux bâtards, Larissa me donnait deux billets de 10 francs et j'allais au cinéma-théâtre « La Renaissance » pour voir les films américains en technicolor.

Un jour j'étais assise dans la cour et j'étudiais une récitation. Je me souviens que c'était un poème d'Émile Verhaeren :

Le bois brûlé se fendillait en braises rouges
Et deux par deux, du bout d'une planche, les gouges
Dans le ventre des fours engouffraient les pains mous.

Il surgit à côté de moi dans une chaude odeur de rhum, de cigarette et d'eau de Cologne Jean-Marie Farina et m'arrache le livre des mains :

— Tonnerre de Dieu ! Les couillonnades que ces gens-là vous apprennent ! Tu y comprends quelque chose ?

Je fis non de la tête.

— Attends, attends ! J'ai ce qu'il te faut !

Il s'engouffra à l'intérieur de la maison, arrêtant Larissa qui déjà s'affairait :

— Non, chérie doudou ! Je n'ai pas le temps de manger. Puis il revint, brandissant un mince ouvrage :

— Tiens, lis plutôt cela !

Larissa intervint et fermement le lui prit des mains :

— Étienne ! Ne mets pas tes bêtises dans la tête de cette enfant-là !

En fait, je ne sus jamais quelle lecture mon père me proposait, mais mystérieusement, de ce jour, la communication fut établie entre nous. Il prit l'habitude de s'arrêter dans la salle à manger près du coin de table où je faisais mes devoirs et de feuilleter mes livres, commentant :

— Les Alpes ! Qu'est-ce qu'ils ont à vous parler du massif montagneux des Alpes ? Est-ce que tu sais seulement comment s'appellent les montagnes de ce pays, le nôtre ?

— Il y a la Soufrière !...

— Bon, jeudi prochain, je t'emmènerai en excursion à la Soufrière. Nous partirons au pipirite chantant.[5] J'emmènerai aussi Jessica. Elle en a bien besoin, avec ses Delly et ses Max du Veuzit ! Larissa, tu nous prépareras un panier.

---

4. Se dit d'un livre dont la reliure est partie et les pages arrachées.
5. Au petit jour.

Larissa ne prenait même pas la peine de répondre et continuait de vérifier les comptes de sa cuisinière.

— Un bouquet à soupe. Un paquet de cives. Une boîte de clous de girofle...

Je n'en veux pas à mon père de ses promesses non tenues, de ses rendez-vous manqués. En général, il dormait à poings fermés quand nous devions partir dans le devant-jour.[6] Ou ne rentrait pas avant minuit quand nous devions sortir dans le serein.

Non, je ne lui en veux pas.

Sans lui, je n'aurais jamais rêvé, imaginé, espéré, attendu.

Sans lui, je n'aurais jamais su que les mangues poussent aux manguiers, les quenettes aux quenittiers et les tamarins aux tamariniers des Indes pour la plus grande saveur de nos bouches. Je n'aurais jamais vu que le ciel est tantôt bleu pâle comme l'œil d'un nouveau-né d'Europe, vert sombre comme le dos d'un iguane ou noir comme la noirceur de minuit, et compris que la mer fait l'amour avec lui. Je n'aurais jamais goûté aux pommes-roses de la rivière après le bain.

Il ne me fit sortir réellement qu'une seule fois. Un samedi après-midi, Larissa et Jessica étaient allées visiter de la famille et je devisais misérablement avec une servante aussi apeurée que moî-même dans cette vieille maison de bois où les esprits n'attendaient que la nuit pour troubler notre sommeil. Mon père entra en trombe et me dévisagea avec surprise :

— Tu es toute seule ?

— Oui ! Bonne Amie Larissa et Jessica sont parties à Saint-Claude.

— Viens avec moi.

Une femme l'attendait de l'autre côté de la place de la Victoire. Une négresse noire à la bouche barbouillée de rouge écarlate, des créoles dansant à ses oreilles. Elle s'étonna :

— A qui cette enfant-là ?

— C'est à moi.

Elle eut un soupir :

— Larissa fait des jeux[7], quand même. C'est pas acheter deux mètres d'indienne qui la tuerait. Tu as vu comment elle est fagotée ?

Mon père me regarda et me vit peut-être pour la première fois avec mes oripeaux de Cendrillon. Il fit, perplexe :

— C'est vrai, ça ! Si on lui achetait une robe « Chez Samyde »?

6. A l'aube.
7. Exagère.

Ils m'achetèrent une robe de taffetas saumon à trois volants qui jurait avec mes tennis qu'ils ne songèrent pas à changer. Tout en marchant, le femme défit les quatre nattes graissées à l'huile de carapate[8] et tellement serrées qu'elles me tiraient la peau du front qui composaient ma coiffure et les disposa en « gousses de vanille ». Ainsi transformée, je pris place dans l'auto-char « Marie, mère de tous les saints » qui s'ébranla vers Sainte-Rose.

On mariait Sabrina, enceinte des œuvres de Dieudonné, maître-voilier. Mais le curé, bon diable, fermant les yeux sur la montagne de vérité[9] de l'épousée, acceptait de donner la bénédiction nuptiale.

La noce avait lieu dans une vaste maison, ceinturée d'une galerie et posée avec désinvolture dans un fouillis de bougainvillées et d'alamanders à quelques mètres de la mer qui paradait tout le jour sous le soleil. Une table longue de plusieurs mètres était dressée sous un auvent de palmes de cocotier tressées piqué çà et là de petits bouquets rouge et jaune. Dans chaque assiette, les femmes déposaient des monceaux de boudin, large de deux doigts, assortis de tranches d'avocat. Déjà un orchestre s'était installé sous un arbre et la flûte des mornes répondait au ti-bwa et au gwo-ka. Je ne me mêlai pas à la troupe des enfants car leurs jeux me paraissaient bien fades. Je préférai brûler mes oreilles aux conversations des grandes personnes dont je devinais sans les comprendre toutes les grivoiseries. C'est ainsi que je me retrouvai à côté de mon père volubile, illuminé de rhum :

— On n'a pas deux vies, Étiennise ! En bas, sous la terre, il n'y a pas de chevaux de bois et le manège ne tourne plus. On est tout seul, serré dans son cercueil, et les vers font bombance. Alors tout le temps que le cœur bat, il faut en profiter. N'écoute pas ceux qui te disent : « Aïe, la vie, c'est une scélérate. C'est une femme folle qui ne connaît ni rime ni raison. Elle frappe à droite, elle frappe à gauche, et la seule vérité c'est la douleur. » Moi je te dis que cette femme-là... Malheureusement quelqu'un nous sépara et je ne sus jamais la fin de l'histoire. Quand mon père revint auprès de moi, il avait la tête à autre chose et m'entreprit :

— Mes parents me répétaient : « Nous sommes des mulâtres. Nous ne devons pas fréquenter les nègres. » Je n'ai jamais compris cela. Laisse-moi te dire, mes meilleurs amis sont des nègres. » La première femme avec laquelle j'ai fait l'amour, c'était une négresse. Quel morceau ! Ah ! quel morceau ! Quand elle écartait ses cuisses, elle m'engloutissait ! C'est comme ta mère ! Quel beau

8. Palme-christ.
9. Se dit du ventre de la femme enceinte.

morceau ! Mme Delépine l'avait recommandée à Larissa comme repasseuse, car elle faisait merveille avec ses carreaux[10]. Mais pas seulement avec eux, crois-moi ! Malheureusement, elle était sérieuse. Le père Lebris lui avait rempli la tête avec toutes sortes de bêtises sur Marie et la virginité. Elle dormait au galetas. L'aprês-midi où je suis tombé sur elle comme la misère sur le pauvre homme, elle lisait l'*Imitation de Notre-Seigneur Jésus-Christ*. Fallait l'entendre me supplier : « Laissez-moi. Dieu vous punira, monsieur Étienne. Laissez-moi !» Tu parles si je l'ai laissée...

Et moi, au lieu de me révolter devant le calvaire de ma pauvre mère, violentée sinon violée, je ris grassement. Je ris lâchement.

— A chaque fois, c'était la croix et la bannière. Moi, je suis sûr qu'elle faisait sa comédie et qu'elle aimait ça autant que moi. Et puis un beau matin, elle a disparu. Sans un mot d'explication. Sans même demander son mois. Larissa était en colère...

Encore un crime à ajouter à ma liste. Je n'eus pas un mouvement de pitié pour ma mère. Sa découverte terrifiée. Sa honte. Sa fuite vers l'ilot natal. Le deuil de sa famille. La médisance des voisins. Et ce geste pathétique pour couvrir ma bâtardise : Étiennise, fille d'Étienne.

Quand nous rentrâmes le dimanche aux environs de trois heures de l'aprês-midi, Larissa, qui n'avait jamais levé la main sur moi, me battit comme plâtre sous prétexte que j'avais perdu ma bonne robe d'école. Je sais que ce qui l'enrageait, c'était cette intimité croissante avec mon père.

Ma mère ne s'y trompa pas. A peine eus-je mis le pied sur la jetée où elle m'attendait qu'elle m'enveloppa d'un regard lourd et laissa tomber :

— Tu es bien sa fille à présent !

Je ne répondis pas. Je passai les vacances de Noël, barricadée derrière ce silence hostile que j'élevais entre nous et dont je ne compris que trop tard, bien trop tard, l'injuste cruauté.

Je ne mesurais pas à quel point elle en souffrait. Je ne voyais pas se détériorer les grands traits rigides de son visage. Je ne faisais pas attention à son souffle rauque, retenant sa peine. Ses nuits étaient secouées de cauchemars. Au matin, elle s'abîmait dans les prières.

L'intimité avec mon père prit bientôt un tour que je n'attendais pas mais auquel, évidemment, je n'osai me soustraire.

10. Fers à repasser.

Il me chargea de remettre des petits mots à toutes les élèves du lycée qui lui avaient enflammé le sang.

— Donne ça pour moi à cette petite chabine de quatrième C.

— A cette grande câpresse de seconde A.

Bientôt ce fut un véritable commerce de billets doux. Car on ne saurait s'imaginer combien ces jeunes filles de bonne famille que l'on voyait le dimanche à l'église, gardées à droite par leur père, à gauche par leurs frères et leur mère, et trébuchant de béatitude au retour de la sainte table, étaient prêtes à écouter les propositions déshonnétes d'un homme marié dont la réputation n'était plus à faire.

Je mis au point une technique hardie. Je m'approchais de la proie convoitée alors qu'elle bavardait avec ses camarades dans la cour de l'école. Je me plantais devant elle et lui tendais sans rien dire le feuillet plié en quatre. Un peu surprise, mais sans méfiance, elle me le prenait des mains, l'ouvrait, commençait à le lire et alors là, rougissait aussi violemment que la couleur de sa peau le lui permettait. C'est que mon père n'y allait pas de main morte :

« Ma chérie adorée,

« Je vous ai vue sur la place de la Victoire et depuis je suis fou... Si vous ne voulez pas avoir un mort sur la conscience, asseyez-vous demain à 17 heures sur le deuxième banc de l'allée des Veuves. Je vous y attendrai avec un dahlia rouge à la boutonnière...

« J'attends une réponse que j'espère favorable !»

L'effet d'une telle épître était radical. Avant la fin des classes, la victime me remmettait un feuillet plié qui acceptait le rendez-vous.

Alors que j'étais en quatrième, entra au lycée Marie-Madeleine Savigny. Elle arrivait de Dakar où son père avait été magistrat et gardait de son enfance africaine une langueur aristocratique. Elle appelait les sandales des « samaras » et les servantes de sa mère, des « boyesses ». Tous les hommes valides de Pointe-à-Pitre brûlèrent pour elle, et mon père plus fort que tous les autres.

Quand je lui apportai le traditionnel billet doux, elle le parcourut de son regard noisette et sans hésiter, elle le déchira et en répandit les miettes au pied d'un sablier centenaire. Mon père ne se tint pas pour battu. Par mon intermédiaire, il revint à la charge le lendemain et les jours suivants. Au bout de la troisième semaine, la résistance de Marie-Madeleine était intacte tandis que mon père était une véritable loque. Rentré à heure précise, il me guettait du balcon avant de dégringoler l'escalier, fougueux comme un adolescent :

— Alors ?

Je secouais la tête :

— Elle ne veut même plus prendre la lettre de mes mains.

Les traits de son visage s'affaissaient et il redevenait le petit garçon outrageusement gâté qu'il avait été.

Car il avait été le favori de sa mère, de sa grand-mère, des sœurs de son père, des sœurs de sa mère qui le mangeaient de baisers, passaient à tous ses caprices et l'appelaient voluptueusement « Ti-mal[11] ».

Au mois de juin, Marie-Madeleine créa l'événement en ne se présentant pas à la première partie du baccalauréat. Quelques semaines plus tard, on apprit qu'elle épousait Jean Burin des Rosiers, le quatrième fils d'un grand usinier béké[12]. La stupeur fut à son comble. Quoi ! Un béké épouser une fille de couleur ? Même pas une mulâtresse, avec ça ! Car le père Savigny, bien que magistrat, n'était qu'un vulgaire nègre rouge. Quant à la mère, est-ce que ce n'était pas une chappée-coolie ? Pareille chose ne s'était produite qu'en 1928, l'année du terrible cyclone, quand un Martin Saint-Aurèle avait épousé une négresse. Mais sa famille lui avait tourné le dos et le couple avait vécu dans la misère. Tandis que les Burin des Rosiers ouvraient les bras à leur bru. Le monde marchait sur la tête !

Le calme revenait tout juste dans les esprits quand Marie-Madeleine, qui n'avait plus besoin de se sangler et de se corseter, laissa apparaître un ventre vieux d'au moins six mois dans ses amples robes de soie fleurie.

Mon père prit part à la curée. Au milieu d'un cercle graveleux, je l'entendis raconter, sans rien tenter pour le démentir, comment il avait goûté au pain-doux-sucré[13] de Marie-Madeleine, mais, plus habile que Jean, ne s'était pas laissé pincer la main dans le sac.

Je passai des grandes vacances effroyables à Marie-Galante. Comme j'allais entrer au lycée de la rue Achille-René-Boisneuf et partager les cours de physique et chimie avec les garçons, ma mère se mit en tête de me confection-

11. Petit mâle.
12. Blanc créole.
13. Sexe féminin.

ner une garde-robe. Elle descendit donc à Grand-Bourg où elle acheta avec des mètres et des mètres d'étoffe des patrons, de la craie tailleur, des ciseaux à crans... Chaque jour, quand elle revenait de l'hôpital, c'était d'interminables séances d'essayage. Je ne pouvais supporter le contact de ses mains tâtonnantes et ses ronchonnements :

— Ça tombe bien de ce côté-là. Pourquoi l'autre ne fait pas la même chose ?

Le dimanche 15 août, je refusai de l'accompagner avec la robe à godets qu'elle croyait avoir réussie. Elle me tint tête :

— S'il t'adore comme tu crois, pourquoi ne t'habille-t-il pas ?

Car depuis plus de trois ans que je vivais chez mon père, à l'exception des deux petits billets craquants de Larissa, je n'avais jamais vu la couleur de son argent. J'étais condamnée à perpétuité à regarder de loin les livres dans les librairies, les parfums dans les parfumeries et les glaces chez les glaciers.

Chaque fois qu'elle en avait l'occasion, ma mère me faisait parvenir deux ou trois billets crasseux, accompagnés d'un mot toujours le même : « J'espère que tu es en bonne santé. Ton affectionnée maman, Nisida. »

Grâce à cela, je pouvais m'acheter des cahiers, des plumes, et remplir mon encrier d'encre bleue des mers de Chine.

A la rentrée d'octobre, mon père ne me confia plus de billets doux. Je me sentis tellement frustrée, dépossédée de ma peu reluisante mission de messagère, que j'aurais bien attiré son attention sur les jolies poulettes (comme il aimait à les appeler autrefois) qui picoraient en toute impunité dans la cour de l'école. J'eus bientôt la clé du mystère. Il était tombé en amour comme on tombe au fond d'un précipice pour la très jolie femme d'un tailleur portoricain du nom de Artemio qui avait ouvert son échoppe rue Frébault. Lydia était vertueuse. Ou peut-être simplement n'aimait-elle pas mon père. Elle s'ouvrit à son mari de ces assiduités qui l'importunaient et celui-ci, bouillant comme tous les Latins, décida de donner à l'audacieux une leçon qu'il n'oublierait pas. Il loua les services de trois ou quatre fiers-à-bras, dont un ancien boxeur surnommé Doudou Sugar Robinson. Ceux-ci guettèrent mon père un soir qu'il traversait la place de la Victoire de son grand pas chaloupé et le laissèrent pour mort, au pied d'un flamboyant. Vers minuit, on apporta à Larissa ce corps inerte et ensanglanté. Transfigurée, elle fondit sur son homme enfin à sa merci. Pendant des semaines, ce fut un va-et-vient de tisanes, de cataplasmes, de frictions d'arnica, de sangsues du marigot chargées de pomper le mauvais sang.

Quand le médecin tournait les talons, emportant ses sulfamides, arrivait le kimbwaze[14] avec ses racines. Chaque dimanche, après la grand-messe, le curé en profitait pour venir dépeindre à ce pêcheur notoire la couleur des flammes de l'enfer.

Mon père ne se remit jamais de cette mésaventure. Dans son zèle, Doudou Sugar Robinson lui avait fracturé l'arcade sourcilière, écrabouillé l'arête nasale, brisé la mâchoire en trois endroits. Tout cela se ressouda très mal et les bonnes gens de Pointe-à-Pitre eurent occasion de hocher la tête :

— Dieu est surprenant ! Un homme qui était si bien de sa personne !

Mais ce fut surtout l'orgueil, le moral qui en prirent un coup. Mon père se vit la risée de tous. Il devint ombrageux, susceptible. Il se querella avec ses meilleurs amis. Il perdit cet enjouement qui faisait merveille auprès des femmes. Il devint triste, rancunier, pleurnichard.

Quant à moi, avec la cruauté des adolescentes, je me hâtai de me détacher de ce héros qui n'en était plus un, qui traînait les pieds en ressassant ses anciens succès. Je commençai de le réévaluer. Que valait-il exactement ?

J'en étais là de mes réflexions quand j'appris que ma mère avait dû être hospitalisée.

Moins d'un an plus tard, elle mourait d'un cancer dont elle avait tu à tous les premiers symptômes.

14. Guérisseur.

MARIE-CLAIRE BLAIS

Romancière, dramaturge et poète, Marie-Claire Blais est née à Québec en 1939. Elle étudie au Couvent Saint-Roch de Québec jusqu'en 1956, date à laquelle elle abandonne ses études et se met à travailler comme secrétaire. En 1959, à l'âge de dix-neuf ans, elle publie son premier roman, *La belle bête,* qui retient l'attention du public québécois aussi bien que celle du critique Edmund Wilson, qui la fait connaître au public américain. Après une année passée à Paris, elle obtient la bourse Guggenheim et s'installe aux États-Unis, d'abord à Cambridge, Massachusetts, puis à Wellfleet, au Cape Cod, où elle mène, auprès de ses amies l'artiste Mary Meigs et la militante pacifiste Barbara Deming une vie d'intellectuelle. Écrivain prolifique, elle publie, dans les années 1960, une dizaine d'œuvres, dont le roman satirique *Une saison dans la vie d'Emmanuel* (1966), qui lui vaut le Prix Médicis. Les trois tomes des *Manuscrits de Pauline Archange* (1968, 1969, 1970) comportent nombre d'éléments autobiographiques. Dans *Les nuits de l'underground* (1979) ainsi que dans son roman de 1989, *L'ange de la solitude,* elle traite ouvertement du thème des relations lesbiennes. Un roman de 1979, *Le sourd dans la ville,* sera porté à l'écran par la réalisatrice Mireille Dansereau. Un autre roman, *Visions d'Anna,* voit le jour en 1982. Cette même année, Marie-Claire Blais reçoit le Prix David pour l'ensemble de son œuvre.

Elle a également publié *Sommeil d'hiver* (1984), *Pierre, la guerre du printemps 81* (1984), *L'île : théâtre* (1988) et *Parcours d'un écrivain* (1993).

∽

Une saison dans la vie d'Emmanuel offre une sombre satire de la vie rurale québécoise, glorifiée par l'idéologie traditionnelle, et une déscription des grosses familles soutenues par les dirigeants politiques et religieux de la province. Au cœur du roman comme au cœur de la famille trône la grand-mère Antoinette, incarnation de la force et des limites de la culture québécoise traditionnelle. Elle arrive à survivre au froid et aux rigueurs de l'hiver tout en s'occupant de ses nombreux petits-enfants, dont les parents sont épuisés par les exigences de la procréation et le dur labeur qu'exige la ferme familiale. Pourtant, son refus de la sexualité révèle le côté répressif de sa morale austère, dont ses petits-enfants tenteront en vain de se libérer. Le jeune poète Jean Le Maigre meurt pendant les études qui devaient le conduire à la prêtrise, ses frères sont condamnés à travailler à l'usine, à s'y faire mutiler, et sa sœur Héloïse ne trouve que le lupanar pour se libérer du travail agricole qui a abruti ses sœurs. Durant les premières pages du roman, présentées ici, la présence enveloppante de grand-mère Antoinette devient plus immense encore du fait que nous la voyons à travers le regard de son petit-enfant nouveau-né, Emmanuel, nouveau pont vers l'avenir.

Une saison dans la vie d'Emmanuel (extrait)

Les pieds de Grand-Mère Antoinette dominaient la chambre. Ils etaient là, tranquilles et sournois comme deux bêtes couchées, frémissant à peine dans leurs bottines noires, toujours prêts à se lever : c'étaient des pieds meurtris par de longues années de travail aux champs (lui qui ouvrait les yeux pour la première fois dans la poussière du matin ne les voyait pas encore, il ne connaissait pas encore la blessure secrète à la jambe, sous le bas de laine, la cheville gonflée sous la prison de lacets et de cuir...) des pieds nobles et pieux (n'allaient-ils pas à l'église chaque matin en hiver ?) des pieds vivants qui gravaient pour toujours dans la mémoire de ceux qui les voyaient une seule fois — l'image sombre de l'autorité et de la patience.

Né sans bruit par un matin d'hiver, Emmanuel écoutait la voix de sa grand-mère. Immense, souveraine, elle semblait diriger le monde de son fauteuil. « Ne crie pas, de quoi te plains-tu donc ? Ta mère est retournée à la ferme. Tais-toi jusqu'à ce qu'elle revienne. Ah ! déjà tu es égoïste et méchant, déjà tu me mets en colère !» Il appela sa mère. « C'est un bien mauvais temps pour naître, nous n'avons jamais été aussi pauvres, une saison dure pour tout le monde, la guerre, la faim et puis tu es le seizième... » Elle se plaignait à voix basse, elle égrenait un chapelet gris accroché à sa taille. Moi aussi j'ai mes rhumatismes, mais personne n'en parle. Moi aussi, je souffre. Et puis, je déteste les nouveau-nés ; des insectes dans la poussière ! Tu feras comme les autres, tu seras ignorant, cruel et amer... « Tu n'as pas pensé à tous ces ennuis que tu m'apportes, il faut que je pense à tout, ton nom, le baptême... »

Il faisait froid dans la maison. Des visages l'entouraient, des silhouettes apparaissaient. Il les regardait mais ne les reconnaissait pas encore. Grand-Mère Antoinette était si immense qu'il ne la voyait pas en entier. Il avait peur. Il diminuait, il se refermait comme un coquillage. « Assez, dit la vieille femme, regarde autour de toi, ouvre les yeux, je suis là, c'est moi qui commande ici ! Regarde-moi bien, je suis la seule personne digne de la maison. C'est moi qui habite la chambre parfumée, j'ai rangé les savons sous le lit... Nous aurons beaucoup de temps, dit Grand-Mère, rien ne presse pour aujourd'hui... »

Sa grand-mère avait une vaste poitrine, il ne voyait pas ses jambes sous les jupes lourdes mais il les imaginait, bâtons secs, genoux cruels, de quels vêtements étranges avait-elle enveloppé son corps frissonnant de froid ?

Il voulait suspendre ses poings fragiles à ses genoux, se blottir dans l'antre de sa taille, car il découvrait qu'elle était si maigre sous ces montagnes de linge, ces jupons rugueux, que pour la première fois il ne la craignait pas. Ces vêtements de laine le séparaient encore de ce sein glacé qu'elle écrasait de la main d'un geste d'inquiétude ou de défense, car lorsqu'on approchait son corps étouffé sous la robe sévère, on croyait approcher en elle quelque fraîcheur endormie, ce désir ancien et fier que nul n'avait assouvi — on voulait dormir en elle, comme dans un fleuve chaud, reposer sur son cœur. Mais elle écartait Emmanuel de ce geste de la main qui, jadis, avait refusé l'amour, puni le désir de l'homme.

— Mon Dieu, un autre garçon, qu'est-ce que nous allons devenir ? Mais elle se rassurait aussitôt : Je suis forte, mon enfant. Tu peux m'abandonner ta vie. Aie confiance en moi.

Il l'écoutait. Sa voix le berçait d'un chant monotone, accablé. Elle l'enveloppait de son châle, elle ne le caressait pas, elle le plongeait plutôt dans ce bain de linges et d'odeurs. Il retenait sa respiration. Parfois, sans le vouloir, elle le griffait légèrement de ses doigts repliés, elle le secouait dans le vide, et à nouveau il appelait sa mère. « Mauvais caractère, disait-elle avec impatience ». Il rêvait du sein de sa mère qui apaiserait sa soif et sa révolte.

« Ta mère travaille comme d'habitude, disait Grand-Mère Antoinette. C'est une journée comme les autres. Tu ne penses qu'à toi. Moi aussi j'ai du travail. Les nouveau-nés sont sales. Ils me dégoûtent. Mais tu vois, je suis bonne pour toi, je te lave, je te soigne, et tu seras le premier à te réjouir de ma mort... »

Mais Grand-Mère Antoinette se croyait immortelle. Toute sa personne triomphante était immortelle aussi pour Emmanuel qui la regardait avec étonnement.

— Oh ! mon enfant, personne ne t'écoute, tu pleures vainement, tu apprendras vite que tu es seul au monde !

— Toi aussi, tu auras peur...

Les rayons de soleil entraient par la fenêtre. Au loin, le paysage était confus, inabordable. Emmanuel entendait des voix, des pas, autour de lui. Il tremblait de froid tandis que sa grand-mère le lavait, le noyait plutôt à plusieurs reprises dans l'eau glacée... « Voilà, disait-elle, c'est fini. Il n'y a rien à craindre. Je suis là, on s'habitue à tout, tu verras. »

Elle souriait. Il désirait respecter son silence ; il n'osait plus se plaindre car il lui semblait soudain avoir une longue habitude du froid, de la faim, et peut-être même du désespoir. Dans les draps froids, dans la chambre froide, il a été rempli d'une étrange patience, soudain. Il a su que cette misère n'aurait pas de fin, mais il a consenti à vivre. Debout à la fenêtre, Grand-Mère s'était écriée presque joyeusement :

« Les voilà. Je sens qu'ils montent l'escalier, écoute leurs voix. Les voilà tous, les petits-enfants, les enfants, les cousins, les nièces et les neveux, on les croit ensevelis sous la neige en allant à l'école, ou bien morts depuis des années, mais ils sont toujours là, sous les tables, sous les lits, ils me guettent de leurs yeux brillants dans l'ombre. Ils attendent que je leur distribue des morceaux de sucre. Il y en a toujours un ou deux autour de mon fauteuil, de ma chaise, lorsque je me berce le soir...

« Ils ricanent, ils jouent avec les lacets de mes souliers. Ils me poursuivent toujours de ce ricanement stupide, de ce regard suppliant et hypocrite, je les chasse comme des mouches, mais ils reviennent, ils collent à moi comme une nuée de vermines, ils me dévorent... »

Mais Grand-Mère Antoinette domptait admirablement toute cette marée d'enfants qui grondaient à ses pieds. D'où venaient-ils ? Surgissaient-ils de l'ombre de la nuit ? Ils avaient son odeur, le son de sa voix, ils rampaient autour du lit, ils avaient l'odeur familière de la pauvreté...

« Ah ! assez, dit Grand-Mère Antoinette, je ne veux plus vous entendre, sortez tous, retournez sous les lits... Disparaissez, je ne veux plus vous voir, ah ! quelle odeur, mon Dieu !»

Mais elle leur distribuait avec quelques coups de canne les morceaux de sucre qu'ils attendaient la bouche ouverte, haletants d'impatience et de faim, les miettes de chocolat, tous ces trésors poisseux qu'elle avait accumulés et qui jaillissaient de ses jupes, de son corsage hautain. « Eloignez-vous, éloignez-vous », disait-elle.

Elle les chassait d'une main souveraine. Plus tard, il la verrait marchant ainsi au milieu des poules, des lapins et des vaches, semant des malédictions sur son passage ou recueillant quelque bébé plaintif tombé dans la boue. Elle répudiait vers l'escalier — leur jetant toujours ces morceaux de sucre qu'ils attrapaient au hasard — tout ce déluge d'enfants, d'animaux, qui, plus tard, à nouveau, sortiraient de leur mystérieuse retraite et viendraient encore gratter à la porte pour mendier à leur grand-mère...

Voici sa mère. Il la reconnait. Elle ne vient pas vers lui encore. Il pourrait croire qu'elle l'a abandonné. Il reconnaît son visage triste, ses épaules courbées. Elle ne semble pas se souvenir de lui avoir donné naissance, ce matin. Elle a froid. Il voit ses mains qui se crispent autour du seau de lait. « Il est là, dit Grand-Mère Antoinette, il a faim, il a pleuré tout le jour. » Sa mère est silencieuse. Elle sera toujours silencieuse. Quelques-uns de ses frères rentrent de l'école et secouent leurs bottes contre la porte. « Approchez », dit grand-mère, mais elle les frappe légèrement du bout de sa canne lorsqu'ils passent sous la lampe. Au loin le soleil est encore rouge sur la colline.

— Et le Septième, qu'avez-vous fait du Septième ? Tant que je vivrai vous irez à l'école...

La taille de sa mère se gonfle doucement : elle se penche pour déposer le second seau de lait.

— Quand je pense qu'ils ont encore perdu le Septieme dans la neige, dit Grand-Mère Antoinette.

Le seau déborde. De petites gouttes de lait coulent sur le plancher dans les rayons de la lampe. Grand-Mère Antoinette gronde, fait des reproches, elle gifle parfois une joue rugueuse qui s'offre à elle en passant.

— Vous devriez me remercier, ah ! si je n'étais pas là, vous n'iriez jamais à l'école, hein ?

— Grand-mère, dit une voix d'homme au fond de la cuisine, l'école n'est pas nécessaire.

La voix d'homme n'est qu'un murmure. Elle se perd, disparaît. Debout contre le mur, la tête un peu renversée sur l'épaule, sa mère écoute en silence. Elle dort peut-être. Sa robe est ouverte sur un sein pâle qui fléchit. Ses fils la regardent silencieusement, et eux aussi attendent que la nuit vienne sur la colline.

— Un hiver dur, dit l'homme en se frottant les mains, au-dessus du poêle, mais un bon printemps peut-être...

Il enlève ses vêtements trempés de neige. Il les fait sécher sur une chaise, près du feu. Il enlève ses souliers épais, ses chaussettes. L'odeur des vêtements mouillés se répand dans la maison.

Il a tout pris du cœur de sa mère, il a bu tout le lait de sa bouche avide et maintenant il feint de dormir...

— Il y a aussi les orphelinats, dit la voix de l'homme.

— Je préfère le noviciat, dit Grand-Mère Antoinette, ça ne coûte rien, et ils sont bien domptés.

— Mais je ne comprends pas pourquoi ils ont besoin d'étudier, dit le père, dans sa barbe.

— Ah ! les hommes ne comprennent rien à ces choses-là, dit Grand-Mère Antoinette en soupirant.

— Grand-Mère, poursuit la voix de l'homme, au fond de la cuisine, tandis que la flamme s'élève lentement du poêle et qu'une petite fille à la fenêtre regarde avec ennui le soleil couchant, les mains jointes derrière le dos, Grand-Mère, je connais la vie plus que toi, je sais à quoi se destinent mes enfants !

— A Dieu, dit Grand-Mère Antoinette.

Sa mère le prend dans ses bras. Elle le protège maintenant de son corps fragile, elle soutient sa tête afin qu'il mange et boive en paix, mais la longue silhouette de Grand-Mère veille encore, tout près, poussée par quelque devoir étrange à découvrir ce qui se passe dans le secret de son être, interrompant parfois le fade repas qu'il prend en songe. (Il épuise sa mère, il prend tout en elle !) Sa mère, elle, ne dit rien, ne répond plus, calme, profonde, désertée, peut-être. Il est là, mais elle l'oublie. Il ne fait en elle aucun écho de joie ni de désir. Il glisse en elle, il repose sans espoir.

« Cet enfant voit tout, dit Grand-Mère Antoinette, rien ne lui est caché. Comment l'appellerons-nous ? David, Joseph ? Trop de Joseph dans les générations passées. Des hommes faibles ! Les Emmanuel ont été braves, ils ont toujours cultivé la terre avec soin. Appelons-le Emmanuel ».

Sa mère écoutait gravement. Elle levait parfois la tête avec surprise, sa lèvre tremblait, elle semblait vouloir dire quelque chose, mais elle ne disait rien. On l'entendait soupirer, puis dormir.

— Décidons le jour du baptême, dit Grand-Mère.

Le père parla d'attendre au printemps. Le printemps est une bonne saison pour les baptêmes, dit-il. Dimanche, dit Grand-Mère Antoinette. Et j'irai le faire baptiser moi-même.

La mère inclina la tête :

— Ma femme pense aussi que le dimanche fera l'affaire, dit l'homme.

Elle était assise dans son fauteuil, majestueuse et satisfaite, et l'ombre s'étendait peu à peu sur la colline, voilait la forêt blanche, les champs silencieux.

— Vous devriez me remercier de prendre les décisions à votre place, disait Grand-Mère Antoinette, dans son fauteuil.

L'homme s'habillait au coin du feu. Grand-Mère Antoinette lui jetait des regards fugitifs à la dérobée. Non, je ne ferai pas un geste pour servir cet homme, pensait-elle. Il croit que j'imiterai ma fille, mais je ne lui apporterai pas le bassin d'eau chaude, les vêtements propres. Non. Non, je ne bougerai pas de mon fauteuil. Il attend qu'une femme vienne le servir. Mais je ne me lèverai pas. Mais remuait encore sous la pointe de sa bottine une chose informe qu'elle tentait de repousser. Mon Dieu, une souris, un écureuil, il y a quelqu'un sous ma robe...

— Retournez à l'école et ramenez-le-moi, je veux le Septième, je vais lui apprendre à s'attarder sur les routes. Chaussez vos bottes, allez, toi, ne sors pas, Jean Le Maigre, tu tousses trop ! Où étais-tu encore ? Tu lisais sous la table ?

— Je vais brûler son livre, dit la voix du père. Je te le dis, Grand-Mère, nous n'avons pas besoin de livres dans cette maison.

— Jean Le Maigre a du talent, M. le Curé l'a dit. dit Grand-Mère Antoinette.

— Il est tuberculeux, dit l'homme, à quoi cela peut-il bien lui servir d'étudier ? Je me demande bien de quoi se mêle le curé — on ne peut rien faire de bon avec Jean Le Maigre. Il a un poumon pourri !

Sa mère écoute. Demain, à la même heure, on prononcera encore les mêmes paroles, et elle aura encore ce léger mouvement de la tête, ce signe de protestation silencieuse pour défendre Jean Le Maigre, mais comme aujourd'hui elle écoutera, ne dira rien, elle s'étonnera peut-être que la vie se répète avec une telle précision, et elle pensera encore : Comme la nuit sera longue. Un bandeau de cheveux tombe sur son front, elle a fermé les yeux, elle penche vers son enfant un visage morose qui sommeille encore.

Debout sur une seule jambe, son livre à la main, Jean Le Maigre cherche le nouveau-né d'un regard humide. « Et lui, qui est-il ?» demande-t-il sans intérêt. Il n'attend pas la réponse, il tousse, éternue, disparaît à nouveau derrière son livre.

— Je te vois, Jean le Maigre, dit Grand-Mère, tu te crois à l'abri mais je te vois.

— Tu ne peux pas me voir puisque personne ne me voit quand je lis, dit Jean Le Maigre.

— Méfie-toi, je vais bientôt te faire boire ton sirop, dit Grand-Mère.

— Je ne suis pas là, dit Jean Le Maigre. Je suis mort.

— Peut-être, dit Grand-Mère Antoinette, mais moi je suis vivante, et tant que je vivrai tu boiras ton sirop.

— Mais à quoi cela peut-il bien servir ? dit la voix de l'homme.

La vieille femme songe à prononcer l'une de ces malédictions que l'homme attend paisiblement au coin du feu : il hausse les épaules, il jouit déjà de l'injure qui le frappe, mais calme, souriant dans son fauteuil, Grand-Mère Antoinette choisit de se taire — non, pas cette fois, elle ne dira pas cette parole, elle sera d'une fierté inabordable : « Eh bien, dit l'homme, en se tournant vers le poêle d'où la flamme s'éteint — tu as raison, Grand-Mère, il vaut mieux qu'ils s'habituent à aller à l'école en hiver... »

Grand-Mère Antoinette dit qu'elle a connu des hivers plus durs que ceux-là, elle parle d'un ton méprisant et sec, et l'homme qui s'habille gauchement, dans l'ombre, éprouve soudain cette honte familière, quotidienne, que seule lui inspire la présence de cette femme.

— Des saisons noires comme la mort, dit Grand-Mère Antoinette, avec dédain pour le corps de cet homme, qu'elle observe d'un coin de l'œil. Ah ! j'en ai vu bien d'autres...

— Oui, c'est une triste fin de journée, dit l'homme, avec lassitude. De ses ongles noircis de boue, Jean Le Maigre tourne gracieusement les pages de son livre. Ravi comme un prince dans ses vêtements en lambeaux, il se hâte de lire.

— Mon Dieu que c'est amusant, dit-il en riant aux éclats.

— Tu as tort de rire, dit le père, je peux te l'arracher des mains, ce livre.

Jean Le Maigre secoue la tête, il montre son front blanc sous les cheveux :

— Il est trop tard, j'ai lu toutes les pages. On ne peut pas brûler les pages que j'ai lues. Elles sont écrites là !

Pour la première fois, l'homme lève un regard obscur, vers la mère et l'enfant : puis il les oublie aussitôt. Il regarde le bassin d'eau souillée sur le poêle. Il se sent de plus en plus à l'étroit dans sa veste.

— On étouffe ici, dit-il.

Un bouton éclate au col de sa chemise.

— Ce n'est pas moi qui vais recoudre ce bouton, dit Grand-Mère Antoinette.

— Tu sais bien que ce sera toi, dit l'homme, c'est toujours toi, Grand-Mère !

— Jean Le Maigre, dit Grand-Mère Antoinette, en levant une tête triomphante vers son petit-fils, écoute — le noviciat... Il y a des infirmeries, des dortoirs chauds... Tu y serais si bien...

— Grand-Mère, dit Jean Le Maigre, derrière son livre, oh ! laisse-moi lire en paix, laisse-moi tousser en paix puisque cela me fait plaisir.

Jean Le Maigre tousse encore. Mon Dieu, cela fait tant de bien ! Il éternue, il rit, il essuie son nez sur sa chemise sale.

— Grand-Mère, dit-il, je le sais par cœur, ce livre.

— Je vais le battre, ton Jean Le Maigre, dit la voix du père.

— Viens près de moi, dit Grand-Mère Antoinette à Jean Le Maigre, on ne peut pas te faire de mal quand tu es près de moi.

Jean Le Maigre se gratte le nez, les oreilles.

— Qu'y a-t-il encore ? demande Grand-Mère Antoinette.

— Rien, dit Jean Le Maigre.

Elle attire contre elle le garçon déguenillé, écarte de la main la frange de cheveux épars qui recouvrent son front, et fait cette découverte qui ne stupéfie personne :

— Mon Dieu, il a encore la tête pleine de poux !

ANTONINE MAILLET

Romancière et dramaturge, Antonine Maillet est née à Bouctouche, au Nouveau-Brunswick, en 1929. En 1970, elle obtient un doctorat de l'Université
Laval ; sa thèse s'intitule *Rabelais et les traditions populaires en Acadie*. C'est cette
région, l'Acadie, qui est au centre de son œuvre, imprégnée tout entière de
légendes et de contes qui tracent de vivants portraits du peuple acadien.
Dans son premier roman, *Pointe-aux-Coques* (1958), et dans sa pièce *Les crasseux*
(1966), elle décrit le problème de l'exode des jeunes campagnards vers les
villes et l'appauvrissement de la culture acadienne qui en résulte. Dans *La Sagouine* (1971), pièce pour une femme seule, première œuvre écrite dans la
langue acadienne, et dans son roman *Pélagie-la-charette* (1979), qui lui vaut le
Prix Goncourt, Maillet présente des femmes qui incarnent l'histoire, les luttes
et l'esprit des Acadiens. L'oralité joue un rôle majeur dans son œuvre, et plusieurs de ses textes ont été admirablement adaptés pour le théâtre (*Les-cordes-
de-bois* devient la pièce *La veuve enragée* en 1977). Quelques-uns ont été écrits
directement pour la scène. Parmi ses œuvres plus récentes, citons *Crache-à-pic*
(1984), *Le huitième jour* (1986), *Margot la folle* (1987), *Par-derrière chez mon père*,
un recueil de contes (1987) et *Les confessions de Jeanne de Valois* (1992).

Dans les contes de *Par-derrière chez mon père,* Antonine Maillet adopte le ton
d'un conteur de son pays — ou, comme elle le dit, d'une « défricheteuse de
parenté », celle qui s'occupe de retracer les multiples liens de parenté qui unissent tous les descendants des Acadiennes et Acadiens déportés par les Anglais
en 1775 et ensuite revenus au pays. C'est cet événement tragique qui a inspiré
au poète américain Henry Wadsworth Longfellow son long poème épique,
Évangéline, qui fait de cette jeune femme, fidèle à un fiancé perdu à jamais, le
symbole de son peuple, victime du même sort. Mais selon Antonine Maillet,
quand l'histoire est racontée par les Acadiens eux-mêmes, l'esprit du peuple
s'incarne plutôt dans des femmes plus énergiques et plus courageuses, comme
ses propres personnages, Pélagie-la-Charette, Mariaagélas et la Sagouine. A son
avis, ces femmes sont les seules vraies réincarnations d'Évangéline et de sa
descendance — des « Évangéline Deusse », comme on dit en acadien, en utilisant l'ancienne forme féminine du chiffre deux. Dans « La tireuse de cartes »,
Maillet montre le vrai pouvoir de la femme dans la vie acadienne et illustre son
rôle comme fondatrice de villages, de paroisses et du pays en général.

Par-derrière chez mon père

LA TIREUSE DE CARTES

Vous dites que nous sommes un peuple mou, lâche, sans épine dorsale et sans
moelle dans les os. Vous dites qu'après toutes ces années, tous ces siècles, si
nous avions voulu... On dit toujours ça.

...Si vous aviez voulu.

Eh bien, je vous le dirai, moi, que nous avons voulu. Si vous pouviez
m'entendre de si loin, de si haut, je vous le raconterais ce peuple qui a, malgré
tout, l'échine droite encore, et qui a de la moelle dans les os. Il n'a pas les côtes
sur le long, l'homme qui vit le long des côtes ; et s'il a la langue dans sa poche, ce
n'est pas qu'il n'ait plus rien à dire, mais qu'il sait que plus personne ne l'écoute.

Et pourquoi avez-vous cessé de l'écouter ?

Vous avez cru, comme tous les autres, qu'il était mort. Vous lui avez chanté sa
messe haute et son oraison funèbre. Et qu'on n'en parle plus.

Mais voilà, c'est qu'on en parle encore, et cela vous agace. C'est indécent.
Les morts devraient se taire. Surtout quand on est de ces morts glorieux
martyrs et vivants dans l'histoire.

Antonine Maillet, *Par-derrière chez mon père,* « La tireuse de cartes », © Leméac, 1987.

L'histoire !... Elle a voulu nous acheter, celle-là. Oui, nous consacrer, nous momifier, nous enfoncer un bâillon. Mais c'est inutile. Celui qui a résisté à des vents de nord-noroît, à des vagues de soixante pieds, à des siècles de silence, et d'oubli, et d'isolement... vous pensez qu'il ne saura pas résister aussi à l'histoire ?

C'est elle qui nous a racontés. Ah ! le beau conte que nous sommes devenus ! ...Un jour, sur le rivage d'une mer enjôleuse, un peuple rassemblé pleurait, assis sur ses pénates. Puis une vierge-héroïne s'est dressée au milieu des siens, et les a conduits en terre d'exil en scandant le chant de la nostalgie et de la fidélité... Le beau conte !

Si l'on avait confié l'histoire aux conteurs de mon pays, aux chroniqueurs, et colporteurs, et défricheteuses de parenté, je vous assure qu'on ne s'y reconnaîtrait plus. A côté d'Evangéline, on verrait alors se dresser Mathilda, et Maria-agélas, et la Sagouine, et Sarah Bidoche, oui... celle qu'on pourrait appeler Evangéline Deusse, la vraie, la seule, qui fut en réalité la première.

Il était une fois un pays de vaches et de morues. Oh ! pas beaucoup de vaches, non. Un peu plus de morues. De la morue de haute mer qu'on pêchait à la ligne et à l'abouette. Et puis l'éperlan qu'on pêchait sur la glace. C'est là que vivait, au temps que je vous raconte, Sarah, la tireuse de cartes.

Sarah, veuve de Bidoche-le-vieux, habitait avec son fils, le jeune Bidoche, l'une des plus anciennes cabanes du pays. C'était un réduit de deux pièces, coiffé d'un grenier qui tenait encore, malgré les années et les vents de nordet, mais qui menaçait chaque jour de lâcher une poutre ou un madrier. Bidoche-le-fils terrassait la cabane à tous les automnes. Mais comme il n'était pas très adroit, le Bidoche, il ne replaçait jamais la terrasse au même endroit ; de sorte que les herbes marines qui pourrissaient contre la maison laissaient leurs marques à des hauteurs différentes d'un printemps à l'autre. Ce qui faisait dire à la vieille qu'on pouvait compter l'âge de sa maison comme celui du bois : à ses cernes.

La veuve Bidoche n'avait que cinquante-huit ans. Mais elle était déjà courbée et défraîchie. Elle aussi, on pouvait mesurer son âge à ses cernes. Chaque année ajoutait un rond à ses yeux, un pouce à sa taille, des crevasses à ses mains. Ses grandes mains agiles et brunes qui cueillaient les simples et brassaient les cartes. Car elle était un peu sorcière, la Bidoche. Oh ! pas à la façon de Caille, ou de

Yophie. Elle ne lisait pas le *Petit Albert,* la veuve Bidoche, et ne se changeait pas en loup-garou. Non. Mais elle tirait les cartes. Plus d'un voyageur et plus d'un matelot déjà s'étaient arrêtés chez Sarah, et en étaient sortis la tête basse : le lendemain, on apprenait qu'une goélette avait brûlé en mer, ou qu'un trappeur s'était écarté dans les bois. Tout le pays le savait et ne riait pas des prédictions de Sarah Bidoche.

Majorique s'assit en face d'elle et lui dit :

— Tire-moi les cartes, Sarah.

On était en septembre. Le temps était doux et clair. Mais au-delà du pont, vers le nord-noroît, quelques nuages se formaient, lentement.

— C'est-i' que j'arons de l'orage ? jongla la veuve.

Majorique ne regarda pas le ciel, mais les grandes mains souples de Sarah. Si l'orage devait éclater, il l'apprendrait aussi vite de ce côté-là. Les doigts cherchèrent les cartes dans une boîte de fer-blanc.

— Brasse, coupe deux fois, et pis fais ton souhaite.

Il connaissait la formule, Majorique, et il obéit.

— Les temps s'en venont durs, à ce qu'ils disont. Apparence qu'ils fermont même les shops dans les villes. Je pourrions nous en ressentir jusque par icitte... Brasse, pis coupe encore... C'est le garçon à Polyte à Jude qu'a rapporté des nouvelles des vieux pays. Montréal. Pis l'Ontario. Il fait chaud là-bas. Il pousse même des oranges, qu'ils contont... T'as fait ton souhaite, Majorique ? Ben il est dans le treufle, ton souhaite. Ouais... un beau souhaite... un beau souhaite, tant qu'à ça... Mais c'est malaisé... malaisé à dire... Tiens, ma grand foi, je crains que j'ayons de l'orage. Ah ! les temps s'en venont durs... Un beau jeu, tant qu'à ça, un beau jeu. Une main pleine de figures : des rois, des valets, des as, un beau jeu, ta vie, Majorique. Mais...

Sarah leva soudain la tête vers les carreaux du châssis et murmura quasiment tout bas :

— Prends garde, Majorique. Ça sera peut-être ben pas de ta faute, mais laisse-les pas faire, si tu peux empêcher ça.

Majorique se leva sans remercier, pour ne pas attirer la malchance. Il déclencha la porte et renifla le temps.

C'était une petite église de bois, bâtie par les pionniers en rentrant d'exil. Elle était sans allure, la pauvre, et sans prétentions. On l'avait construite très vite pour y loger ses prières et ses cérémonies. Puis le temps avait passé, et avec lui les générations. Et l'église était toujours là, à baptiser, confirmer, marier et ensevelir la paroisse, depuis plus d'un siècle.

Mais un matin d'automne, on l'avait trouvée penchée au-dessus de la baie, la cloche en berne et le portique tout grand ouvert aux goélands. Les marées hautes avaient envahi sa cave et déraciné ses pilotis. Une autre mer comme celle-là, et la petite église de bois partirait à la dérive.

C'est comme ça que le drame avait commencé.

Les gens des côtes sourient et regardent en dessous quand on leur dit de loin qu'ils mènent une petite vie tranquille, à l'abri des vents et des orages de leur époque. C'est qu'ils savent que personne au pays ne connaît les vents comme eux, et que peu de villages ont vécu autant de drames et de tragédies. Ils ont vu repêcher le corps d'un officier dans les filets de hareng ; et libérer la petite Marie que Yophie avait enfermée trois jours dans sa cave ; et désensorceller des femmes et des animaux. Ils ont vu douze hommes, armés de piques et de fourches, foncer sur le presbytère, interpeller le curé et se faire excommunier par l'évêque en personne.

...Oui, ça s'est passé au pays des côtes, au début du siècle. La petite église de bois ne résisterait pas à une autre vague pareille, qu'on avait dit, fallait la haler du cap et s'en aller la planter ailleurs. Et c'est ce que sitôt on s'apprêta à faire. Le curé réunit les marguilliers, les payeurs de dîme et les faiseurs de pâques, et leur annonça que, pour les raisons que tout le monde savait, on procéderait tout de suite au déménagement. La paroisse acquiesça et signa. Tim pouvait venir avec sa spane et ses billots : on halerait l'église au sud, à côté du cimetière.

Ça semblait aller très bien. Mais c'est qu'on n'avait pas compté avec les gens du nord. Le nord du pont, s'entend. Au pays des côtes, il faut toujours compter avec les ponts.

— L'église appartient au nord, avait dit Basile en donnant un coup de maillet sur son enclume.

C'était une idée ; et les hommes, en quittant la forge, l'emportaient avec eux. Elle fit son chemin très vite, le long des dunes, des anses et des buttereaux. L'assemblée était à peine sortie de l'église, que l'idée faisait déjà son chemin sur le chemin du roi.

— Vous allez point me dire...

Mais oui, c'est précisément ce qu'on venait leur dire, à ces gens du sû. Et la côte entière en frissonna. L'église appartenait à la paroisse et avait été bâtie par les premiers colons. Or la paroisse, c'était tout le monde, le nord comme le sû. Et parmi les premiers colons, figuraient les ancêtres de Basile, de Jadus, de Majorique. L'église appartenait au nord comme au sû.

— Vous l'avez eue cent ans ; c'est à notre tour, dit le vieux Polyte à Jude qui avait été l'un des premiers à s'y faire porter sur les fonds. Vous êtes nés dedans, laissez-nous-les nous ensevelir.

— Et pis le pont ? Vous avez point songé au pont ?

Bien sûr qu'on n'y avait point songé. Mais on ne pouvait plus reculer maintenant. Si seulement ç'avait été l'hiver, on aurait halé l'église sur la glace. Mais selon toute apparence, elle ne se rendrait pas aux glaces, la pauvre, rompue comme elle était de l'échine, et le clocher pendant au-dessus du gouffre. Fallait la déménager tout de suite.

Le sud avait un argument solide : le pont. Mais le nord avait des hommes forts et entêtés. Si les aïeux avaient été capables de revenir de Louisiane et de Virginie, sur les rivières et dans les bois, traînant derrière eux tout leur ménage, c'est un pont qui arrêterait aujourd'hui leurs descendants ? Peuh!...

Et Jadus crachait dans le feu, et Basile cognait sur l'enclume.

Mais il était là, pourtant, le pont : étroit, fluet, brangeolant. Il était le lien fragile entre le sud et le nord, entre les pêcheurs de morues et d'éperlans. C'était ce pont-là que devrait franchir l'église pour s'implanter au nord.

— C'est trop risqué ; et pis ça passera pas.

— Et nous autres, chaque fois que je prenons le pont pour nous rendre à l'église, c'est point risqué ? Et si ça passe pas, on peut toujours en bâtir un autre, un pont.

Cette fois, le sud ébranla toutes ses dunes et ses deux barachois. On n'avait pas assez de déménager l'église, y allait-i' falloir en plus se construire un pont ? Et qui allait s'acquitter de tout ça ?

— Ben qui c'est déjà qui paye la dîme, asteur ?

Pendant cent ans, on avait payé à l'église des autres. Quête, dîme, collecte, bonnes œuvres, et pour qui ?

Majorique se dressa sur la proue de sa chaloupe et leur cria :

— Si un pont est trop cher, on se bâtira une église, droite icitte, où c'est qu'elle appartient.

Le vent venait de virer, un vent de nordet, sec et salé. On pourrait avoir de l'orage, en effet.

A ce moment-là, Majorique aperçut Sarah Bidoche au bout de la dune qui cherchait les premiers plants de passe-pierre. Il jeta ses rames à l'eau et partit vers la pointe. Mais quand il mit les pieds à terre, elle n'y était plus, la sorcière. Elle avait vu des as et des rois dans ses cartes, mais elle l'avait averti : « Prends garde, Majorique. Si tu peux empêcher ça... » Pourtant c'était ses ancêtres à lui qui avaient construit l'église. On racontait même que son aïeul, Majorique à Gabriel, avait lui-même sculpté au couteau de poche le tabernacle et la sainte table. Et voila que les gens du sû voulaient empoigner la barre de la paroisse et gouverner l'église.

— Vous avez pas eu assez de voler nos trappes et nos seines, leur hucha Majorique ; allez-vous tenter asteur de nous prendre notre arligion ?

La religion, pour passer au nord, devait emprunter le pont. Et c'est là qu'elle butait. C'est le pont qui avait toujours isolé le nord. Les hommes de la forge regardèrent la rivière avec une sorte de rage. Un jour...

— Je m'en vas y régler son compte au pont, moi, laissa échapper Basile sans lever la tête du feu.

Et Majorique songea à la vieille Bidoche. « Laisse-les pas faire », qu'elle avait dit. Mais il ne broncha point.

Alors Jadus à Généreux ramassa un tison du bout de ses pinces et sortit de la forge. On le vit prendre le pont et se diriger vers le sud. Mais déjà l'orage éclatait, couvrant toute la rivière et les barachois.

Le même jour, la petite église de bois brûlait.

Il vint au pays des dunes un juge, un évêque et des magistrats. Il y eut un procès qui dura tout l'automne. Des pêcheurs du sud firent serment, main sur l'Evangile, qu'ils avaient aperçu le Jadus franchir le pont, torche à la main, en plein midi... Mais comment auraient-ils pu distinguer le Jadus dans l'orage, les menteux ?... Mais alors, sacordjé ! qui avait mis le feu à l'église ?... Et pourquoi ça n'aurait pas été le tonnerre ?

— Le tounerre, ce jour-là, il est timbé en pierre.

C'est le Ferdinand lui-même qui le dit. A deux endroits dans la paroisse le tonnerre était tombé en pierre, et pas en feu. C'est donc qu'on avait incendié l'église.

— Et pourquoi c'est que ç'aurait été des genses du nôrd ?

— Par rapport que c'est le nôrd qu'avait fait des menaces.

Et puis, on avait vu Jadus à Généreux avec son flambeau, c'était juré.

Et l'enquête se poursuivit.

Les chroniqueurs du pays ne s'entendent pas sur les détails du procès. Il aurait fallu fouiller les archives des magistrats pour connaître la vérité. A-t-on réellement fait témoigner la Bessoune qui se trouvait sur le pont ce jour-là comme d'accoutume ? Ou, comme d'aucuns veulent croire, quelqu'un du nord aurait-il trahi ?

On condamna Jadus à Généreux.

C'était un pêcheur de coques et d'éperlans, le Jadus. Il passait tous ses hivers sur la baie avec les autres, dans sa cabane, à pêcher à la ligne, à bricoler et à raconter des histoires. Il était un bon conteur, Jadus, et se faisait respecter sur la baie. C'est lui qui avait su distraire les inspecteurs avec ses contes, un jour, le temps d'avertir les autres de jeter leurs cruches à l'eau. Et les inspecteurs s'en étaient retournés perplexes, pendant que les pêcheurs rigolaient.

— Ce jour-là, dit Majorique, les épelans mordiont par douzaine à nos lignes, saouls comme des tonneaux.

Et Majorique jura que Jadus ne paierait pas seul pour tous les autres.

On a toujours dit au pays que c'était Majorique qui avait conduit les hommes au presbytère. Ils étaient partis de la forge à Basile un petit groupe ; ils étaient nombreux, rendus au pont ; et c'est quasiment tout le nord qui débarqua au sud, armé de pics et de pioches.

...Il pouvait sortir de son presbytère, le curé du sû ! Il pouvait venir à la face de la moitié de la paroisse défendre les droits de l'autre moitié ! On était venus pour entendre ça ! Et on s'en retournerait avec le Jadus, ou avec l'église.

Ils étaient forts et entêtés, les pêcheurs du nord, et se sentaient lésés. Puis ils avaient l'habitude des tempêtes. Pourtant, Thaddée à Louis et Johnny Picoté, qui sont les plus sûrs chroniqueurs des côtes, soutiennent que jamais personne n'a touché au curé. Mais il eut peur, le brave homme, et fit des promesses. S'était-il engagé à leur donner l'église ? ou à faire libérer Jadus ? On raconte que les nord, après quelques heures de siège, reprirent le pont en chantant leur victoire.

...Mais le lendemain, l'évêque les excommuniait.

C'est à ce moment-ci qu'apparut la Bidoche. Ses avertissements n'avaient pas réussi à empêcher la catastrophe. Ce qui devait arriver s'était produit. Mais les cartes n'en disaient pas davantage. Maintenant les hommes pouvaient reprendre en main leur destin et diriger les événements. Et la tireuse de cartes sortit de sa cabane et se planta comme un arbre au sommet de la colline.

— Arrêtez ! hucha-t-elle de tous ses poumons aux gens du nord.

Ils avaient brûlé une église, fait emprisonner un homme, affronté un représentant de Dieu et perdu leur droit aux sacrements. C'était assez. Il fallait maintenant faire pénitence. Elle partirait en tête, elle, Sarah Bidoche, pour aller demander pardon à l'Église. Il iraient tous, en procession, les pieds nus. Oui, Basile, Majorique, la femme à Jadus, elle les mit tous au pas.

La procession se rendit jusqu'au presbytère et une délégation de trois hommes poursuivit à cheval vers l'évêché.

Le long des côtes, on ne connaît pas encore, à l'heure qu'il est, les paroles que s'échangèrent ce jour-là l'évêque et les hommes du nord excommuniés. Certains prétendent qu'ils ont dû parlementer durement. Thaddée assure pourtant que les pêcheurs se sont soumis et ont fait pénitence. Ça ne les a pas empêchés de revenir chaussés, la tête haute et pardonnés.

Le printemps suivant, on construisait deux eglises au pays des dunes : l'une au sud, près du cimetière ; l'autre au nord, au-delà du pont. Une nouvelle paroisse était née. Et au nombre des marguilliers, on comptait Basile, Majorique et Jadus à Généreux.

Majorique revint trouver la mère Bidoche et lui dit :

— Tire-moi les cartes, Sarah.

On était à la fin mai. Le temps était au chaud.

— J'arons du beau temps c't été, dit Sarah. Brasse, coupe deux fois et pis fais ton souhaite.

Majorique connaissait la formule et il obéit. La tireuse de cartes rangea les as et les rois sur la table et sourit au pêcheur d'éperlans.

— C'te fois-citte, t'es dans le cœur, Majorique. C'est mieux que le treufle. Une boune main, tant qu'à ça, une boune main, Majorique. Et pis un bon souhaite... Ouais, un ben bon souhaite.

Majorique ne révéla pas son souhait. Mais il souriait quand il sortit de chez la Bidoche. Le ciel regorgeait de mouettes et la baie était calme.

La mère Bidoche, sur son perron, regardait s'éloigner Majorique et jonglait :

— Ils viendront me dire après ça que c'est des saints patrons qui fondont les parouesses, qu'elle fit. Sacré Majorique !

Non, les gens de mon pays ne sont pas des flandrins, mous, sans épine dorsale ni mouelle dans les ous. Ils n'ont pas toujours laissé les loups leur manger la laine sur le dos. Ils ont conquis petit à petit, eux aussi, la terre qu'ils habitent et la mer qui les nourrit. Et ce n'est pas vrai qu'ils se soient laissés dépouiller, déporter et vendre, sans résistance et sans reparties.

...Si seulement l'on avait confié l'histoire aux conteurs, aux chroniqueurs, aux défricheteuses de parenté, on aurait vu à la place d'Évangéline, se dresser Mathilda, et Mariaagélas, et la Sagouine, et Sarah Bidoche... et l'on aurait su comment, le long des côtes, se fondaient les villages, les paroisses et le pays.

MARIAMA BÂ

Mariama Bâ est née au Sénégal en 1929. Elle reçoit une formation française avant de devenir institutrice dans une école primaire. Mère de neuf enfants et journaliste, elle participe à plusieurs organismes de femmes. La condition de la femme sénégalaise demeure son grand sujet. Son premier roman, *Une si longue lettre* (1980), dénonce la situation malheureuse des femmes dans les mariages polygames. Dans *Un chant écarlate,* terminé tout juste avant sa mort en 1981, elle poursuit, cette fois en traitant du sujet des mariages mixtes, son enquête sociale et sa contestation des valeurs établies. Son refus des structures patriarcales ainsi que sa critique de celles qui acceptent ces traditions sans les remettre en question ont inspiré une nouvelle génération de femmes.

Lorsqu'on a invité un certain nombre d'écrivains sénégalais à soumettre des manuscrits aux Nouvelles éditions africaines, Mariama Bâ, convaincue qu'il fallait qu'y figure un livre de femme, s'est dépêchée de terminer son roman. *Une si longue lettre,* premier roman d'une femme âgée alors de cinquante ans, est devenu en 1980 le premier récipiendaire du prestigieux Prix Noma. Appel lancé à une grande amie de toujours, Aïssatou, et en même temps, plainte dûe au mariage de son mari, Modou, avec une co-épouse, puis lamentation causée par la mort subite de Modou, le roman de Mariama Bâ nous fait revivre la lente émancipation d'une femme enfoncée dans les rôles traditionnels de la société musulmane. *Une si longue lettre* est le seul roman entièrement épistolaire du corpus africain. Cette forme permet à Ramatoulaye d'exprimer la colère que lui inspirent la trahison de Modou et sa propre dépendance, au moment même où elle se conforme en apparence aux rites du deuil traditionnel, le « Mirasse ». Ainsi, de manière audacieuse, Ramatoulaye lie le respect des pratiques religieuses traditionnelles à sa propre analyse des questions urgentes d'ordre culturel, économique et psychologique auxquelles doivent faire face les femmes africaines. Lorsqu'elle exprime sa résistance à son amie (« Ma voix connaît trente années de silence, trente années de brimades. Elle éclate, violente, tantôt sarcastique, tantôt méprisante »), elle prend conscience des liens essentiels entre la libération nationale et la libération des femmes, liens qui ne sont pas encore manifestes à la fin des chapitres reproduits ici, où deux jeunes couples envisagent l'Afrique nouvelle. Après avoir, par la suite, refusé deux offres de mariage, et donc le statut de co-épouse, et après avoir constaté la liberté qu'assument ses filles — l'une vit un mariage égalitaire, l'autre une grossesse en dehors des liens matrimoniaux —, Ramatoulaye revoit sa conception première de la libération nationale et comprend que « la réussite d'une nation passe donc irrémédiablement par la famille ». Elle donne ainsi une image de la société africaine dans laquelle les hommes et les femmes partagent à égalité les devoirs et les joies, et collaborent de manière harmonieuse à la construction du monde postcolonial.

Une si longue lettre (extrait)

I .

Aïssatou,

J'ai reçu ton mot. En guise de réponse, j'ouvre ce cahier, point d'appui dans mon désarroi : notre longue pratique m'a enseigné que la confidence noie la douleur.

Ton existence dans ma vie n'est point hasard. Nos grand'mères dont les concessions étaient séparées par une tapade, échangeaient journellement des messages. Nos mères se disputaient la garde de nos oncles et tantes. Nous, nous avons usé pagnes et sandales sur le même chemin caillouteux de l'école coranique. Nous avons enfoui, dans les mêmes trous, nos dents de lait, en implorant Fée-Souris de nous les restituer plus belles.

Si les rêves meurent en traversant les ans et les réalités, je garde intacts mes souvenirs, sel de ma mémoire.

Je t'invoque. Le passé renaît avec son cortège d'émotions. Je ferme les yeux. Flux et reflux de sensations : chaleur et éblouissement, les feux de bois ; délice dans notre bouche gourmande, la mangue verte pimentée, mordue à tour de rôle. Je ferme les yeux. Flux et reflux d'images ; visage ocre de ta mère constellé de gouttelettes de sueur, à la sortie des cuisines ; procession jacassante des fillettes trempées, revenant des fontaines.

Le même parcours nous a conduites de l'adolescence à la maturité où le passé féconde le présent.

Amie, amie, amie ! Je t'appelle trois fois[1]. Hier, tu as divorcé. Aujourd'hui, je suis veuve.

Modou est mort. Comment te raconter ? On ne prend pas de rendez-vous avec le destin. Le destin empoigne qui il veut, quand il veut. Dans le sens de vos désirs, il vous apporte la plénitude. Mais le plus souvent, il déséquilibre et heurte. Alors, on subit. J'ai subi le coup de téléphone qui bouleverse ma vie.

Un taxi hélé ! Vite ! Plus vite ! Ma gorge sèche. Dans ma poitrine une boule immobile. Vite ! Plus vite ! Enfin l'hôpital ! L'odeur des suppurations et de l'éther mêlés. L'hôpital ! Des visages crispés, une escorte larmoyante de gens connus ou inconnus, témoins malgré eux de l'atroce tragédie. Un couloir qui s'étire, qui n'en finit pas de s'étirer. Au bout, une chambre. Dans la chambre, un lit. Sur ce lit : Modou étendu, déjà, isolé du monde des vivants par un drap blanc qui l'enveloppe entièrement. Une main s'avance, tremblante, et découvre le corps lentement. Dans le désordre d'une chemise bleue à fines rayures, la poitrine apparaît, velue, à jamais tranquille. Ce visage figé dans la douleur et la surprise est bien sien, bien siens ce front dégarni, cette bouche entr'ouverte. Je veux saisir sa main. Mais on m'éloigne. J'entends Mawdo, son ami médecin m'expliquer : Crise cardiaque foudroyante survenue à son bureau alors qu'il dictait une lettre. La secrétaire a eu la présence d'esprit de m'appeler. Mawdo redit son arrivée tardive avec l'ambulance. Je pense : « le médecin après la mort ». Il mime le massage du cœur effectué ainsi que l'inutile bouche à bouche. Je pense encore : massage du cœur, bouche à bouche, armes dérisoires contre la volonté divine.

J'écoute des mots qui créent autour de moi une atmosphère nouvelle où j'évolue, étrangère et crucifiée. La mort, passage ténu entre deux mondes opposés, l'un tumultueux, l'autre immobile.

1. Manière d'interpeller qui montre la gravité du sujet qu'on va aborder.

Où me coucher ? Le bel âge a ses exigences de dignité. Je m'accroche à mon chapelet. Je l'égrène avec ardeur en demeurant debout sur des jambes molles. Mes reins battent la cadence de l'enfantement.

Tranches de ma vie jaillies inopinément de ma pensée, versets grandioses du Coran, paroles nobles consolatrices se disputent mon attention.

Miracle joyeux de la naissance, miracle ténébreux de la mort. Entre les deux, une vie, un destin, dit Mawdo Bâ.

Je regarde fixement Mawdo. Il me paraît plus grand que de coutume dans sa blouse blanche. Je le trouve maigre. Ses yeux rougis témoignent de quarante années d'amitié. J'apprécie ses mains d'une beauté racée, d'une finesse absolue, mains souples habituées à dépister le mal. Ces mains là, mues par l'amitié et une science rigoureuse, n'ont pu sauver l'ami.

2 .

Modou Fall est bien mort, Aïssatou. En attestent le défilé ininterrompu d'hommes et de femmes qui « ont appris », les cris et pleurs qui m'entourent. Cette situation d'extrême tension aiguise ma souffrance et persiste jusqu'au lendemain, jour de l'enterrement.

Quel fleuve grouillant d'êtres humains accourus de toutes les régions du pays où la radio a porté la nouvelle.

Des femmes s'affairent, proches parentes. Elles doivent emporter à l'hôpital pour la toilette mortuaire encens, eau de cologne, coton. Sont soigneusement mis dans un panier neuf, les sept mètres de percale blanche, seul vêtement autorisé à un mort musulman. Le « Zem-Zem », eau miraculeuse venue des Lieux Saints de l'Islam, pieusement conservée dans chaque famille, n'est pas oublié. On choisit des pagnes riches et sombres pour recouvrir Modou.

Le dos calé par des coussins, les jambes tendues, je suis les allées et venues, la tête recouverte d'un pagne noir. En face de moi, un van neuf, acheté pour la circonstance, reçoit les premières aumônes. La présence à mes côtés de ma co-épouse m'énerve. On l'a installée chez moi, selon la coutume, pour les funé-railles. Chaque heure qui passe creuse ses joues plus profondément, cerne davantage ses yeux, des yeux immenses et beaux qui se ferment et s'ouvrent sur leurs secrets, des regrets peut-être. Au temps du rire et de l'insouciance, au temps de l'amour, la tristesse ploie cette enfant.

Pendant que les hommes dans une longue file hétéroclite de voitures officielles ou particulières, de cars rapides, de camionnettes et vélo-solex, conduisent Modou à sa dernière demeure, (on parlera longtemps du monde qui suivit le cortège funèbre) nos belles-sœurs nous décoiffent. Nous sommes installées, ma co-épouse et moi, sous une tente occasionnelle faite d'un pagne tendu au-dessus de nos têtes. Pendant que nos belles-sœurs œuvrent, les femmes présentes, prévenues de l'opération, se lèvent et jettent sur la toiture mouvante des piecettes pour conjurer le mauvais sort.

C'est le moment redouté de toute Sénégalaise, celui en vue duquel elle sacrifie ses biens en cadeaux à sa belle-famille, et où, pis encore, outre les biens, elle s'ampute de sa personnalité, de sa dignité, devenant une chose au service de l'homme qui l'épouse, du grand-père, de la grand-mère, du père, de la mère, du frère, de la sœur, de l'oncle, de la tante, des cousins, des cousines, des amis de cet homme. Sa conduite est conditionnée : une belle-sœur ne touche pas la tête d'une épouse qui a été avare, infidèle ou inhospitalière.

Nous, nous avons été méritantes et c'est le chœur de nos louanges chantées à tue-tête. Notre patience à toute épreuve, la largesse de notre cœur, la fréquence de nos cadeaux trouvent leur justification et leur récompense en ce jour. Nos belles-sœurs traitent avec la même égalité trente et cinq ans de vie conjugale. Elles célèbrent, avec la même aisance et les mêmes mots, douze et trois maternités. J'enregistre, courroucée, cette volonté de nivellement qui réjouit la nouvelle belle-mère de Modou.

Après s'être lavé les mains dans l'eau d'une bassine placée à l'entrée de la maison, les hommes revenus du cimetière, défilent devant la famille groupée autour de nous, les veuves. Ils présentent leurs condoléances ponctuées de louanges à l'adresse du disparu.

— Modou, ami des jeunes et des vieux...

— Modou, cœur de lion, défenseur de l'opprimé...

— Modou, aussi à l'aise dans un costume que dans un caftan...

— Modou, bon frère, bon mari, bon musulman...

— Que Dieu lui pardonne...

— Qu'il regrette son séjour terrestre face à sa félicité céleste...

— Que la terre lui soit légère !

Ils sont là, compagnons de jeux de son enfance, autour du ballon rond ou à la chasse aux oiseaux, avec les lance-pierres. Ils sont là, compagnons d'études. Ils sont là, compagnons des luttes syndicales.

Les « Siguil ndigalé »[2] se succèdent, poignants, tandis que des mains expertes distribuent à l'assistance biscuits, bonbons, colas judicieusement mêlés, premières offrandes vers les cieux pour le repos de l'âme du disparu.

3 .

Le troisième jour, mêmes allées et venues d'amis, de parents, de pauvres, d'inconnus. Le nom du défunt, populaire, a mobilisé une foule bourdonnante, accueillie dans ma maison dépouillée de tout ce qui peut être volé, de tout ce qui peut être détérioré. Des nattes de tous genres s'étalent partout où elles trouvent place. Des chaises en fer, louées pour la circonstance, bleuissent au soleil.

Et monte, réconfortante la lecture du Coran ; paroles divines, recommandations célestes, impressionnantes promesses de châtiment ou de délices, exhortations au bien, mise en garde contre le mal, exaltation de l'humilité, de la foi. Des frissons me parcourent. Mes larmes coulent et ma voix s'ajoute faiblement aux « Amen » fervents qui mobilisent l'ardeur de la foule, à la chute de chaque verset.

L'odeur du « lakh »[3] qui tiédit dans des calebasses, flotte, excitante. Et défilent aussi les grandes cuvettes de riz rouge ou blanc, cuisiné sur place ou dans les maisons avoisinantes. Dans des verres en plastique, on sert jus de fruits, eau et lait caillé glacés. Le groupe des hommes mange, silencieux. Peut-être, ont-ils en mémoire le corps raide, ficelé, descendu par leurs soins dans un trou béant vite refermé.

Chez les femmes, que de bruits : rires sonores, paroles hautes, tapes des mains, stridentes exclamations. Des amies, qui ne s'étaient pas vues depuis longtemps, s'étreignent bruyamment. Les unes parlent du dernier tissu paru sur le marché. D'autres indiquent la provenance de leurs pagnes tissés. On se transmet les derniers potins. Et l'on s'esclaffe et l'on roule les yeux et l'on admire le boubou de sa voisine, sa façon originale de noircir ses mains et ses pieds au henné, en y traçant des figures géométriques.

De temps en temps, une voix virile excédée met en garde, redéfinit le rassemblement : cérémonie pour la rédemption d'une âme. La voix est vite oubliée et le brouhaha revient, s'amplifiant.

2. Formule de condoléances qui contient un souhait de redressement moral.

3. Mets sénégalais à base de farine de mil malaxée grossièrement, cuite à l'eau. Se mange avec du lait caillé.

Le soir, vient la phase la plus déroutante de cette cérémonie du troisième jour. Plus de monde, davantage de bousculade pour mieux voir et mieux entendre. Des groupes se constituent par affinités, par liens de sang, par quartiers, par corporations. Chaque groupe exhibe sa participation aux frais. Jadis, cette aide se donnait en nature : mil, bétail, riz, farine, huile, sucre, lait. Aujourd'hui, elle s'exprime ostensiblement en billets de banque et personne ne veut donner moins que l'autre. Troublante extériorisation du sentiment intérieur inévaluable, évalué en francs ! Et je pense encore : combien de morts auraient pu survivre si, avant d'organiser ses funérailles en festin, le parent ou l'ami avait acheté l'ordonnance salvatrice ou payé l'hospitalisation.

Les recettes sont inscrites minutieusement. C'est une dette à payer dans des circonstances identiques. Les parents de Modou ouvrent un cahier. Dame Belle-mère (de Modou) et sa fille ont un carnet. Fatim, ma petite sœur, inscrit soigneusement la liste de mes entrées sur un bloc-notes.

Issue d'une grande famille de cette ville, ayant des connaissances dans toutes les couches sociales, institutrice ayant des rapports aimables avec les parents d'élèves, compagne de Modou depuis trente ans, je reçois les sommes les plus fortes et de nombreuses enveloppes. L'intérêt que l'on me porte me grandit aux yeux d'autrui et c'est au tour de Dame Belle-mère d'être courroucée. Nouvellement entrée dans la bourgeoisie citadine par le mariage de sa fille, elle récolte aussi des billets. Quant à son enfant, muette, hagarde, elle demeure étrangère au milieu qui l'environne.

Les interpellations de nos belles-sœurs la sortent de sa torpeur. Elles rentrent en scène, après s'être consultées. Elles ont cotisé l'exorbitante somme de deux cent mille francs pour nous « habiller »[4]. Hier, elles nous ont offert de l'excellent « thiakry »[5] pour étancher notre soif. La griote de la famille Fall est fière de son rôle de liaison transmis de mère en fille :

— « Cent mille francs, la branche paternelle ;
Cent mille francs, la branche maternelle. »

Elle compte les billets bleus ou roses un à un, les exhibe, et conclut : — « J'ai beaucoup à dire sur vous Fall, petits enfants de Damel Madiodio, qui avez hérité d'un sang royal. Mais l'un de vous n'est plus. Aujourd'hui n'est pas un

4. C'est aux sœurs du mari d'acheter les vêtements de deuil des veuves.
5. Boisson obtenue en mêlant du lait caillé sucré à la farine de mil malaxée finement et cuite à la vapeur.

jour joyeux. Je pleure avec vous Modou, que je qualifiais de « sac de riz » car il me donnait fréquemment un sac de riz. Recevez donc les sommes, vous les dignes veuves d'un homme digne ».

Chaque veuve doit doubler sa part, comme sera doublée l'offrande des petits fils de Modou, représentés par la progéniture de tous ses cousins et cousines.

Notre belle-famille emporte ainsi des liasses laborieusement complétées et nous laisse dans un dénuement total, nous qui aurons besoin de soutien matériel.

Suit le défilé de vieux parents, de vieilles connaissances, de griots, de bijoutiers, de laobés au langage chantant. Les « au-revoir » énervent en se succédant à une cadence infernale, car ils ne sont pas simples ni gratuits : ils requièrent, selon la qualité du partant, tantôt une pièce, tantôt un billet de banque.

La maison se vide peu à peu. Relents de sueurs et d'aliments se mêlent en effluves désagréables, écœurants. Des taches rouges de colas crachées çà et là : mes carreaux, si laborieusement entretenus, noircis. Taches de graisse aux murs, ballets de papiers froissés. Quel bilan pour une journée !

Mon horizon éclairci m'offre la vision d'une vieille femme. Qui est-elle ? D'où vient-elle ? Courbée, les pans de son boubou attachés au dos, elle vide dans un sac en plastique des restes de riz rouge. Son visage rayonnant dit l'agréable journée qu'elle vient de vivre. Elle veut en apporter la preuve à sa famille résidant à Ouakam, Thiaroye, Pikine[6], peut-être.

Elle marmonne entre ses dents rouges de cola, quand, redressée, elle croise mon regard désapprobateur :

— « Dame, la mort est aussi belle que le fut la vie ».

Il en sera de même, hélas, pour les huitième et quarantième jours qui verront se rattraper ceux qui « ont su » tardivement. Légères toilettes qui laissent apparaître la sveltesse de la taille, la proéminence de la croupe, le soutien-gorge neuf ou acheté à la marchande de friperies, cure-dents calés à la bouche, châles blancs ou fleuris, parfums lourds d'encens et de « gongo »[7], voix criardes, rires aigus. Et pourtant, l'on nous dit dans le Coran que le troisième jour, le mort enfle et emplit sa tombe et pourtant, l'on nous dit que le huitième jour, il

6. Banlieues de Dakar.
7. Poudre odorante et excitante.

éclate ; et l'on nous dit aussi que le quarantième jour, il est démantelé ! Que signifient donc ces festins joyeux, établis en institution, qui accompagnent les prières pour la clémence de Dieu ? Qui est là par intérêt ? Qui est là pour étancher sa soif ? Qui est là pour plaindre ? Qui est là pour se souvenir ?

Ce soir, Binetou, ma co-épouse, rejoindra sa villa SICAP[8]. Enfin ! Ouf !

Les visites de condoléances continuent : malades, voyageurs ou simples retardataires et paresseux viennent accomplir ce qu'ils considèrent comme un devoir sacré. On peut manquer un baptême, jamais un deuil. Pièces et billets continuent d'affluer sur le van solliciteur.

Je vis seule dans une monotonie que ne coupent que les bains purificateurs et les changements de vêtements de deuil, tous les lundis et vendredis.

J'espère bien remplir mes charges. Mon cœur s'accorde aux exigences religieuses. Nourrie, dès l'enfance, à leurs sources rigides, je crois que je ne faillirai pas. Les murs qui limitent mon horizon pendant quatre mois et dix jours ne me gênent guère. J'ai en moi assez de souvenirs à ruminer. Et ce sont eux que je crains car ils ont le goût de l'amertume.

Puisse leur invocation ne rien souiller de l'état de pureté absolue où je dois évoluer.

A demain.

4 .

Aïssatou, mon amie, je t'ennuie, peut-être, à te relater ce que tu sais déjà.

Je n'ai jamais autant observé, parce que n'ayant jamais été autant concernée.

La réunion familiale, tenue dans mon salon, ce matin, est enfin terminée. Tu devines aisément les présents ; Dame Belle-mère, son frère et sa fille Binetou encore amaigrie, le vieux Tamsir, frère de Modou et l'Iman de la mosquée de son quartier, Mawdo Bâ, ma fille et son mari Abdou.

« Le Mirasse », ordonné par le Coran nécessite le dépouillement d'un individu mort de ses secrets les plus intimes. Il livre ainsi à autrui ce qui fut soigneusement dissimulé. Des découvertes expliquent crûment une conduite. Je mesure, avec effroi, l'ampleur de la trahison de Modou. L'abandon de sa première famille (mes enfants et moi) était conforme à un nouveau choix de vie. Il nous rejetait. Il orientait son avenir sans tenir compte de notre existence.

8. Société Immobilière du Cap-Vert qui bâtit des villas en location-vente ou en location simple.

Sa promotion au rang de conseiller technique au Ministère de la Fonction Publique, en échange de laquelle il avait endigué la révolte syndicale, disent les mauvaises langues, n'a rien pu contre la marée enlisante des dépenses où il se débattait. Mort sans un sou d'économie. Des reconnaissances de dettes ? Une pile : vendeurs de tissus et d'or, commerçants livreurs de denrées, bouchers, traites de voiture...

Adosse-toi. Le clou du « dépouillement » : la provenance de la villa SICAP, grand standing, quatre chambres à coucher, deux salles de bains rose et bleue, vaste salon, appartement de trois pièces construit à ses frais au fond de la deuxième cour, pour Dame Belle-mère. Et des meubles de France pour sa nouvelle femme et des meubles d'ébénistes locaux pour Dame belle-mère.

Ce logement et son chic contenu ont été acquis grâce à un prêt bancaire consenti sur une hypothèque de la villa « Falène » où j'habite. Cette villa, dont le titre foncier porte son nom, n'en est pas moins un bien commun acquis sur nos économies. Quelle audace dans l'escalade !

Il continuait d'ailleurs à verser mensuellement à la SICAP soixante-quinze mille francs. Ces versements devaient durer une dizaine d'années pour que la maison lui appartienne.

Quatre millions empruntés avec facilité, vu sa situation privilégiée, et qui avaient permis d'envoyer Dame Belle-mère et son époux acquérir les titres de Hadja et de El-Hadj à la Mecque ; qui permettaient également les changements continuels des « Alfa Roméo » de Binetou, à la moindre bosse.

Maintenant, je saisis l'horrible signification de l'abandon par Modou du compte bancaire qui nous était commun. Il voulait s'isoler financièrement pour avoir les coudées franches.

Et puis, ayant retiré Binetou du circuit scolaire, il lui versait une allocation mensuelle de cinquante mille francs, comme un salaire dû. La petite, très douée, voulait continuer ses études, passer son baccalauréat. Modou, malin, pour asseoir son règne, entendait la soustraire au monde critique et impitoyable des jeunes. Il acquiesça donc à toutes les conditions de la rapace « Dame Belle-mère », et avait même signé un papier où il s'engageait à verser tous les mois la dite somme. Dame Belle-mère brandissait de papier car elle croyait ferme que ces versements devaient continuer, même à la mort de Modou, sur l'héritage.

Ma fille Daba, elle, brandissait un constat d'huissier daté du jour de la mort même de son père qui indiquait tout le contenu de la villa SICAP. La liste fournie par Dame Belle-mère et Binetou ne mentionnait pas certains objets et meubles, mystérieusement disparus ou frauduleusement soustraits.

Tu me connais excessivement sentimentale. Ce qu'on exhibait de part et d'autre ne me plaisait pas du tout...

5 .

Je t'ai quittée hier en te laissant stupéfaite sans doute par mes révélations.

Folie ? Veulerie ? Amour irrésistible ? Quel bouleversement intérieur a égaré la conduite de Modou Fall pour épouser Binetou ?

Pour vaincre ma rancœur, je pense à la destinée humaine. Chaque vie recèle une parcelle d'héroïsme, un héroïsme obscur fait d'abdications, de renoncements et d'acquiescements, sous le fouet impitoyable de la fatalité.

Je pense aux aveugles du monde entier qui se meuvent dans le noir. Je pense aux paralytiques du monde entier qui se traînent. Je pense aux lépreux du monde entier que leur mal ampute.

Victimes d'un triste sort que vous n'avez pas choisi, que sont à côté de vos lamentations, mes démêlés, motivés cruellement, avec un mort qui n'a plus de main-mise sur ma destinée ? Justiciers, vous auriez pu, en liguant vos désespoirs, rendre tremblants ceux que la richesse enivre, ceux que le hasard favorise. Vous auriez pu, en une horde puissante de sa répugnance et de sa révolte, arracher le pain que votre faim convoite.

Votre stoïcisme fait de vous, non des violents, non des inquiétants, mais de véritables héros, inconnus de la grande histoire, qui ne dérangent jamais l'ordre établi, malgré votre situation misérable.

Je répète, que sont à côté de vos tares visibles, les infirmités morales dont vous n'êtes d'ailleurs pas à l'abri ? En pensant à vous, je rends grâce à Dieu de mes yeux qui embrassent chaque jour le ciel et la terre. Si la fatigue morale m'ankylose aujourd'hui, elle désertera demain mon corps. Alors, ma jambe délivrée me portera lentement et, à nouveau, j'aurai autour de moi l'iode et le bleu de la mer. Seront miens l'étoile et le nuage blanc. Le souffle du vent rafraîchira encore mon front. Je m'étendrai, je me retournerai, je vibrerai. O ! Santé, habite-moi. O ! Santé...

Mes efforts ne me détournent pas longtemps de ma déception. Je pense au nourrisson orphelin à peine né. Je pense à l'aveugle qui ne verra jamais le sourire de son enfant. Je pense au calvaire du manchot. Je pense... Mais mon découragement persiste, mais ma rancœur demeure, mais déferlent en moi les vagues d'une immense tristesse !

Folie ou veulerie ? Manque de cœur ou amour irrésistible ? Quel bouleversement intérieur a égaré la conduite de Modou Fall pour épouser Binetou ?

Et dire que j'ai aimé passionnément cet homme, dire que je lui ai consacré trente ans de ma vie, dire que j'ai porté douze fois son enfant. L'adjonction d'une rivale à ma vie ne lui a pas suffi. En aimant une autre, il a brûlé son passé moralement et matériellement. Il a osé pareil reniement... et pourtant.

Et pourtant, que n'a-t-il fait pour que je devienne sa femme !

6 .

Tu te souviens de ce train matinal qui nous emmena pour la première fois à Ponty Ville, cité des normaliens dans Sébikotane. Ponty-Ville, c'est la campagne encore verte de la douche des dernières pluies, une Fête de la jeunesse en pleine nature, des mélodies des banjos dans des dortoirs transformés en pistes de danse, des causeries le long des allées de géraniums ou sous les manguiers touffus.

Modou Fall, à l'instant où tu t'inclinas devant moi pour m'inviter à danser, je sus que tu étais celui que j'attendais. Grand et athlétiquement bâti, certes. Teint ambré dû à ta lointaine appartenance mauresque, certes aussi. Virilité et finesse des traits harmonieusement conjuguées, certes encore. Mais surtout, tu savais être tendre. Tu savais deviner toute pensée, tout désir... Tu savais beaucoup de choses indéfinissables qui t'auréolaient et scellèrent nos relations.

Quand nous dansions, ton front déjà dégarni à cette époque se penchait sur le mien. Le même sourire heureux éclairait nos visages. La pression de ta main devenait plus tendre, plus possessive. Tout en moi acquiesçait et nos relations durèrent à travers années scolaires et vacances, fortifiées en moi par la découverte de ton intelligence fine, de ta sensibilité enveloppante, de ta serviabilité, de ton ambition qui n'admettait point la médiocrité. Cette ambition t'a conduit, à ta sortie de l'école, à la préparation solitaire de tes deux baccalauréats. Puis, tu partis en France, y vécus, selon tes lettres, en reclus, accordant peu d'importance au cadre étincelant qui gênait ton regard, mais tu embrassais le sens profond d'une histoire qui a fait des prodiges, et d'une immense culture qui te submergeait. Le teint laiteux des femmes ne te retint pas. Toujours, selon tes lettres, « ce que la femme blanche possède de plus que la négresse sur le plan strictement physique est la variété dans la couleur, l'abondance, la longueur et la souplesse de la chevelure. Il y a aussi le regard qui peut être bleu, vert, souvent couleur de miel neuf ». Tu te lamentais aussi de la morosité des cieux où ne se balance nulle coiffe de cocotier. Te manquait « le dandinement des négresses, le long des trottoirs », cette lenteur grâcieuse propre à l'Afrique, qui charmait tes yeux. Tu avais mal jusqu'aux entrailles du rythme intense des gens et de l'engourdissement du froid. Tu concluais en te disant arc-bouté aux études. Tu concluais en dévidant des tendresses. Tu concluais en me rassurant : « C'est toi que je porte en moi. Tu es ma négresse protectrice. Vite te retrouver rien que pour une pression de mains qui me fera oublier faim et soif et solitude ».

Et tu revins triomphant. Licencié en droit ! A la parade de l'avocat, malgré ta voix et tes dons d'orateur, tu préféras un travail obscur, moins rémunéré mais constructif pour ton pays.

Tes prouesses ne s'arrêtèrent pas là. L'introduction dans notre cercle de ton ami Mawdo Bâ changera la vie de ma meilleure amie, Aïssatou.

Je ne ris plus des réticences de ma mère à ton égard, car une mère sent d'instinct où se trouve le bonheur de son enfant. Je ne ris plus en pensant qu'elle te trouvait trop beau, trop poli, trop parfait pour un homme. Elle parlait souvent de la séparation voyante de tes deux premières incisives supérieures, signe de primauté de la sensualité en l'individu. Que n'a-t-elle pas fait, dès lors, pour nous séparer ? De toi, elle ne voyait que l'éternel complet kaki, l'uniforme de ton école. De toi, elle ne retenait que les visites trop longues. Tu étais oisif, disait-elle, donc plein de temps à gaspiller. Et ce temps, tu l'employais à « farcir » ma tête au détriment de jeunes gens plus intéressants.

Car, premières pionnières de la promotion de la femme africaine, nous étions peu nombreuses. Des hommes nous taxaient d'écervelées. D'autres nous désignaient comme des diablesses. Mais beaucoup voulaient nous posséder. Combien de rêves avions-nous alimentés désespérément, qui auraient pu se concrétiser en bonheur durable et que nous avons déçus pour en embrasser d'autres qui ont piteusement éclaté comme bulles de savon, nous laissant la main vide ?

7 .

Aïssatou, je n'oublierai jamais la femme blanche qui, la première, a voulu pour nous un destin « hors du commun ». Notre école, revoyons-la ensemble, verte, rose, bleue, jaune, véritable arc-en-ciel : verte, bleue, et jaune, couleurs des fleurs qui envahissaient la cour ; rose : couleur des dortoirs aux lits impeccablement dressés. Notre école, entendons vibrer ses murs de notre fougue à l'étude. Revivons la griserie de son atmosphère, les nuits, alors que retentissait plein d'espérance, la chanson du soir, notre prière commune. Le recrutement qui se faisait par voie de concours à l'échelle de l'ancienne Afrique Occidentale Française, démantelée aujourd'hui en Républiques autonomes, permettait un brassage fructueux d'intelligences, de caractères, des mœurs et coutumes différents. Rien n'y distinguait, si ce n'étaient des traits spécifiquement raciaux, la Fon du Dahomey et la Malinké de Guinée. Des amitiés s'y nouaient, qui ont résisté au temps et à l'éloignement. Nous étions de véritables sœurs destinées à la même mission émancipatrice.

Nous sortir de l'enlisement des traditions, superstitions et mœurs ; nous faire apprécier de multiples civilisations sans reniement de la nôtre ; élever notre vision du monde, cultiver notre personnalité, renforcer nos qualités, mater nos défauts ; faire fructifier en nous les valeurs de la morale universelle ; voilà la tâche que s'était assignée l'admirable directrice. Le mot « aimer » avait une résonance particulière en elle. Elle nous aima sans paternalisme, avec nos tresses debout ou pliées, avec nos camisoles, nos pagnes. Elle sut découvrir et apprécier nos qualités.

Comme je pense à elle ! Si son souvenir résiste victorieusement à l'ingratitude du temps, à présent que les fleurs n'encensent plus aussi puissamment qu'autrefois, que le mûrissement et la réflexion dégarnissent les rêves du merveilleux, c'est que la voie choisie pour notre formation et notre épanouissement ne fut point hasard. Elle concorde avec les options profondes de l'Afrique nouvelle, pour promouvoir la femme noire.

Libérée donc des tabous qui frustrent, apte à l'analyse, pourquoi devrais-je suivre l'index de ma mère pointé sur Daouda Dieng, célibataire encore, mais trop mûr pour mes dix-huit hivernages. Exerçant la profession de Médecin Africain à la Polyclinique, il était nanti et savait en tirer profit. Sa villa, juchée sur un rocher de la Corniche, face à la mer, était le lieu de rencontre de l'élite jeune. Rien n'y manquait depuis le réfrigérateur où attendaient des boissons agréables jusqu'au phonographe, qui distillait tantôt de la musique langoureuse tantôt des airs endiablés.

Daouda Dieng savait aussi forcer les cœurs. Cadeaux utiles pour ma mère, allant du sac de riz, appréciable en cette période de pénurie de guerre, jusqu'au don futile pour moi, enveloppé avec préciosité, dans du papier enrubanné. Mais, je préférais l'homme à l'éternel complet kaki. Notre mariage se fit sans dot, sans faste, sous les regards désapprobateurs de mon père, devant l'indignation douloureuse de ma mère frustrée, sous les sarcasmes de mes sœurs surprises, dans notre ville muette d'étonnement.

8 .

Puis, ce fut ton mariage avec Mawdo Bâ, fraîchement sorti de l'Ecole Africaine de Médecine et de Pharmacie. Un mariage controversé. J'entends encore les rumeurs coléreuses de la ville :

— Quoi, un Toucouleur qui convole avec une bijoutière ? Jamais, il « n'amassera argent ».

— La mère de Mawdo est une Dioufène, Guélewar du Sine. Quel soufflet pour elle, devant ses anciennes co-épouses ! (le père de Mawdo était mort).

— A vouloir coûte que coûte épouser une « courte robe », voilà sur quoi l'on tombe.

— L'école transforme nos filles en diablesses, qui détournent les hommes du droit chemin.

Et j'en passe. Mais Mawdo fut ferme.

« Le mariage est une chose personnelle », ripostait-il à qui voulait l'entendre.

Il souligna son adhésion totale au choix de sa vie, en rendant visite à ton père, non à son domicile, mais à son lieu de travail. Il revenait de ses randonnées, comme illuminé, heureux d'avoir « tranché dans le bon sens », exultait-il. Il parlait de ton père, « créateur ». Il admirait cet homme, affaibli par les doses quotidiennes d'oxyde de carbone avalé depuis le temps qu'il évolue dans l'âcreté des fumées poussiéreuses. L'or est sa chose qu'il fond, coule, tord, aplatit, affine, cisèle. « Il faut le voir, ajoutait Mawdo. Il faut le voir souffler la flamme. » Ses joues se gonflaient de la vie de ses poumons. Cette vie animait la flamme, tantôt rouge, tantôt bleue, qui s'élevait ou se courbait, faiblissait ou s'intensifiait selon sa volonté et le besoin de l'œuvre. Et les paillettes d'or dans les gerbes d'étincelles rouges et le chant rude des apprentis qui scandaient les coups de marteau chez les uns, et la pression des mains sur les soufflets chez les autres, faisaient se retourner les passants.

Ton père, Aïssatou, connaissait l'ensemble des rites qui protègent le travail de l'or, métal des « Djin »[9]. Chaque métier a son code que seuls des initiés possèdent et que l'on se confie de père en fils. Tes grands-frères, dès leur sortie de la case des circoncis, ont pénétré cet univers particulier qui fournit le mil nourricier de la concession.

Mais tes jeunes frères ? Leurs pas ont été dirigés vers l'école des Blancs.

L'ascension est laborieuse, sur le rude versant du savoir, à l'école des Blancs :

Le jardin d'enfants reste un luxe que seuls les nantis offrent à leurs petits. Pourtant, il est nécessaire lui qui aiguise et canalise l'attention et les sens du bambin.

L'école primaire, si elle prolifère, son accès n'en demeure pas moins difficile. Elle laisse à la rue un nombre impressionnant d'enfants, faute de places.

Entrer au lycée ne sauve pas l'élève aux prises à cet âge avec l'affermissement de sa personnalité, l'éclatement de sa puberté et la découverte des traquenards qui ont noms : drogue, vagabondage, sensualité.

L'université aussi a ses rejets exorbitants et désespérés.

Que feront ceux qui ne réussissent pas ? L'apprentissage du métier tradition-nel apparaît dégradant à celui qui a un mince savoir livresque. On rêve d'être commis. On honnit la truelle.

La cohorte des sans métiers grossit les rangs des délinquants.

Fallait-il nous réjouir de la désertion des forges, ateliers, cordonneries ? Fallait-il nous en réjouir sans ombrage ? Ne commençions-nous pas à assister à la disparition d'une élite de travailleurs manuels traditionnels ?

Eternelles interrogations de nos éternels débats. Nous étions tous d'accord qu'il fallait bien des craquements pour asseoir la modernité dans les traditions. Ecartelés entre le passé et le présent, nous déplorions les « suintements » qui ne manqueraient pas... Nous dénombrions les pertes possibles. Mais nous sentions que plus rien ne serait comme avant. Nous étions pleins de nostalgie, mais résolument progressistes.

9 .

Mawdo te hissa à sa hauteur, lui, fils de princesse, toi, enfant des forges. Le reniement de sa mère ne l'effrayait pas.

Nos existences se côtoyaient. Nous connaissions les bouderies et les réconci-

9. Esprits invisibles qui peuvent être néfastes.

liations de la vie conjugale. Nous subissions, différemment, les contraintes sociales et la pesanteur des mœurs. J'aimais Modou. Je composais avec les siens. Je tolérais ses sœurs qui désertaient trop souvent leur foyer pour encombrer le mien. Elles se laissaient nourrir et choyer. Elles regardaient sans réagir leurs enfants danser sur mes fauteuils. Je tolérais les crachats glissés adroitement sous mes tapis.

Sa mère passait et repassait, au gré de ses courses, toujours flanquée d'amies différentes, pour leur montrer la réussite sociale de son fils et surtout, leur faire toucher du doigt sa suprématie dans cette belle maison qu'elle n'habitait pas. Je la recevais avec tous les égards dûs à une reine et elle s'en retournait, comblée, surtout si sa main emprisonnait le billet de banque que j'y plaçais adroitement. Mais à peine sortie de la maison, elle pensait à la nouvelle vague d'amies qu'elle devait prochainement épater.

Le père de Modou était plus compréhensif. Il nous visitait le plus souvent sans s'asseoir. Il acceptait un verre d'eau fraîche et s'en allait après avoir renouvelé ses prières de protection pour la maison.

Je savais sourire aux uns et aux autres et acceptais de perdre un temps utile en futiles palabres. Mes belles-sœurs me croyaient soustraite aux corvées ménagères. — « Avec tes deux bonnes !» insistaient-elles.

Allez leur expliquer qu'une femme qui travaille n'en est pas moins responsable de son foyer. Allez leur expliquer que rien ne va si vous ne descendez pas dans l'arène, que vous avez tout à vérifier, souvent tout à reprendre : ménage, cuisine, repassage. Vous avez les enfants à débarbouiller, le mari à soigner. La femme qui travaille a des charges doubles aussi écrasantes les unes que les autres, qu'elle essaie de concilier. Comment les concilier ? Là, réside tout un savoir-faire qui différencie les foyers.

Certaines de mes belles-sœurs n'enviaient guère ma façon de vivre. Elles me voyaient me démener à la maison, après le dur travail de l'école. Elles appréciaient leur confort, leur tranquillité d'esprit, leurs moments de loisirs et se laissaient entretenir par leurs maris que les charges écrasaient.

D'autres, limitées dans leurs réflexions, enviaient mon confort et mon pouvoir d'achat. Elles s'extasiaient devant les nombreux « trucs » de ma maison : fourneau à gaz, moulin à légumes, pince à sucre. Elles oubliaient la source de cette aisance : debout la première, couchée la dernière, toujours en train de travailler...

Toi, Aïssatou, tu laissas ta belle famille barricadée dans sa dignité boudeuse.

Tu te lamentais : « Ta belle-famille t'estime. Tu dois bien la traiter. Moi, la mienne me regarde du haut de sa noblesse déchue. Qu'y puis-je ?»

Tandis que la mère de Mawdo pensait à sa vengeance, nous, nous vivions : réveillons de Noël organisés par plusieurs couples dont les frais étaient équitablement partagés, et abrités par chaque foyer à tour de rôle. Nous exhumions sans complexe les pas d'antan : biguines ardentes, rumbas frénétiques, tangos langoureux. Nous retrouvions les battements de cœur anciens qui fortifiaient nos sentiments.

Nous sortions aussi de la ville étouffante, pour humer l'air sain des banlieues marines.

Nous longions la corniche dakaroise, l'une des plus belles de l'Afrique de l'Ouest, véritable œuvre d'art de la nature. Des rochers arrondis ou pointus, noirs ou ocres dominaient l'Océan. De la verdure, parfois de véritables jardins suspendus s'épanouissaient sous le ciel clair. Nous débouchions sur la route de Ouakam qui mène également à Ngor, et plus loin à l'aérogare de Yoff. Nous reconnaissions au passage la ruelle qui mène en profondeur à la plage des Almadies.

Notre halte préférée était la plage de Ngor, située au village du même nom où de vieux pêcheurs barbus raccommodaient les filets, sous les bentenniers. Des enfants nus et morveux jouaient en toute liberté, s'ils ne s'ébattaient pas dans la mer.

Sur le sable fin, rincé par la vague et gorgé d'eau, des pirogues, peintes naïvement, attendaient leur tour d'être lancées sur les eaux. Dans leur coque, luisaient de petites flaques bleues pleines de ciel et de soleil.

Quelle affluence les jours de fête ! De nombreuses familles, assoiffées d'espace et d'air pur, déambulaient. On se dénudait sans complexe, tenté par la caresse bienfaisante de la brise iodée et la tiédeur des rayons solaires. Des fainéants dormaient sous les parasols déployés. Quelques gamins, pelles et seaux en mains, bâtissaient et démolissaient les châteaux de leur imagination.

Le soir, les pêcheurs revenaient de leur randonnée laborieuse. Ils avaient échappé une fois de plus, au piège mouvant de la mer. De simples lignes noires à l'horizon, les barques devenaient plus distinctes, les unes des autres, au fur et à mesure de leur approche. Elles dansaient dans les creux des vagues, puis se laissaient paresseusement drainer. Des pêcheurs descendaient gaîment voile et matériel. Tandis que d'autres rassemblaient la moisson frétillante, certains tordaient leurs habits trempés et épongeaient leurs fronts.

Sous les yeux émerveillés des bambins, les poissons vivants sautillaient, tandis que s'incurvaient les longs serpents de mer. Rien n'est plus beau qu'un poisson à la sortie de l'eau, avec son œil clair et frais, ses écailles dorées ou argentées et ses beaux reflets bleutés !

Des mains triaient, groupaient, divisaient. Pour la maison, nous faisions d'intéressantes provisions.

L'air marin nous incitait à la bonne humeur. Le plaisir que nous goûtions et qui fêtait tous nos sens, enivrait sainement, aussi bien le riche que le pauvre. Notre communion, avec la nature profonde, insondable et illimitée, désintoxiquait notre âme. Le découragement et la tristesse s'en allaient, soudainement remplacés par des sentiments de plénitude et d'épanouissement.

Revigorés, nous reprenions le chemin de nos foyers. Comme nous avions le secret des bonheurs simples, cures bienfaisantes dans la tourmente des jours !

Te souviens-tu des pique-niques organisés à Sangalkam, dans le champ que Mawdo Bâ avait hérité de son père ? Sangalkam reste le refuge des Dakarois, qui désirent rompre avec la frénésie de la ville. Beaucoup de propriétés s'y côtoient donc, achetées par des jeunes qui y ont installé de véritables résidences secondaires : ces espaces verts sont propices au repos, à la méditation et au défoulement des enfants. La route de Rufisque mène à cette oasis.

La mère de Mawdo avait entretenu le champ avant le mariage de son fils. Le souvenir de son mari l'avait rivée à cette parcelle de terre où leurs mains unies et patientes avaient discipliné la végétation qui émerveillait nos yeux.

Toi, tu y avais ajouté la petite construction du fond : trois chambrettes simples, une salle d'eau, une cuisine. Tu avais fleuri abondamment quelques coins. Tu avais fait bâtir un poulailler, puis un enclos pour des moutons.

Des cocotiers au feuillage entrecroisé protégeaient du soleil. Des sapotilles fondantes voisinaient avec les odorantes grenades. Des mangues, lourdes à porter, faisaient ployer des branches. Des papayes qui ressemblaient à des seins multiformes, restaient tentantes et inaccessibles, au sommet des troncs élancés.

Feuilles vertes et feuilles bronzées, herbes nouvelles et herbes fanées jonchaient le sol. Sous nos pas, des fourmis reconstruisaient inlassablement leur logis.

Que l'ombre était tiède sur les lits de camp dressés ! Les équipes de jeux se succédaient dans la clameur victorieuse ou les lamentations de la défaite.

Et nous nous gavions des fruits à portée de la main ! Et nous buvions l'eau des noix de coco ! Et nous nous racontions des « histoires salées »! Et nous nous trémoussions, invités par les accents violents d'un phonographe ! Et l'agneau assaisonné de poivre, ail, beurre, piment, grillait sur le feu de bois.

Et nous vivions. Debout, dans nos classes surchargées, nous étions une poussée du gigantesque effort à accomplir, pour la régression de l'ignorance.

Chaque métier, intellectuel ou manuel, mérite considération, qu'il requière un pénible effort physique ou de la dextérité, des connaissances étendues ou une patience de fourmi. Le nôtre, comme celui du médecin, n'admet pas l'erreur. On ne badine pas avec la vie, et la vie, c'est à la fois le corps et l'esprit. Déformer une âme est aussi sacrilège qu'un assassinat. Les enseignants — ceux du cours maternel autant que ceux des universités — forment une armée noble aux exploits quotidiens, jamais chantés, jamais décorés. Armée toujours en marche, toujours vigilante. Armée sans tambour, sans uniforme rutilant. Cette armée-là, déjouant pièges et embûches, plante partout le drapeau du savoir et de la vertu.

Comme nous aimions ce sacerdoce, humbles institutrices d'humbles écoles de quartiers ! Comme nous servions avec foi notre métier et comme nous nous dépensions pour l'honorer ! Nous avions appris — comme tout apprenti — à bien le pratiquer dans cette école annexe, située à quelques mètres de la nôtre, où des institutrices chevronnées enseignaient aux novices que nous étions à concrétiser, dans les leçons données, nos connaissances de psychologie et de pédagogie... Nous stimulions le déferlement de vagues enfantines qui emportaient dans leur repli un peu de notre être.

10.

Modou se hissait à la première place des organisations syndicales. Son intelligence des gens et des choses lui alliait à la fois employeurs et salariés. Il axait ses efforts sur des points facilement satisfaits, qui allégeaient le labeur ou agrémentaient la vie. Il cherchait des améliorations pratiques à la condition ouvrière. Son slogan : à quoi bon faire miroiter l'impossible ? Obtenir le « possible » est déjà une victoire.

Son point de vue ne faisait pas l'unanimité, mais on se fiait à son réalisme pratique.

Mawdo ne pouvait faire ni du syndicalisme ni de la politique, faute de temps. Sa réputation de bon médecin s'affermissant, il restait prisonnier de sa mission dans un hôpital bourré de malades, car on allait de moins en moins chez le guérisseur, spécialiste des mêmes décoctions de feuilles pour des maladies différentes.

Tout le monde lisait journaux et revues. L'Afrique du Nord bougeait.

Interminables discussions où des points de vue s'alliaient ou se heurtaient, se complétaient ou se refoulaient, avez-vous façonné le visage de l'Afrique Nouvelle ?

Rêve assimilationniste du colonisateur, qui attirait dans son creuset notre pensée et notre manière d'être, port du casque sur la protection naturelle de nos cheveux crépus, pipes fumantes à la bouche, shorts blancs au-dessus des mollets, robes très courtes, découvrant des jambes galbées, toute une génération prit, d'un coup, conscience du ridicule que vous couviez.

L'Histoire marchait, inexorable. Le débat à la recherche de la voie juste secouait l'Afrique occidentale. Des hommes courageux connurent la prison ; sur leurs traces, d'autres poursuivirent l'œuvre ébauchée.

Privilège de notre génération, charnière entre deux périodes historiques, l'une de domination, l'autre d'indépendance. Nous étions restés jeunes et efficaces, car nous étions porteurs de projets. L'indépendance acquise, nous assistions à l'éclosion d'une République, à la naissance d'un hymne et à l'implantation d'un drapeau.

J'entendais répéter que toutes les forces vives du pays devaient se mobiliser. Et nous disions qu'au-dessus des inclinations, inévitables, pour tel ou tel parti, tel ou tel modèle de société, il fallait l'unité nationale. Beaucoup d'entre nous ralliaient le parti dominant, lui infusant du sang nouveau. Etre productif dans la mêlée valait mieux que se croiser les bras ou s'abriter derrière des idéologies importées.

Pratique, Modou conduisait les syndicats à la collaboration avec le gouvernement, ne demandant, pour ses troupes, que le possible. Mais il maugréait contre l'installation hâtive de nombreuses Ambassades, qu'il jugeait coûteuses pour notre pays sous-développé. Avec cette saignée pour la gloriole et bien d'autres, telles les invitations fréquentes d'étrangers, que d'argent perdu ! Et, songeant à ses salariés, il maugréait encore : « Combien d'écoles ou d'équipements hospitaliers perdus ! Combien de revenus mensuels augmentés ! Combien de routes bitumées !»

Mawdo et toi, l'écoutiez. Nous étions dans les hauts sommets, tandis que ta belle-mère, qui te voyait rayonner auprès de son fils, qui voyait son fils fréquenter de plus en plus la forge de ton père, qui voyait ta mère prendre des rondeurs et mieux s'habiller, ta belle-mère pensait de plus en plus à sa vengeance.

RENÉE VIVIEN

Née Pauline Tarn à Londres en 1877, elle prend le nom Renée Vivien après avoir publié, à l'âge de vingt et un ans, un recueil de poèmes, *Études et préludes,* la première de ses nombreuses publications. Ayant échappé à son foyer bourgeois d'Angleterre, elle mène une vie d'artiste à Paris ; sa liaison avec Natalie Clifford Barney, à qui elle dédie son premier recueil, a marqué toute sa vie. En tant que l'une des premières poétesses lesbiennes du XXᵉ siècle, elle tient Sapho pour modèle. Quelques-uns de ses poèmes sont d'ailleurs des traductions ou des adaptations des fragments poétiques de la muse grecque. Parmi ses œuvres, mentionnons *La Vénus des aveugles* (1904), *A l'heure des mains jointes* (1906) et *Une femme m'apparut* (1904), un récit autobiographique. Ses *Poésies complètes* ont été publiées en 1934, vingt-cinq ans après sa mort à l'âge de trente-deux ans.

↬

D'aucuns la disaient « timide et douce »; d'autres, notamment la comtesse Anna de Noailles, l'appelaient « cette horrible femme ». Malgré la quinzaine de livres peu lus qu'elle a publiés, on connaît surtout Renée Vivien en tant qu'amante de Natalie Barney et de plusieurs autres femmes hautes en couleur. Comme la poésie de Barney, celle de Vivien emprunte généralement des formes fixes et chante la posture saphique qu'a exprimée Barney dans un poème intitulé « Femme » : « Ô femme, source et brûlure ». C'est du recueil *Sapho* que nous avons tiré « Ode à une femme aimée ». Dépourvue de la violence et du langage cru qui caractérisent la poésie de Barney, celle de Vivien coule douce- ment et traduit parfaitement la célébration volontairement passive des « cen- dres et poussières » — titre du recueil d'où vient le poème « Ton âme » — d'un amour qui reconnaît qu'il s'éteindra un jour : « Je rêve d'amour et je dors solitaire ».

Ton âme

Pour une amie solitaire et triste.

Ton âme, c'est la chose exquise et parfumée
Qui s'ouvre avec lenteur, en silence, en tremblant,
Et qui, pleine d'amour, s'étonne d'être aimée.
Ton âme, c'est le lys, le lys divin et blanc.

Comme un souffle des bois remplis de violettes,
Ton souffle rafraîchit le front du désespoir,
Et l'on apprend de toi les bravoures muettes.
Ton âme est le poème, et le chant, et le soir.

Ton âme est la fraîcheur, ton âme est la rosée,
Ton âme est ce regard bienveillant du matin
Qui ranime d'un mot l'espérance brisée...
Ton âme est la pitié finale du destin.

Ode à une femme aimée

L'homme fortuné qu'enivre ta présence
Me semble l'égal des Dieux, car il entend
Ruisseler ton rire et rêver ton silence,
       Et moi, sanglotant,

Je frissonne toute, et ma langue est brisée :
Subtile, une flamme a traversé ma chair,
Et ma sueur coule ainsi que la rosée
       Apre de la mer ;

Un bourdonnement remplit de bruits d'orage
Mes oreilles, car je sombre sous l'effort,
Plus pâle que l'herbe, et je vois ton visage
       A travers la mort.

Je t'aimais, Atthis, autrefois.

Le soir fait fleurir les voluptés fanées,
Le reflet des yeux et l'écho de la voix...
Je t'aimais, au long des lointaines années,
    Atthis, autrefois.

...Tu m'oublies...

L'eau trouble reflète, ainsi qu'un vain miroir,
Mes yeux sans lueurs, mes paupières pâlies.
J'écoute ton rire et ta voix dans le soir...
    Atthis, tu m'oublies.

Tu n'as point connu la stupeur de l'amour,
L'effroi du baiser et l'orgueil de la haine ;
Tu n'as désiré que les roses d'un jour,
    Amante incertaine.

Atthis, ma pensée t'est haïssable, et tu
fuis vers Androméda.

Tu hais ma pensée, Atthis, et mon image.
Cet autre baiser, qui te persuada,
Te brûle, et tu fuis, haletante et sauvage,
    Vers Androméda.

Les solitaires

Ceux-là dont les manteaux ont des plis de linceuls
Goûtent la volupté divine d'être seuls.

Leur sagesse a pitié de l'ivresse des couples,
De l'étreinte des mains, des pas aux rythmes souples.

Ceux dont le front se cache en l'ombre des linceuls
Savent la volupté divine d'être seuls.

Ils contemplent l'aurore et l'aspect de la vie
Sans horreur, et plus d'un qui les plaint les envie.

Ceux qui cherchent la paix du soir et des linceuls
Connaissent la terrible ivresse d'être seuls.

Ce sont les bien-amiés du soir et du mystère.
Ils écoutent germer les roses sous la terre

Et perçoivent l'écho des couleurs, le reflet
Des sons... Leur atmosphère est d'un gris violet.

Ils goûtent la saveur du vent et des ténèbres,
Et leurs yeux sont plus beaux que des torches funèbres.

NATALIE CLIFFORD BARNEY

Natalie Clifford Barney, riche héritière américaine, est née en 1876 à Dayton, Ohio. Après avoir touché sa fortune à l'âge de vingt et un ans, elle s'établit à Paris, où elle passera toute sa vie. Malgré la diversité de son œuvre — elle a signé des poèmes, des esquisses, des pièces de théâtre, des épigrammes, des essais et un roman —, Barney affirmera que sa vie fut sa plus grande création. Son salon du 20, rue Jacob est légendaire, tout autant que sa vie peu conventionnelle et ses liaisons avec des femmes célèbres comme le poète Renée Vivien et le peintre Romaine Brooks. Elle apparaît comme personnage dans plusieurs œuvres, dont un roman autobiographique de Liane de Pougy ; un roman de Renée Vivien ; *The Ladies' Circle* de Djuna Barnes ; et *The Well of Loneliness* de Radclyffe Hall. Son ami Remy de Gourmont l'appelle l'Amazone, surnom qu'elle retient pour les deux tomes de ses mémoires, *Pensées d'une amazone* (1920) et *Nouvelles pensées de l'amazone* (1939). Parmi ses autres œuvres, retenons *Quelques portraits-sonnets de femmes* (1900), *Actes et entr'actes* (1910), *Souvenirs indiscrets* (1960), *Traits et portraits* (1963). Considérée comme à l'avant-garde de la « deuxième vague » du féminisme, elle est morte à Paris en 1972, à l'âge de quatre-vingt-quinze ans.

∽

L'adorée de l'écrivain Remy de Gourmont, qui a fait de « Natalie-Natalis » la destinataire de ses *Lettres à l'amazone*, célébrée par l'énigmatique Renée Vivien

sous le nom de « la Lorelei », Natalie Clifford Barney, belle femme aux cheveux d'or et aux yeux bleus, tenait salon le vendredi, rue Jacob, dans son
« Temple de l'amitié », où elle recevait les gens célèbres et à scandales : Rainer
Maria Rilke, Max Jacob, Oscar Milosz et bien d'autres y ont défilé. Amoureuse
du « saphique », tant dans sa vie que dans ses *Pensées d'une amazone,* d'où vient
le texte « ...Je lève... », « Mademoiselle Barney » ou « La Grande Sapho », en
bonne « ennemie du couple », s'opposait au mariage bourgeois et détestait les
relations stables, « l'amour familial dans la maison jolie » qu'évoque le poème
« Équinoxe ». Elle prônait, à la place, de tendres relations de compagnonnage
ou des « associations de la tendresse ou de la passion » fondées sur les affinités
électives, relations qu'on nouerait et dénouerait à son gré : « Il me semble,
disait-elle, que l'on ne vit, comme l'on ne meurt, que seul. » D'elle-même, elle
disait sans doute avec raison : « Je n'ai rien de rassurant, de formel, ni de
fixe. » Nocturnes davantage que diurnes, ses poèmes, bien qu'ils empruntent
souvent les formes fixes de la terza rima ou du quatrain, lui ressemblent. Après
un début qui évoque l'automne et le spleen à la manière de Baudelaire, « Équinoxe », par exemple, se poursuit par l'évocation du terrifiant feu de la folie et
d'une face « levée », « extatique », torturée par soi et par l'autre.

Femme...

> Femme à la souple charpente,
> Au poitrail courbe, arqué pour
> Les gémissements d'amour,
> Mon désir suivra tes pentes —
> Tes veines, branchages nains —
> Où la courbe rejoint l'angle;
> Jambes fermant le triangle
> Du cher coffret féminin.
>
> — O femme, source et brûlure —
>
> Je renverse dans ma main
> Ta tête — sommet humain,
> Cascade ta chevelure !

Équinoxe

> Ce soir, j'ai tout l'automne en moi,
> Ses gris, ses désespoirs, ses morts et ses tempêtes,
> Et tout le menaçant émoi

Des malfaiteurs de route — oh fières et fortes têtes !
Moi, le déshérité des humains, dont vous êtes,
    Volontaire déshérité,
Que vous me faites mal avec votre gaîté !
    — Car j'ai quitté toutes vos fêtes.
Prenez garde ! je vous rendrai le mal que vous me faites.
Je suis le Juif errant et le déshérité —
Dieu de ma destinée, et souvent de la tienne,
    O femmes, trop diverses : « toi ».
    Mais, la marque reste seule en moi.
Toi, par le mauvais temps, faut-il qu'il t'en souvienne
      — A peine ?
Voici venir l'automne, et l'on rentre chez soi :
L'amour familial dans la maison jolie !
Mais nous qui nous chauffons au feu de la folie,
Où donc est notre épaule, où donc est notre toit ?
Amants des grands chemins, usons nos bons cerveaux,
    Nos bras qui ne savent qu'étreindre.
— Etreindre ? Mieux vaudrait étrangler — et sans geindre
Se tuer dans l'égout pour l'amour vieux-nouveau,
La face bien marquée de tous leurs crocs, (répliques
Que nous auront données ces chiennes dites nos sœurs)
Mais la face levée vers le ciel, extatiques,
    D'un dernier coup de poing, au cœur !

...Je lève...

...Je lève de mes doigts légers les traînes noires de tes paupières.

Et tout le jour je regarderai les yeux que je t'aurai faits la nuit.

N'allons vers les choses du jour qu'avec le peu d'énergie qu'elles méritent.

Amusés de tout, inquiets de rien : libres.

Sa main se courbe dans ma main comme un pétale de rose, contenu par son pétale le plus proche.

Sa voix n'est pas le médium de sa féminité, elle exprime ses contours extérieurs ; en l'entendant parler, les aveugles sauraient qu'elle est belle.

Ses sourires sont les pensées de sa bouche, ses traits ont leurs pensées spontanées, qui ne vont pas jusqu'au cerveau.

La survivance gaie de sa voix parmi les petites catastrophes.

Sa voix, comme certains baromètres, s'est arrêtée au « beau fixe ».

Sa voix ne trahit rien, ses paroles non plus, seul son contact n'échappe pas aux véridiques éloquences.

J'ai reçu ses paroles comme une masse d'herbes et de fleurs fraîches au visage.

Sa voix, c'est du beau temps à demeure.

Son rire fait danser.

Son rire c'est la musique de son sourire.

Les perles baroques de son rire...

...Parce que son sang bat, je vis.

Ses yeux bleus d'orage.

Et l'écho de son pas sonne à l'autre trottoir...

Larmes anonymes de la pluie.

Larmes d'on ne sait qui sur les mains et le visage.

Qu'elle se sentait belle chez lui, hélas ! de se retrouver seule avec ses miroirs.

Elle porte la moitié d'une rose... où a-t-elle effeuillé l'autre moitié.

Violences

Que ce soit dans leurs relations personnelles ou dans la sphère politique et sociale de la collectivité, les femmes sont souvent soumises à la violence dont se rendent coupables les hommes ou l'ordre patriarcal, ce qui révèle le versant sombre de la nécessité d'une reconnaissance réciproque. Au même titre que leur corps, leurs écrits portent la marque de la violence qui leur est faite.

Dans les écrits de femmes, les multiples représentations de la violence et de la cruauté découlent de l'universalité et de la singularité de cette victimisation, qui traverse les différences culturelles, historiques, raciales, familiales, psychologiques, sexuelles et économiques.

Reprenant la voix d'une jeune fille assassinée, entendue pour la première fois dans un de ses anciens poèmes, Anne Hébert, dans sa prose fluide, fait le récit d'une collectivité déchirée par la violence du désir. Elle trace le portrait inoubliable d'un village de pêcheurs de la Gaspésie, dont l'isolement géographique et linguistique reflète la solitude des hommes et des femmes qui y vivent. Victime violée et assassinée, Olivia se rappelle, par-delà la mort, les gestes simples des femmes dont les soins assurent la continuité des générations, tandis que son corps est emporté par la mer (la mère). Morte, elle demeure pourtant attirée, comme elle l'était de son vivant, par l'homme qui inévitablement la détruira. Elle est donc condamnée à revivre les événements qui ont conduit à sa mort.

La lente et muette tragédie d'un couple qui se désagrège petit à petit avant d'arriver à l'ultime forme de violence conjugale, fait l'objet du « Rêve », de Corinna Bille. Dans ce récit, le mari, à l'aise mais éteint et insatisfait, s'éloigne progressivement de sa femme pour se consoler auprès d'une amie. En revanche, l'épouse, abrutie par une existence conventionnelle de mère et de maîtresse de maison, avide d'affection et de plaisir sexuel, se retranche dans le monde solitaire du fantasme. Outre la détérioration du mariage, le récit illustre les limites des choix personnels et sociaux offerts à la femme, et son ultime victimisation, son anéantissement, une fois qu'elle est aux mains de son mari.

Il arrive souvent que les relations intimes reflètent ou représentent, sur un mode allégorique, la sphère du public. La violence sexuelle, autre exemple des abus de pouvoir commis par les hommes, entraîne sur la scène politique la plus personnelle des relations. L'Haïtienne Marie Chauvet brosse le récit troublant d'une femme asservie par des viols à répétition. Chauvet y transpose sur le plan textuel la violence qu'Haïti a subie pendant des années d'oppression politique. Rien n'est épargné au lecteur : l'auteur lui fait violence et l'asperge du sang de Rose, sans cesse agressée par un représentant du régime totalitaire de François (« Papa Doc ») Duvalier. Espérant « racheter » sa terre familiale, confisquée de façon inexpliquée par le pouvoir en place, la protagoniste vend son corps et conclut un pacte avec un démon militaire pervers. Le pouvoir et les prouesses sexuelles du mâle ont pour toile de fond la soumission et le silence absolus de la femme. Une femme victime de violence sexuelle est non seulement réifiée, mais encore, au sens propre et figuré, assassinée. On ne dénonçait pas impunément le régime de Papa Doc. La courageuse trilogie de Chauvet a eu pour son auteur des conséquences personnelles et politiques — elle lui a coûté son mariage et son pays. Appartenant à la bourgeoisie mulâtre, elle n'avait pas droit de parole plus que tout autre. Ayant dénoncé le viol de son pays, solidaire de sa douleur corporelle, elle a dû s'exiler.

Quatre des textes reproduits dans « Violences » ont trait aux horreurs de la guerre, au traumatisme qu'engendre la violence, à la période de récupération qui s'ensuit ou, au contraire, au syndrome post-traumatique. On y entend également des voix de femmes qui prennent position sur la question de la mémoire et de la transmission. Le plus souvent dans les récits, la guerre prend la forme des relations humaines en proie à une folie qui atteint des proportions gigantesques. Pourtant, la réaction textuelle des femmes face à ces catastrophes et la façon dont elles se situent par rapport à celles-ci ne sauraient être plus variées. Les diverses pratiques discursives qu'elles adoptent peuvent être imputées en partie à leur capacité à s'approprier sens et fonction. Elles peuvent notamment puiser dans leurs propres valeurs pour vaincre la violence traditionnellement masculine, où leur impuissance est à son comble.

Dans *La grotte éclatée,* Yamina Mechakra se livre à une sorte de jubilation et de jouissance en vertu desquelles le fait de lutter, que ce soit « pour », « contre » ou « avec », constitue, dans le contexte de la Guerre d'Algérie, l'attitude « décolonisatrice » par excellence. Selon l'analyse de Frantz Fanon, la violence du soulèvement est la conséquence obligée de la violence de la colonisation. Dans le récit, la grotte, matrice où naissent les mythes ancestraux de l'appartenance commune, figure de l'utérus de la femme, de la mère et de l'épouse, tient également lieu de repaire secret pour les résistants du Front de Libération Nationale. Dynamitée par les Français, elle est « reprise » par la narratrice et son fils après leur retour d'exil : il faut y voir la réappropriation victorieuse de l'espace féminin. Dans ce roman, l'acte révolutionnaire qui consiste à fonder une nation, à participer en tant que sujet à son histoire — si rare pour les femmes de l'Islam — et à définir la place nouvelle que la femme et le corps de la femme seront appelés à y jouer est glorifié au terme d'une convergence, malgré l'énorme souffrance humaine qui en résulte. C'est la violence qui fonde la collectivité ici.

Dans un poème intitulé « Cuirasse », Joyce Mansour réagit face aux ravages de la guerre par l'ironie et la dérision. Ainsi, elle offre son corps comme bouclier, dévoilant en cela sa vulnérabilité et son invincibilité éternelles : « je ricanerai/hystérique généreuse ». Comme l'auteur identifie le corps féminin à la collectivité, la destruction et le carnage insensés vibrent d'une rage intérieure. De même, elle dépeint en termes surréalistes le corps de la femme comme le lieu de tous les conflits sociaux, affectifs et sexuels. Dans « Seule défense contre le rideau de fer », texte sarcastique sous forme de recette de cuisine, Joyce Mansour exhorte les femmes aux prises avec l'embonpoint à se faire violence en découpant et en faisant cuire des parties de leur corps. Les femmes doivent-elles détruire leur corps pour être bien dans leur peau ?

Les chants qu'Évelyne Accad consacre au Liban, sa patrie ravagée par la guerre, font appel à l'ancienne tradition de la poésie et de la musique — une

« mélodie », un « refrain » — afin de résister à la violence d'état. Chantant la beauté et la simplicité de son pays, elle déplore sa destruction dans « Il n'y a plus de soleil ». Dans « Il suffirait d'un mot peut-être », la voix féminine de l'espoir, de l'amour et de l'optimisme laisse entrevoir un éventuel arrêt de la violence par le seul pouvoir de la parole. Dans « Nous allons la reconstruire », à travers les réactions d'une femme face à un homme qui promet de reconstruire leur ville, nous assistons au passage d'une écoute passive à un cri du cœur, puis à un refus actif d'oublier les prix humains de la guerre. En instaurant le dialogue et en se liant à l'homme, la femme peut faire exploser son indignation et dénoncer le fait que la dévastation humaine est non seulement voilée, mais encore dissimulée.

Dans ses souvenirs de l'holocauste, Charlotte Delbo adopte un ton volontairement sobre, austère même — que nous pourrions qualifier d'anti-hystérique — dont l'intensité augmente au rythme du cauchemar raconté. Désirant dénoncer l'arbitraire et l'étendue des rafles nazies, elle s'efforce de trouver les mots justes pour témoigner et transmettre le souvenir. A ce propos, elle lance l'avertissement suivant : « il faut se défier des sentiments ». Sortie de l'enfer, elle sait cependant en écrivant d'un café, loin du camp spatialement et temporellement, que la différence qu'impose son statut de survivante rend son témoignage fatalement problématique. Ainsi, elle consigne par écrit les brefs moments de tendresse et de douceur entre les femmes des camps ; ce sont les moments qui lui ont donné la volonté de survivre au milieu de la cruauté sans relâche, de la déshumanisation progressive et du désespoir.

Dans l'histoire des Antilles françaises, la vie et les pratiques des femmes ont toujours été marquées par des relations humaines particulièrement violentes. L'héritage de l'esclavage, blessure fondatrice, les distinctions raciales et le sentiment d'infériorité qui en résultent, l'exploitation économique, les luttes pour le pouvoir et les cycles de représailles continuent à marginaliser la femme. Pourtant, Télumée, la jeune protagoniste du roman de Simone Schwarz-Bart, accède à ce passé grâce à une parenté féminine apaisante. Elle découvre l'injustice incompréhensible de l'esclavage dans l'espace protégé de ses deux amies conteuses. A travers leur chant presque douleureux, elles permettent à Télumée de partager leur souffrance et d'intégrer celle-ci en tant qu'élément constitutif de son identité. Par la relation entre ces deux femmes et leurs voix respectives, Télumée s'approprie son récit au lieu d'en être aliénée.

Dans la vie privée comme dans la vie publique, les rapports entre les êtres peuvent être sujets aux différentes formes de violence, auxquelles les femmes sont particulièrement vulnérables. La violence conjugale et sexuelle, la guerre, la pauvreté et l'esclavage pervertissent ou entravent les relations d'amour, de tendre sollicitude ou de confiance.

ANNE HÉBERT

Anne Hébert est née en 1916 à Sainte-Catherine-de-Fossambault, près de Québec. Issue d'une famille littéraire, elle fait ses études à Québec. A la fin des années 1930, elle commence à publier ses poèmes et ses contes dans des journaux et des revues. Son premier recueil, *Les songes en équilibre,* paraît en 1942. Pendant les années 1950, elle travaille à Radio-Canada et à l'Office national du film. Elle passe plusieurs années en France et publie *Le torrent* (1950), un recueil de nouvelles, et *Le tombeau des rois* (1953), poèmes. En 1958, son premier roman, *Les chambres de bois,* obtient le Prix de la Province de Québec et le Prix France-Canada. Avec *Kamouraska* (1970), histoire d'une femme passionnée et d'un célèbre procès pour meurtre survenu au XIXᵉ siècle, Hébert est reconnue comme grande romancière ; le cinéaste Claude Jutra porte le roman à l'écran en 1973. Les romans qui suivent, *Les enfants du Sabbat* (1975), *Héloïse* (1980), et surtout *Les fous de Bassan* (1982), qui lui vaut le Prix Fémina, consolident sa réputation. Dans *Le premier jardin* (1988), elle propose une nouvelle vision de l'histoire du Québec, qui trouve son origine dans la création, par la première habitante, du jardin originel du Nouveau Monde. Parmi ses œuvres récentes, citons *La cage,* suivi de *L'île de la demoiselle* (1990), *L'enfant chargé de songes* (1992) et *Aurélia, Clara, mademoiselle et le lieutenant anglais* (1995).

Récit venu tard dans la longue et fructueuse carrière d'Anne Hébert, *Les fous de Bassan,* par l'excès de violence et de désir qui s'y fait jour, rappelle les premières œuvres les plus marquantes de l'auteur, la nouvelle « Le torrent » et le roman *Kamouraska.* D'ailleurs, les mots étranges qui ouvrent l'extrait présenté ici — « il y a certainement quelqu'un qui m'a tuée » — rappellent un poème antérieur. Émouvant, le texte réorganise de façon novatrice quelques-unes des obsessions les plus profondes de l'imaginaire hébertien, où s'entremêlent thèmes et images bibliques.

L'action des *Fous de Bassan,* drame traversé tout entier par le viol et le meurtre, se déroule en Gaspésie, au Québec, cadre évoqué par les étranges oiseaux tournoyants du titre. Dans ce monde confiné et isolé les désirs conflictuels des hommes et des femmes sont exacerbés et mènent à la destruction. Le récit d'un crime commis des années auparavant y est narré par les victimes et les survivants, qui méditent sur le sort d'une collectivité unie qui a été littéralement dévastée par la suite. Cependant, il s'agit d'une collectivité sur laquelle règnent une figure matriarcale froide et intimidante ainsi qu'un pasteur qui, par son comportement sexuel de prédateur, conduit sa femme au suicide, d'une collectivité où pesaient les forces de mort, bien avant que les deux jeunes filles ne soient tuées par leur cousin, Stevens Brown. Comme dans *Le bruit et la fureur* de Faulkner, la voix puérile de Perceval, frère arriéré de Stevens, permet d'explorer la psyché des êtres tourmentés qui l'entourent. Les voix les plus touchantes du roman sont toutefois celles des deux jeunes filles assassinées, la sensuelle et aventureuse Nora et sa cousine Olivia qui, comme la petite sirène de Hans Christian Andersen, est déchirée par son amour et son désir de femme.

Les fous de Bassan (extrait)

OLIVIA DE LA HAUTE MER

Il y a certainement quelqu'un qui m'a tuée. Puis s'en est allé. Sur la pointe des pieds.

Les haies d'églantines n'ont plus de parfum. Le jardin de Maureen est envahi par les mauvaises herbes, des roses blanches persistent contre la clôture, dégénérées et sans odeur. Les pommiers noirs et tordus sont tout à fait morts maintenant. Le jardin du pasteur sent l'ail et le poireau. La forêt se rapproche de plus en plus des maisons de bois, éparpillées, au milieu des champs en friche

Anne Hébert, des *Fous de Bassan,* © Éditions du Seuil, 1982.

où foisonnent les épilobes. Ma senteur forte de fruit de mer pénètre partout. Je hante à loisir le village, quasi désert, aux fenêtres fermées. Transparente et fluide comme un souffle d'eau, sans chair ni âme, réduite au seul désir, je visite Griffin Creek, jour après jour, nuit après nuit. Dans des rafales de vent, des embruns légers, je passe entre les planches mal jointes des murs, les interstices des fenêtres vermoulues, je traverse l'air immobile des chambres comme un vent contraire et provoque des tourbillons imperceptibles dans les pièces fermées, les corridors glacés, les escaliers branlants, les galeries à moitié pourries, les jardins dévastés. J'ai beau siffler dans le trou des serrures, me glisser sous les lits sans couvertures ni matelas, souffler les poussières fines, faire bouffer le volant de cretonne fanée du cosy-corner dans le petit salon de ma cousine Maureen, me faufiler toute mouillée dans les songes de mon oncle Nicolas, emmêler les tresses blondes des petites servantes de mon oncle Nicolas ; celui que je cherche n'est plus ici.

Ah ça ! l'horloge de la vie s'est arrêtée tout à l'heure, je ne suis plus au monde. Il est arrivé quelque chose à Griffin Creek. Le temps s'est définitivement arrêté le soir du 31 août 1936.

Dans le petit salon fermé qui sent la cave, l'heure immobile est affichée sur le cadran doré de l'horloge de ma cousine Maureen. Parmi l'abondance des napperons au crochet et les bibelots minuscules, l'écho de la demie de neuf heures persiste comme un songe dans l'air raréfié. Neuf heures trente. Je puis remonter le temps jusque-là, jusque-là seulement. A peine plus loin. Jusqu'à ce que... Mes os sont dissous dans la mer pareils au sel. Il est neuf heures trente du soir, le 31 août 1936.

J'ai dix-sept ans et ma cousine Nora quinze ans. Ma cousine Maureen n'a plus d'âge quoique depuis quelque temps sur son lisse visage de veuve passent des ondes mystérieuses. Pâleurs, rougeurs subites, battements de paupières, sourires intempestifs, autant de signes d'une vie nouvelle et secrète.

Ma mémoire ressemble à ces longues guirlandes d'algues qui continuent à croître, à la surface de la mer, après qu'on les a tranchées. Je ne puis m'empêcher d'entendre sonner la demie de neuf heures. Un carillon solennel emplit la maison de bois de ma cousine Maureen. Sa seule richesse, cette horloge, pense-t-elle, jusqu'à ce qu'il apparaisse, lui, mon cousin Stevens, dans l'encadrement de la porte. Non, non, ce n'est pas Maureen qu'il regarde à travers le grillage. C'est moi qu'il regarde et c'est un autre jour, dans la maison de mon père. Je repasse des chemises dans la buée chaude du fer.

Pourquoi ne pas s'en tenir au mur de planches vert bouteille de la cuisine de Maureen. Les nœuds de bois renflés sous la peinture brillante. Rien n'est encore arrivé et je suis vivante. Me raccrocher au portrait de George V, cloué par quatre punaises dorées. Sa barbe de roi bien taillée. Lui faisant face sur l'autre cloison les deux bonshommes du calendrier Old Chum fument des pipes interminables. L'éternité ressemble à cela, de pauvres chromos fixés au mur. Tant que dureront les parois lisses de la mémoire. Le tic-tac de l'horloge dans la pièce à côté. Le rire de Nora en cascade. La voix sourde de Maureen. Moi qui n'achève aucune phrase. Trop pressée par l'urgence de vivre. Le fudge tiède fond dans nos bouches. Nous n'avons que juste le temps avant que ne sonne la demie de neuf heures. Promis à ma tante Alice de rentrer tôt.

Ma cousine Maureen soudain parle trop fort, par-dessus nos têtes à Nora et à moi. Sans nous voir, semble-t-il. Comme s'il s'agissait d'atteindre quelqu'un de caché très loin dans la campagne. Dès que nous serons parties, j'en suis sûre, Maureen va s'emplir les oreilles et la tête du bruit régulier et monotone de sa superbe horloge, l'écouter tel un cœur vivant, sensible au seul passage du temps, pareille à quelqu'un qui attend furieusement une grâce improbable. Et puis qu'est-ce que ça peut bien me faire que ma cousine Maureen attende quelqu'un ou non ? Non, non, ce n'est pas Stevens. Son homme engagé seulement. Pour l'été. L'été seulement. Et puis ma cousine a au moins cinquante ans. Mon Dieu est-ce possible que l'été soit déjà fini. Déjà le 31 août et il ne s'est rien passé. Si pourtant, la mort de ma tante Irène, l'arrivée de Stevens. Non, non ce n'est pas ça. Je veux dire qu'il ne m'est rien arrivé à moi de particulier. J'ai eu dix-sept ans le 13 juin et il ne m'est rien arrivé de particulier. Le soir du barn dance Stevens a dansé avec moi. La chaleur de son corps tout près du mien. Son odeur de tabac et d'alcool. Ses yeux en vrille sous l'ombre de son chapeau. Un matin il m'a prise dans ses bras comme je sortais de l'eau, toute ruisselante, un instant seulement, avant que n'arrive mon frère Patrick. Je me suis débattue dans le soleil et l'eau, semblable à une anguille entre ses mains. Je suis forte et ne me laisse pas faire si facilement. Un jour, mon amour, nous nous battrons tous les deux sur la grève, dans la lumière de la lune qui enchante et rend fou. Sans grâce ni merci. Jusqu'à ce que l'un de nous touche le sable des deux épaules, le temps de compter une minute. Mon Dieu j'ai dit « mon amour », sans y penser comme si je chantais. Non, non, ce n'est pas vrai. Je rêve. Cet homme est mauvais. Il ne désire rien tant que de réveiller la plus profonde épouvante en moi pour s'en repaître comme d'une merveille. La plus profonde, ancienne épouvante qui n'est plus tout à fait la mienne, mais celle de ma mère enceinte de moi et de ma grand-mère qui...

Fous rires avec ma cousine Nora. De gros morceaux de fudge très noirs nous barbouillent les dents et la langue. C'est amusant de faire des visites. Maureen nous regarde fixement toutes les deux, avec ses gros yeux d'eau verte, scandalisés dans leurs orbites. Parfois Maureen rit avec nous. Mais ses yeux ne bougent pas (continuent de nous regarder), ne se plissent pas de rire, conservent leur air sauvage scandalisé.

— Alors, les filles, quel âge avez-vous ?

Nos réponses nettes et précises, notre jeunesse, claironnées dans la cuisine vert bouteille brillant, mêlées à l'odeur du chocolat. Maureen baisse les yeux et regarde attentivement ses mains fanées, posées à plat sur ses genoux.

Nora dit que le soleil d'été l'a picotée de taches de rousseur et qu'il est temps que ça finisse. Elle rit. Ses dents éclatantes. Son petit menton pointu. Son haleine de fudge chaud. L'horloge sonne dans la pièce à côté, en grande cérémonie. La maison de bois semble trop modeste pour un carillon aussi somptueux. Maureen dit que toutes ses économies y ont passé. Elle se lève, éprouvant dans tout son corps l'urgence de l'heure qui passe. Elle nous raccompagne jusqu'à la porte de devant comme si nous étions de la visite importante. Au passage les napperons de dentelle nous frôlent et nous étonnent par leur abondance répétée à l'infini sur tous les meubles. Le balancier de l'horloge oscille de gauche à droite et de droite à gauche. Nora dit qu'il reste encore deux morceaux de fudge dans l'assiette bleue sur la table de la cuisine.

— Tout juste assez pour ton homme engagé, ma cousine, quand il rentrera.

Le rire de Nora a déjà quitté le petit salon de Maureen. Il s'égrène, léger et cristallin, dans la nuit de la campagne baignée de lune. Maureen sur son seuil nous fait signe de la main.

— Bye les filles, bye bye.

La nuit lunaire se referme sur nous. J'entends ma cousine Maureen, au loin, qui nous met en garde contre toute mauvaise rencontre.

La mer miroite, chaque petite vague comme autant de petits miroirs agités doucement sous la lune. Ce n'est que l'attirance de la mer, mon cœur, ce n'est que la fascination de la lune. Il faudrait courir, Nora et moi, rentrer bien vite à la maison, avant que n'apparaisse sur notre chemin un certain visage entre tous, mis au monde pour nous perdre, toutes les deux dans la nuit brillante, lui-même baigné de lumière sauvage, la lune rayonnant de sa face sa blanche froide lumière, ses yeux mêmes paraissant faits de cette matière lumineuse et glacée.

Je n'ai plus rien à faire ici. Le temps s'est arrêté sur toute la longueur et la largeur de cette terre de taïga. Laissons là les survivants d'une époque disparue, mon oncle Nicolas et ses petites servantes endormies. Regagnons la haute mer. Légère comme une bulle, écume de mer salée, plus rapide que la pensée, plus agile que le songe, je quitte la grève de mon enfance et les mémoires obscures de ma vie ancienne. Pareille à quelque oiseau de mer, mollement balancée entre deux vagues, je regarde l'étendue de l'eau, à perte de vue, se gonfler, se distendre comme le ventre d'une femme sous la poussée de son fruit. Toute une masse profonde et épaisse fermente et travaille par en dessous, tandis que la vague se forme à la surface, un pli à peine, puis une muraille d'eau monte, se lève, atteint son apogée, très haute, puis se cabre, mugit, éclate, se jette sur la grève, s'affaisse en une frange d'écume neigeuse sur le sable gris de Griffin Creek.

Le sable coule entre ses doigts. Elle a des mains d'enfant vivante et précieuse. C'est une enfant faite pour vivre de la pointe de ses ongles à la racine de ses cheveux. Trois ou quatre ans peut-être. Elle fait des pâtés de sable sur la grève de Griffin Creek. Une frange de cheveux blonds lui tombe dans les yeux. Le sable mouillé et granuleux lui colle aux doigts. Elle essuie ses paumes avec soin sur la petite chemise de coton bleu qui lui tient lieu de robe. Tout d'un coup il est là derrière elle. Son ombre légère tout en haut. Comme l'ombre d'un nuage. Elle n'a qu'à lever les yeux vers lui. Ses pieds nus, ses genoux écorchés, ses cheveux hérissés sur sa tête en épis drus. La petite fille cligne des yeux, regarde le petit garçon longuement, de bas en haut, lumineux et doré, nimbé de lumière pâle, la tête à moitié perdue dans le ciel et le vent, comme un soleil pâle échevelé, pense-t-elle, qui a déjà vu la rangée de tournesols, contre le poulailler, blanchir au soleil, sous l'éclat de midi.

Le voici qui s'accroupit sur le sable tout à côté d'elle. Examine les pâtés de sable. Examine la petite fille. Ne sait qui il admire le plus ou du sable posé en tas bien alignés ou de la petite fille elle-même qui a construit tout ça. Elle respire tout contre son épaule, cachée sous sa frange de cheveux. Du bout des doigts il effleure la joue de la petite fille. La joue de la petite fille est fraîche comme l'ombre. Les doigts du petit garçon brûlants comme le soleil. Qui le premier se met à crier de joie dans le vent, parmi la clameur des oiseaux aquatiques ?

— Stevens ! Olivia !

dit l'une des mères là-bas, sur son pliant, qui tricote.

Le petit garçon s'éloigne en zigzaguant sur le sable, ses pieds nus s'ingénient à suivre la bordure noire des algues, laissées par la dernière marée.

Un homme en haut de la falaise siffle très fort entre ses doigts pour appeler le petit garçon. Sans lever la tête le petit garçon continue de marcher sur les algues. L'homme siffle de plus en plus fort. Sa silhouette longue et voûtée se détache en noir sur le ciel. Il agite maintenant les bras. Le petit garçon s'obstine à suivre la ligne des algues sur le sable. Il faudrait le prévenir tout de suite avant que l'ouragan ne se forme là-haut et ne se mette à dévaler la pente, dans un nuage de sable et de cailloux. La petite fille crie pour avertir le petit garçon. Quelqu'un dit que ce garçon est intraitable et qu'il faut le mater.

— Stevens ! Olivia !

répète une des mères debout sur le sable, son tricot à la main. John Brown a rejoint son fils, le saisit au collet. Il le secoue comme un arbre dans la tempête. Au loin la cabane à bateaux, son côté aveugle, sans fenêtre, tout en planches grises.

Trop d'images anciennes, de couleurs, de sons... Il l'a sifflé comme un chien. Non je ne le supporterai pas. Quittons cette grève. Laissons les souvenirs disparaître dans le sable à la vitesse des crabes creusant leurs trous. Vienne la haute mer, fil gris entre la batture grise et le ciel gris. Fuir. Rejoindre la marée qui se retire jusqu'au plus haut point de l'épaisseur des eaux. Le grand large. Son souffle rude. Filer sur la ligne d'horizon. Epouser le vent, glisser sur les pentes lisses du vent, planer comme un goéland invisible. Palpiter sur la mer comme un grain de lumière minuscule. Mon cœur transparent sur la mer. Pur esprit d'eau ayant été dépouillé de mon corps sur des bancs de sable et des paquets de sel, mille poissons aveugles ont rongé mes os. Il y a certainement quelqu'un qui... M'a jetée toute vive dans l'épaisseur calme, lunaire de la baie profonde, entre cap Sec et cap Sauvagine.

Ses doigts chauds sur ma joue dans le soleil d'été. Lui comme un soleil pâle échevelé. Ne peux que crier. Comme Perceval. Avec les oiseaux sauvages dans le ciel. De joie. Bientôt de peine et d'effroi quand John Brown saisit son fils au collet.

Ma mère laisse tomber son tricot sur le sable, me prend dans ses bras et me console doucement.

J'aime embrasser ma mère dans le cou, goûter sa peau blanche et son odeur de pomme verte. Mes frères qui sont grands rôdent autour de nous, ricanent et disent que je ne suis qu'un bébé. Mon père a demandé à ma mère de ne plus embrasser ses fils parce qu'ils sont trop grands à présent et qu'elle risque d'en faire des sissies. Depuis longtemps déjà mes frères ont fait poser des fers à leurs semelles. Ils parlent fort. Jurent dès qu'ils se croient seuls.

Pourquoi ma mère est-elle si triste ? Elle a toujours l'air de regarder droit devant elle des choses invisibles et terribles. Je voudrais la consoler, la guérir de ce mal qui la ronge. Son doux visage trop tôt flétri, par quel chagrin, quelle offense secrète, le raviver d'un coup, lui rendre sa jeunesse tuée. Peut-être mes frères marchent-ils trop fort dans la maison en claquant du talon ? Peut-être jurent-ils trop fort ? Ou bien est-ce le pas lourd de mon père qui résonne trop bruyamment dans les chambres de bois ? J'ai vu une tache de sang sur le drap dans le grand lit de ma mère. De quelle blessure s'agit-il, mon Dieu, qui a blessé ma mère ? Je prendrai ma mère avec moi et je l'emmènerai très loin. Au fond des océans peut-être, là où il y a des palais de coquillages, des fleurs étranges, des poissons multicolores, des rues où l'on respire l'eau calmement comme l'air. Nous vivrons ensemble sans bruit et sans effort.

Ma mère est morte, une nuit qu'on était tous réveillés, autour de son lit. J'ai vu passer l'ombre de la mort sur la face de ma mère comme l'ombre d'un nuage venant du plus loin d'elle, de la pointe de ses pieds passant tout le long de son corps, sous les draps, pour atteindre son visage, se perdre dans ses cheveux, sur l'oreiller. Ceci fait très vite et légèrement comme un vent sombre qui ne pèse pas et souffle à peine. Elle n'a plus été là à jamais. Une sorte de substitution rapide, à la vitesse du vent, et le corps de ma mère n'a plus été là sur le lit. A la place, sous les draps, on avait mis une espèce de statue couchée, toute plate, marquant à peine les draps bien tirés. Sur l'oreiller blanc on avait déposé une petite figure d'ivoire glacée. Seuls les cheveux en couronne comme un nid de broussailles vivaient encore.

Deux jours plus tôt, au moment de l'arrachage des patates. Couchée dans mon petit lit, contre le lit de ma mère, j'oublie sa recommandation de fermer les yeux quand elle se déshabille. Je découvre des marques bleues sur ses bras et ses épaules. Elle respire vite et semble fatiguée.

— Je me reposerai demain quand les patates seront finies.

Le lendemain je la suis dans le champ pour l'aider à arracher le plus de patates possible, afin qu'elle puisse se reposer le plus vite possible. Le bruit de sa respiration, sillon après sillon. La terre noire et glacée. De la neige poudreuse dans les creux. Le vent. Je souffle sur mes doigts pour les réchauffer. Ma mère qui économise ses mots, comme si les mots en passant sur ses lèvres l'épuisaient, parle de la folie de la neige tombant en octobre pour le malheur des pauvres gens.

Avant d'être changée en statue sous les draps, ma mère m'a fait jurer d'être bien obéissante et de prendre soin de la maison. A mon père et à mes frères elle recommande de veiller sur la petite. Nous promettons tous. Plus aucune parole d'elle. Seul le sifflement rauque de sa respiration et sa vie qui s'épuise dans sa poitrine.

Qui désormais veille sur moi, m'espionne plutôt et me tracasse sans cesse ? Non ce n'est pas mon père. On dirait que mon père ne voit rien et n'entend rien. Tout occupé dans sa tête à calculer le prix du lait et des patates. A rêver de pêche miraculeuse. Mes frères sont à l'âge où l'on méprise les filles. Evitent de me parler et de me regarder. Se contentent de monter la garde autour de moi, afin que je sois prisonnière dans la maison.

Mon cousin Stevens partage sans doute l'opinion de mes frères au sujet des filles. Il ne me reconnaît plus à présent qu'il a grandi. Les garçons sont d'une espèce rare, pensent-ils tous, et n'ont pas à se commettre avec les filles. J'aime à les voir jouer au base-ball, tapant la balle avec tant de force, jetant la batte par terre, détalant à toutes jambes. Leurs cris. Le bruit de leurs courses, le choc mat de la balle sur la batte. Le terrain est tout usé par leurs jeux de garçons, l'herbe arrachée par touffes, le sable retourné en petites mottes jaunes. Nora, Perceval et moi les regardons taper sur la balle et courir comme des fous. Nous essayons de crier aussi fort qu'eux pour les encourager.

Impossible de quitter Griffin Creek pour le moment. Calme plat sur le sable, à perte de vue. La mer s'est retirée. J'attends que la marée monte et que le vent propice m'emporte vers la haute mer. Transparente et sans épaisseur, ayant franchi la passe de la mort, désormais dépendante des vents et des marées, je reste là sur la grève comme quelqu'un de vivant qui attend un train.

Je regarde une petite fille immobile, assise sur le sable, les genoux au menton, les bras enserrant ses genoux. Elle est là dans le battement de la mer montante, à la limite de l'attention. Scrutant le mystère de l'eau. Elle perçoit dans tout son corps la rumeur de l'eau en marche vers elle. Vague après vague elle interroge l'eau pour en tirer un secret. Cette frange d'écume à ses pieds est-ce la robe de sa mère ? Est-il possible que la robe défaite de sa mère bruisse ainsi à ses pieds, vienne lui lécher les pieds avec cent petites langues froides ? Si je regarde bien, avec la petite fille, sans cligner des yeux, à travers l'épaisseur de la vague qui se forme, si j'écoute bien et flaire bien l'odeur de l'eau, si j'appelle assez fort, avec la petite fille, de toute la force de mon être sans parole, concentré comme une pierre, je pénétrerai tout d'un seul coup. Le mystère de la vie et de la mort de ma mère n'aura plus de secret pour moi. Peut-être même verrai-je son visage dans le miroir de l'eau et son bruit d'orage ?

Toujours au moment même où la petite fille va tout saisir et savoir, le visage de sa mère se formant dans le sel, trait par trait, merveille après merveille, l'eau se brouille, une voix de garçon, puis deux voix de garçons appellent du haut de la falaise.

— Olivia ! Olivia ! Qu'est-ce que tu fais ? Il faut rentrer !

Ils m'ont appelée Olivia. Mes frères du haut de la falaise s'égosillent à crier mon nom. Vais-je bondir à l'appel de mon nom, habiter mon nom à nouveau, m'en revêtir comme d'un vêtement léger ? Olivia, Olivia, appellent Sidney et Patrick. Je n'aurais qu'à grimper le sentier, aller là où l'on m'appelle, pour faire la cuisine et tenir une maison propre. C'est mon histoire qui m'attend là-haut avec mon père et mes frères, ma maison de planches et sa galerie couverte. Il suffirait de réintégrer mon nom comme une coquille vide. Reprendre le fil de ma vie. Le temps s'est arrêté à Griffin Creek. Le soir du 31 août 1936. Il n'y a qu'à regarder l'heure fixée au mur du petit salon de ma cousine Maureen. Neuf heures trente ce soir-là.

La porte est grande ouverte sur la nuit blanche de lune. Nora et moi passons le seuil de la porte, disparaissons dans la nuit. Basculons dans le vide. A jamais. Tout le reste n'est qu'effet de lune sur la mer, grande furie lunaire sur la grève déserte.

Ils ont beau m'appeler Olivia en rêve. Sans doute mon oncle Nicolas qui est pasteur. Ou peut-être même celui qui... A déjà quitté Griffin Creek depuis longtemps, réfugié dans la guerre, encouragé par les autorités militaires, de l'autre côté de l'océan. Et s'il m'appelait tel qu'en lui-même aujourd'hui, en quelque lieu qu'il se trouve, ne suis-je pas absente de mon nom, de ma chair et de mes os, limpide sur la mer comme une larme ?

A tant attendre la marée montante pour disparaître à l'horizon j'écume la côte de Griffin Creek de toutes ses images surannées.

La petite fille grandit très vite. La voici dans l'arène des garçons, invitée par eux à partager leurs jeux sur l'herbe pelée. Une fois seulement. Ses genoux couronnés, ses longues jambes, sa jupe courte, la rapidité de sa course, la précision de ses gestes. La petite fille court au champ et marque un point. On dirait une grande paire de ciseaux, pense Stevens. Fin de partie. Il s'approche d'elle. Transpire son odeur forte de garçon dans la chaleur de l'été. Elle n'est que senteur de fille, ruisselante après la course. Qui le premier, à plein nez, à pleins poumons, respire l'autre et ferme les yeux de plaisir ? Pas encore un homme, pas encore caché sous son feutre marron, ses yeux pâles à découvert, Stevens examine Olivia avec étonnement avant de rejoindre, à grandes enjambées, le groupe des garçons qui s'impatientent.

La petite fille s'appuie sur la clôture. Ferme les yeux. Non, non, ce n'est pas la première fois. A quel âge est-ce que ces choses-là commencent ? La joie, sa saveur entière d'un seul coup. Exister si fort en joie à Griffin Creek, au bord d'un champ de base-ball, que l'herbe, les arbres, les clameurs, la lumière, l'eau et le sable tout à côté, les oiseaux qui passent en criant au-dessus de nos têtes existent avec nous, dans un seul souffle.

Ce garçon a été absent de Griffin Creek durant cinq ans. Il est devenu un homme loin de nous, accomplissant sa transformation d'homme à l'écart de nous, comme un serpent qui se cache pour changer de peau. Il s'est acheté des bottes et un chapeau de feutre marron. Il roule des épaules en marchant et ses yeux sont couleur de cendres bleues. Le voici qui s'écrase contre le grillage de la porte de la cuisine.

O ma mémoire, refais vite ce cœur liquide comme une eau verte, retrouve sa place exacte entre mes côtes, refais cette hanche blanche, pose des fleurs violettes dans mes orbites creuses, laisse-moi paraître sur la mer, dans toute ma personne retrouvée, que je marche sur les eaux, très vite, en direction de la côte de Griffin Creek, que j'aborde sur la terre de mon père, avant que l'été ne s'achève. Reprendre ma place dans la cuisine avant que n'apparaisse... Il n'y a qu'à gravir le sentier et à traverser la route. La maison est là, un peu à l'écart, massive et fermée. Ses planches grises couleur d'épave. C'est facile de se glisser à l'intérieur à nouveau, emportée par ce vent qui souffle en rafales, fait craquer la charpente du toit et bruire toute chose vivante à plusieurs milles à la ronde. L'avoine se couche au soleil, se relève et moutonne comme une mer peu profonde et verte.

La repasseuse est dans la cuisine, penche la tête dans la buée chaude des fers, fait attention de ne pas faire sauter les boutons de la chemise blanche. Sa robe bleue délavée est trop courte, tout juste bonne pour travailler dans la maison. Le vent tout alentour emmêle ses courants, s'insinue sous le pas des portes, file sa chanson envoûtante jusqu'au cœur de la repasseuse. Je suis elle et elle est moi. Je m'ajuste à ses os et son âme n'a pas de secret pour moi. La masse de ses cheveux blonds, son profil patient au-dessus de la planche à repasser. Il s'agit d'avoir deux fers en train. Celui qu'on passe et repasse sur le linge humide et l'autre de rechange qui chauffe sur le poêle à bois. Prendre la température du fer en l'approchant de sa joue doucement. Ainsi faisaient sa mère et sa grand-mère. La longue lignée des gestes de femme à Griffin Creek pour la lier à jamais.

Et le vent qui tourbillonne tout autour de la maison fait résonner Griffin Creek avec des voix de femmes patientes, repasseuses, laveuses, cuisinières, épouses, grossissantes, enfantantes, mères des vivants et des morts, désirantes et désirées dans le vent amer.

Elle l'a tout de suite reconnu dans la porte. Sa taille d'homme. Sa voix d'homme. Après cinq ans d'absence. Bien qu'elle fasse semblant de ne pas le reconnaître. Se raccroche le plus longtemps possible aux mouvements précis du fer sur le linge humide, une cohorte de femmes dans l'ombre et le vent la priant de continuer à repasser comme si de rien n'était.

Je les entends qui disent : Ne lève pas la tête de ton repassage, tant que ce mauvais garçon sera là dans la porte. Lui entre mille autres. Elle l'a regardé en plein visage. Elle a été regardée par lui en plein visage. Mon Dieu il ne fallait pas disent-elles toutes dans l'ombre et le vent, les mères et les grand-mères alertées. Tandis qu'Olivia brûle avec son fer trop chaud le poignet de la chemise de son frère Patrick.

Il est comme l'arbre planté au milieu du paradis terrestre. La science du bien et du mal n'a pas de secret pour lui. Si seulement je voulais bien j'apprendrais tout de lui, d'un seul coup, la vie, la mort, tout. Je ne serais plus jamais une innocente simplette qui repasse des chemises en silence. L'amour seul pourrait faire que je devienne femme à part entière et communique d'égale à égale avec mes mère et grand-mères, dans l'ombre et le vent, à mots couverts, d'un air entendu, du mystère qui me ravage, corps et âme.

Cette façon qu'il a de surgir derrière mon dos quand il y a beaucoup de vent et qu'on ne l'entend pas venir. Tout d'un coup il est là. A croire qu'il se cache pour mieux me surprendre.

— Hi, Olivia ! Y fait beau à matin !

Il m'examine de la tête aux pieds tandis que j'étends des draps sur la corde, et que le vent colle ma robe à mes cuisses. Vais-je cesser tout travail et tout mouvement, me tenir immobile et fascinée, les deux pieds dans l'herbe courte, derrière la maison de mon père, prise dans le regard de Stevens, comme dans un filet ? Mes mère et grand-mères me chuchotent dans le vent dur de n'en rien faire et d'accorder toute mon attention aux draps mouillés qui pèsent si lourd au bout de mes bras. Il a déjà tourné les talons et rejoint Sidney et Patrick qui boivent de la bière sur la galerie.

Les grandes femmes crayeuses, couchées dans le petit cimetière de Griffin Creek, depuis longtemps ont l'âme légère, partie sur la mer, changée en souffle et buée. Ma mère, parmi elles, la plus fraîche et la plus salée à la fois, me parle en secret ma douce langue natale et me dit de me méfier de Stevens.

Tout le long de l'été lorsque je le vois, je tremble comme si mes os s'entre-choquaient à l'intérieur de moi. Surtout qu'il ne s'aperçoive de rien. Que je demeure lisse et droite devant lui. Je pense cela très fort, tandis qu'une flamme brûlante monte dans mon cou, couvre mes joues et mon front. Surtout qu'il ne s'aperçoive de rien. S'il me voyait rougir devant lui, à cause de lui qui me tourmente, une fois, une fois seulement et je mourrais de honte.

Quittons cette grève grise, regagnons l'univers marin, le monde crépuscu-laire du kelp, ses grandes prairies et ses forêts, la coloration bleue virant au noir des océans majeurs. Des voix de femmes sifflent entre les frondaisons marines, remontent parfois sur l'étendue des eaux, grande plainte à la surface des vents, seul le cri de la baleine mourante est aussi déchirant. Certains marins dans la solitude de leur quart, alors que la nuit règne sur la mer, ont entendu ces voix mêlées aux clameurs du vent, ne seront plus jamais les mêmes, feignent d'avoir rêvé et craignent désormais le cœur noir de la nuit. Mes grand-mères d'équinoxe, mes hautes mères, mes basses mères, mes embellies et mes bonaces, mes mers d'étiage et de sel.

Une certaine distance serait nécessaire entre moi et Griffin Creek, entre mes souvenirs terrestres et mon éternité d'anémone de mer. Que la houle et les courants me portent plus loin que la ligne d'horizon. Avant de disparaître ce qui en moi tient lieu de regard, non plus violet, baigné de larmes, ou brillant de joie, mais invisible, liquide, goutte de rosée sur l'immensité des eaux, s'attarde sur Griffin Creek, voit toutes les maisons soudain allumées dans la nuit. En signe de fête. Toutes les maisons ont des fenêtres brillantes, chaudes, orangées, reflétées sur l'herbe. Il est des nuits pour naître, d'autres pour mourir, celle-là sur la côte (on entend déjà la musique) est faite pour danser dans l'odeur du foin nouveau.

Les violons grincent et l'accordéon se déchaîne. Une chaleur profonde, animale, vient de partout à la fois, odorante, et épaisse, des petits cris haletants se mêlent à la musique. Des souliers d'hommes, des souliers de femmes, parfois blancs avec des barrettes, se font face, se croisent, se poursuivent, s'accouplent un instant et repartent. Tous ces pas joyeux, martelés, obéissent au maître de la danse qui donne ses ordres les mains en porte-voix. La chaîne des dames, la chaîne des hommes se déroulent en bon ordre, les figures sont bien dessinées et le swing devient de plus en plus rapide et essoufflé.

Sa longue silhouette, un instant immobile, découpée dans l'encadrement de la porte. Des paquets de nuit tout autour de lui. Sa chemise blanche. Son visage dans l'ombre de son chapeau. Les ténèbres de la nuit le projettent parmi nous dans tout l'éclat de sa chemise blanche et de sa vie insolente. La danse se referme sur lui, l'entraîne avec nous piaffant et tournant avec nous, respirant le même air que nous, l'imprégnant de l'odeur de sa sueur, dans la touffeur de la grange. La danse seule me porte, me balance, pense Olivia qui ferme les yeux, éprouve la musique à même sa peau, tandis que les mains des garçons effleurent ses doigts, enserrent sa taille au passage. C'est Stevens qui m'a touchée, lui qui a un petit cal à la main droite. Ne pas lever les yeux. Mes mère et grand-mères me recommandent tout bas de ne pas lever les yeux vers lui. Seule la joie de danser jusqu'au matin, dans l'odeur du foin fraîchement coupé, me fait tourner la tête, pense-t-elle, seule la joie de danser me possède et m'enchante. Non, non, ce n'est pas Stevens. Tandis que des visages et des silhouettes s'éclairent parfois un instant autour d'elle, dans le tourbillon des couleurs et des odeurs. La chevelure rouge du pasteur, ses épaules massives penchées sur Nora qui rit, le rire de Nora encore plus éclatant qui reprend, cette fois face à Stevens, son petit visage pointu levé vers Stevens, ses yeux plissés de rire et puis qu'est-ce que ça peut bien me faire que Nora rie sous le nez de Stevens ? Ce pincement dans ma poitrine, non, non ce n'est pas le chagrin, juste un petit coup de griffe sur mon cœur en passant. Ma tante Irène n'a pas bougé de sa chaise, de toute la soirée. Dans le tapage et le tournoiement de la danse on peut apercevoir sa figure blême, sa robe beige, sans un pli, son air de chouette clouée au mur.

Si à un moment donné Perceval s'est mis à hurler, c'est qu'il a cru que le pasteur allait nous dévorer Nora et moi, tant le pasteur nous embrassait et nous mordillait les doigts à toutes les deux.

Tout l'été à attendre des apparitions. Feindre de ne pas les attendre. Ecosser des petits pois, éplucher des pommes de terre. Que Stevens se montre une fois encore, une fois seulement. Qu'il me parle une fois encore, qu'il me touche avec ses deux mains d'homme, avant de regagner la Floride. Qu'il me regarde surtout, que je sois regardée par lui, la lumière pâle de ses yeux m'éclairant toute, de la tête aux pieds. Le voir. Etre vue par lui. Vivre ça encore une fois. Exister encore une fois, éclairée par lui, nimbée de lumière par lui, devenir à nouveau matière lumineuse et vivante, sous son regard. Vivre ! Quelque part cependant, est-ce au fond de la terre, l'ordre de mort est donné. Mes mère et grand-mères gémissent dans le vent, jurent qu'elles m'ont bien prévenue pourtant. Je n'avais qu'à fuir avant même que Stevens pose sur moi ses yeux d'enfant. Ces femmes radotent et répètent toujours la même chose. Gouttes de pluie à la surface des eaux, elles s'enfoncent dans la profondeur noire des océans, me recommandent d'y habiter désormais avec elles, d'être obéissante et de ne plus profiter de la marée pour retourner à Griffin Creek. Non, non ce n'est pas moi qui décide, c'est la marée qui m'emporte, chaque jour sur la grève de Griffin Creek, parmi les bouts de bois, les coquillages, le varech plein d'iode. Non, non ce n'est pas moi, c'est le désir qui me tire et m'amène, chaque jour, sur la grève. J'en demande pardon aux grandes femmes liquides, mes mère et grand-mères. Un certain été, un certain visage ruisselant de lune se trouvent à

Griffin Creek. Non pas dans le présent des maisons délabrées et désertes, mais dans l'éternité sauvage de la terre. Je hante Griffin Creek afin que renaisse l'été 1936.

La lampe est allumée au-dessus de la table chez les Atkins, dans la cuisine. Au-dehors la tempête fait rage. Toute la famille de Ben et d'Alice Atkins est assise autour de la table desservie. Enfants et grandes personnes écoutent la tempête qui secoue la maison et fait vibrer les briques de la cheminée. La petite cousine Olivia est avec eux depuis quelques jours. Soulève le rideau de la fenêtre. Le ressac se brise avec fracas sur les rochers. Vagues déferlantes sur vagues grondantes montent à l'assaut de Griffin Creek.

Le voici avec eux émergeant de la tempête, l'œil rouge, les vêtements trempés, ivre d'alcool et de visions marines. Il supplie les petites Atkins de l'accompagner sur la grève. The biggest show on earth.

Qu'il s'adresse à moi toute seule et non point à Nora en même temps, comme si nous étions des sœurs siamoises, que son œil fou se pose sur moi seule, à l'exclusion de Nora, et je le suivrai hors de la maison, sous les rafales de pluie, sans prendre la peine de mettre mon manteau. Est-ce moi qu'il appelle avec cette voix pâteuse. Olivia, Olivia, tu viens ? Qu'il m'appelle une fois encore, une fois seulement, du fond de son cœur dévasté et je serai debout, prête à partir, à ses côtés, lui qui titube et pue l'alcool. Toutes mes voix de mère et de grand-mères prennent le timbre clair de ma tante Alice, déclarent que ce n'est pas un temps pour mettre un chien dehors.

Qu'il m'appelle une fois encore, une fois seulement, et je ne réponds plus de moi. Il s'affaisse sur la table, la tête dans ses bras.

Ne peux plus supporter le corps de ma cousine Nora, endormie à côté de moi, dans le lit étroit qui est le sien. Envie de la griffer pour la punir d'exister à ce moment précis où je voudrais être seule au monde, face à celui qui m'attire dans la nuit.

Tandis qu'elle dort profondément, légère et joyeuse à l'intérieur même de son sommeil, je me couche sur la catalogne au pied du lit. Un instant les respirations paisibles de Nora et de ses petites sœurs endormies me bercent et me calment. Le noir de la chambre des filles se referme sur nous comme l'eau. Vais-je dormir comme quelqu'un qui a la conscience tranquille et n'entend pas celui qui appelle dans le tumulte de la tempête ? Je ne saurai jamais si je rêve ou non. Toute la nuit une voix rôde autour de la maison, assourdie sous des paquets de pluie, des rafales de vent, à moitié humaine et sauvage. Mon nom crié dans la nuit : Olivia ! Olivia ! Dix fois me suis levée, ai tenté de voir par la fenêtre ruisselante. L'eau n'entre plus dans la terre, la maison semble flotter sur les eaux. Personne. Personne. J'ai dû rêver. C'est moi qui appelle en rêve. Le désir d'une fille qui appelle dans une chambre fermée, alors que ses mère et grand-mères grondent tout alentour de la maison, affirment que ce garçon est mauvais, soûl comme une bourrique, et qu'il ne faut pas l'écouter, sous peine de se perdre avec lui.

Le lendemain Stevens, hâve et les yeux couleur d'étoupe, parvient à tirer de sa cervelle brumeuse le seul souvenir vivace de sa nuit obscure. Il dit que toute la nuit il s'est senti appelé, tandis que sur son éperon de rocher il subissait l'assaut des éléments déchaînés et que la tempête cognait contre ses tempes.

Etant désormais hors du temps vais-je franchir d'un bond l'été 1936 et retrouver l'autre tempête, celle du 28 octobre ? A tant écumer la grève de sable gris et la côte aux maisons familières, entre cap Sec et cap Sauvagine, il fallait s'y attendre. Je risque fort de surprendre le fond sablonneux de la baie, livrée au tumulte du vent d'est. Ainsi va la mémoire d'une tempête à l'autre.

Les courants très forts à Griffin Creek dépendent en général de la marée. C'est au changement de marée d'ailleurs que se produisit l'incroyable tempête d'octobre.

Les lames de fond dévastent le sable, forment des dunes, aussitôt balayées, creusent des ravines, aussitôt comblées. Toute vie ou mort enfouie est extirpée, saisie, lâchée dans la fureur de l'eau. Les filles qui dorment au fond, la tête dans le sable, les pierres et les cordes des ancrages pour la pêche au saumon dont elles sont lestées, subissent le tohu-bohu des lames et des courants. Nora, ma cousine, ma sœur, flotte entre deux eaux, rejoint la grève de Griffin Creek, les gens de Griffin Creek la reconnaissent, livrent ses restes au médecin légiste, puis les enterrent dans le petit cimetière marin. Tandis que le courant me traîne par les cheveux vers le large. L'océan, sa surface verte, hérissée, son cœur noir profond, mes os dissous comme le sel, mon âme aussi infime qu'une larme dans l'immensité du monde.

J'ai tort de m'attarder dans les parages de Griffin Creek. Les grandes images violentes que j'appréhende peuvent se lever d'un moment à l'autre sur la grève. M'assaillir à nouveau. Il faudrait fuir, user à fond de ce pouvoir que j'ai de filer sur la mer, à la vitesse du vent.

J'ai beau me répéter qu'il est neuf heures trente, à la grande horloge de Maureen, et qu'il n'est encore rien arrivé, le soir du 31 août, je vois distinctement deux filles qui marchent sur la route dans la nuit blanche de lune. Un garçon les attend au bord de la route, posté comme une sentinelle. Bientôt filles et garçon ne feront plus qu'une seule ombre compacte, noire, sur le sol clair. Marcher sur la route, tous les trois, en se tenant par le bras. Nora refuse le bras de Stevens. Ils se sont déjà disputés, tous les deux, plus tôt dans la soirée. Quelqu'un dit qu'il ne faut regarder le visage de personne sous la lune.

A travers l'étoffe de mon manteau la pression chaude de son bras.

Qui le premier parle de se rendre sur la grève ?

Que je lève seulement la tête et je verrai son visage, la dureté de ses os ruisselants de lune. Ses lèvres se retroussent sur ses dents en un sourire étrange. Mon Dieu vais-je mourir à nouveau ?

Je n'ai que juste le temps de me couvrir d'ombre comme un poulpe dans son encre, m'échapper sur la mer avant que ne revienne, dans toute sa furie, la soirée du 31 août 1936.

Ayant acquis le droit d'habiter le plus creux de l'océan, son obscurité absolue, ayant payé mon poids de chair et d'os aux féroces poissons lumineux, goutte de nuit dans la nuit, ni lune ni soleil ne peuvent plus m'atteindre.

S. CORINNA BILLE

Stéphanie Corinna Bille naît en 1912 et passe son enfance à Sierre, dans le Valais (Suisse). Elle fait ses études à Lucerne. Sa lecture de *Manhattan Transfer,* de John Dos Passos, sera marquante. Elle se lie d'amitié avec Pierre-Jean Jouve, qui signera la préface de *Juliette éternelle* en 1971. Son frère, Jacques, meurt à l'âge de vingt ans. Par la suite, elle étudie le commerce et participe à diverses activités théâtrales. En 1931–32, à l'occasion d'un séjour à Paris, elle lit Apollinaire, Dostoïevski, Proust, Faulkner. Elle se marie avec le comédien français Vital Geymont, avec qui elle rompt en 1936. C'est alors qu'elle se lance entièrement dans l'écriture et découvre qu'elle est atteinte de tuberculose. En 1942, elle rencontre Maurice Chappaz ; elle l'épouse en 1947, après l'annulation de son premier mariage, et a avec lui trois enfants. Ses problèmes de santé s'aggravent : opération de la gorge en 1953, surdité croissante, sciatiques, rhumatismes. Sa réputation commence à dépasser les frontières de la Suisse romande. En 1970, elle fait un premier voyage en Afrique, où elle retournera encore deux fois. En 1974, on lui décerne le Prix Schiller pour l'ensemble de son œuvre. Elle obtient, en 1975, la Bourse de la nouvelle de l'Académie Goncourt pour *La demoiselle sauvage.* Par la suite, elle sera éditée par Gallimard. Elle fait paraître *Le salon ovale,* contes et nouvelles baroques, en 1976, et *Cent petites histoires d'amour,* en 1978. En 1979, *Deux passions,* une œuvre formée de deux longs récits, a été chaleureusement reçue par la critique. La même année, elle se rend à Moscou et prend le Transsibérien jusqu'à Khabarovsk. Aussitôt après son retour, elle meurt d'un cancer. Un recueil de nouvelles, *Bal double,* et *Soleil de la nuit* paraissent en 1980. Citons aussi *Le pantin noir* (1981), *Abîme des fleurs, trésor des pierres* (1985) et *Deux maisons perdus* (1989). Trois romans paraissent également en 1989 : *Forêts obscures, Les invitées de Moscou,* et *Œil-de-mer.*

⤸

La nouvelle « Le rêve », du recueil *La demoiselle sauvage,* sûrement l'une des histoires les plus horribles qui se puissent imaginer, traite du fait de donner et de posséder le bonheur, de ne pas le donner et de ne pas le posséder. Les personnages sans nom se dessinent dans un paysage flou : le mari, la femme aigrie, la rayonnante « petite femme » qu'on lui préfère, se profilent dans le « village des blés », le « village des pommes » ou le « village des vignes », comme on l'appelle tour à tour. Le village, avec son église, ses maisons, ses jardins, ses champs, ressemble à la plupart des villages, et le mariage évoqué, à beaucoup de mariages. En rêve, le mari voit des maisons de pierre sur une colline surplombant le village et des vergers florissants, vus comme à travers une paroi de verre, tandis que la femme rêve de maisons en ruines et de cimetières. Elle ne fait plus les rêves de bonheur simple que son mari lui enviait autrefois. Sur le chemin du retour à la maison qu'il emprunte depuis toujours, comme dans un rêve dépouillé et horrible, il décide de mettre fin à son envie ancienne et à la souffrance actuelle de sa femme. L'absence de détails établit entre nous et les événements narrés une distance troublante ; nous lisons la nouvelle comme s'il s'agissait d'un cauchemar, heureux de nous réveiller à la fin.

Le rêve

On l'appelait encore le village des blés. Mais ce n'était pas seulement le village des blés (il n'y en avait plus), on disait aussi le village des pommes. Dans les vergers doux, abrités, les arbres fleurissaient tout roses et tout blancs, à la fin mars déjà et demeuraient ainsi, avril entier. Il neigeait dessus parfois, et c'était alors un paysage de paradis ; les pommes qui ne gelaient pas devenaient si belles et si grosses qu'on les vendait très cher au Grand-Restaurant du plateau.

Mais c'était surtout le village des vignes. Elles formaient autour de lui une large fraise, un de ces cols très hauts, tuyautés, que portait la noblesse au dix-septième siècle. Des nobles, il y en avait eu dans le pays, à qui toutes ces terres appartenaient autrefois et d'eux restaient encore trois tours à gradins, une

Corinna Bille, *La demoiselle sauvage,* « Le rêve », © Éditions GALLIMARD.

chapelle. Mais on ne les habitait plus, on n'y disait plus la messe. Pour ça, il y a l'église. Le curé, dans sa jeunesse, avait paraît-il eu le goût de fouetter les filles ; mais il est vieux maintenant et s'il est toujours très scrupuleux à confesse, il n'élève jamais la voix en chaire. Et les gens du village étaient devenus riches. Beaucoup possédaient maintenant des villas.

Et lui, l'homme dont je veux parler, il s'était fait construire, à l'entrée, l'une des plus voyantes, avec des balcons ventrus et des balustrades en fer forgé, noires et courbes comme des cils ; et un jardin de plaisance où il avait planté deux arbres de Chine ou d'Amérique, qu'il taillait en boule. Ils grandissaient bien, ils devenaient toujours plus ronds, plus forts et leurs fleurs, d'un jaune pâle, répandaient une vague lueur au printemps, dans le crépuscule.

Il avait tracé des pelouses, semé du gazon bleu, et il les avait bordées de pierres du Rhône. C'était une de ses spécialités, les boules du Rhône, car bien que grand vigneron, seigneur-vigneron, il organisait encore beaucoup de transports avec ses camions et ses tracteurs. Et ces cailloux, c'est comme le sable, le gravier, c'est une richesse. Il en avait mis dans tout son jardin de ces boules du Rhône, blanches, lisses, et qu'on appelle aussi : têtes de mort.

Il était donc devenu riche, il avait maison, femme et enfants. Il avait vignes, vergers, ouvrières, ouvriers. Etait-il heureux ? Il n'était pas très heureux. Il avait toujours l'impression qu'entre le monde et lui, se dressait une paroi de verre. Il tendait les bras vers le monde et il s'ensanglantait le cœur. Quand il cueillait une fleur (il les aimait plus qu'un homme n'en a le droit) il la voyait déjà pourrissante dans sa main. Les repas (et il aimait bien manger, comme sa mère qui était Française et joyeuse), il les engloutissait à la hâte ; mais aux mets les meilleurs, il n'éprouvait pas de plaisir ; cet homme sentait déjà en lui leur triste odeur fécale. Pourtant, il disait dans les banquets :

— Dépêchons-nous de jouir, car après la mort il n'y a plus rien !

Peut-être ses vignes lui donnaient-elles un peu de joie. Il aimait les regarder, d'un rose coquillage au printemps, puis d'un vert de plus en plus acidulé, de plus en plus bleu. Et venait l'automne. Sa saison préférée : plus personne n'est obligé d'aller dormir, tous les hommes vivent la nuit, les moteurs circulent, le raisin est chargé dans les caisses de plastique rouge, et déversé dans les grands pressoirs fumants. La vie ne s'arrête plus, la vie continue sous la lune, dans le bruit et la résonance souterraine des caves. La paroi de verre lui semblait alors moins épaisse et moins cruelle. Il ressentait enfin un certain bonheur. Mais c'était si peu en regard de celui des autres hommes.

Et son épouse ? Epousée sous le voile de tulle et la couronne d'oranger, devant l'autel où souriaient les anges de bois. Oh ! il l'estimait, mais elle ne lui donnait pas de joie. Elle ne le comprenait pas, et lui, la comprenait-il ? Souvent, il s'étonnait des rêves qu'elle faisait la nuit, qu'elle lui racontait. Elle croyait que c'étaient des présages et lui se moquait. Il était libre-penseur ! Elle s'en attristait car elle aimait la piété. Mais elle priait pour lui chaque jour.

Et ses enfants ? Ses deux fils et sa fille ? Sa fille, oui, il la gâtait. « Trop ! » disaient les gens. Les fils en étaient jaloux. A table, pour les repas qu'ils prenaient à la cuisine (on ne mangeait au salon que les jours de fête), il s'asseyait toujours à la même place, à côté d'elle, et tout en portant la cuillère ou la fourchette à la bouche, il lui passait l'autre main sur les épaules, le long du dos.

— Tu comptes ses vertèbres ! ricanaient les fils.

Et l'épouse, elle pensait : « Moi, jamais il ne me caresse ; s'il m'embrasse une fois, il me fait mal, il est si brusque, et l'amour n'en parlons pas, il ne le fait plus depuis longtemps ! Pas besoin d'avoir peur d'avoir trop d'enfants avec lui. Ah ! ces plaisirs défendus ! On les avait mis tellement en garde au catéchisme... qu'est-ce que c'était pour finir ? Même la nuit des noces, quelle peine il a eue pour faire enfin quelque chose, au petit matin ! » Et cette chose, chez son mari, ne paraissait pas du tout naturelle, mais très difficile, très laborieuse.

Heureusement elle avait ses rêves, elle. Des rêves où les couleurs étaient toujours intenses, rayonnantes, rose flamant, jaune safran, bleu de glace, vert jade, et les fleurs aussi grandes que des maisons, et elle y rencontrait des dames auréolées de pourpre et des messieurs vêtus d'armures, d'habits drapés comme sur les statues de l'église. Lui, non, il ne rêvait jamais. « Je rêve peut-être, disait-il, mais je ne me souviens de rien. »

Un jour arriva — oh ! il n'était plus jeune — un jour arriva quand même où il comprit qu'une femme peut donner du bonheur. Elle, non plus, n'était pas très jeune, mais elle avait la peau blonde, elle lui rappelait cette espèce disparue de pommes qui mûrissaient autrefois au mois de juillet, la pomme blanche. Et elle était ronde, elle, tandis que l'épouse était si maigre ! Et cette petite femme ronde, elle était toujours prête à rire, à le flatter. Il se sentait bien avec elle.

Alors il acheta une Vévé, il se mit à faire des sorties, et il l'invitait. Toujours contente, elle ! Toujours le temps, elle ! Pas comme son épouse qui n'avait jamais le temps pour rien, jamais l'envie pour rien.

Ils ont pris l'habitude de se voir souvent, de se promener dans la petite Vévé, sur les routes des vignes et des vergers, où il y a toujours quelque chose à voir, à surveiller. Si c'est le moment pour tailler ? Si c'est le moment pour mettre le fumier ? Et le dimanche, ils allaient plus haut, plus loin, ils allaient dans la forêt de pins qui se gonfle au-dessus, trouée de tunnels noirs, tapissée de faux-buis qui sent le miel au printemps ; et les renards passent en flammes entre les troncs, et les bisses coulent dans le granit, larges et profonds comme des rivières. En automne, ils ramassaient la chanterelle brune, le bolet jaune, et cueillaient des noisettes. Ils avaient plus de quarante ans, tous les deux, et ils se croyaient redevenus adolescents.

— C'est toi que j'aurais dû marier ! disait-il.

Elle riait, se pelotonnait contre lui et il passait sa grosse main dessus, partout sur son corps. Sans plus. Elle ne lui demandait rien d'autre, que d'être avec lui ! Et parfois ils allaient manger dans les restaurants de la plaine. Et là, on les croyait mari et femme, à cause de l'anneau d'or qu'ils portaient chacun. On leur souriait, oui, ils étaient bien assortis.

Mais l'épouse devait rester à la maison, car dans une maison il y a toujours du travail et il y a les enfants qui vont à l'école et reviennent avec grand faim à l'heure des repas. Et son mari ne l'invitait plus. Il ne l'avait jamais invitée d'ailleurs, mais peut-être que si elle avait insisté... Mais elle est fière, et puis elle n'aime pas beaucoup être avec lui, parce qu'il n'est jamais content, parce qu'il a l'air d'avoir honte d'elle, parce qu'il grogne sur tout.

En réalité maintenant, il était parfois content. Il en fut le premier surpris. Il avait commencé par pouvoir supporter le soleil, lui qui le détestait avant, qui ne se sentait mieux que sous un ciel gris, dans le brouillard, lui qui n'avait toléré longtemps que la clarté de la lune. Maintenant il aimait le soleil, et les nourritures avaient meilleur goût. Oh ! oui, il en était le premier étonné. Alors vint la reconnaissance. Il était reconnaissant à la petite femme ronde et si gaie.

— Elle se teint les cheveux ! disait l'épouse.

— Hé ! qu'est-ce que ça fait si c'est joli !

La petite femme n'avait pas d'enfant, mais elle avait un mari, et un jour on le trouva mort entre deux rangées de ceps. « Arrêt du cœur ! » affirma le médecin.

Et l'amant sortait toujours plus souvent avec elle et les gens du village jasaient. Il montait avec la Vévé la chercher dans sa petite maison qu'elle avait sur le coteau, car elle possédait aussi des vignes et justement, lui aussi, il avait des vignes à côté.

— Ça ferait un beau morceau tout ça ensemble !

— Oui.

Elle avait levé les bras, des bras qui ne brunissaient jamais, qui devenaient seulement doré pâle, et ce fut comme si elle tenait un plat rond, avec dessus tout le village, l'église, les maisons, les jardins, les prés, les vignes.

— Alors tu l'aimes ! dit un soir l'épouse, quand les fils et la fille s'en furent coucher.

— Qui j'aime ?

— Tu sais bien.

— Je sais que je t'aime, toi ! fit-il calmement.

— Plus tu es placide et plus tu mens, conclut-elle.

Ils n'en dirent pas davantage, car ils ne se parlaient guère.

Mais elle, maintenant, elle était de plus en plus anguleuse et sombre. Elle n'avait plus ses beaux rêves pour lui venir en aide ; maintenant l'agressaient des cauchemars. Elle s'empêchait parfois de dormir tant elle les redoutait ; mais la fatigue finissait par l'entraîner entre deux haies funèbres où de petits chiens jaunes aboyaient dans ses jambes.

Tandis que le mari, un matin, s'éveilla très heureux dans le lit, à côté de celui de sa femme. Deux lits jumeaux en noyer, à moulures, mais pour deux personnes ensemble chaque lit était trop étroit.

— Cette fois, s'écria-t-il, j'ai fait un beau rêve ! J'ai rêvé de deux maisons en pierres de fontaine et colombages, deux maisons vivantes, avec des bras, des bouches, des yeux. Elles étaient adossées à la pente, au-dessus du village, et un verger pendait devant, tellement joyeux, soyeux et vert comme un gonfanon. Quelle fraîcheur ! Je n'ai jamais rien vu de pareil !

— Ça ressemble aux rêves que je faisais souvent... dit l'épouse.

Lui, il était si émerveillé qu'il n'arrêtait plus de décrire :

— Des couleurs comme s'il y avait eu de la lumière dedans ! Les herbes brillaient si claires. Ah ! tu as de la chance, toi, de faire des rêves aussi beaux. J'échangerais bien des courses en Vévé pour ces fêtes. Oui, je t'envie...

— Je ne rêve plus que de maisons en ruine ou de cimetières, dit-elle amèrement.

Elle lavait du linge à la buanderie, elle était la seule « dame » du village à ne pas posséder d'automatique. Pourtant ils avaient une machine à laver la vaisselle et la télévision, mais lui n'avait pas voulu acheter ça encore. Il avait déjà suffisamment dépensé, lors de la construction, en installant au sous-sol une chaudière, une couleuse et deux bassins, et un dallage de ciment légèrement incurvé pour recueillir les eaux.

« Il m'envie pour les rêves que je faisais ! Il faut toujours qu'il m'envie pour quelque chose... Avant, c'était parce que je prenais plaisir à manger ou que j'étais heureuse, comme ça, sans savoir pourquoi. »

Elle frottait, agressive, et tapait le linge sur la planche savonneuse. Mais elle sentait à l'intérieur de son corps, à gauche, de l'aisselle au ventre et pesant sur le cœur, une autre planche qui lui faisait mal. « Je sens toujours cette planche, là, quand je suis triste. » Ils s'étaient chicanés, la veille, avec une violence qu'ils n'avaient jamais atteinte et en même temps avec un calme bizarre, presque de l'indifférence. C'est vrai qu'elle n'aurait pas parlé de cette manière si elle avait senti qu'il l'aimait encore. Mais elle savait bien que c'était fini. Et pouvait-elle vraiment le regretter ? Elle ne gardait qu'un mauvais souvenir de l'acte d'amour ; c'était malpropre et, après, elle avait mal à la tête. Vrai, elle n'avait pas fait grand-chose depuis longtemps pour l'attirer contre elle ! Pas étonnant qu'il ait cherché les cajoleries d'une autre, et surtout ces mots flatteurs qui caressent un homme. Elle lui avait crié :

— C'est pas pour moi que tu dépenserais dans les restaurants, les motels, les cinémas ! Et je suis sûre que tu lui achètes des robes ! Et elle, elle peut rire tout le temps, elle n'a que du beau temps ! La veuve joyeuse. Et tu oses encore me dire que tu ne l'aimes pas ?

— Elle m'a bien conseillé pour des affaires de ventes et d'achats. Je suis poli avec les gens qui m'aident, avait-il répondu.

C'était un jour comme il les préférait autrefois, un vilain jour de mars où la pluie un instant perdait sa transparence et se faisait neige. Elle poudrait l'herbe verdissante, marquait le sillon des vignes déjà creusées, à demi taillées déjà. Et l'air avait un goût de braises refroidies parce que la veille, sur tous les chemins du coteau, avaient traîné ces fumerolles de feux de sarments.

Il mit ses habits du dimanche et il alla à la poste où il dit bien haut qu'il devait partir à Sion avec la Vévé pour une affaire importante.

Oui, c'était un vilain jour, un sinistre jour, à tous points de vue. Il descendit donc avec la Vévé, mais il la cacha derrière la colline, puis il revint à pied en la contournant. D'ailleurs cette fausse neige brouillait toutes les lignes du paysage et la silhouette des gens.

Il marchait bien, mais il n'arrivait guère à presser le pas. Il marchait avec de plus en plus de peine, comme dans certains rêves, très rares, qu'il avait faits. Et autour de lui, dans les vergers, les arbres, leur écorce mouillée — brune les poiriers, jaune les pommiers — de loin ou de près, lui firent penser à des araignées, une armée de grandes et de petites araignées ; il y en avait des mortes, penchées, tordues, les pattes pliées, pareilles à celles qu'on trouve dans les recoins des maisons à la fin de l'hiver.

Elle aura fini de se plaindre de tous ces maux imaginaires ! se dit-il. Elle aura fini de souffrir ! Il allait lui rendre un fier service. C'est curieux, il ne pensait pas aux enfants. Il avait même oublié sa fille. L'amour qu'il avait ressenti autrefois pour l'épouse, peu à peu, sans rien changer à sa nature, à sa trame, était devenu haine. C'était comme la même étoffe, tissée des mêmes fils, mais l'amour était l'endroit, la haine l'envers. L'odeur de sa peau qu'il avait aimée, il la détestait à présent, et son sourire aigre-doux (mais le sourire de la jeune fille n'était-il pas déjà aigre-doux ?), ce sourire où il décelait une ironie humiliante. Pourtant il aurait voulu concilier les deux : l'amour de la famille, nécessaire, et l'amour de la petite femme ronde et jaune, nécessaire aussi. Deux maisons vivantes. Ils auraient tous pu être heureux, mais l'épouse n'avait pas essayé de comprendre. Quand on sait que sur la terre, dans beaucoup de pays, les hommes avaient le droit d'avoir plusieurs femmes. C'était admis, respecté. Mais notre religion à nous l'avait défendu, cette absurde religion !

Il savait où la trouver l'épouse. Depuis l'aube, l'odeur de la lessive était montée dans la maison jusqu'à son bureau. « Qu'elle ne se rende pas compte... se répéta-t-il. Qu'elle ne se rende au moins pas compte !»

Et quand il entra dans la buanderie, elle, l'épouse, était en train de rincer le linge dans le bassin de ciment. « Pourvu qu'elle ne se doute de rien !»

Elle se douta bien de quelque chose... Elle allait se retourner, mais il avait déjà dressé le tuyau de fer enrobé de chiffons. Il l'abattit sur le crâne. Elle tomba en avant, la tête dans l'eau savonneuse et il l'y maintint un moment.

Ce fut sa fille qui la découvrit en revenant de l'école.

MARIE CHAUVET

Née à Port-au-Prince en 1916, Marie Chauvet y travaille longtemps comme institutrice. Ses œuvres racontent de façon directe et explicite la situation haïtienne. Son premier roman, *Fille d'Haïti* (1954), met en scène une jeune femme qui prend peu à peu conscience des problèmes politiques de sa terre natale. *La danse sur le volcan* (1957), roman historique, est suivi de *Fonds-des-nègres* (1960), « roman paysan » qui traite du rôle du vaudou dans la société haïtienne. La dernière œuvre publiée de son vivant, *Amour, colère et folie* (1968), trilogie que parcourt le thème de la répression politique, a occasionné son exil d'Haïti. Marie Chauvet est morte en 1973 à Brooklyn, New York. Un roman, *Les rapaces,* œuvre posthume publiée sous son nom de jeune fille, Marie Vieux, paraît en 1986. Elle y dénonce les abus des premières années du régime de Jean-Claude Duvalier.

∽

Amour, colère et folie est une réponse au règne totalitaire et à la terreur qu'a instaurés François Duvalier. Dans *Colère,* d'où est tiré le chapitre reproduit ici, Rose Normil, belle fille mulâtre issue d'une famille bourgeoise, se donne en sacrifice au « gorille » en uniforme, dans l'espoir de restituer les terres de sa famille qu'occupent, pour des raisons mystérieuses, des hommes vêtus de noir. Rose se soumet à des viols à répétition, à la dégradation et à la réduction au silence, toujours aux prises avec le symbole sadique et corrompu d'un pouvoir mâle déchaîné. Elle lutte avec elle-même pour conserver son identité et sa dignité. Martyre de la violence, elle en mourra à la fin du roman. La dénonciation de l'abus de pouvoir, inextricablement lié à la violence sexuelle faite aux femmes par les hommes, s'intensifie à mesure que la prose de Marie Chauvet acquiert une qualité presque hallucinatoire.

Colère (extrait)

L'avocat m'a fait entrer tout de suite et avec beaucoup d'égards. C'était normal, l'homme en uniforme que j'avais rencontré chez lui et pour qui il paraissait si plein de respect et de sollicitude m'accompagnait. L'avocat a tendu la main pour recevoir les cinq cents dollars mais l'homme en uniforme l'a regardé si férocement qu'il les a déposés très vite sur un coin du bureau mais comme à regret.

— Marché conclu, a dit l'homme en uniforme.

— Marché conclu, a répondu l'avocat.

Puis, il s'est tourné vers moi :

— Commencez donc à vous déshabiller, m'a-t-il ordonné comme s'il réclamait de moi un simple travail de bureau.

Après quoi il quitta la pièce et ferma la porte. J'avais été prévenue par l'avocat et je savais ce qui m'attendait. Je commençai donc à me déshabiller et lorsque je fus à moitié nue, l'homme en uniforme me tira vivement par le bras pour m'entraîner derrière le paravent.

— Tu ne te débattras pas, tu ne crieras pas, me recommanda-t-il, parce que si tu le fais, tu t'en repentiras.

Il abattit ses longues mains velues sur moi et m'arrachant mes derniers vêtements :

— Couche-toi, dit-il, couche-toi, les jambes ouvertes, les bras en croix.

Je refusai d'obéir, alors il me jeta sur le divan.

— Tu vas tout gâcher, me souffla-t-il, si tu me résistes, je ne pourrai rien faire. Il faut obéir, obéir sans hésiter, autrement tout est fichu, tu comprends ? Je ne peux être un homme qu'avec les belles têtes de sainte de ton espèce, les belles têtes de martyre vaincue. Obéis, obéis ou va-t'en. Mais rappelle-toi que jamais personne ne pourra plus rien pour toi et tu perdras tes terres. Si, au contraire, tu acceptes docilement de faire ce que je te demande, je te promets, je te jure sur ce que j'ai de plus sacré au monde que tu auras ma protection et que tes biens te seront restitués.

Tandis qu'il parlait, il m'ouvrait lentement les jambes et me mettait les bras en croix. Il resta un moment penché sur moi, râlant doucement, le souffle court, oppressé. De longues minutes, il resta ainsi à me contempler et je vis son horrible main s'approcher de mon corps et le toucher légèrement avec une intolérable et malsaine curiosité.

— C'est ça, ne bouge pas, reste ainsi.

Il me caressa penché sur moi, me reniflant comme une bête, et peu après, il sursauta, fit sauter les boutons de son uniforme et apparut nu.

— Tu es vierge, n'est-ce pas ? Tu ne m'as pas menti ? Je vais te faire mal, très mal, mais tu ne diras pas un mot, tu m'as compris ? Pas un mot.

Il ruisselait de sueur et je m'en sentais toute souillée.

Il s'enfonça en moi d'un seul coup terrible, brutal et, aussitôt, il râla de plaisir. Je mordis mon poing, de souffrance et de dégoût. Il se releva.

— Tu es la plus belle tête de martyre que j'aie jamais eue, me dit-il. Je vais m'attacher à toi, je le sens. Si tu passes par mes caprices, nous deviendrons de bons, de grands amis.

Il me tendit mes vêtements et me regarda me rhabiller sans un mot. Puis, il me raccompagna en me disant :

— Je te revois demain. Je te reverrai tous les soirs pendant un mois. Si tu te montres fidèle, je te remettrai en mains propres les papiers que ton père a signés.

J'avais si mal que je pouvais à peine marcher. Je pris une voiture et rentrai chez moi. Le lendemain, je le revis, mais pas chez l'avocat. Il me conduisit en dehors de la ville, dans une maison meublée de façon grotesque et luxueuse et dont l'unique chambre était tapissée de miroirs. Lorsque je fus nue, il se jeta sur moi si brutalement que je criai. Il me lâcha aussitôt.

— Je t'ouvrirai jusqu'à ce que mon poing entier y passe, me cria-t-il.

Je le voyais se refléter partout dans les glaces, disgracieux et effrayant.

Que m'importe ! Il n'y a de déshonneur que dans le plaisir partagé et il a couché avec une morte. Avec une morte et il l'ignore. C'est ma vengeance. C'est bon, n'est-ce pas ? me demande-t-il avec angoisse. Et les yeux fermés, j'ai l'air d'acquiescer. Que m'importe ! Un mois c'est vite passé. Je me tairai, j'accepterai tout ce qu'il voudra. Il m'a fait saigner cinq fois et je n'ai pas crié. Ma complicité n'a pas de limite. J'ai fini par tolérer des choses horribles sans le secours desquelles il n'arrive pas à être un homme. « J'ai tué dix hommes à bout portant, m'a-t-il confié et je tremble de désir devant ta tête de sainte. Mais elles sont si rares, les femmes qui m'excitent. » Ses horribles mains sur mon corps ! dans mon corps, fouillant ma chair sans vergogne. Que m'importe ! Je suis morte. C'est risible de le voir râler sur une morte. « Ton imbécile de père, m'a-t-il appris, est venu me voir pour me supplier de t'épargner. Il pleurait, pleurait. Tu tiens de lui ta tête de martyre. Et ton frère ? qu'attend-il pour entrer dans nos rangs ? Il n'est pas contre nous, au moins ? Non, non, calme-toi, je sais bien qu'il n'oserait pas. Sais-tu qui j'étais avant de devenir l'autorité qui étend sur ta tête sa main puissante pour te protéger ? Non, je ne te le dirai pas. Tu serais capable de te sauver d'ici et je tiens à toi. Attends. Laisse-moi fermer cette porte à clef... Un mendiant pouilleux, voilà ce que j'étais. Oui, ma belle, un mendiant méprisé, honni par les inaccessibles têtes de saintes de ton espèce. Et maintenant, ouvre les jambes. Attends, je vais te défaire les cheveux. Tu ressembles davantage encore à une sainte. J'aime les saintes. Autrefois, quand j'étais petit, j'allais m'asseoir à l'église et pendant de longues heures, je les contemplais. Mets les bras en croix. Tu es pâle. Tu as l'air de souffrir. Tu es parfaite. C'est ça, souffre et tais-toi. »

Tu partiras, Paul. Mon frère, mon copain si fier, si studieux, si noble ! Sur moi l'odeur de la mort. Le petit le sait. Je suis morte. Maman l'a-t-elle compris ? Ce doit être terrible d'enterrer son enfant mais plus terrible encore de le voir mourir en détail sans pouvoir rien faire pour le sauver. Nous sommes pris dans un cercle infernal. Tout a changé, tout a chaviré brusquement avec l'invasion des terres. Ils portent sur eux le signe de la malédiction. Maudits, nous sommes maudits et grand-père le sait. C'est pourquoi il prie, c'est pourquoi il sort la nuit avec Claude. Je n'en soufflerai pas un mot. Que chacun reste au moins libre d'agir. Quant à moi, je connais le goût de l'enfer et il ne m'effraye plus. J'obtiendrai gain de cause et Paul partira. Encore quelques jours, rien que quelques jours et ce calvaire prendra fin. J'ai mal dans le ventre. Je devrais aller voir le docteur Valois mais j'ai peur de ce qu'il pensera de moi. Dire que j'ai giflé Fred Morin pour un baiser ! Je savais que j'en arriverais là, je le savais. Pour l'empêcher d'être le premier, je me suis offerte au docteur Valois mais il m'a repoussée.

— Vous êtes trop jeune, vous ne savez pas ce que vous faites, m'a-t-il crié.

Il a voulu s'enfuir mais je me suis accrochée à lui.

— N'ayez pas honte de m'aimer, lui ai-je dit, n'ayez pas honte de cela.

— Oui, j'ai honte, m'a-t-il répondu.

Et il m'a saisie dans ses bras pour me serrer contre lui.

— Allez-vous-en, Rose, allez-vous-en.

— Il faut que vous le fassiez, il le faut.

— Non, Rose, jamais.

— Vous ne comprenez donc pas ?

Et je suis restée chez lui jusqu'à l'aube, pleurant, suppliant, sans qu'il m'ait touchée.

Ce soir-là, ma mère a cru au pire désastre en m'apercevant dans l'escalier. Pourtant, je me sentais comme purifiée. Lorsque j'en aurai fini avec cette torture, j'aurai encore plus de pudeur et d'innocence à lui offrir. La virginité réside dans l'âme et non dans la chair ; j'ignore tout des sensations de l'amour. Entre elles et moi, j'ai élevé un mur de granit. Encore quelques jours, rien que quelques jours et tout sera dit. Dès que nous rentrerons en possession de nos terres tout danger sera écarté pour Paul. Quant à moi le danger ne m'effraye plus. J'ai passé le cap. Je fais plus que l'affronter, je nage là-dedans avec résignation, avec plénitude. Lui ne sait pas encore où il va, ce qui l'attend, ce qui le guette et qui déjà, peut-être est en train de le cerner. Et puis, je me persuade que je suis morte. Lui n'a rien d'un comédien. Je saurai ressusciter avec autant de talent. Il est désarmé devant le jeu tragique des événements, je me trompe en me disant que je leur tiens la ficelle comme à des pantins. En face d'un élément déchaîné, je me ferai force de la nature. Vaincue, j'aurai toujours la ressource de croire que ce rôle m'a tentée et que je me suis rendue par goût ou par lassitude. Voilà que j'émeus un assassin par ma douceur et ma résignation ! Il m'est donc si facile de puiser en moi et mes ressources sont-elles à ce point infinies ? Quand la mort viendra, pourrai-je l'accueillir avec indifférence, tenir mon rôle jusqu'au bout ? C'est long trente jours ! Mais que peut le temps contre moi puisque je suis déjà morte ! J'ai voulu embrasser Claude et il m'a dit : « Non, ne t'approche pas, tu ne sens plus comme les fleurs. » Je me suis parfumée en vain. Comment a-t-il pu comprendre ? Autrefois, il m'aimait. Il me caressait les cheveux, les dénouait et plongeait son visage dans leur masse en me disant : « Ils sentent la fleur de chêne mouillée. »

La raucité de sa voix accuse bien plus que son âge et quelquefois il m'arrive de m'effrayer de sa précocité. Le dernier terme de sa vie. Le dernier terme de toutes ses vies, bientôt, j'en suis sûre. Il est revenu une dernière fois sous cette forme estropiée pour accomplir son destin. Du stade de brouillon à celui de héros. Que de brouillons autour de moi ! Quel brouillon je suis moi-même ! Seul l'espoir que je reviendrai sur terre me console de devoir mourir un jour. Il n'est pas possible que l'être humain n'ait qu'une vie. Dieu se doit à lui-même de parachever son œuvre, même s'il la reprend cent fois. Je suis en train de gâcher cette vie-là avec une mauvaise foi évidente. C'est que je suis persuadée que je mourrai bientôt. Je mourrai et puis, je reviendrai. Suis-je à ma première vie ? Des souvenirs confus et mystérieux me bouleversent souvent, comme si j'avais accompli des gestes et des actes antérieurs à ma vie présente. Vierge, rien ne m'a étonnée dans l'amour. J'ai accepté l'indécence comme une rouée. Si au lieu de cet homme, j'en avais tenu un autre dans mes bras, le docteur Valois par exemple, mes réactions m'auraient, j'en suis certaine, épouvantée. Passant pour la première fois loin de la ville, sur une route déserte, ombragée d'arbres sous lesquels coulait une rivière, je me suis arrêtée, les yeux fixés sur cette eau lumineuse, sentant sur mes mains sa fraîcheur connue, apaisante. Une douce nostalgie avait étreint mon cœur tandis que du tréfonds de moi-même remontaient des souvenirs brumeux qui, peu à peu s'éclaircirent : j'étais déjà venue en ce lieu ; cette maison, ces arbres, cette rivière, je les connaissais. Je m'étais promenée sous ces arbres et j'avais vécu dans cette maison. J'en connaissais les moindres recoins et je regrettai de ne pas pouvoir y pénétrer pour me rendre compte. Une angoisse me coupait le souffle comme si un fragment de mon être vivait là, séparé à jamais de moi-même. Mutilée mais marchant tout de même sur le pénible chemin de la perfection. J'ai hâte de mourir. Morte ! J'oubliais que je l'étais déjà. Morte assassinée, martyre et sainte. Je n'aurai pas souffert en vain. La révolte stérile de grand-père, le désespoir muet de Paul, la terreur de ma mère, l'horrible, l'humiliante situation de mon père sont autant de raisons de lutter. De nous tous, c'est mon père qui souffre le plus. Le chef de famille, l'homme encore vert responsable de l'honneur et de l'avenir de ses enfants, contraint de baisser la tête, de s'agenouiller, de baiser les pieds de ses bourreaux. Comme il sait se taire et souffrir ! Jamais je ne lui aurais cru le courage d'affronter le gorille. Je l'ai vu agoniser cent fois sous le regard méprisant de grand-père. Cent fois par jour giflé. Cent fois par jour torturé. Visage souillé de crachats et toujours serein. Honte ! Honte ! non sur nous mais sur eux, sur nos persécuteurs. Chacun de nous aura connu les souffrances de Jésus et vécu moins spectaculairement son martyre. Tête de martyre, tête de sainte. Moi ! Il aime ça, ce monstre, ce pouilleux ! J'ai touché le fond de l'horreur. J'ai touché, grâce à lui, le fond de la vase. Docile, trop docile pour une vierge. Etais-je vierge ? Complice ? Ne suis-je pas en train de m'y habituer, d'y chercher mon plaisir ? Pensée accablante qui me traque nuit et jour. Pas une fois je n'ai raté un rendez-vous, pas une fois je n'y suis arrivée en retard.

J'éprouve pourtant d'atroces brûlures au moindre geste et je marche avec effort. Je continue de dégringoler les escaliers pour ne pas inquiéter mes parents. Pas un jour il ne m'a fait grâce. Ce soir, il était comme fou. Il criait, il me reniflait et me léchait comme une bête. Puis, il m'enfonçait son poing dans le corps et regardait couler mon sang en râlant de volupté. Vampire ! Vampire ! Je l'ai vu boire mon sang et s'en griser comme de vin.

Dès le début j'ai su ce qui m'attendait. Dès l'arrivée de ces hommes sur nos terres, j'ai su que j'en arriverais là. Suis-je douée d'un sixième sens ? Si loin de moi que soient les choses, il me semble percevoir leur odeur. J'ai respiré sur des gravures le parfum tenace, enivrant, des fleurs orientales ; et il m'est arrivé d'être incommodée par la poussière que soulevait les sabots des chevaux piaffant dans un ranch filmé. J'éternuais et ma mère disait : Tu as pris froid ? Non, répondais-je, c'est toute cette poussière. Quelle poussière ? me demandait ma mère. Et du doigt je lui désignais l'écran. J'ai aussi dilaté les narines à la vue majestueuse des lourdes chutes du Niagara : elles sentaient l'eau de pluie avec quelque chose d'autre que je ne puis définir. Je gratte, je gratte la terre au plus profond de ses entrailles. Je fouille, je fouille et je connais déjà l'arôme de chaude humidité des plus vieilles racines, le remugle de tout ce qui grouille autour des corps ensevelis.

Il y a tout juste six ans que ma mère a porté pour la première fois la main à son cœur. Et ce jour-là, je l'ai entendu battre plus lourdement, plus irrégulièrement comme s'il exécutait un travail exténuant. Le jour où son cœur devra s'arrêter je le saurai avant elle. Mon Dieu ! Mon Dieu ! gémit-elle et ses doigts se crispent sur sa robe, juste au-dessus de l'estomac. Si grand-père n'était pas si vieux, si le petit ne l'accaparait pas autant, il se rendrait compte de beaucoup de choses. Mais il ne voit que Claude. En fait, nous nous ressemblons tous mais nous jouons à nous cacher des autres de manière différente. Le petit a pris sur moi l'odeur de l'impudeur. Il doit exister en moi quelque chose d'inquiétant et d'innocemment pervers et seule l'idée de la contrainte m'empêche peut-être de jouir dans les bras de cet homme. Si je m'en libérais, il trouverait sûrement en moi une partenaire digne de lui. Il s'est agenouillé hier devant le lit et il a éponge doucement la sueur de mon front. « Je voudrais te plaire, m'a-t-il dit, je suis très laid, mais je voudrais au moins que tu aimes mes caresses. » Ses yeux se sont fermés à demi quand il s'est écrié : comme tu es belle, ma sainte ! Il a un regard étrange qui s'adoucit dans le plaisir à le transfigurer. Il m'a fait visiter sa maison. J'ai senti les chiens bien avant de les avoir vus. J'ai reculé et il m'a prise par le poignet pour me traîner devant la grande cage où il les enferme comme des fauves. « Je les ai fait venir de très loin, m'a-t-il dit, regarde comme ils sont féroces » : ils écumaient de rage. « Vois-tu, il n'y a qu'une manière de se faire respecter en ce monde : c'est de leur ressembler », a-t-il ajouté. Il affecte sans s'en douter des manières de satrape en s'entourant de luxe pour se venger du passé.

— Aimes-tu l'amour, ma sainte, aimes-tu le luxe et les bijoux ?

Je ne lui ai rien répondu. Je ne crois pas avoir ouvert la bouche depuis que je le vois si ce n'est pour me plaindre ou pour soupirer. C'est, je pense, ce qu'il préfère en moi et qui, d'après lui, augmente mon air de martyre. Mais, suis-je aussi martyre qu'il le dit et que je me le persuade ? Je devance ses désirs. Je suis d'une docilité écœurante. Je me déshabille et je me couche les jambes ouvertes, les bras en croix et j'attends. Le supplice ! Quel supplice ! Il m'a dit : « Si tu voulais, je te garderais pour la vie. » Il a appris à lire dans mes yeux et il épie avec inquiétude mes moindres expressions. « Tu aimes ça, hein ? s'est-il écrié, alors que je me plaignais, tu aimes ça, toi aussi ! » Je n'ai toujours rien répondu. « Rose, ma petite sœur, me disait Paul ! » et il me portait sur son dos pour me protéger des épines qui me piquaient les pieds. Il avait insulté, un jour, un paysan qui m'avait surprise en train d'enlever ma robe trempée par la pluie pour la tordre. « Cache-toi vite Rose, m'avait-il dit ! » Ses yeux étaient pleins de larmes. Que m'importe d'offrir mon corps aux regards et aux baisers d'un monstre si j'arrive à le sauver. Il partira. Seul. Quant à moi, je descendrai la pente des amours faciles, discrètement, très discrètement avec mes airs de sainte. Je m'apitoie sur moi-même. Mon sort est-il aussi épouvantable ? Bien des maris doivent se comporter dans l'amour comme cet homme. Vices sanctifiés par le sacrement du mariage. J'ai perdu en tout cas ma candeur. Ai-je jamais été candide ? J'ai compris trop tôt les laideurs de la vie et cela m'a vieillie. Rouée sans expérience, je l'ai été dès l'âge de l'enfance. Comme Claude. Lui aussi devine trop de choses. Le jour où Anna m'a haïe à cause de cette boîte à ouvrage que son père m'avait offerte, je l'ai senti ; comme j'ai senti qu'elle avait fait exprès de déchirer ma robe malgré le regard innocent qu'elle levait sur moi. Je n'avais que quinze ans et je m'amusais déjà à troubler le docteur Valois. Il m'aime depuis longtemps, je le sais, je le sens et je me suis offerte sans qu'il ait daigné me toucher ! La sensualité des Normil ! Frappés ! L'enfer nous guettait depuis longtemps et nous y voilà plongés. Les pieux ont tracé le cercle infernal et les mains qui les ont plantés sont peut-être moins coupables que les nôtres. Nous payons nos terribles hérédités, la malédiction ancestrale qui ne disparaîtra qu'avec notre race. Il nous faut haïr et aimer avec la même exagération. J'admire la pondération de mon père, le seul qui fasse figure d'étranger parmi nous. Comment grand-père pourrait-il l'aimer ? Loin de nous les moutons car nous les dévorerons. Nous aussi nous faisons partie de la race des fauves et des rapaces, c'est pourquoi nous luttons cruellement contre ceux qui nous ont pris nos terres. Elles ont une histoire assez mystérieuse. J'en ai entendu parler par mon père et ma mère lorsque j'avais six ans.

Ma mère disait : Grand-père m'insulte, il traite mon père d'ivrogne et de propre à rien, si j'étais méchante je lui jetterais à la face ce qu'on raconte de son père à lui. Et que raconte-t-on ? a demandé mon père. On l'accuse d'avoir assassiné un homme pour se rendre maître de ces terres. Tu répètes des ragots, toi, Laura ? a fait mon père. Et ma mère a baissé la tête.

Un jour, je m'étais endormie sous les chênes. J'ai vu en rêve s'approcher de moi un homme vêtu d'une chemise ensanglantée qu'il a enlevée pour me montrer son dos où béaient deux larges blessures et il m'a dit : Regarde, il m'a frappé de son couteau pour se faire justice. Pour me venger j'armerai le bras de l'un de ses descendants et il tuera comme lui. Tandis qu'il me parlait, je percevais l'odeur fade, atroce qu'il dégageait. Une odeur de mort, de sang caillé et de pourriture. Son souvenir ne m'a pas beaucoup gênée mais je sais qu'il est là, à deux pas de la tombe du bisaïeul, et qu'il attend. Si Paul ne part pas, il tuera et je ne le veux pas. Plus aucun de nous ne tuera. Nous méritions d'être punis et la main divine nous a désignés pour qu'ils nous frappent, doit penser grand-père. La malédiction pèse sur nous, il le sait, mais il se révolte par orgueil. Payer pour que mes enfants échappent à cela, mes enfants et ceux de Paul. M'acquitter sans rechigner et en finir. J'en ai assez de vivre dans la crainte superstitieuse de voir retomber cette malédiction sur la tête de mon frère. Il ne mérite pas cela. Je lutte mais avec la conviction que la justice n'est pas de notre côté. De quel droit possédons-nous des biens ? De quel droit sommes-nous des privilégiés alors que d'autres pataugent dans la misère ? La misère de ceux que mon paysan de bisaïeul a bien dû exploiter, la misère des pauvres qui pillaient son jardin et qu'il faisait fouetter sans pitié, la misère des mendiants qui ont endossé l'uniforme, la misère de celui qui se venge sur moi d'avoir toute sa vie été repoussé par les femmes qu'il désirait. Si je devais mendier moi aussi, un jour, si je devais me sentir humiliée, ne serais-je pas fière de voir Paul en uniforme, une arme à la ceinture ? Je ne sais pas. C'est difficile de se mettre dans la peau des autres et je suis encore trop bien nourrie pour comprendre ce que peut suggérer la misère et la faim...

Les êtres humains ressemblent de manière étrange à certains animaux. J'ai été frappée de ma ressemblance avec la panthère que j'ai vue dernièrement dans une salle de cinéma. Même faciès, même regard féroce voilé de fausse douceur, même souplesse dans l'encolure sur laquelle tourne lentement une tête élégante aux narines échancrées, frémissantes et sensuelles. Lui, ressemble à un chien. On le prendrait aisément pour un gorille mais c'est faux. Ce sont ses mains qui trompent parce qu'elles sont longues et velues, mais ce n'est qu'un chien ; un pauvre chien en quête de tendresse et qui, par réaction, adopte l'attitude d'un loup. Couple bestial fait pour s'entendre. Panthère lascive et insatiable ! Je lacérerai mon corps impur de mes ongles. Je le verrai se traîner à mes pieds. J'obtiendrai de lui ce que je voudrai. Ce n'est qu'un chien qui mord pour se défendre, un pauvre chien habitué aux coups de pied et qui aboie et qui mord pour prouver qu'il est autre chose qu'un chien. « Tu es fatiguée, ma sainte, tu es fatiguée ? » Et il m'essuie tendrement le front. Comment peut-il à ce point se tromper sur moi ? Il est laid et il en souffre. Je lacérerai mon corps impur de mes ongles et j'en mourrai. Dans ma sueur une odeur de fauve. Dans notre sueur à tous l'odeur de la bête. L'homme n'est qu'un animal doué d'une conscience étroite qui le cerne ; c'est pourquoi il est voué à la souffrance. En lui se manifeste la lutte de la bestialité et de l'esprit. Destin tragique, lutte opiniâtre où rarement l'esprit sort vainqueur. Dieu nous a joués...

J'ai surpris Mélie faisant l'amour avec l'un d'entre eux. Elle était couchée sous lui et elle disait : « Tue-le, tue-les, tu es le plus fort, tue-les, ils méritent de mourir. » N'accepte-t-elle de coucher avec eux que par haine de nous ? Qui est assez naïf pour croire qu'on peut gagner le cœur d'un domestique par la bonté ? L'inférieur craint et respecte ceux qui le dominent. C'est habillée de mes robes, qu'elle nous épie et s'en va forniquer avec nos ennemis pour réclamer nos têtes. Horde de mendiants et d'ignorants dont le salut se trouve dans le crime ! Est-ce leur faute ? Femmes et hommes en uniforme, femmes et hommes armés, femmes et hommes marchant au pas, dénonçant, assassinant. Qu'attend Mélie pour endosser l'uniforme ? Je me l'imagine marchant au pas de l'oie, l'arme à l'épaule. J'imagine la tête de ma mère devant ce spectacle, j'imagine ma mère devant son fils en uniforme, l'arme à l'épaule, marchant au pas de l'oie au côté de Mélie. « Eloi, Eloi lama sabactani », s'écrierait-elle. Interrogation angoissée d'une pauvre créature à Celui qui lui a tout promis et qui l'abandonne, elle qui n'a pas de père, qui n'a jamais eu de père et qui vieillit seule en attendant la mort.

JOYCE MANSOUR

Joyce Mansour, poète d'origine égyptienne, est née en 1928 en Angleterre, mais résida à Paris. En 1953, elle publie *Cris,* son premier recueil. On y observe à la fois un mélange d'érotisme et de cruauté et un langage qui évoque la sexualité en termes crus, deux caractéristiques qui marqueront toute son œuvre. Depuis 1953, elle est considérée comme l'une des artistes éminentes du surréalisme de l'après-guerre. Elle donne libre cours à son imagination dans des œuvres comme *Le bleu des fonds* (1954), *Déchirures* (1955), *Les gisants satisfaits* (1958), *Rapaces* (1960), *Carré blanc* (1966), *Phallus et momies* (1969), *Ça* (1970) et *Histoires nocives* (1973). Elle participe à l'Exposition internationale du surréalisme en 1959–60. L'art surréaliste figure dans son œuvre à divers titres : elle collabore avec d'autres écrivains et artistes comme Wifredo Lam (*Pandémonium* et *Orsa maggiore,* 1976) et Ted Joans (*Flying Piranha,* 1978) et intègre à ses recueils, dont *Faire signe au machiniste* (1977), des tableaux d'artistes contemporains. Elle est morte en 1986.

∽

Belle de corps et d'esprit, liée de près au groupe des disciples d'André Breton, Joyce Mansour demeure la femme poète surréaliste la plus célèbre. Admirée et souvent citée, sa poésie déborde d'une rage intense et violente qui vise souvent, mais pas toujours, l'esprit et le corps masculins : « On a pesé l'homme... », qui vient du recueil *Déchirures*. Dans les titres et au-delà, elle est remplie de *Cris* et d'images de proies qu'on consume, comme dans *Rapaces* :

Je m'étendrai à plat ventre
Sur l'aile d'un bombardier...

C'est de ce recueil que nous avons tiré le poème « La cuirasse », encore une image de violence, dont l'impression se répand partout, comme dans les titres : *Cris, Déchirures, Rapaces, Les damnations* (1967), *Astres et désastres* (1969), *Histoires nocives, Pandémonium, Trous noirs* (1986). On sent le danger de faire n'importe quel geste dans cet univers : voir le titre d'un poème tiré de *Rapaces* : « Pericoloso sporgersi » — « Danger de se pencher ». Comme pour Andrée Chedid, son héritage égyptien semble lui conférer une dimension exotique autre, « hystérique et généreuse » à la fois, une altérité impossible à assimiler aux choses ordinaires. Ni Mansour ni les armes qu'elle se donne dans son « visage de nuit » et dans sa poésie ne contiennent la moindre trace de facilité.

La cuirasse

Quand la guerre pleuvra sur la houle et sur les plages
J'irai à sa rencontre armée de mon visage
Coiffée d'un lourd sanglot
Je m'étendrai à plat ventre
Sur l'aile d'un bombardier
Et j'attendrai
Quand le ciment brûlera sur les trottoirs
Je suivrai l'itinéraire des bombes parmi les grimaces de la foule
Je me collerai aux décombres
Comme une touffe de poils sur un nu
Mon œil escortera les contours allongés de la désolation
Des morts brasillants de soleil et de sang
Se tairont à mes côtés
Des infirmières gantées de peau
Pataugeront dans le doux liquide de la vie humaine
Et les moribonds flamberont
Comme des châteaux de paille
Les colonnades s'enliseront
Les astres bêleront
Même les pantalons de flanelle s'engloutiront
Dans l'espace géant de la peur
Et je ricanerai dents découvertes violette d'extase dithyrambique

Hystérique généreuse
Quand la guerre pleuvra sur la houle et sur les plages
J'irai à sa rencontre armée de mon visage
Coiffée d'un lourd sanglot

Pericoloso sporgersi

Nue
Je flotte entre les épaves aux moustaches d'acier
Rouillées de rêves interrompus
Par le doux ululement de la mer
Nue
Je poursuis les vagues de lumière
Qui courent sur le sable parsemé de crânes blancs
Muette je plane sur l'abîme
La gelée lourde qu'est la mer
Pèse sur mon corps
Des monstres légendaires aux bouches de pianos
Se prélassent dans les gouffres à l'ombre
Nue je dors

Vois je suis dégoûtée des hommes
Leurs prières leurs toisons
Leur foi leurs façons
J'en ai assez de leurs vertus surabondantes
Court-vêtues
J'en ai assez de leurs carcasses
Bénis-moi folle lumière qui éclaires les monts célestes
J'aspire à redevenir vide comme l'œil paisible
De l'insomnie
J'aspire à redevenir astre

Je rêve de tes mains silencieuses
Qui voguent sur les vagues
Rugueuses capricieuses
Et qui règnent sur mon corps sans équité
Je frissonne je me fane
En pensant aux homards
Les antennes ambulantes âpres au gain
Qui grattent le sperme des bateaux endormis
Pour l'étaler ensuite sur les crêtes à l'horizon
Les crêtes paresseuses poussiéreuses de poisson

Où je me prélasse toutes les nuits
La bouche pleine les mains couvertes
Somnambule marine salée de lune

Je nagerai vers toi
A travers l'espace profond
Sans frontière
Acide comme un bouton de rose
Je te trouverai homme sans frein
Maigre englouti dans l'ordure
Saint de la dernière heure
Et tu feras de moi ton lit et ton pain
Ta Jérusalem

J'écrirai des deux mains
Le jour que je me tairai
J'avancerai les genoux raides
La poitrine pleine de seins
Malade de silence rentré
Je crierai à plein ventre
Le jour que je mourrai
Pour ne pas me renverser quand tes mains me devineront
Nue dans la terre brûlante
Je m'étranglerai à deux mains
Quand ton ombre me léchera
Ecartelée dans ma tombe où brillent des champignons
Je me prendrai à deux mains
Pour ne pas m'égoutter dans le silence de la grotte
Pour ne pas être esclave de mon amour démesuré
Et mon âme s'apaisera
Nue dans mon corps plaisant

Noyée au fond d'un rêve ennuyeux
J'effeuillais l'homme
L'homme cet artichaut drapé d'huile noire
Que je lèche et poignarde avec ma langue bien polie
L'homme que je tue l'homme que je nie
Cet inconnu qui est mon frère
Et qui m'offre l'autre joue
Quand je crève son œil d'agneau larmoyant
Cet homme qui pour la communauté est mort assassiné
Hier avant-hier et avant ça et encore
Dans ses pauvres pantalons pendants de surhomme

Tes mains fourrageaient dans mon sein entrouvert
Bouclant des boucles blondes
Pinçant des mamelons
Faisant grincer mes veines
Coagulant mon sang
Ta langue était grosse de haine dans ma bouche
Ta main a marqué ma joue de plaisir
Tes dents griffonnaient des jurons sur mon dos
La moelle de mes os s'égouttait entre mes jambes
Et l'auto courait sur la route orgueilleuse
Ecrasant ma famille au passage

Tu avances sur ton cheval de bois
Ta mince lance de chair
Forte de la blanche odeur de l'enfance
Tendue devant toi
Décidé à percer la grosse indifférence
Des champignons vêtus de satin rose
Qui se couchent dans ton chemin
De chevalier sans barbe
Sans tache et sans braguette

Je me mirais dans ma brosse à ongles
Admirant mon ventre carré
Mes dents de fauve
Mes yeux incarnés
Attendant l'arrivée de l'incertain
Somptueusement habillée de mousse de savon et de merde
Petit perroquet dans une cage trop dorée
Lasse de ne rien faire avec autorité

Vous ne connaissez pas mon visage de nuit
Mes yeux tels des chevaux fous d'espace
Ma bouche bariolée de sang inconnu
Ma peau
Mes doigts poteaux indicateurs perlés de plaisir
Guideront vos cils vers mes oreilles mes omoplates
Vers la campagne ouverte de ma chair
Les gradins de mes côtes se resserrent à l'idée
Que votre voix pourrait remplir ma gorge
Que vos yeux pourraient sourire
Vous ne connaissez pas la pâleur de mes épaules
La nuit

Quand les flammes hallucinantes des cauchemars réclament le silence
Et que les murs mous de la réalité s'étreignent
Vous ne savez pas que les parfums de mes journées meurent sur ma langue
Quand viennent les malins aux couteaux flottants
Que seul reste mon amour hautain
Quand je m'enfonce dans la boue de la nuit

Connais-tu encore le doux arôme des plantaniers
Combien étranges peuvent être les choses familières après un départ
Combien triste la nourriture
Combien fade un lit
Et les chats
Te rappelles-tu les chats aux griffes stridentes
Qui hurlaient sur le toit quand ta langue me fouillait
Et qui faisaient le gros dos quand tes ongles m'écorchaient
Ils vibraient quand je cédais
Je ne sais plus aimer
Les bulles douloureuses du délire se sont évanouies de mes lèvres
J'ai abandonné mon masque de feuillage
Un rosier agonise sous le lit
Je ne me déhanche plus parmi la pierraille
Les chats ont déserté le toit

On a pesé l'homme
   On a pesé l'homme blanchi à la chaux
   On a pesé mon pied moins ses orteils
   On a pesé les fruits mûrs de ton ventre
   Sur la balance inexacte des églises
   Et on a trouvé que le poids de mon âme
   Égale celle d'un pingouin
   Moins ses ailes.

Seule défense contre le rideau de fer
   Bief n° 5, 15 mars 1959
   in « Le Bloc sanitaire »

   Votre ligne ou la guerre contre la grossesse

CE QU'IL NE FAUT PAS FAIRE :

   1. Tenir une main offerte sans gant protecteur
   Offrez plutôt l'autre joue

Et parlez, parlez, poudrez-vous,
Une main peut être un garde-fou
Une frictionneuse, ou un rendez-vous
Mais, souvenez-vous,
L'appétit vient en mangeant.

2. Suivre des régimes. Mangez ce que vous voulez à n'importe quelle heure de votre misérable journée. Vous êtes misérable parce que grosse, sans atouts, atours, tour de taille, tour de guet, taille-crayon pour aiguiser les guêpes piqueuses de tourelles : bref, vous êtes seule et vous n'aimez pas ça, alors vous mangez pour vous faire remarquer ; vous vous consolez de vos appâts risibles en mastiquant ; vous sombrez dans la graisse, triste, laide, et angoissée. Mais les piquants succès qui menacent votre chasteté s'éloignent avec chaque bouchée de mollesse. Vos cauchemars aux doigts de vétérinaire secouent vos ulcères et les rides, friandes de maximes, rayent votre visage de la carte de la jeunesse. Vos amies feront le reste. Vous voilà vieille... Mangez ce que vous voulez, la mort vous prendra sans hésitation.

3. Jeter ses kilos dans le sac à linge sale... d'autrui. Celle qui jette un sort doit savoir s'esquiver pour éviter le choc en retour. Plus d'une camouflée s'est retrouvée sur le seuil sans retour de l'asile psychiatrique, éclopée, difforme et définitivement défigurée.

4. Trop émousser ses sens
En utilisant
L'élégant, encombrant et inoxydable
Coupe-rôti, crache-hachis en bakélite surchauffée :
Vous risquez l'encombrement de votre ensemble générique
Et la mort capricieuse de votre couteau rotatif
Car l'écartement féminin est difficilement réglable
Et le presse-fruits de vos rêves ne peut pas être mécanique.

CE QU'IL FAUT FAIRE :

Achetez un hachoir électrique
Faites une marinade de vos formes mijotées et sans fard
Invoquez un petit homme entre chaque couche de graisse qui dogmatise
Faites brunir vos membres inférieurs dans la sauce singulière de votre fiel
Mouillez peu à peu l'huile qui fume, l'ovaire qui se tasse
L'extraction totale de votre jus en dépend.

CHARLOTTE DELBO

Charlotte Delbo est née en 1913 à Vigneux-sur-Seine, près de Paris. Secrétaire du metteur en scène Louis Jouvet, elle voyage avec sa troupe ; en 1941, elle rentre en France pour s'engager dans la Résistance. Arrêtée à Paris en mars 1942 avec son mari, Georges Dudach, elle est emprisonnée à La Santé et au fort de Romainville pendant un an avant d'être déportée à Auschwitz. Les nazis fusillent Dudach en mai 1942. Delbo passera vingt-sept mois dans les camps avant sa libération de Ravensbrück. Immédiatement après la guerre, elle est incapable d'écrire ; son premier livre, *Les belles lettres,* paraît en 1961. Elle publie ensuite *Convoi du 24 janvier* (1965), composé des biographies et des destins des 230 femmes qui ont été déportées avec elle. En 1966, elle écrit une « tragédie », *Qui rapportera ces paroles,* qui sera jouée et publiée en 1974. Sa trilogie *Auschwitz et après,* qui comprend *Aucun de nous ne reviendra, Une connaissance inutile* et *Mesure de nos jours,* publiée en 1970–71, est un monument à l'esprit et à la mémoire de celles qui ont souffert et sont mortes dans les camps, ou qui en sont revenues. Elle a écrit d'autres pièces de théâtre, dont *La sentence* (1972), *Maria Lusitania* (1975), *Le coup d'État* (1975), une nouvelle, *Spectres, mes compagnons* (1977) et *Kalavrita des milles Antigones* (1979). Elle est morte en 1985.

Aucun de nous ne reviendra, titre du premier volume de la trilogie *Auschwitz et
après,* décrit le paradoxe que renferme son témoignage bouleversant de la survie
à Auschwitz. Alors qu'elle se met à écrire, à Paris, assise parfois incrédule dans
un café, après avoir réappris à « se servir d'une brosse à dents, de papier hygié-
nique, d'un mouchoir, d'un couteau et d'une fourchette », après avoir réappris
à dire « J'ai soif. Faisons une tasse de thé », Delbo est toujours au camp et sait
de manière certaine qu'« aucun de nous ne reviendra ». « Je vis dans un être
double », affirme-t-elle ; son « double » d'Auschwitz est enveloppé d'une peau
imperméable, qui est la mémoire. Delbo, par son écriture, traverse cette peau
et révèle sa propre histoire ainsi que celle du « nous » englobant qu'évoque le
titre : celles qui ont survécu, celles qui ont péri. Sobre et dépourvue de tout
sentimentalisme, sa chronique de la vie quotidienne des camps — l'appel, la
soif, le travail, le printemps — s'interrompt pour faire place aux moments
transcendants de sollicitude entre les femmes qui rendent la survie possible,
voire nécessaire. Derrière le bras de Lulu qui l'abrite, Charlotte pleure « contre
la poitrine de [s]a mère » et échappe à la solitude meurtrière.

Aucun de nous ne reviendra (extraits)

RUE DE L'ARRIVÉE, RUE DU DÉPART

Il y a les gens qui arrivent. Ils cherchent des
yeux dans la foule de ceux qui attendent ceux
qui les attendent. Ils les embrassent et ils
disent qu'ils sont fatigués du voyage.
  Il y a les gens qui partent. Ils disent au
revoir à ceux qui ne partent pas et ils
embrassent les enfants.
  Il y a une rue pour les gens qui arrivent et
une rue pour les gens qui partent.
  Il y a un café qui s'appelle « A l'arrivée » et
un café qui s'appelle « Au départ ».
  Il y a des gens qui arrivent et il y a des gens
qui partent.

  Mais il est une gare où ceux-là qui arrivent
sont justement ceux-là qui partent
    une gare où ceux qui arrivent ne sont jamais

arrivés, où ceux qui sont partis ne sont jamais
revenus.

c'est la plus grande gare du monde.

C'est à cette gare qu'ils arrivent, qu'ils
viennent de n'importe où.

Ils y arrivent après des jours et après des
nuits

ayant traversé des pays entiers

ils y arrivent avec les enfants même les
petits qui ne devaient pas être du voyage.

Ils ont emporté les enfants parce qu'on ne
se sépare pas des enfants pour ce voyage-là.

Ceux qui en avaient ont emporté de l'or
parce qu'ils croyaient que l'or pouvait être utile.

Tous ont emporté ce qu'ils avaient de plus
cher parce qu'il ne faut pas laisser ce qui est
cher quand on part au loin.

Tous ont emporté leur vie, c'était surtout
sa vie qu'il fallait prendre avec soi.

Et quand ils arrivent

ils croient qu'ils sont arrivés

en enfer

possible. Pourtant ils n'y croyaient pas.

Ils ignoraient qu'on prît le train pour l'enfer
mais puisqu'ils y sont ils s'arment et se sentent
prêts à l'affronter

avec les enfants les femmes les vieux parents

avec les souvenirs de famille et les papiers
de famille.

Ils ne savent pas qu'à cette gare-là on
n'arrive pas.

Ils attendent le pire — ils n'attendent pas
l'inconcevable.

Et quand on leur crie de se ranger par cinq,
hommes d'un côté, femmes et enfants de

l'autre, dans une langue qu'ils ne comprennent
pas, ils comprennent aux coups de bâton et
se rangent par cinq puisqu'ils s'attendent à
tout.

Les mères gardent les enfants contre elles
— elles tremblaient qu'ils leur fussent
enlevés — parce que les enfants ont faim et soif
et sont chiffonnés de l'insomnie à travers tant
de pays. Enfin on arrive, elles vont pouvoir
s'occuper d'eux.

Et quand on leur crie de laisser les paquets,
les édredons et les souvenirs sur le quai, ils les
laissent parce qu'ils doivent s'attendre à tout
et ne veulent s'étonner de rien. Ils disent « on
verra bien », ils ont déjà tant vu et ils sont
fatigués du voyage.

La gare n'est pas une gare. C'est la fin d'un
rail. Ils regardent et ils sont éprouvés par la
désolation autour d'eux.

Le matin la brume leur cache les marais.

Le soir les réflecteurs éclairent les barbelés
blancs dans une netteté de photographie
astrale. Ils croient que c'est là qu'on les mène et
ils sont effrayés.

La nuit ils attendent le jour avec les enfants
qui pèsent aux bras des mères. Ils attendent et
ils se demandent.

Le jour ils n'attendent pas. Les rangs se
mettent en marche tout de suite. Les femmes
avec les enfants d'abord, ce sont les plus las.
Les hommes ensuite. Ils sont aussi las mais
ils sont soulagés qu'on fasse passer en premier
leurs femmes et leurs enfants.

Car on fait passer en premier les femmes et
les enfants.

L'hiver ils sont saisis par le froid. Surtout
ceux qui viennent de Candie la neige leur est
nouvelle.

L'été le soleil les aveugle au sortir des
fourgons obscurs qu'on a verrouillés au départ.

Au départ de France d'Ukraine d'Albanie
de Belgique de Slovaquie d'Italie de Hongrie
du Péloponnèse de Hollande de Macédoine
d'Autriche d'Herzégovine des bords de la mer
Noire et des bords de la Baltique des bords
de la Méditerranée et des bords de la Vistule.

Ils voudraient savoir où ils sont. Ils ne
savent pas que c'est ici le centre de l'Europe.
Ils cherchent la plaque de la gare. C'est une
gare qui n'a pas de nom.

Une gare qui pour eux n'aura jamais de
nom.

Il y en a qui voyagent pour la première fois
de leur vie.

Il y en a qui ont voyagé dans tous les pays
du monde, des commerçants. Tous les
paysages leur étaient familiers mais ils ne
reconnaissent pas celui-ci.

Ils regardent. Ils sauront dire plus tard
comment c'était.

Tous veulent se rappeler quelle impression
ils ont eue et comme ils ont eu le sentiment
qu'ils ne reviendraient pas.

C'est un sentiment qu'on peut avoir eu déjà
dans sa vie. Ils savent qu'il faut se défier des
sentiments.

Il y a ceux qui viennent de Varsovie avec
de grands châles et des baluchons noués
il y a ceux qui viennent de Zagreb les
femmes avec des mouchoirs sur la tête

il y a ceux qui viennent du Danube avec des
tricots faits à la veillée dans des laines
multicolores

il y a ceux qui viennent de Grèce, ils ont
emporté des olives noires et du rahat-lokoum

il y a ceux qui viennent de Monte-Carlo

ils étaient au casino

ils sont en frac avec un plastron que le
voyage a tout cassé

ils ont des ventres et ils sont chauves

ce sont de gros banquiers qui jouaient à la
banque

il y a des mariés qui sortaient de la
synagogue avec la mariée en blanc et en voile toute
fripée d'avoir couché à même le plancher du
wagon

le marié en noir et en tube les gants salis

les parents et les invités, les femmes avec
des sacs à perles

qui tous regrettent de n'avoir pu passer à
la maison mettre un costume moins fragile.

Le rabbin se tient droit et marche le
premier. Il a toujours été un exemple aux
autres.

Il y a les fillettes d'un pensionnat avec leurs
jupes plissées toutes pareilles, leurs chapeaux
à ruban bleu qui flotte. Elles tirent bien leurs
chaussettes en descendant. Et elles vont
gentiment par cinq comme à la promenade du
jeudi, se tenant par la main et ne sachant.
Que peut-on faire aux petites filles d'un
pensionnat qui sont avec la maîtresse ? La
maîtresse leur dit : « Soyons sages, les petites. »
Elles n'ont pas envie de n'être pas sages.

Il y a les vieilles gens qui recevaient des

nouvelles des enfants en Amérique. Ils ont de
l'étranger l'idée que leur en donnaient les
cartes postales. Rien ne ressemblait à ce qu'ils
voient ici. Les enfants ne le croiront jamais.

Il y a les intellectuels. Ils sont médecins ou
architectes, compositeurs ou poètes, ils se
distinguent à la démarche et aux lunettes. Eux
aussi ont vu beaucoup dans leur vie. Ils ont
beaucoup étudié. Certains ont même beaucoup
imaginé pour faire des livres et rien de leurs
imaginations ne ressemble à ce qu'ils voient ici.

Il y a tous les ouvriers fourreurs des grandes
villes et tous les tailleurs pour hommes et pour
dames, tous les confectionneurs qui avaient
émigré à l'Occident et qui ne reconnaissent
pas ici la terre des ancêtres.

Il y a le peuple inépuisable des villes où les
hommes occupent chacun son alvéole et ici
maintenant cela fait d'interminables rangs et
on se demande comment tout cela pouvait
tenir dans les alvéoles superposés des villes.

Il y a une mère qui calotte son enfant cinq
ans peut-être parce qu'il ne veut pas lui
donner la main et qu'elle veut qu'il reste tranquille
à côté d'elle. On risque de se perdre on ne
doit pas se séparer dans un endroit inconnu
et avec tout ce monde. Elle calotte son enfant
et nous qui savons ne le lui pardonnons pas.
D'ailleurs ce serait la même chose si elle le
couvrait de baisers.

Il y a ceux qui avaient voyagé dix-huit jours
qui étaient devenus fous et s'étaient entretués
dans les wagons et

ceux qui avaient été étouffés pendant le
voyage tant ils étaient serrés

évidemment ceux-là ne descendent pas.

Il y a une petite fille qui tient sa poupée sur
son cœur, on asphyxie aussi les poupées.

Il y a deux sœurs en manteau blanc qui se
promenaient et qui ne sont pas rentrées pour
le dîner. Les parents sont encore inquiets.

Par cinq ils prennent la rue de l'arrivée.
C'est la rue du départ ils ne savent pas. C'est
la rue qu'on ne prend qu'une fois.

Ils marchent bien en ordre — qu'on ne
puisse rien leur reprocher.

Ils arrivent à une bâtisse et ils soupirent.
Enfin ils sont arrivés.

Et quand on crie aux femmes de se déshabiller
elles déshabillent les enfants d'abord en
prenant garde de ne pas les réveiller tout à
fait. Après des jours et des nuits de voyage ils
sont nerveux et grognons

et elles commencent à se déshabiller devant
les enfants tant pis

et quand on leur donne à chacune une
serviette elles s'inquiètent est-ce que la douche
sera chaude parce que les enfants prendraient
froid

et quand les hommes par une autre porte
entrent dans la salle de douche nus aussi elles
cachent les enfants contre elles.

Et peut-être alors tous comprennent-ils.

Et cela ne sert de rien qu'ils comprennent
maintenant puisqu'ils ne peuvent le dire à
ceux qui attendent sur le quai

à ceux qui roulent dans les wagons éteints
à travers tous les pays pour arriver ici

à ceux qui sont dans des camps et

appréhendent le départ parce qu'ils redoutent
le climat ou le travail et qu'ils ont peur de
laisser leurs biens

à ceux qui se cachent dans les montagnes
et dans les bois et qui n'ont plus la patience de
se cacher. Arrive que devra ils retourneront
chez eux. Pourquoi irait-on les chercher chez
eux ils n'ont jamais fait de mal à personne

à ceux qui n'ont pas voulu se cacher parce
qu'on ne peut pas tout abandonner

à ceux qui croyaient avoir mis les enfants à
l'abri dans un pensionnat catholique où ces
demoiselles sont si bonnes.

On habillera un orchestre avec les jupes
plissées des fillettes. Le commandant veut
qu'on joue des valses viennoises le dimanche
matin.

Une chef de block fera des rideaux pour
donner à sa fenêtre un air de chambre avec
l'étoffe sacrée que le rabbin portait sur lui
pour célébrer l'office quoi qu'il lui advînt en
quelque lieu qu'il se trouvât.

Une kapo se déguisera avec l'habit et le tube
du marié son amie avec le voile et elles joueront
à la noce le soir quand les autres sont couchées
mortes de fatigue. Les kapos peuvent s'amuser
elles ne sont pas fatiguées le soir.

On distribuera aux Allemandes malades des
olives noires et du lokoum mais elles n'aiment
pas les olives de Calamata ni les olives en
général.

Et tout le jour et toute la nuit
tous les jours et toutes les nuits les cheminées
fument avec ce combustible de tous les
pays d'Europe

des hommes près des cheminées passent
leurs journées à passer les cendres pour retrouver
l'or fondu des dents en or. Ils ont tous de
l'or dans la bouche ces juifs et ils sont tant
que cela fait des tonnes.

Et au printemps des hommes et des femmes
répandent les cendres sur les marais asséchés
pour la première fois labourés et fertilisent le
sol avec du phosphate humain.

Ils ont un sac attaché sur le ventre et ils
plongent la main dans la poussière d'os
humains qu'ils jettent à la volée en peinant
sur les sillons avec le vent qui leur renvoie la
poussière au visage et le soir ils sont tout
blancs, des rides marquées par la sueur qui a
coulé sur la poussière.

Et qu'on ne craigne pas d'en manquer il
arrive des trains et des trains il en arrive tous
les jours et toutes les nuits toutes les heures
de tous les jours et de toutes les nuits.

C'est la plus grande gare du monde pour les
arrivées et les départs.

Il n'y a que ceux qui entrent dans le camp
qui sachent ensuite ce qui est arrivé aux autres
et qui pleurent de les avoir quittés à la gare
parce que ce jour-là l'officier commandait aux
plus jeunes de former un rang à part
il faut bien qu'il y en ait pour assécher les
marais et y répandre la cendre des autres.
et ils se disent qu'il aurait mieux valu ne
jamais entrer ici et ne jamais savoir.

Vous qui avez pleuré deux mille ans
un qui a agonisé trois jours et trois nuits
quelles larmes aurez-vous
pour ceux qui ont agonisé

beaucoup plus de trois cents nuits et beaucoup plus de trois cents journées
combien
pleurerez-vous
ceux-là qui ont agonisé tant d'agonies
et ils étaient innombrables

Ils ne croyaient pas à résurrection dans l'éternité
Et ils savaient que vous ne pleureriez pas.

O vous qui savez
saviez-vous que la faim fait briller les yeux que la soif les ternit
O vous qui savez
saviez-vous qu'on peut voir sa mère morte
et rester sans larmes
O vous qui savez
saviez-vous que le matin on veut mourir
que le soir on a peur
O vous qui savez
saviez-vous qu'un jour est plus qu'une année
une minute plus qu'une vie
O vous qui savez
saviez-vous que les jambes sont plus vulnérables que les yeux
les nerfs plus durs que les os
le cœur plus solide que l'acier
Saviez-vous que les pierres du chemins ne
pleurent pas
qu'il n'y a qu'un mot pour l'épouvante
qu'un mot pour l'angoisse
Saviez-vous que la souffrance n'a pas de limite
l'horreur pas de frontière
Le saviez-vous
Vous qui savez.

Ma mère
c'était des mains un visage
Ils ont mis nos mères nues devant nous

Ici les mères ne sont plus mères à leurs enfants.

Tous étaient marqués au bras d'un numéro indélébile
Tous devaient mourir nus

Le tatouage identifiait les morts et les mortes.

C'était une plaine désolée
au bord d'une ville

La plaine était glacée
et la ville
n'avait pas de nom.

DIALOGUE

« Tu es française ?
— Oui.
— Moi aussi. »
   Elle n'a pas d'F sur la poitrine. Une étoile.
« D'où ?
— Paris.
— Il y a longtemps que tu es ici ?
— Cinq semaines.
— Moi, seize jours.
— C'est beaucoup déjà, je sais.
— Cinq semaines... Comment est-ce possible ?
— Tu vois.
— Et tu crois qu'on peut tenir ? »
   Elle mendie.
« Il faut essayer.
— Vous, vous pouvez espérer mais nous... »
   Elle montre ma jaquette rayée et elle montre son manteau, un manteau trop grand tellement, trop sale tellement, trop en loques tellement.
« Oh, nos chances sont égales, va...
— Pour nous, il n'y a pas d'espoir. »
   Et sa main fait un geste et son geste évoque la fumée qui monte.
« Il faut lutter de tout son courage.
— Pourquoi... Pourquoi lutter puisque nous devons toutes... »
   Le geste de sa main achève. La fumée qui monte.
« Non. Il faut lutter.

— Comment espérer sortir d'ici. Comment quelqu'un sortira-t-il jamais d'ici. Il vaudrait mieux se jeter dans les barbelés tout de suite. »

Que lui dire ? Elle est petite, chétive. Et je n'ai pas le pouvoir de me persuader moi-même. Tous les arguments sont insensés. Je lutte contre ma raison. On lutte contre toute raison.

La cheminée fume. Le ciel est bas. La fumée traîne sur le camp et pèse et nous enveloppe et c'est l'odeur de la chair qui brûle.

LES MANNEQUINS

« Regardez. Regardez. »

Nous étions accroupies dans notre soupente, sur les planches qui devaient nous servir de lit, de table, de plancher. Le toit était très bas. On n'y pouvait tenir qu'assis et la tête baissée. Nous étions huit, notre groupe de huit camarades que la mort allait séparer, sur cet étroit carré où nous perchions. La soupe avait été distribuée. Nous avions attendu dehors longtemps pour passer l'une après l'autre devant le bidon qui fumait au visage de la stubhova. La manche droite retroussée, elle plongeait la louche dans le bidon pour servir. Derrière la vapeur de la soupe, elle criait. La buée amollissait sa voix. Elle criait parce qu'il y avait des bousculades ou des bavardages. Mornes, nous attendions, la main engourdie qui tenait la gamelle. Maintenant, la soupe sur les genoux, nous mangions. La soupe était sale, mais elle avait le goût de chaud.

« Regardez, vous avez vu, dans la cour...

— Oh ! » Yvonne P. laisse retomber sa cuiller. Elle n'a plus faim.

Le carreau grillagé donne sur la cour du block 25, une cour fermée de murs. Il y a une porte qui ouvre dans le camp, mais si cette porte s'ouvre quand vous passez, vite vous courez, vous vous sauvez, vous ne cherchez à voir ni la porte ni ce qu'il peut y avoir derrière. Vous vous enfuyez. Nous, par le carreau, nous pouvons voir. Nous ne tournons jamais la tête de ce côté.

« Regardez. Regardez. »

D'abord, on doute de ce qu'on voit. Il faut les distinguer de la neige. Il y en a plein la cour. Nus. Rangés les uns contre les autres. Blancs, d'un blanc qui fait bleuté sur la neige. Les têtes sont rasées, les poils du pubis droits, raides. Les cadavres sont gelés. Blancs avec les ongles marron. Les orteils dressés sont ridicules à vrai dire. D'un ridicule terrible.

Boulevard de Courtais, à Montluçon. J'attendais mon père aux Nouvelles Galeries. C'était l'été, le soleil était chaud sur l'asphalte. Un camion était arrêté, que des hommes déchargeaient. On livrait des mannequins pour la vitrine. Chaque homme prenait dans ses bras un mannequin qu'il déposait à l'entrée du magasin. Les mannequins étaient nus, avec les articulations voyantes. Les hommes les portaient précieusement, les couchaient près du mur, sur le trottoir chaud.

Je regardais. J'étais troublée par la nudité des mannequins. J'avais souvent vu des mannequins dans la vitrine, avec leur robe, leurs souliers et leur perruque, leur bras plié dans un geste maniéré. Je n'avais jamais pensé qu'ils existaient nus, sans cheveux. Je n'avais jamais pensé qu'ils existaient en dehors de la vitrine, de la lumière électrique, de leur geste. Le découvrir me donnait le même malaise que de voir un mort pour la première fois.

Maintenant les mannequins sont couchés dans la neige, baignés dans la clarté d'hiver qui me fait ressouvenir du soleil sur l'asphalte.

Celles qui sont couchées là dans la neige, ce sont nos camarades d'hier. Hier elles étaient debout à l'appel. Elles se tenaient cinq par cinq en rangs, de chaque côté de la Lagerstrasse. Elles partaient au travail, elles se traînaient vers les marais. Hier elles avaient faim. Elles avaient des poux, elles se grattaient. Hier elles avalaient la soupe sale. Elles avaient la diarrhée et on les battait. Hier elles souffraient. Hier elles souhaitaient mourir.

Maintenant elles sont là, cadavres nus dans la neige. Elles sont mortes au block 25. La mort au block 25 n'a pas la sérénité qu'on attend d'elle, même ici.

Un matin, parce qu'elles s'évanouissaient à l'appel, parce qu'elles étaient plus livides que les autres, un SS leur a fait signe. Il a formé d'elles une colonne qui montrait en grossissement toutes les déchéances additionnées, toutes les infirmités qui se perdaient jusque-là dans la masse. Et la colonne, sous la conduite du SS, était poussée vers le block 25.

Il y avait celles qui y allaient seules. Volontairement. Comme au suicide. Elles attendaient qu'un SS vînt en inspection pour que la porte s'ouvrît — et entrer.

Il y avait aussi celles qui ne couraient pas assez vite un jour qu'il fallait courir.

Il y avait encore celles que leurs camarades avaient été obligées d'abandonner à la porte, et qui avaient crié : « Ne me laissez pas. Ne me laissez pas. »

Pendant des jours, elles avaient eu faim et soif, soif surtout. Elles avaient eu froid, couchées presque sans vêtements sur des planches, sans paillasse ni couverture. Enfermées avec des agonisantes et des folles, elles attendaient leur tour d'agonie ou de folie. Le matin, elles sortaient. On les faisait sortir à coups de bâton. Des coups de bâton à des agonisantes et à des folles. Les vivantes devaient traîner les mortes de la nuit dans la cour, parce qu'il fallait compter les mortes aussi. Le SS passait. Il s'amusait à lancer son chien sur elles. On entendait dans tout le camp des hurlements. C'étaient les hurlements de la nuit. Puis le silence. L'appel était fini. C'était le silence du jour. Les vivantes rentraient. Les mortes restaient dans la neige. On les avait déshabillées. Les vêtements serviraient à d'autres.

Tous les deux ou trois jours, les camions venaient prendre les vivantes pour les emporter à la chambre à gaz, les mortes pour les jeter au four crématoire. La folie devait être le dernier espoir de celles qui entraient là. Quelques-unes, que leur entêtement à vivre faisait rusées, échappaient au départ. Elles restaient parfois plusieurs semaines, jamais plus de trois, au block 25. On les voyait aux grillages des fenêtres. Elles suppliaient : « A boire. A boire. » Il y a des spectres qui parlent.

« Regardez. Oh, je vous assure qu'elle a bougé. Celle-là, l'avant-dernière. Sa main... ses doigts se déplient, j'en suis sûre. »

Les doigts se déplient lentement, c'est la neige qui fleurit en une anémone de mer décolorée.

« Ne regardez pas. Pourquoi regardez-vous ? » implore Yvonne P., les yeux agrandis, fixés sur le cadavre qui vit encore.

« Mange ta soupe, dit Cécile. Elles, elles n'ont plus besoin de rien. »

Moi aussi je regarde. Je regarde ce cadavre qui bouge et qui m'est insensible. Maintenant je suis grande. Je peux regarder des mannequins nus sans avoir peur.

LA SOIF

La soif, c'est le récit des explorateurs, vous savez, dans les livres de notre enfance. C'est dans le désert. Ceux qui voient des mirages et marchent vers l'insaisissable oasis. Ils ont soif trois jours. Le chapitre pathétique du livre. A la fin du chapitre, la caravane du ravitaillement arrive, elle s'était égarée sur les pistes brouillées par la tempête. Les explorateurs crèvent les outres, ils boivent. Ils boivent et ils n'ont plus soif. C'est la soif du soleil, du vent chaud. Le désert. Un palmier en filigrane sur le sable roux.

Mais la soif du marais est plus brûlante que celle du désert. La soif du marais dure des semaines. Les outres ne viennent jamais. La raison chancelle. La raison est terrassée par la soif. La raison résiste à tout, elle cède à la soif. Dans le marais, pas de mirage, pas l'espoir d'oasis. De la boue, de la boue. De la boue et pas d'eau.

Il y a la soif du matin et la soif du soir.

Il y a la soif du jour et la soif de la nuit.

Le matin au réveil, les lèvres parlent et aucun son ne sort des lèvres. L'angoisse s'empare de tout votre être, une angoisse aussi fulgurante que celle du rêve. Est-ce cela, d'être mort ? Les lèvres essaient de parler, la bouche est paralysée. La bouche ne forme pas de paroles quand elle est sèche, qu'elle n'a plus de salive. Et le regard part à la dérive, c'est le regard de la folie. Les autres disent : « Elle est folle, elle est devenue folle pendant la nuit », et elles font appel aux mots qui doivent réveiller la raison. Il faudrait leur expliquer. Les lèvres s'y refusent. Les muscles de la bouche veulent tenter les mouvements de l'articulation et n'articulent pas. Et c'est le désespoir de l'impuissance à leur dire l'angoisse qui m'a étreinte, l'impression d'être morte et de le savoir.

Dès que j'entends leur bruit, je cours aux bidons de tisane. Ce ne sont pas les outres de la caravane. Des litres et des litres de tisane, mais divisés en petites portions, une pour chacune, et toutes boivent encore que j'ai déjà bu. Ma bouche n'est pas même humectée et toujours les paroles se refusent. Les joues collent aux dents, la langue est dure, raide, les mâchoires bloquées, et toujours cette impression d'être morte, d'être morte et de le savoir. Et l'épouvante grandit dans les yeux. Je sens grandir l'épouvante dans mes yeux jusqu'à la démence. Tout sombre, tout échappe. La raison n'exerce plus de contrôle. La soif. Est-ce que je respire ? J'ai soif. Faut-il sortir pour l'appel ? Je me perds dans la foule, je ne sais où je vais. J'ai soif. Fait-il plus froid ou moins froid, je ne le sens pas. J'ai soif, soif à crier. Et le doigt que je passe sur mes gencives éprouve le sec de ma bouche. Ma volonté s'effondre. Reste une idée fixe : boire.

Et si la blockhova m'envoie porter son livre, quand je trouve dans son réduit la bassine de tisane savonneuse dans laquelle elle s'est lavée, mon premier mouvement est d'écarter la mousse sale, de m'agenouiller près de la bassine et d'y boire à la manière d'un chien qui lape d'une langue souple. Je recule. De la tisane de savon où elles ont lavé leurs pieds. Au bord de la déraison, je mesure à quel point la soif me fait perdre le sens.

Je reviens à l'appel. Et à l'idée fixe. Boire. Pourvu que nous prenions la route à droite. Il y a un ruisseau au petit pont. Boire. Mes yeux ne voient rien, rien que le ruisseau, le ruisseau loin, dont tout l'appel me sépare et l'appel est plus long à traverser qu'un sahara. La colonne se forme pour partir. Boire. Je me place à l'extérieur du rang du côté où la berge est le plus accessible.

Le ruisseau. Longtemps avant d'y arriver, je suis prête à bondir comme un animal. Longtemps avant que le ruisseau soit en vue, j'ai ma gamelle à la main. Et quand le ruisseau est là, il faut quitter le rang, courir en avant, descendre sur la berge glissante. Il est quelquefois gelé, vite casser la glace, heureusement le froid diminue, elle n'est pas épaisse, vite casser la glace du rebord de la gamelle, prendre de l'eau et gravir la berge glissante, courir pour regagner ma place, les yeux avides sur l'eau qui verse si je vais trop vite. Le SS accourt. Il crie. Son chien court devant lui, m'atteint presque. Les camarades me happent et le rang m'engloutit. Les yeux avides sur l'eau qui bouge à mon pas je ne vois pas l'inquiétude sur leur visage, l'inquiétude que je leur ai donnée. Mon absence leur a été interminable. Boire. Moi je n'ai pas eu peur. Boire. Comme chaque matin, elles disent que c'est folie de descendre à ce ruisseau avec le SS et son chien derrière moi. Il a fait dévorer une Polonaise l'autre jour. Et puis c'est de l'eau de marais, c'est l'eau qui donne la typhoïde. Non, ce n'est pas de l'eau de marais. Je bois. Rien n'est plus malaisé que boire à une gamelle évasée en marchant. L'eau oscille d'un bord à l'autre, échappe aux lèvres. Je bois. Non, ce n'est pas de l'eau de marais, c'est un ruisseau. Je ne réponds pas parce que je ne peux pas parler encore. Ce n'est pas de l'eau de marais, mais elle a goût de feuilles pourries, et j'ai ce goût dans la bouche aujourd'hui dès que je pense à cette eau, même quand je n'y pense pas. Je bois. Je bois et je suis mieux. La salive revient dans ma bouche. Les paroles reviennent à mes lèvres, mais je ne parle pas. Le regard revient à mes yeux. La vie revient. Je retrouve ma respiration, mon cœur. Je sais que je suis vivante. Je suce lentement ma salive. La lucidité revient, et le regard — et je vois la petite Aurore. Elle est malade, épuisée par la fièvre, les lèvres décolorées, les yeux hagards. Elle a soif. Elle n'a pas la force de descendre au ruisseau. Et personne ne veut y aller pour elle. Il ne faut pas qu'elle boive de cette eau malsaine, elle est malade. Je la vois et je pense : elle pourrait bien boire de cette eau, puisqu'elle va mourir. Chaque matin, elle se met près de moi. Elle espère que je lui laisserai quelques gouttes au fond de ma gamelle. Pourquoi lui donnerais-je de mon eau ? Aussi bien elle va mourir. Elle attend. Ses yeux implorent et je ne la regarde pas. Je sens sur moi ses yeux de soif, la douleur à ses yeux quand je remets la gamelle à ma ceinture. La vie revient en moi et j'ai honte. Et chaque matin je reste insensible à la supplication de son regard et de ses lèvres décolorées par la soif, et chaque matin, j'ai honte après avoir bu.

Ma bouche s'humecte. Je pourrais parler maintenant. Je ne parle pas. Je voudrais que dure longtemps cette salive dans ma bouche. Et l'idée fixe : quand boirai-je encore ? Y aura-t-il de l'eau là où nous travaillerons ? Il n'y a jamais d'eau. C'est le marais. Le marais de boue.

Mes camarades me croyaient folle. Lulu me disait : « Fais attention à toi. Tu sais bien qu'ici il faut toujours être sur le qui-vive. Tu te feras tuer. » Je n'entendais pas. Elles ne me quittaient plus et elles disaient entre elles : « Il faut veiller sur C., elle est folle. Elle ne voit pas les kapos, ni les SS, ni les chiens. Elle reste plantée, le regard vague, au lieu de travailler. Elle ne comprend pas quand ils crient, elle va n'importe où. Ils la tueront. » Elles avaient peur pour moi, elles avaient peur de me regarder avec ces yeux fous que j'avais. Elles me croyaient folle et sans doute l'étais-je. Je ne me suis rien rappelé de ces semaines-là. Et pendant ces semaines-là qui étaient les plus dures, tant et tant sont mortes que j'aimais et je ne me suis pas rappelé que j'avais appris leur mort.

Les jours où nous prenons l'autre direction, à l'opposé du ruisseau, je ne sais comment je supporte la déception.

Il y a la soif du matin et la soif du jour.

Depuis le matin, je ne pense qu'à boire. Quand la soupe de midi est servie, elle est salée, salée, elle arrache la bouche toute brûlante d'aphtes. « Mange. Il faut que tu manges. » Tant étaient mortes déjà qui avaient refusé la nourriture. « Essaie. Elle est assez liquide aujourd'hui. — Non, elle est salée. » Je rejette la cuillerée que j'ai essayé d'avaler. Rien ne peut passer quand il n'y a pas de salive dans la bouche.

Quelquefois nous allons aux wagonnets. Un chantier de démolition avec des arbustes grêles entre les maisons en ruines. Ils sont couverts de givre. A chaque trague de pierres que je porte au wagonnet, je frôle un arbuste auquel j'arrache une petite branche. Je lèche le givre et cela ne fait pas d'eau dans la bouche. Dès que le SS s'écarte, je cours vers la neige propre, il en reste un morceau comme un drap étendu pour sécher. Je prends une poignée de neige, et la neige ne fait pas d'eau dans la bouche.

Si je passe près de la citerne ouverte à fleur de terre, le vertige me prend, tout tourne dans ma tête. C'est parce que je suis avec Carmen ou Viva que je ne m'y jette pas. Et à chaque passage, elles s'efforcent de faire un détour. Mais je les entraîne, elles me suivent pour ne pas me lâcher et au bord elles me tirent brutalement.

Pendant la pause, les Polonaises se groupent autour de la citerne et puisent de l'eau avec une gamelle attachée à un fil de fer. Le fil de fer est trop court. Celle qui se penche est presque tout engagée dans la citerne, ses camarades la tiennent par les jambes. Elle remonte un peau d'eau trouble au fond de la gamelle et elle boit. Une autre puise à son tour. Je vais vers elles et je leur fais comprendre que j'en voudrais. La gamelle redescend au bout du fil de fer, la Polonaise se penche à tomber, remonte encore une fois un peu d'eau qu'elle me tend en disant : « Kleba ? » Je n'ai pas de pain. Je donne tout mon pain le soir pour avoir du thé. Je réponds que je n'ai pas de pain avec une prière sur les lèvres. Elle renverse la gamelle et l'eau se répand. Je tomberais si Carmen ou Viva n'accourait.

Quand nous sommes au marais, toute la journée je pense au chemin du retour, au ruisseau. Mais le SS se souvient du matin. Dès le tournant d'où on aperçoit le petit pont, il se porte en avant. Il descend dans le ruisseau et y fait patauger son chien. Lorsque nous arrivons, l'eau est bourbeuse et fétide. J'en prendrais bien quand même ; impossible : toutes les anweiserines sont sur les dents.

Il y a la soif du jour et la soif du soir.

Le soir, pendant tout l'appel, je pense à la tisane qu'on va distribuer. Je suis des premières servies. La soif me rend hardie. Je bouscule tout pour passer avant les autres. Je bois et quand j'ai bu j'ai plus soif encore. Cette tisane ne désaltère pas.

J'ai maintenant mon pain à la main, mon morceau de pain et les quelques grammes de margarine qui font le repas du soir. Je les tiens à la main et je les offre de carré en carré à qui voudrait échanger contre sa portion de tisane. Je tremble qu'aucune ne veuille. Il s'en trouve toujours une pour accepter. Tous les soirs j'échange mon pain pour quelques gorgées. Je bois tout de suite et j'ai plus soif encore. Quand je reviens à notre carré, Viva me dit : « Je t'ai gardé mon thé (thé ou tisane, ce n'est ni l'un ni l'autre), ce sera pour avant de t'endormir. » Elle ne peut me faire attendre jusque-là. Je bois et j'ai plus soif encore. Et je pense à l'eau du ruisseau que le chien a gâchée tout à l'heure, dont j'aurais pu avoir une pleine gamelle, et j'ai soif, plus soif encore.

Il y a la soif du soir et la soif de la nuit, la plus atroce. Parce que, la nuit, je bois, je bois et l'eau devient immédiatement sèche et solide dans ma bouche. Et plus je bois, plus ma bouche s'emplit de feuilles pourries qui durcissent.

Ou bien c'est un quartier d'orange. Il crève entre mes dents et c'est bien un quartier d'orange — extraordinaire qu'on trouve des oranges ici —, c'est bien un quartier d'orange, j'ai le goût de l'orange dans la bouche, le jus se répand jusque sous ma langue, touche mon palais, mes gencives, coule dans ma gorge. C'est une orange un peu acide et merveilleusement fraîche. Ce goût d'orange et la sensation du frais qui coule me réveillent. Le réveil est affreux. Pourtant la seconde où la peau de l'orange cède entre mes dents est si délicieuse que je voudrais provoquer ce rêve-là. Je le poursuis, je le force. Mais c'est de nouveau la pâte de feuilles pourries en mortier qui pétrifie. Ma bouche est sèche. Pas amère. Lorsqu'on sent sa bouche amère, c'est qu'on n'a pas perdu le goût, c'est qu'on a encore de la salive dans la bouche.

LULU

Depuis le matin nous étions au fond de ce fossé. Nous étions trois. Le commando travaillait plus loin. Les kapos ne poussaient une pointe vers nous que de temps à autre, voir où nous en étions de ce fossé que nous recreusions. Nous pouvions parler. Depuis le matin, nous parlions.

Parler, c'était faire des projets pour le retour parce que croire au retour était une manière de forcer la chance. Celles qui avaient cessé de croire au retour était mortes. Il fallait y croire, y croire malgré tout, contre tout, donner certitude à ce retour, réalité et couleur, en le préparant, en le matérialisant dans tous les détails.

Quelquefois, une qui exprimait la pensée commune interrompait d'un : « Mais comment vous représentez-vous la sortie ? » Nous reprenions conscience. La question tombait dans le silence.

Pour secouer ce silence et l'anxiété qu'il recouvrait, une autre aventurait : « Peut-être qu'un jour nous ne serons pas réveillées pour l'appel. Nous dormirons longtemps. Quand nous nous réveillerons, il fera grand jour et le camp sera tout calme. Celles qui sortiront des baraques les premières s'apercevront que le poste de garde est vide, que les miradors sont vides. Tous les SS se seront enfuis. Quelques heures plus tard, les avant-gardes russes seront là. »

Un autre silence répondait à l'anticipation.

Elle ajoutait : « Auparavant, nous aurons entendu le canon. D'abord loin, puis de plus en plus proche. La bataille de Cracovie. Après la prise de Cracovie, ce sera fini. Vous verrez, les SS se sauveront. »

Plus elle précisait, moins nous y croyions. Et, d'un tacite accord, nous laissions le sujet pour nous relancer dans nos projets, ces projets irréalisables qui avaient la logique qu'ont les propos des insensés.

Depuis le matin nous parlions. Nous étions contentes d'être détachées du commando parce que nous n'entendions pas les cris des kapos. Nous ne recevions pas les coups de bâton qui ponctuent les cris. Le fossé s'approfondissait au long des heures. Nos têtes ne dépassaient plus. La couche de marne atteinte, nous avions les pieds dans l'eau. La boue que nous jetions par-dessus nos têtes était blanche. Il ne faisait pas froid — un des premiers jours où il ne fît plus froid. Le soleil nous chauffait aux épaules. Nous étions tranquilles.

Une kapo survient. Elle crie. Elle fait remonter mes deux compagnes et les emmène. Le fossé est presque assez creux, c'est trop de trois pour l'achever. Elles s'en vont et me font au revoir à regret. Elles connaissent l'appréhension qu'a chacune d'être séparée des autres, d'être seule. Pour m'encourager, elles disent : « Dépêche-toi, tu nous rejoindras. »

Je reste seule au fond de ce fossé et je suis prise de désespoir. La présence des autres, leurs paroles faisaient possible le retour. Elles s'en vont et j'ai peur. Je ne crois pas au retour quand je suis seule. Avec elles, puisqu'elles semblent y croire si fort, j'y crois aussi. Dès qu'elles me quittent, j'ai peur. Aucune ne croit plus au retour quand elle est seule.

Me voilà au fond de ce fossé, seule, tellement découragée que je me demande si j'arriverai au bout de la journée. Combien d'heures encore avant le coup de sifflet qui marque la fin du travail, le moment où nous reformons la colonne pour rentrer au camp, en rangs par cinq, nous donnant le bras et parlant, parlant à nous étourdir ?

Me voilà seule. Je ne peux plus penser à rien parce que toutes mes pensées se heurtent à l'angoisse qui nous habite toutes : Comment sortirons-nous d'ici ? Quand sortirons-nous d'ici ? Je voudrais ne plus penser à rien. Et si cela dure aucune ne sortira. Celles qui vivent encore se disent chaque jour que c'est miracle d'avoir tenu huit semaines. Personne ne peut voir plus d'une semaine devant soi.

Je suis seule et j'ai peur. J'essaie de m'acharner à creuser. Le travail n'avance pas. Je m'attaque à une dernière bosse pour égaliser ce fond, peut-être la kapo jugera-t-elle que cela suffit. Et je sens mon dos meurtri, mon dos paralysé dans sa voussure, mes épaules arrachées par la pelle, mes bras qui n'ont plus la force de lancer les pelletées de marne boueuse par-dessus le bord. Je suis là, seule. J'ai envie de me coucher dans la boue et d'attendre. D'attendre que la kapo me trouve morte. Pas si facile de mourir. C'est terrible ce qu'il faut battre longtemps quelqu'un, à coups de pelle ou à coups de bâton, avant qu'il meure.

Je creuse encore un peu. J'enlève encore deux ou trois pelletées. C'est trop dur. Dès qu'on est seule, on pense : A quoi bon ? Pourquoi faire ? Pourquoi ne pas renoncer... Autant tout de suite. Au milieu des autres, on tient.

Je suis seule, avec ma hâte de finir pour rejoindre les camarades et la tentation d'abandonner. Pourquoi ? Pourquoi dois-je creuser ce fossé ?

« Assez. C'est assez ! » Une voix hurle au-dessus de moi : « Komm, schnell ! » Je m'aide de la pelle pour grimper. Comme mes bras sont las, ma nuque douloureuse. La kapo court. Il faut la suivre. Elle traverse la route au bord du marais. Le chantier de terrassement. Des femmes comme des fourmis. Les unes apportent du sable à d'autres qui, avec des dames, nivellent le terrain. Un grand espace tout plat, en plein soleil. Des centaines de femmes debout, en une frise d'ombres contre le soleil.

J'arrive à la suite de la kapo qui me donne en même temps une dame et une taloche et m'envoie vers un groupe. Des yeux, je cherche les camarades. Lulu m'appelle : « Viens près de moi, il y a une place », et elle s'écarte un peu pour que je sois à côté d'elle, dans la rangée des femmes qui frappent le sol, tenant à deux mains la dame qu'elles soulèvent et laissent retomber. « Viens ici, face à piler le riz ! » Comment fait-elle, Viva, pour trouver encore la force de lancer cela ? Je ne peux mouvoir mes lèvres même pour une ébauche de sourire. Lulu s'inquiète : « Qu'est-ce que tu as ? Tu es malade ?

— Non, je ne suis pas malade. Je n'en peux plus. Aujourd'hui je n'en peux plus.

— Ce n'est rien. Ça va passer.

— Non, Lulu, ça ne va pas passer. Je te dis que je n'en peux plus. »

Elle n'a rien à répondre. C'est la première fois qu'elle m'entend parler ainsi. Pratique, elle soupèse mon outil. « Ce qu'il est lourd, ton pilon. Prends le mien. Il est plus léger et tu es plus fatiguée que moi avec ce fossé. »

Nous échangeons nos outils. Je commence à marteler le sable moi aussi. Je regarde toutes ces femmes qui font le même geste, de leurs bras de plus en plus faibles pour soulever la masse pesante, les kapos avec leurs bâtons qui vont de l'une à l'autre, et le désespoir m'anéantit. « Comment sortirons-nous jamais d'ici ? »

Lulu me regarde. Elle me sourit. Sa main effleure la mienne pour me réconforter. Et je répète pour qu'elle sache bien que c'est inutile : « Je t'assure qu'aujourd'hui je n'en peux plus. Cette fois, c'est vrai. »

Lulu regarde autour de nous, voit qu'aucune kapo n'est près pour l'instant, me prend le poignet et dit : « Mets-toi derrière moi, qu'on ne te voie pas. Tu pourras pleurer. » Elle parle à voix basse, timidement. Sans doute est-ce justement ce qu'il faut me dire puisque j'obéis à sa poussée gentille. Je laisse retomber mon outil, je reste là appuyée sur le manche et je pleure. Je ne voulais pas pleurer, mais les larmes affleurent, coulent sur mes joues. Je les laisse couler et, quand une larme touche mes lèvres, je sens le salé et je continue de pleurer.

Lulu travaille et guette. Parfois elle se retourne et, de sa manche, doucement, elle essuie mon visage. Je pleure. Je ne pense plus à rien, je pleure.

Je ne sais plus pourquoi je pleure lorsque Lulu me tire : « C'est tout maintenant. Viens travailler. La voilà. » Avec tant de bonté que je n'ai pas honte d'avoir pleuré. C'est comme si j'avais pleuré contre la poitrine de ma mère.

AINSI VOUS CROYIEZ

Ainsi vous croyiez qu'aux lèvres des mourants
    ne montent que des paroles solennelles
parce que le solennel fleurit naturellement au
    lit de la mort
un lit est toujours prêt à l'apparat des funérailles
avec la famille au bord
la sincère douleur l'air de circonstance.

    Nues sur les grabats du revir, nos
camarades presque toutes ont dit :
    « Cette fois-ci je vais claboter. »
    Elles étaient nues sur les planches nues.
    Elles étaient sales et les planches étaient
sales de diarrhée et de pus.
    Elles ne savaient pas que c'était leur compliquer
la tâche, à celles qui survivraient, qui
devraient rapporter aux parents les dernières
paroles. Les parents attendaient le solennel.
Impossible de les décevoir. Le trivial est
indigne au florilège des mots ultimes.
    Mais il n'était pas permis d'être faible à soi-même.
    Alors elles ont dit : « Je vais claboter » pour
ne pas ôter aux autres leur courage
    et elles comptaient si peu qu'une seule
survécût qu'elles n'ont rien confié qui pût être
message.

LE PRINTEMPS

Toutes ces chairs qui avaient perdu la carnation et la vie de la chair s'étalaient dans la boue séchée en poussière, achevaient au soleil de se flétrir, de se défaire — chairs brunâtres, violacées, grises toutes —, elles se confondaient si bien avec le sol de poussière qu'il fallait faire effort pour distinguer là des femmes, pour distinguer dans ces peaux plissées qui pendaient des seins de femmes — des seins vides.

O vous qui leur dites adieu au seuil d'une prison ou au seuil de votre mort au matin terni de longues veillées funèbres, heureux que vous ne puissiez voir ce qu'ils ont fait de vos femmes, de leur poitrine que vous osiez une dernière fois effleurer au seuil de la mort, des seins de femmes si doux toujours, d'une si bouleversante douceur à vous qui partiez mourir — vos femmes.

Il fallait faire effort pour distinguer des visages dans les traits où les prunelles n'éclairaient plus, des visages qui avaient couleur de cendre ou de terre, taillés dans des souches pourrissantes ou détachées d'un bas-relief très ancien mais que le temps n'aurait pu atténuer au saillant des pommettes — un fouillis de têtes — têtes sans chevelure, incroyablement petites — têtes de hiboux à l'arcade sourcillière disproportionnée — ô tous ces visages sans regard — têtes et visages, corps contre des corps à demi couchés dans la boue séchée en poussière.

D'entre les haillons — auprès de quoi ce que vous appelez haillons, vous, serait draperies — d'entre les loques terreuses apparaissaient des mains — des mains apparaissaient parce qu'elles bougeaient, parce que les doigts pliaient et se crispaient, parce qu'ils fourrageaient les haillons, fouillaient les aisselles, et les poux entre les ongles des pouces craquaient. Du sang faisait une tache brune sur les ongles qui écrasaient les poux.

Ce qui restait de vie dans les yeux et dans les mains vivait encore par ce geste — mais les jambes dans la poussière — jambes nues suintantes d'abcès, creusées de plaies — les jambes dans la poussière étaient inertes comme des pilons de bois — inertes — pesantes

les têtes penchées tenaient aux cous comme des têtes de bois — pesantes et les femmes qui à la chaleur du premier soleil dépouillaient leurs loques pour les épouiller, découvrant leur cou qui n'était plus que nœuds et cordes, leurs épaules qui étaient clavicules plutôt, leur poitrine où les seins n'empêchaient pas qu'on vît les côtes — cerceaux toutes ces femmes appuyées les unes aux autres, immobiles dans la boue séchée en poussière, répétaient sans savoir

— elles savaient, vous savez — cela est plus terrible encore

répétaient la scène qu'elles mourraient le lendemain — ou un jour tout proche

car elles mourraient le lendemain ou un jour tout proche

car chacune meurt mille fois sa mort.

Le lendemain ou un jour tout proche, elles seraient cadavres dans la poussière qui succédait à la neige et à la boue de l'hiver. Elles avaient tenu tout l'hiver — dans les marais, dans la boue, dans la neige. Elles ne pouvaient pas aller au-delà du premier soleil.

Le premier soleil de l'année sur la terre nue.

La terre pour la première fois n'était pas l'élément hostile, qui menace chaque pas — si tu tombes, si tu te laisses tomber, tu ne te relèveras pas —

Pour la première fois on pouvait s'asseoir par terre.

La terre, pour la première fois nue, pour la première fois sèche, cessait d'exercer son attirance de vertige, se laisser glisser par terre — se laisser glisser dans la mort comme dans la neige — dans l'oubli — s'abandonner — cesser de commander à des bras, à des jambes et à tant de muscles mineurs pour qu'aucun ne lâche, pour rester debout — pour rester vivant — glisser — se laisser glisser dans la neige — se laisser glisser dans la mort à l'étreinte amollie de neige.

La boue gluante et la neige sale étaient pour la première fois poussière.

Poussière sèche, tiédie de soleil

il est plus dur de mourir dans la poussière

plus dur de mourir quand il fait soleil.

Le soleil brillait — pâle comme à l'est. Le ciel était très bleu. Quelque part le printemps chantait.

Le printemps chantait dans ma mémoire — dans ma mémoire.

Ce chant me surprenait tant que je n'étais pas sûre de l'entendre. Je croyais l'entendre en rêve. Et j'essayais de le nier, de ne plus l'entendre, et je regardais d'un regard désespéré mes compagnes autour de moi. Elles étaient agglutinées là, au soleil, dans l'espace qui séparait les baraques des barbelés. Les barbelés si blancs dans le soleil.

Ce dimanche-là.

Un dimanche extraordinaire parce que c'était un dimanche de repos et qu'il était permis de s'asseoir par terre.

Toutes les femmes étaient assises dans la poussière de boue séchée en un troupeau misérable qui faisait penser à des mouches sur un fumier. Sans doute à cause de l'odeur. L'odeur était si dense et si fétide qu'on croyait respirer, non pas dans l'air, mais dans un fluide autre plus épais et visqueux qui enveloppait et isolait cette partie de la terre d'une atmosphère surajoutée où ne pouvaient se mouvoir que des êtres adaptés. Nous.

Puanteur de diarrhée et de charogne. Au-dessus de cette puanteur le ciel était bleu. Et dans ma mémoire le printemps chantait.

Pourquoi seul de tous ces êtres avais-je conservé la mémoire ? Dans ma mémoire le printemps chantait. Pourquoi cette différence ?

Les pousses des saules scintillent argentées dans le soleil — un peuplier plie sous le vent — l'herbe est si verte que les fleurs du printemps brillent de couleurs surprenantes. Le printemps baigne tout d'un air léger, léger, enivrant. Le printemps monte à la tête. Le printemps est cette symphonie qui éclate de toutes parts, qui éclate, qui éclate.

Qui éclate. — Dans ma tête à éclater.

Pourquoi ai-je gardé la mémoire ? Pourquoi cette injustice ?

Et de ma mémoire ne s'éveillent que des images si pauvres que les larmes me viennent de désespoir.

Au printemps, se promener le long des quais et les platanes du Louvre sont de si fine ciselure auprès des marronniers déjà feuillus des Tuileries.

Au printemps, traverser le Luxembourg avant le bureau. Des enfants courent dans les allées, le cartable sous le bras. Des enfants. Penser à des enfants ici.

Au printemps, le merle de l'acacia sous la fenêtre se réveille avant l'aube. Dès avant l'aube il apprend à siffler. Il siffle encore mal. Nous ne sommes qu'au début d'avril.

Pourquoi avoir laissé à moi seulement la mémoire ? Et ma mémoire ne trouve que des clichés. « Mon beau navire, ô ma mémoire »... Où es-tu, ma vraie mémoire ? Où es-tu, ma mémoire terrestre ?

Le ciel était très bleu, d'un bleu si bleu sur les poteaux de ciment blancs et les barbelés blancs aussi, d'un bleu si bleu que le réseau des fils électriques paraissait plus blanc, plus implacable,

ici rien n'est vert

ici rien n'est végétal

ici rien n'est vivant.

Loin au-delà des fils, le printemps voltige, le printemps frissonne, le printemps chante. Dans ma mémoire. Pourquoi ai-je gardé la mémoire ?

Pourquoi avoir gardé le souvenir des rues aux pavés sonores, des fifres du printemps sur les bancs des marchands de légumes au marché, des flèches de soleil sur le parquet blond au réveil, le souvenir des rires et des chapeaux, des cloches dans l'air du soir, des premières blouses et des anémones ?

Ici, le soleil n'est pas du printemps. C'est le soleil de l'éternité, c'est le soleil d'avant la création. Et j'avais gardé la mémoire du soleil qui brille sur la terre des vivants, du soleil sur la terre des blés.

Sous le soleil de l'éternité, la chair cesse de palpiter, les paupières bleuissent, les mains se fanent, les langues gonflent noires, les bouches pourrissent.

Ici, en dehors du temps, sous le soleil d'avant la création, les yeux pâlissent. Les yeux s'éteignent. Les lèvres pâlissent. Les lèvres meurent.

Toutes les paroles sont depuis longtemps flétries

Tous les mots sont depuis longtemps décolorés

Graminée — ombelle — source — une grappe de lilas — l'ondée — toutes les images sont depuis longtemps livides.

Pourquoi ai-je gardé la mémoire ? Je ne puis retrouver le goût de ma salive dans ma bouche au printemps — le goût d'une tige d'herbe qu'on suce. Je ne puis retrouver l'odeur des cheveux où joue le vent, sa main rassurante et sa douceur.

Ma mémoire est plus exsangue qu'une feuille d'automne

Ma mémoire a oublié la rosée

Ma mémoire a perdu sa sève. Ma mémoire a perdu tout son sang.

C'est alors que le cœur doit s'arrêter de battre — s'arrêter de battre — de battre.

C'est pour cela que je ne peux pas m'approcher de celle-ci qui appelle. Ma voisine. Appelle-t-elle ? Pourquoi appelle-t-elle ? Elle a eu tout d'un coup la mort sur son visage, la mort violette aux ailes du nez, la mort au fond des orbites, la mort dans ses doigts qui se tordent et se nouent comme des brindilles que mord la flamme, et elle dit dans une langue inconnue des paroles que je n'entends pas.

Les barbelés sont très blancs sur le ciel bleu.

M'appelait-elle ? Elle est immobile maintenant, la tête retombée dans la poussière souillée.

Loin au-delà des barbelés, le printemps chante.
Ses yeux se sont vidés
Et nous avons perdu la mémoire.

Aucun de nous ne reviendra.

Aucun de nous n'aurait dû revenir.

YAMINA MECHAKRA

Yamina Mechakra est née à Meskiana, en Algérie, dans les années 1950. Elle fait des études de psychiatrie et de médecine sociale. En 1979, elle publie un roman, *La grotte éclatée* (terminé en 1973), long récit poétique dont la narratrice, une infirmière, relate son expérience de la guerre de libération, entre 1955 et 1962. Mechakra a publié une seule nouvelle, « L'éveil du mont », parue dans *El Moudjahid culturel,* en 1976. *La grotte éclatée* a été réédité en 1986.

~

La grotte éclatée livre une vision unique, à partir d'un corps de femme, des horreurs de la guerre. Infirmière, résistante, amante, épouse, amie, mère, poétesse, participante convaincue, la narratrice façonne activement l'avenir de son pays en intégrant à la fois le féminisme et la décolonisation. La structure narrative est poétique plutôt que syntagmatique, malgré le respect de l'ordre chronologique, et se constitue à partir de traces, de répétitions, de souvenirs et d'associations. Les chansons d'amour à l'intention de son mari mort ainsi que les berceuses qui consolent son enfant blessé, les chants et les élégies, les mythes de la généalogie et du cosmos composent autant d'éléments qui s'entrelacent dans ce texte magnifique. Au corps bien-aimé de l'Algérie, terre à libérer en l'arrachant au pouvoir colonial, correspondent le corps des amants, le corps mutilé des victimes de la guerre et la douleur proche de l'extase de l'accouchée. Malgré la perte et la souffrance, Yamina Mechakra inscrit dans le texte un corps de femme en fête, en jubilation, proche du peuple et de l'avenir collectif. Ainsi, elle invente une forme spécifiquement maghrébine de l'« écriture féminine ».

La grotte éclatée (extraits)

NOVEMBRE 1959

Je quittai la Manouba. Je retrouvai mon fils.
Enfant aux jambes martyres.
Mon fils aux doigts maigres et nerveux, à la bouche affamée
de lumière. Mon fils mutilé par le feu.
Un an trois mois.

Arris.
Peuple de va-nu pieds.
Fils amputé de mon sein.
Je me multiplierai.
Nous nous multiplierons.
Et de notre multitude mon amour
la terre renaîtra.

Tu ne reconnaissais pas ma voix. Tu ne me connaissais pas.
De la main qui me restait je t'effleurais le cou, puis le visage.
Je te disais que j'étais ta mère. Tu ne m'écoutais pas.
Tes doigts pauvres et peureux mangeaient une boule grinçante que je te
redonnais quand ils la perdaient.
Tes doigts queues de cerise s'égaraient sur les miens et reconnaissant le jouet,
abandonnaient ma main. Je restai seule.

Arris.
Je t'enseignerai les pas qui m'ont menée à toi.
Je t'ouvrirai tant de chemins de verdure.
Je t'habillerai de papillons inventés.
Je construirai plume par plume,
Brindille par brindille,
Tant de nids pour couver,
Syllabe par syllabe ton gazouillis.
Je te couvrirai la brousse de crinières dorées.
D'ivoire et de peaux de panthères.
Que n'atteigne tes pieds nus et blancs,

Ni sable piquant, ni épine du mois d'Août.
Que n'atteigne tes yeux amoureux,
Ni feu, ni rivière de sang, mon amour.

MARS 1962

[...] Je murmurerai ta chanson, Arris, à notre fils quand il aura tes yeux pour me comprendre et mes lèvres pour te nommer.

Je vieillirai, mon amour, à l'ombre de ta mémoire et sur chaque ride jaillissant de mon corps, j'inscrirai ton nom et ma jeunesse.

Arris, mon amour, aujourd'hui charogne puante et que j'aime, demain terre riche en phosphore où danse un feu follet.

Mon amour au regard bleu, demain je t'offrirai mon corps simplement nu, je le mêlerai au tien pour que les feux follets dansent plus vite sur une frontière.

Un vagabond solitaire nous rencontrera peut-être et se mettra à chanter.

Et tous les soirs, nous danserons follement pour l'écouter nous chanter.

Il nous dira une vallée où pousse le blé et où les marguerites règnent sur le cœur des enfants.

Et puis, un jour, il nous dira nos enfants debout sur les collines et s'endormira. Son corps se désagrègera.

Nous danserons autour de lui et nous lui dirons sa chanson. Et à l'aube d'un automne, un troisième feu follet viendra danser avec nous sous le regard émerveillé de trois étoiles. Alors il se souviendra de ce que nous racontaient les soirs d'été nos grand-mères aux doigts couleur d'argile : les étoiles sont les âmes des morts ; il se souviendra aussi, de nos regards de mômes attentifs et on se mettra à danser plus vite encore, en attendant qu'un enfant surgisse pour retrouver complètement la memoire.

Et quand viendra l'enfant, nous danserons sur ses genoux et entre ses doigts. Il nous glissera dans son regard et s'en retournera courir après les papillons bleus comme tes yeux. Dans le regard de l'enfant nous danserons éternellement pour faire chanter ceux qui attendent et bercer nos marguerites.

Se multipliera l'enfant mon amour. Il se désagrègera là-bas au cimetière de la Meskiana, de son corps jailliront quatre feux follets qui se mêleront à d'autres feux follets et nous serons nombreux à danser au rythme d'une vieille chanson que l'on murmure le soir dans un village qui se souvient de nous.

Je dis à mon fils un puits que tu aimais et sur lequel se penche un vieux peuplier à l'ombre légère.

Je dis à mon fils un dôme où se reposent les cigognes que tu aimais, toi, l'analphabète au grand cœur, toi, le fellah qui baptisas de ton sang la terre de mon pays pour que tes enfants, hier déshérités, aujourd'hui la reconnaissent, toi, le fellah devenu terre par amour de la terre, par amour du crève-la-faim qui te sillonnera pour que le blé ne meure.

Je dis à mon fils l'or de notre vallée qui couvrait nos têtes d'enfants et que nous aimions parce qu'il sentait le pain.

Je dis à mon fils l'or de notre vallée que les vieux accroupis sur nos collines ne cessaient de contempler.

Je dis à mon fils l'or de notre vallée qu'une mère caresse des doigts en rêvant à la part de soleil qui illuminera un coin de son grenier, cet hiver quand notre plaine se couvrira de neige et que notre ciel se revêtira d'un sombre manteau.

ÉVELYNE ACCAD

Née à Beyrouth d'une mère libanaise chrétienne et d'un père suisse, Évelyne Accad commence ses études au Liban et obtient en 1973 un doctorat en littérature comparée à l'Université de l'Indiana. Romancière, théoricienne féministe et musicienne, elle a publié plusieurs romans : *L'excisée* (1980), *Coquelicot du massacre* (1988), et *Blessure des mots : journal de Tunisie* (1993), ainsi que des textes théoriques, *Veil of Shame : The Role of Women in the Modern Fiction of North Africa and the Arab World* (1978), *Sexuality and War : Literary Masks of the Middle East* (1989) et, tout récemment, *Des femmes, des hommes et la guerre* (1993), qui lui a valu le Prix France-Liban de l'Association des écrivains de langue française. Elle enseigne actuellement aux départements de français, de littérature comparée et d'études féministes ainsi qu'aux Centres d'études asiatiques et africaines à l'Université de l'Illinois à Urbana. Elle séjourne chaque année à Paris et enseigne de temps en temps à Beyrouth.

৸

Compositeur et interprète accompli, Évelyne Accad, qui s'accompagne elle-même à la guitare, apparaît souvent aux États-Unis, en France et au Liban. Quelques-uns de ses livres, dont *Coquelicot du massacre,* s'accompagnent d'une cassette. Beaucoup de ses chansons expriment la colère, la peur et le désespoir du Liban, en proie à une guerre qui n'en finit plus ; toutefois, la belle voix d'Accad, telle une lueur d'espoir, ouvre la voie à un avenir meilleur pour ce pays auquel elle s'identifie de plus en plus, au moment même où il brûle à petit feu : « Il n'y a plus de soleil », se lamente-t-elle. Les thèmes de l'amour et de l'amitié s'intègrent au récit plus vaste de la guerre, mais en mariant ses paroles et ses musiques, elle fait appel aux pouvoirs de transformation que possède la chanson :

> Il suffirait d'écrire peut-être
> une mélodie ou un refrain
> pour que les cris deviennent chants
> pour que l'enfant devienne oiseau
> pour que l'homme apprenne à aimer.

Par moments toutefois, Accad rejette tout espoir et réaffirme le deuil sans fin qui doit succéder à la destruction. La voix féminine de « Nous allons la reconstruire » s'oppose à la voix masculine, plus optimiste et plus accueillante, en lui rappelant une perte irréparable :

> Je refuse d'accepter cette ville
> Je refuse ces maisons bâties sur des morts
> . . . .
> Je refuse d'oublier ce passé.

Il suffirait d'un mot peut-être...

> Il suffirait d'un mot peut-être
> Ou de deux mains entrelacées
> Pour que folie devienne amour
> Pour que partir devienne retour
> Pour que la vie reprenne jour
>
> O Sud de mon pays
> O cœur de la folie
> Où l'enfant est tombé
> Au point sevré d'espoir
> Au point où il aurait fallu
> Planter l'amour
>
> Il suffirait d'un geste peut-être
> D'une parole ou d'un symbole
> Pour que l'épée devienne fleur
> Pour que le sang devienne terre
> Pour que ton nom s'inscrive en moi

O coeur de mon pays
O coeur de l'univers
O centre de la terre
Où le camp s'est rendu
Où il aurait fallu donner l'espoir

Il suffirait d'y croire peut-être
Reinventer des mots peut-être
Là où la haine se déchaine
Là où l'oiseau est calciné
Où mon passé reste accroché

Il suffirait d'écrire peut-être
Une mélodie ou un refrain
Pour que les cris deviennent chants
Pour que l'enfant devienne oiseau
Pour que l'homme apprenne à aimer
O ville écartelée
O vignes ensanglantées
O corps suppliciés
Visages ravagés
Où il aurait fallu tisser l'amour

Il n'y a plus de soleil

Les plages, l'enfance,
La mer déferlant,
Mes souvenirs d'enfant,
La maison sur les toits,
Mes rêves et ma joie.

Il n'y a plus de soleil. Il n'y a plus de soleil.
Mon pays de poussière est passé sous la mer.

L'olive, les rires,
Et le pain partagé,
Le vin bu dans le soir,
Les mains entremêlées,
Et tous ces vieux espoirs.

La vigne, ma tante,
Et tous ces vieux copains
A jamais disparus.
Le balcon du bonheur
Rasé depuis le ciel.

L'orange, le cèdre,
L'ami qu'on attendait
Pour parler de demain
Les oiseaux étranglés
Dans le petit matin.

Nous allons la reconstruire

Il a dit, « faut pas s'en faire. Nous allons la reconstruire
Avec l'argent du pétrole, avec l'argent du désert.
Il y aura des routes larges, et des jardins pleins de fleurs ».

Nous allons la reconstruire, notre ville ensoleillée
avec l'argent du pétrole, avec l'argent du désert.

Et moi, j'ai écouté, et moi, je me suis tue
Comment reconstruire sur des morts ?
Comment oublier tous ces corps ?
Comment arracher la haine plantée ?
Comment arrêter l'ivresse accumulée ?
Comment reconstruire sur des morts ?

Il a dit, « pense à l'histoire. Il y a toujours eu des morts.
Il y a toujours eu des guerres. Il y a toujours eu la haine ».

Et moi, je me suis tue, et puis, j'ai explosé.
Je refuse d'accepter cette haine,
Je ne peux pas accepter un passé planté d'enfants crucifiés,
Et d'hommes égorgés dans la honte.
Je refuse d'accepter ce passé.

Il a dit, « faut pas t'en faire. Nous allons la reconstruire
Avec l'argent du pétrole, avec l'argent du désert.
Il y aura des enfants calmes, et des mères silencieuses,
Des maisons pleines de soleil, et des pères très occupés ».

Je refuse d'accepter cette ville.
Je refuse ces maisons bâties sur des morts,
bâties sur un passé couvert d'ignominie.
Je refuse d'oublier ce passé.

SIMONE SCHWARZ-BART

Née en France en 1938, Simone Schwarz-Bart accompagne sa mère en Guadeloupe pour la première fois à l'âge de trois ans. Malgré ses nombreux voyages
et les années passées en Europe et en Afrique, elle continue à se préoccuper
avant tout du monde et des peuples antillais ainsi que de l'émergence d'une
voix créole. En 1967, elle publie avec son mari, André Schwarz-Bart, *Un plat de
porc aux bananes vertes.* Son œuvre la plus connue, *Pluie et vent sur Télumée Miracle,*
paraît en 1972. Depuis, elle a publié un récit mythique, *Ti-Jean l'horizon* (1983) ;
une pièce de théâtre, *Ton beau capitaine* (1987) ; et, avec la collaboration d'André
Schwarz-Bart, *Hommage à la femme noire* (1988).

꿈

Dans *Pluie et vent sur Télumée Miracle,* la narratrice raconte sa vie à travers celle
des aïeules de la famille Lougandor : en triomphant des obstacles qu'oppose
la vie quotidienne aux pauvres femmes noires des campagnes, elles font figure, aux yeux de la jeune fille, d'autant de modèles. Élevée par sa grand-mère,
Reine Sans Nom, à qui l'unit une adoration réciproque, Télumée est initiée aux
mystères du monde et du cosmos, de la féminité et de l'histoire. Inventant une
prose riche et lumineuse imprégnée de la sagesse orale populaire des expressions créoles, Schwarz-Bart peut dépeindre les réalités les plus violentes et les
plus déchirantes. Dans la scène reproduite ici, la jeune et curieuse Télumée se

rend en compagnie de Reine chez une vieille amie de celle-ci, la sorcière man Cia. La solidarité féminine, la confiance, même la gémellité se déploient lorsque les femmes expriment le plaisir et l'affection que leur inspire l'enfant. Mais la signification du passage a à voir avec la manière dont les femmes expliquent à Télumée les horreurs de l'esclavage et lui font comprendre qu'elle fait partie intégrante de la collectivité. Grâce à leur récit, elles exorcisent la douleur de l'esclavage et permettent à Télumée de s'inscrire dans l'histoire de son peuple sans verser dans l'aliénation.

Pluie et vent sur Télumée Miracle (extrait)

La vie à Fond-Zombi se déroulait portes et fenêtres ouvertes, la nuit avait des yeux, le vent de longues oreilles, et nul jamais ne se rassasiait d'autrui. A peine arrivée au village, je savais qui hache et qui est haché, qui garde son port d'âme et qui se noie, qui braconne dans les eaux du frère, de l'ami, et qui souffre et qui meurt. Mais plus j'en apprenais, plus il me semblait que l'essentiel échappait à mon attention, glissait entre mes doigts comme une anguille à l'instant de la saisir...

La boutique du père Abel se trouvait de l'autre côté de la route, à quelques enjambées de notre case, mais en direction du hameau et non de la montagne. Lorsque Reine Sans Nom m'envoyait y porter cassaves, sucres à coco, cornets de kilibibis ou fruits cristallisés en échange d'un peu d'huile, de sel, d'une longe de morue sèche, je m'attardais le plus possible sur le plancher du père Abel, tendais l'oreille de gauche, de droite, dans l'espoir de surprendre le secret des grandes personnes, cela même qui leur permettait de se tenir sur deux pieds tout au long du jour, sans jamais s'écrouler. Depuis une planche qui lui tenait lieu de comptoir, le père Abel débitait huile et morue, pétrole, chandelle et viande salée, allumettes par boites entières ou par groupe de trois, aspirines par tubes ou à la pièce, cigarettes à l'avenant, et toutes sortes de friandises que lui confectionnait Reine Sans Nom, pour réchauffer le cœur de ses pratiques. Derrière la cloison à claire-voie, une buvette recevait les hommes tandis que les femmes se tenaient sur la véranda, l'oreille tendue vers les cris qui montaient de l'arrière-salle avec le rhum du soir, le loto et les dés, la fatigue, l'ennui. J'étais

Simone Schwarz-Bart, *Pluie et vent sur Télumée Miracle,* coll. *Points Roman,* © Éditions du Seuil, 1980.

habituellement sous la planche du comptoir, tandis que le fils du père Abel, un garçon de mon âge, allait et venait de l'autre côté, dans la buvette proprement dite. Tout en servant et desservant, le négrillon jetait sur moi, par instants, un long regard incrédule, comme en rêve. Mais je ne lui prêtais guère attention, tout entière captivée par les événements de la buvette. Les langues allaient, les poings se tendaient pour des raisons mystérieuses, les dés roulaient bruyamment sur les tables et mes pensées elles-mêmes me semblaient rouler les unes sur les autres, sans qu'il me fût possible de les assembler. Parfois une crainte obscure me venait et mon esprit se défaisait, devenait semblable à un collier de perles sans fil. Alors je me disais à moi-même, craintive... on voit des choses sur la terre, Jésus, on voit des choses non, c'est pas croyable...

La plupart du temps, la buvette était un seul tintamarre de dés et de lotos, de dominos assenés sur la table comme des coups de hache. Il y régnait une atmosphère de chicane, de moquerie, de défis lancés à la ronde et qui ne retombaient jamais à terre. Une fois, accroupie sous le comptoir, je vis un frêle jeune homme du nom de Ti Paille se dresser subitement, les yeux exorbités de fureur, criant... aucune nation ne mérite la mort, mais je dis que le nègre mérite la mort pour vivre comme il vit... et n'est-ce pas la mort que nous méritons, mes frères ? ... Il y eut un silence, puis un homme se leva et dit qu'il allait donner la mort à Ti Paille sur-le-champ, rien que pour lui apprendre à vivre. Mais Ti Paille répondit qu'il avait envie de mourir, que c'était ça même qu'il aimait, désirait, et lorsqu'on l'emporta avec une blessure à la tête, un peu plus tard, il souriait. Cet événement m'impressionna beaucoup. De même, j'étais toujours intéressée lorsque les hommes se mettaient à parler d'esprits, de sortilèges, du compère qu'on avait vu courir en chien, la semaine passée, et de la vieille man Cia qui toutes les nuits planait au-dessus des mornes, des vallons et des cases de Fond-Zombi, insatisfaite de son enveloppe humaine. Grand-mère m'avait déjà parlé de cette femme, son amie, qui côtoyait les morts plus que les vivants, et elle promettait toujours de me la faire connaître un de ces après-midi. Aussi, étais-je très attentive à ce qui se disait sur man Cia. Un jour, le père Abel raconta comment man Cia lui avait fait cette cicatrice au bras, lui avait lancé ce coup de griffe de négresse volante. Il s'en revenait d'une pêche de nuit, lorsque deux grands oiseaux se mirent à planer au-dessus de sa tête. L'un d'eux avait de larges seins qui lui servaient d'ailes et le père Abel reconnut aussitôt man Cia à ses yeux transparents, à ses seins observés un jour qu'elle lavait en rivière. Sitôt reconnue, man Cia descendit en cercle pour se poser sur les branches d'un flamboyant voisin qui se mit à marcher autour du père Abel, suivi de tous les arbres du voisinage bruissant de toutes leurs feuilles. Puis, le père Abel ne se démontant pas, les arbres reculèrent et survint une énorme vague qui descendait du ciel avec un bouillonnement d'écume, de pierres, de requins aux yeux emplis de larmes. Presque aussitôt, la trombe d'eau rentra au fond du ciel comme elle était venue, et ce fut le second échec de man Cia. Ensuite, un cheval grand comme trois chevaux l'un sur l'autre fit son apparition. Mais le père Abel ne recula pas d'un pouce et la bête s'éloigna. Cependant, avant sa reculade finale, la bête fouetta l'air de ses sabots et c'est ainsi qu'elle lui fit cette estafilade.

Et soulignant d'un trait d'ongle la cicatrice qui allait du coude au poignet, le père Abel murmura d'une voix sans timbre... ah, je me suis vu devant un précipice, reculer c'était mourir mais je n'ai pas eu peur, et me voici avec ma langue dans ma bouche pour vous dire, secourez-moi, mes amis...

Lorsque je racontai cette histoire à grand-mère, m'étonnant qu'elle fût l'amie d'une telle créature, elle haussa les épaules et concéda, souriante... certes, man Cia ne se contente pas de la forme humaine que le bon Dieu lui a donnée, elle a le pouvoir de se transformer en n'importe quel animal... et qui sait, peut-être est-elle cette fourmi qui court sur ton cou, écoutant le mal que tu dis d'elle ?...

— Grand-mère dis-moi, pourquoi devenir oiseau, crabe ou fourmi, ne serait-ce pas plutôt à eux de devenir des hommes ?...

— Il ne faut pas juger man Cia, car ce n'est pas l'homme qui a inventé le malheur, et avant que le pian ne vienne sur terre pour nous ronger la plante des pieds, les mouches vivaient. Le plaisir des hommes c'est de prendre man Cia sous leur langue et de la faire voltiger à la façon du linge qu'on lance sur les roches de la rivière pour en faire tomber la crasse. C'est vrai que les gens en parlent avec crainte, car il y a toujours un risque à prononcer ce nom : man Cia. Mais te disent-ils ce qu'ils font lorsque leurs os se déplacent, lorsque leurs muscles se nouent, lorsqu'ils n'arrivent plus à reprendre souffle dans la vie ?

Et souriant de manière rassurante, elle conclut d'une voix ferme :

— En vérité, man Cia est une femme de bien mais il ne faut pas lui chauffer les oreilles.

Le lendemain, grand-mère me jeta un regard singulier, vaqua à ses occupations courantes, donna leur plein de manger aux bêtes, poussa sa porte, la cala soigneusement d'un long bâton et dit : nous allons chez man Cia. Prenant la direction de la montagne, nous enfilâmes une petite sente cachée par des herbes folles. Au début ce furent de simples fougères, puis apparurent le long du sentier des pieds de malaccas, de tamarins, de pruniers de Chine aux fruits séduisants. Mais je ne songeais pas à les cueillir, tout occupée à suivre la longue foulée silencieuse de Reine Sans Nom. Là-haut, les frondaisons des grands arbres se touchaient, penchaient au vent, masquaient la voûte du ciel. Le sentier déboucha sur une clairière, un immense disque de terre rouge et cuite au soleil, au milieu duquel se dressait une petite case branlante. Les fanes du toit avaient bleui, les planches délavées étaient de la couleur des mousses, des roches, des feuilles mortes qui tapissaient les halliers voisins, et elle semblait tout entière livrée aux esprits des grands bois qui s'élevaient à faible distance, tout contre la lumière hésitante de l'aube. Çà et là, des chiffes nouées aux branches, des piquets plantés en pleine terre, des coquillages disposés en croix la protégeaient du mal.

Passant vivement devant la case, Reine Sans Nom jeta d'une voix sourde, inquiète... cette maison est-elle habitée ? et sans attendre de réponse, elle s'en fut vers un manguier proche où nous nous assîmes, en silence, sur de belles roches plates de rivière. A ce moment, une quelconque petite vieille sortit de la case, pieds nus, enveloppée dans une robe créole à fronces, un grand madras blanc noué sur la nuque et lui retombant dans le dos. Comme elle approchait, courant vivement sur la terre glaise, je vis un fin visage qui reflétait l'extase, et, malgré moi, je fermai les yeux. Soulevant l'ourlet de sa robe, la vieille essuya la sueur au front de grand-mère et l'embrassa à plusieurs reprises, sans paraître s'apercevoir de ma présence.

— Que fais-tu de la vie, Toussine ? dit-elle à grand-mère.

— J'en fais un rêve, Cia, un rêve que je t'ai amené là, pour la douceur de tes yeux mêmes...

— Quel rêve, s'écria man Cia, feignant l'incompréhension.

— Alors j'en fais un pied de chance, dit grand-mère souriante, et je te l'amène à respirer...

Se tournant vers moi, man Cia m'aperçut enfin, me dévisagea longuement et se mit à m'embrasser, un premier baiser sur le front, pour elle-même, dit-elle, pour la faveur de son plaisir ; puis un deuxième sur la joue gauche, puisque j'étais de celles dont on ne tire pas la ficelle pour les faire danser, un troisième pour que la joue droite ne soit pas jalouse, et un dernier parce que, elle le voyait déjà, j'étais une vaillante petite négresse. Elle ajouta, me couvrant de son beau regard tranquille : tu seras sur terre comme une cathédrale.

Les deux vieilles commencèrent à parler, sous le grand manguier, tandis que je regardais avidement man Cia, à la recherche de ce qui en elle différait des autres humains. J'examinais ses doigts aux ongles courbes striés dans la longueur, comme des griffes, ses pieds grisâtres à talons larges et proéminents, ce petit corps tout en os, presque d'enfant, ce visage patiné, écaillé par endroits et plus je la voyais, plus je la trouvais pareille à tout le monde, une quelconque petite vieille de Fond-Zombi. Cependant elle avait tout de même quelque chose, l'amie de Reine Sans Nom, et ce qu'elle avait man Cia ? elle avait ces yeux-là... immenses, transparents, de ces yeux dont on dit qu'ils peuvent tout voir, tout supporter, car ils ne se ferment pas même en sommeil.

Comme je l'étudiais ainsi, la dévisageant à mon aise, soudain elle braqua sur moi son œil transparent de sorcière et dit :

— Enfant, pourquoi me regardes-tu ainsi ? ... veux-tu que je t'apprenne à te transformer en chien, en crabe, en fourmi ? ... veux-tu prendre tes distances avec les humains, dès aujourd'hui, les tenir à longueur de gaffe ?

J'aurais aimé soutenir l'action de ce regard si clair, tranquille, rieur par en dessous, qui semblait démentir le sérieux des paroles prononcées. Mais une grande peur me retint et je courbai honteusement la tête, murmurai d'une voix entrecoupée :

— Vous le voyez bien que je ne suis pas une cathédrale... et si vous cherchez la vaillante négresse, elle n'est pas là.

Grand-mère fronça les sourcils :

— Ah, c'est tout ce que vous avez à vous dire, par un si beau dimanche, quel gaspillage de lumière ! ...

Maintenant, grand-mère était penchée sur son amie et lui racontait un rêve, voici... elle se baigne dans une rivière, des dizaines de sangsues courent autour de sa tête et l'une d'elles se fixant à son front, grand-mère se dit : à cet endroit, j'ai du mauvais sang que la bête est en train de pomper... mais n'était-ce pas sa vie que la sangsue aspirait, n'était-ce pas signe de sa mort prochaine ? ... conclut-elle avec un sourire inquiet.

— Quelle mort ? ... s'écria man Cia d'un ton alerte, la bête a pompé ton mauvais sang et voilà tout. Quand ton heure sera venue, tu verras tes dents tomber en songe, tu verras ton corps et ton linge filer dans la rivière et tu te retrouveras dans un pays inconnu, avec des arbres et des fleurs que tu n'as jamais vus : ne te fie à aucun autre rêve que celui-là. En attendant, ma chère, caprice de mort ou caprice de vivant, l'odeur de cette daube qui mijote au feu m'enivre, et je sens déjà la viande qui fond dans ma bouche, allons...

Nous nous levâmes en riant, et quand nous revînmes un peu plus tard, chacune son écuelle de daube fumante à la main, Reine Sans Nom soupira :

— Ah, ah, maudite, comme tu t'entends à parler, avec toi deux mots quatre paroles, et il n'y a pas plus de mort que de banjo !

Et ce disant elle s'assit un peu brusquement, secouée d'un rire aigrelet, l'écuelle déversant un peu de sauce à ses pieds.

— Ah, dit man Cia, les morts se servent en premier, maintenant ?

— Tu le sais, répondit grand-mère en souriant, Jérémie a toujours eu un faible pour la daube de cochon planche.

— Et comment va-t-il ? s'enquit gravement man Cia.

— Il ne m'a pas oubliée, dit grand-mère heureuse, il vient me voir toutes les nuits, sans faute. Il n'a pas changé, il est pareil que de son vivant...

— Mais il va bien ? reprit son amie.

— Il va très bien, assura gravement grand-mère.

La clarté du jour nous pénétrait, la lumière arrivait par ondes à travers le feuillage que le vent secouait et nous nous regardions, étonnées de nous trouver là, toutes les trois, au milieu du courant de la vie, et tout à coup man Cia éclata de rire :

— Crois-tu, Toussine, que si nous étions encore esclaves, nous mangerions cette bonne daube de cochon, le cœur si content ? ...

Ses yeux se firent tristes, ironiques, ils parurent tout à coup délavés par le soleil, la pluie et les larmes, toutes les choses qu'ils avaient vues et qui s'étaient incrustées jusqu'au fond même de sa cervelle. Surprise, je me risquai à l'interroger :

— Man Cia chère, à quoi peut bien ressembler un esclave, et à quoi peut ressembler un maître ?

— Si tu veux voir un esclave, dit-elle froidement, tu n'as qu'à descendre au marché de la Pointe et regarder les volailles ficelées dans les cages, avec leurs yeux d'épouvante. Et si tu veux savoir à quoi ressemble un maître, tu n'as qu'à aller à Galba, à l'habitation Belle-Feuille, chez les Desaragne. Ce ne sont que leurs descendants, mais tu pourras te faire une idée.

— Que veux-tu qu'elle voie maintenant, à l'heure actuelle, man Cia ? dit Reine Sans Nom. Elle ne verra rien, trois fois rien. Ces blancs-là sourient et on les salue, dans leur maison à colonnade qui n'a pas sa pareille de par ici. Mais qui dirait, à les voir aujourd'hui si souriants, que leur ancêtre le Blanc des blancs vous encerclait un nègre dans ses deux bras, et lui faisait éclater la rate, comme ça ? ...

— Et pourquoi faisait-il ça ? dis-je effrayée.

Man Cia réfléchit longuement :

— Autrefois, dit-elle, un nid de fourmis mordantes avait peuplé la terre et voilà, elles s'étaient elles-mêmes appelées hommes,... pas plus que ça...

Reine Sans Nom s'appuyait contre man Cia, et s'efforçant de lui arracher un peu de son amertume, elle dit :

— Qui peut reprocher au chien d'être attaché, et s'il est attaché, comment lui éviter le fouet ?

— S'il est attaché, dit man Cia, il lui faut se résigner, car on le fouettera. C'est depuis longtemps que pour nous libérer Dieu habite le ciel, et que pour nous cravacher il habite la maison des blancs, à Belle-Feuille.

— C'est une bien belle parole en ce jour, dit grand-mère, et après cette tristesse en voici une autre : voir s'éteindre le feu et les petits chiens s'amuser dans la cendre.

— Avec ta permission, mon amie, je dirai que c'est là un morceau de tristesse, pas une tristesse entière. La tristesse entière était le feu. Or le feu est éteint et cela fait bien longtemps que le Blanc des blancs est sous terre, viande avariée qui ne repoussera plus. D'ailleurs, la cendre elle-même n'est pas éternelle.

Les yeux brillants d'une fièvre étrange, Reine Sans Nom me regarda longuement et dit :

— En vérité, la cendre n'est pas éternelle.

Les deux vieilles s'étaient tues, l'après-midi glissait, tout était clair, serein, au ciel et sur la terre. Reine Sans Nom et son amie Cia se tenaient appuyées l'une contre l'autre, les traits paisibles, assurés. Dans ce silence, je les regardais et je me demandais d'où venaient tous les feux, tous les éclats qu'elles tiraient de leurs vieilles carcasses rafistolées.

Un peu plus tard, nous fîmes un petit tour dans les bois, glanant des feuilles, des fruits sauvages, et man Cia semblait soudain toute pensive. Comme grand-mère et moi l'observions sans arrêt, attentives à toutes les ombres, toutes les lumières de son visage, nous vîmes que ça la gênait de penser devant nous, sans que nous sachions quelles idées se cachaient derrière son front. Alors grand-mère poussa un profond soupir, signifiant que notre visite s'achevait, et, se tournant vers l'enfant que j'étais, man Cia déclara... sois une vaillante petite négresse, un vrai tambour à deux faces, laisse la vie frapper, cogner, mais conserve toujours intacte la face du dessous. Grand-mère opina du chef et nous redescendîmes la pente aux herbes folles, agrippées l'une à l'autre. Le ciel était déjà tout bas, violet, et c'était l'heure où l'on sentait le vol exténué des phales et des phalènes dans l'air lourd. Aussitôt arrivée, je gagnai gravement le fond de la cour, me glissai sous une touffe de bambou en écartant les branches basses, jusqu'à me perdre dans la petite cage de feuillage. Pour la première fois de ma vie, je sentais que l'esclavage n'était pas un pays étranger, une région lointaine d'où venaient certaines personnes très anciennes, comme il en existait encore deux ou trois, à Fond-Zombi. Tout cela s'était déroulé ici même, dans nos mornes et nos vallons, et peut-être à côté de cette touffe de bambou, peut-être dans l'air que je respirais. Et je songeai aux rires de certains hommes, de certaines femmes, leurs petites quintes de toux résonnaient en moi, cependant qu'une musique déchirante s'élevait dans ma poitrine. Et j'écoutais encore les rires, je me demandais, je croyais entendre certaines choses, j'écartais les feuilles pour voir le monde du dehors, les lignes qui s'assombrissaient, le soir montant comme une exhalaison, effaçant toutes choses, la case d'abord, les arbres, les collines au loin, les pentes de la montagne dont le sommet flamboyait encore dans le ciel, bien que toute la terre fut plongée dans l'obscurité, déjà, sous les étoiles au scintillement tremblant, inquiet, irréel, qui semblaient posées là par erreur, comme tout le reste.

DEUXIÈME PARTIE

Être

Les questions posées par les femmes contemporaines, à propos d'elles-mêmes et d'autrui, diffèrent d'une culture à l'autre. Mais dans chaque culture on peut se demander : « Que veut dire le fait d'être femme, à tel endroit et à tel moment ?» Ou : « Quelles sont les diverses dimensions de l'être féminin ?» Et enfin, peut-être une question à propos du devenir : « Comment suis-je devenue qui je suis ?» En effet, conscientes du fait qu'elles ne peuvent rien tenir pour acquis, les femmes sont plus susceptibles de faire preuve de pragmatisme, même au cœur d'un débat philosophique.

L'un des principaux moyens d'apprendre à se connaître soi-même consiste à échanger avec autrui, que ce soit à l'oral ou à l'écrit. Récemment, Richard Rorty et Jane Roland Martin ont remis à l'honneur la notion de *conversation* ainsi que les procédés qui s'y rattachent. Contrairement à l'argumentation critique, considérée comme caractéristique de la pensée masculine, la conversation regroupe les réflexions de chaque participant, aussi différentes qu'elles soient, et s'inspire des idées des uns et des autres pour les approfondir. Dans le présent ouvrage, notre stratégie s'apparente à cette notion de conversation. Au lieu de reproduire les diversités régionales sur lesquelles reposent fréquemment les analyses consacrées aux récits féminins, nous avons voulu dans ce recueil non

pas opposer, mais bien plutôt apposer, au-delà des cultures, des voix divergentes de femmes, en faisant ressortir les points communs afin d'aller plus loin
dans une voie collective. Cependant, nous ne cherchons pas à effacer les
particularités régionales : nous souhaitons montrer au contraire les différents
profils que ces femmes peuvent adopter en dialoguant aux niveaux de la
conceptualisation philosophique, de l'expérience ontologique, de la représentation symbolique et sociale et de l'expression culturelle.

Les textes réunis dans « Être » portent sur la manière d'aborder les considé-
rations temporelles et spatiales qui nous aident à nous définir, et posent des
questions plus ou moins générales. En voici quelques exemples parmi les
questions générales : tandis que pour Simone de Beauvoir, par exemple, la
tradition philosophique et mythologique occidentale a « essentialisé » la
femme et que, pour Julia Kristeva, une féminité consciente exige que soit
repensée la temporalité, Annie Ernaux voit l'*être* comme la réalité matérielle de
la vie, dans une classe sociale et à un moment historique donnés. Tandis
qu'Andrée Chedid fait ressortir l'attachement et l'amitié entre deux femmes de
culture différente, Leïla Sebbar, elle-même en marge et au confluent de trois
identités nationales, écrit à seule fin de les déstabiliser : Shérazade, sa protagoniste, doit se réinventer dans la France contemporaine. Dans les nouvelles
communautés immigrées vivant dans les banlieues des villes françaises, Sebbar
doit redéfinir son identité multiple et hybride sur le plan culturel.

Savoir *qui* nous sommes suppose que nous savons qui nous ne sommes pas et
d'où nous venons, sur les plans individuel et culturel. La première question
nous ramène à notre conception de l'être, de l'altérité et de l'identité ainsi qu'à
celle de l'auto-définition. Nous savons que l'être et le temps sont fonction l'un
de l'autre, de même que l'être et l'expression sont fonction de nos identités et
de ce qui les façonne, à savoir le contexte national, politique, familial ou
personnel. La relation qu'entretiennent l'être et l'identité n'a rien de simple,
étant donné les multiples identités qu'une femme incarne, assume ou choisit.

Ce n'est pas un hasard si, dans la présente partie, plusieurs textes ont trait à
des questions temporelles. Dans « Le temps des femmes », Julia Kristeva donne
un aperçu historique des féminismes européens à travers les générations. Elle
montre comment dans son mode traditionnel le contrat social, qui exige le
« nourrissage » à tout prix, empêche les femmes de se réaliser. Invoquant le
mythe d'« une mère archaïque, pleine, totale, sans frustration, sans séparation », Kristeva démontre son pouvoir subversif, quoique miné par la terrible

formule de Jacques Lacan, selon qui « La femme n'existe pas », et l'inscrit dans le sillage du désir des femmes de créer dans un espace et un temps à elles. Porteur, comme le féminisme, d'une gravité quasi religieuse, ce désir, qui constitue moins un mythe qu'une réalité, est seul en mesure de faire advenir ce qui importe, c'est-à-dire, la dynamique des signes et le façonnement d'« une subjectivité fluide et libre ».

Par leur titre, *Les carnets de Shérazade,* de Leïla Sebbar, évoquent la conteuse des *Mille et une nuits* et les femmes orientales nues des tableaux français, par exemple, chez Delacroix. A l'origine des langues, des races, des coutumes et des musiques différentes qui servent de toile de fond à ces carnets, on retrouve l'éternel problème de la réunion des cultures. Appartenant aux deux côtés du bassin méditerranéen, Shérazade montre que, à mesure que sa venue à l'écriture se fait l'écho de sa quête d'identité, les femmes peuvent également être productrices de culture.

Dans « Regard interdit, son coupé », Assia Djebar, encore à partir des toiles de Delacroix, montre que, au-delà même du regard masculin, la répression est un enjeu qui, pour la femme du Maghreb, demeure irrésolu.

Comme l'illustrent éloquemment les vers de Vladimir Maïakovski cités en épigraphe dans « La Soudainaise » d'Andrée Chedid, la différence entre deux femmes peut être estompée. Apprenant que son amie soudainaise se meurt, l'auteur sent « quelque chose s'arrach[er] de [s]a chair », ce qui l'amène à se remémorer des liens noués au moyen de quelques mots, s'offrant en partage, dans l'ensoleillement de la terrasse de sa voisine.

Dans l'imagination de l'auteur comme dans celle de la lectrice, s'identifiant aux structures de classe et aux structures sociales particulières de l'œuvre, le sentiment de la différence et de la distance peut emprunter de nombreuses formes. La situation matérielle difficile du milieu décrit par Annie Ernaux dans *Une femme* renforce l'aliénation de la mère, perçue tantôt comme bonne, tantôt comme mauvaise, et motive la courageuse tentative de l'auteur de privilégier une écriture neutre.

Les voix de ces femmes écrivains, maintenant en dialogue avec elles-mêmes, entre elles et avec nous, gagnent en force individuelle et collective grâce à la dynamique de la conversation.

SIMONE DE BEAUVOIR

Auteur de mémoires, romancière, philosophe et féministe, Simone de Beauvoir est née Simone Lucie Ernestine Marie Bertrand de Beauvoir le 9 janvier 1908 dans une famille bourgeoise parisienne. Elle mène une vie exemplaire jusqu'à l'âge de quinze ans, moment où elle connaît une crise de foi qui fait d'elle une athée habitée par la terreur de la mort. Après avoir reçu deux baccalauréats, elle fait des études de philosophie à la Sorbonne, où elle rencontre Jean-Paul Sartre. Leur intimité durera plus de cinquante ans. Elle enseigne dans des lycées à Marseille et à Rouen avant d'obtenir, en 1943, un poste au Lycée Molière, à Paris. En 1943, elle publie son premier roman, *L'invitée,* suivi, en 1945, du *Sang des autres.* Après la guerre, elle évolue dans un monde intellectuel en pleine ébullition. Co-fondatrice de la revue *Les temps modernes,* elle vit durant les années 1940 une période de grande productivité. Elle continue d'écrire ses mémoires, dont le premier tome, *Mémoires d'une jeune fille rangée,* ne paraîtra qu'en 1956, et commence la rédaction de son œuvre maîtresse, *Le deuxième sexe* (1949), essai dont l'influence sur le mouvement féministe sera marquante. En 1954, elle reçoit le Prix Goncourt pour le roman à clefs *Les mandarins,* portrait d'un groupe d'intellectuels de l'après-guerre français. Elle publie par la suite d'autres œuvres de fiction, dont *Les belles images* (1966) et *La femme rompue* (1967). Son ancienne terreur de la mort, qui est peut-être à la base de sa philosophie existentialiste des années 1940 et 1950, n'a pas diminué ; elle l'aborde de front dans *La vieillesse,* étude sociologique qui traite de la dernière étape de la vie. Malgré sa peur, elle mène une vie pleine d'action, d'amitié, d'amour et d'écriture jusqu'à sa mort, en 1986.

❧

Au moment où elle rédigeait son autobiographie durant les années qui ont suivi la Deuxième Guerre mondiale, Simone de Beauvoir s'est prise à vouloir écrire un livre sur les femmes : « voulant parler de moi, je m'avisai qu'il me fallait décrire la condition féminine » (*La force des choses,* p. 258). Dans *Le deuxième sexe,* elle applique au sujet des femmes les principes existentialistes qu'elle a en commun avec Sartre, fondés sur la liberté individuelle et la transcendance. Comme elle le dit dans l'introduction que nous publions ici : « Tout sujet se pose concrètement à travers des projets comme une transcendance ; il n'accomplit sa liberté que par son perpétuel dépassement vers d'autres libertés ; il n'a d'autre justification de l'existence présente que son expansion vers un avenir indéfiniment ouvert. » Toutefois, une grande partie du livre analyse la manière dont les femmes, malgré leur liberté inhérente, ont été constituées, dans une société dominée par les hommes, comme l'« Autre » (c'est là une des formules les plus célèbres de Beauvoir). On lui doit aussi la distinction entre le sexe biologique et le rôle « féminin », pure construction sociale, comme elle l'énonce dans la phrase marquante qui ouvre la deuxième partie du livre consacrée à l'examen détaillé de la vie des femmes : « On ne naît pas femme, on le devient. » Bien que *Le deuxième sexe* ait fait scandale lors de sa parution en France, il a servi de référence à la « deuxième vague » féministe qui a secoué l'Amérique et l'Europe dans les années 1960 et 1970.

Le deuxième sexe (extrait)

INTRODUCTION

J'ai longtemps hésité à écrire un livre sur la femme. Le sujet est irritant, surtout pour les femmes ; et il n'est pas neuf. La querelle du féminisme a fait couler assez d'encre, à présent elle est à peu près close : n'en parlons plus. On en parle encore cependant. Et il ne semble pas que les volumineuses sottises débitées pendant ce dernier siècle aient beaucoup éclairé le problème. D'ailleurs y a-t-il un problème ? Et quel est-il ? Y a-t-il même des femmes ? Certes la théorie de

Simone de Beauvoir, du *Deuxième sexe,* © Éditions GALLIMARD.

l'éternel féminin compte encore des adeptes ; ils chuchotent : « Même en Russie, *elles* restent bien femmes »; mais d'autres gens bien informés — et les mêmes aussi quelquefois — soupirent : « La femme se perd, la femme est perdue. » On ne sait plus bien s'il existe encore des femmes, s'il en existera toujours, s'il faut ou non le souhaiter, quelle place elles occupent en ce monde, quelle place elles devraient y occuper. « Où sont les femmes ?» demandait récemment un magazine intermittent[1]. Mais d'abord : qu'est-ce qu'une femme ? « *Tota mulier in utero* : c'est une matrice », dit l'un. Cependant parlant de certaines femmes, les connaisseurs décrètent : « Ce ne sont pas des femmes » bien qu'elles aient un utérus comme les autres. Tout le monde s'accorde à reconnaître qu'il y a dans l'espèce humaine des femelles ; elles constituent aujourd'hui comme autrefois à peu près la moitié de l'humanité ; et pourtant on nous dit que « la féminité est en péril »; on nous exhorte : « Soyez femmes, restez femmes, devenez femmes. » Tout être humain femelle n'est donc pas nécessairement une femme ; il lui faut participer à cette réalité mystérieuse et menacée qu'est la féminité. Celle-ci est-elle sécrétée par les ovaires ? ou figée au fond d'un ciel platonicien ? Suffit-il d'un jupon à frou-frou pour la faire descendre sur terre ? Bien que certaines femmes s'efforcent avec zèle de l'incarner, le modèle n'en a jamais été déposé. On la décrit volontiers en termes vagues et miroitants qui semblent empruntés au vocabulaire des voyantes. Au temps de saint Thomas, elle apparaissait comme une essence aussi sûrement définie que la vertu dormitive du pavot. Mais le conceptualisme a perdu du terrain : les sciences biologiques et sociales ne croient plus en l'existence d'entités immuablement fixées qui définiraient des caractères donnés tels que ceux de la femme, du Juif ou du Noir ; elles considèrent le caractère comme une réaction secondaire à une *situation*. S'il n'y a plus aujourd'hui de féminité, c'est qu'il n'y en a jamais eu. Cela signifie-t-il que le mot « femme » n'ait aucun contenu ? C'est ce qu'affirment vigoureusement les partisans de la philosophie des lumières, du rationalisme, du nominalisme : les femmes seraient seulement parmi les êtres humains ceux qu'on désigne arbitrairement par le mot « femme »; en particulier les Américaines pensent volontiers que la femme en tant que telle n'a plus lieu ; si une attardée se prend encore pour une femme, ses amies lui conseillent de se faire psychanalyser afin de se délivrer de cette

---

1. Il est mort aujourd'hui, il s'appelait *Franchise*.

obsession. A propos d'un ouvrage, d'ailleurs fort agaçant, intitulé *Modern Woman : A Lost Sex,* Dorothy Parker a écrit : « Je ne peux être juste pour les livres qui traitent de la femme en tant que femme... Mon idée c'est que tous, aussi bien hommes que femmes, qui que nous soyons, nous devons être considérés comme des êtres humains. » Mais le nominalisme est une doctrine un peu courte ; et les antiféministes ont beau jeu de montrer que les femmes ne *sont* pas des hommes. Assurément la femme est comme l'homme un être humain : mais une telle affirmation est abstraite ; le fait est que tout être humain concret est toujours singulièrement situé. Refuser les notions d'éternel féminin, d'âme noire, de caractère juif, ce n'est pas nier qu'il y ait aujourd'hui des Juifs, des Noirs, des femmes : cette négation ne représente pas pour les intéressés une libération, mais une fuite inauthentique. Il est clair qu'aucune femme ne peut prétendre sans mauvaise foi se situer par-delà son sexe. Une femme écrivain connue a refusé voici quelques années de laisser paraître son portrait dans une série de photographies consacrées précisément aux femmes écrivains : elle voulait être rangée parmi les hommes ; mais pour obtenir ce privilège, elle utilisa l'influence de son mari. Les femmes qui affirment qu'elles sont des hommes n'en réclament pas moins des égards et des hommages masculins. Je me rappelle aussi cette jeune trotskyste debout sur une estrade au milieu d'un meeting houleux et qui s'apprêtait à faire le coup de poing malgré son évidente fragilité ; elle niait sa faiblesse féminine ; mais c'était par amour pour un militant dont elle se voulait l'égale. L'attitude de défi dans laquelle se crispent les Américaines prouve qu'elles sont hantées par le sentiment de leur féminité. Et en vérité il suffit de se promener les yeux ouverts pour constater que l'humanité se partage en deux catégories d'individus dont les vêtements, le visage, le corps, les sourires, la démarche, les intérêts, les occupations sont manifestement différents : peut-être ces différences sont-elles superficielles, peut-être sont-elles destinées à disparaître. Ce qui est certain c'est que pour l'instant elles existent avec une éclatante évidence.

Si sa fonction de femelle ne suffit pas à définir la femme, si nous refusons aussi de l'expliquer par « l'éternel féminin » et si cependant nous admettons que, fût-ce à titre provisoire, il y a des femmes sur terre, nous avons donc à nous poser la question : qu'est-ce qu'une femme ?

L'énoncé même du problème me suggère aussitôt une première réponse. Il est significatif que je le pose. Un homme n'aurait pas idée d'écrire un livre sur la situation singulière qu'occupent dans l'humanité les mâles[2]. Si je veux me définir je suis obligée d'abord de déclarer : « Je suis une femme » ; cette vérité constitue le fond sur lequel s'enlèvera toute autre affirmation. Un homme ne commence jamais par se poser comme un individu d'un certain sexe : qu'il soit homme, cela va de soi. C'est d'une manière formelle, sur les registres des mairies et dans les déclarations d'identité que les rubriques : masculin, féminin, apparaissent comme symétriques. Le rapport des deux sexes n'est pas celui de deux électricités, de deux pôles : l'homme représente à la fois le positif et le neutre au point qu'on dit en français « les hommes » pour désigner les êtres humains, le sens singulier du mot « vir » s'étant assimilé au sens général du mot « homo ». La femme apparaît comme le négatif si bien que toute détermination lui est imputée comme limitation, sans réciprocité. Je me suis agacée parfois au cours de discussions abstraites d'entendre des hommes me dire : « Vous pensez telle chose parce que vous êtes une femme » ; mais je savais que ma seule défense, c'était de répondre : « Je la pense parce qu'elle est vraie » éliminant par là ma subjectivité ; il n'était pas question de répliquer : « Et vous pensez le contraire parce que vous êtes un homme » ; car il est entendu que le fait d'être un homme n'est pas une singularité ; un homme est dans son droit en étant homme, c'est la femme qui est dans son tort. Pratiquement, de même que pour les anciens il y avait une verticale absolue par rapport à laquelle se définissait l'oblique, il y a un type humain absolu qui est le type masculin. La femme a des ovaires, un utérus ; voilà des conditions singulières qui l'enferment dans sa subjectivité ; on dit volontiers qu'elle pense avec ses glandes. L'homme oublie superbement que son anatomie comporte aussi des hormones, des testicules. Il saisit son corps comme une relation directe et normale avec le monde qu'il croit appréhender dans son objectivité, tandis qu'il considère le corps de la femme comme alourdi par tout ce qui le spécifie : un obstacle, une prison. « La femelle est femelle en vertu d'un certain *manque* de qualités », disait Aristote. « Nous devons considérer le caractère des femmes comme souffrant d'une défectuosité naturelle. » Et saint Thomas à sa suite décrète que la femme est un « homme manqué », un être « occasionnel ». C'est ce que symbolise l'histoire de la Genèse où Eve apparaît comme tirée, selon le mot de Bossuet, d'un « os

2. Le rapport Kinsey par exemple se borne à définir les caractéristiques sexuelles de l'homme américain, ce qui est tout à fait différent.

surnuméraire » d'Adam. L'humanité est mâle et l'homme définit la femme non en soi mais relativement à lui ; elle n'est pas considérée comme un être autonome. « La femme, l'être relatif... » écrit Michelet. C'est ainsi que M. Benda affirme dans le *Rapport d'Uriel* : « Le corps de l'homme a un sens par lui-même, abstraction faite de celui de la femme, alors que ce dernier en semble dénué si l'on n'évoque pas le mâle... L'homme se pense sans la femme. Elle ne se pense pas sans l'homme. » Et elle n'est rien d'autre que ce que l'homme en décide ; ainsi on l'appelle « le sexe » voulant dire par là qu'elle apparaît essentiellement au mâle comme un être sexué : pour lui, elle est sexe, donc elle l'est absolument. Elle se détermine et se différencie par rapport à l'homme et non celui-ci par rapport à elle ; elle est l'inessentiel en face de l'essentiel. Il est le Sujet, il est l'Absolu : elle est l'Autre[3].

La catégorie de l'*Autre* est aussi originelle que la conscience elle-même. Dans les sociétés les plus primitives, dans les mythologies les plus antiques on trouve toujours une dualité qui est celle du Même et de l'Autre ; cette division n'a pas d'abord été placée sous le signe de la division des sexes, elle ne dépend d'aucune donnée empirique : c'est ce qui ressort entre autres des travaux de Granet sur la pensée chinoise, de ceux de Dumézil sur les Indes et Rome. Dans les couples Varuna-Mitra, Ouranos-Zeus, Soleil-Lune, Jour-Nuit, aucun élément féminin n'est d'abord impliqué ; non plus que dans l'opposition du Bien au Mal, des principes fastes et néfastes, de la droite et de la gauche, de Dieu et de Lucifer ; l'altérité est une catégorie fondamentale de la pensée humaine. Aucune collec-

3. Cette idée a été exprimée sous forme la plus explicite par E. Lévinas dans son essai sur *le Temps et l'Autre*. Il s'exprime ainsi : « N'y aurait-il pas une situation où l'altérité serait portée par un être à un titre positif, comme essence ? Quelle est l'altérité qui n'entre pas purement et simplement dans l'opposition des deux espèces du même genre ? Je pense que le contraire absolument contraire, dont la contrariété n'est affectée en rien par la relation qui peut s'établir entre lui et son corrélatif, la contrariété qui permet au terme de demeurer absolument autre, c'est le féminin. Le sexe n'est pas une différence spécifique quelconque... La différence des sexes n'est pas non plus une contradiction... [Elle] n'est pas non plus la dualité de deux termes complémentaires car deux termes complémentaires supposent un tout préexistant... L'altérité s'accomplit dans le féminin. Terme du même rang mais de sens opposé à la conscience. »

Je suppose que M. Lévinas n'oublie pas que la femme est aussi pour soi conscience. Mais il est frappant qu'il adopte délibérément un point de vue d'homme sans signaler la réciprocité du sujet et de l'objet. Quand il écrit que la femme est mystère, il sous-entend qu'elle est mystère pour l'homme. Si bien que cette description qui se veut objective est en fait une affirmation du privilège masculin.

tivité ne se définit jamais comme Une sans immédiatement poser l'Autre en face de soi. Il suffit de trois voyageurs réunis par hasard dans un même compartiment pour que tout le reste des voyageurs deviennent des « autres » vaguement hostiles. Pour le villageois, tous les gens qui n'appartiennent pas à son village sont des « autres » suspects ; pour le natif d'un pays, les habitants des pays qui ne sont pas le sien apparaissent comme des « étrangers » ; les Juifs sont « des autres » pour l'antisémite, les Noirs pour les racistes américains, les indigènes pour les colons, les prolétaires pour les classes possédantes. A la fin d'une étude approfondie sur les diverses figures des sociétés primitives Lévi-Strauss a pu conclure : « Le passage de l'état de Nature à l'état de Culture se définit par l'aptitude de la part de l'homme à penser les relations biologiques sous la forme de systèmes d'oppositions : la dualité, l'alternance, l'opposition et la symétrie, qu'elles se présentent sous des formes définies ou des formes floues constituent moins des phénomènes qu'il s'agit d'expliquer que les données fondamentales et immédiates de la réalité sociale[4]. » Ces phénomènes ne sauraient se comprendre si la réalité humaine était exclusivement un *mitsein* basé sur la solidarité et l'amitié. Il s'éclaire au contraire si suivant Hegel on découvre dans la conscience elle-même une fondamentale hostilité à l'égard de toute autre conscience ; le sujet ne se pose qu'en s'opposant : il prétend s'affirmer comme l'essentiel et constituer l'autre en inessentiel, en objet.

Seulement l'autre conscience lui oppose une prétention réciproque : en voyage le natif s'aperçoit avec scandale qu'il y a dans les pays voisins des natifs qui le regardent à son tour comme étranger ; entre villages, clans, nations, classes, il y a des guerres, des potlatchs, des marchés, des traités, des luttes qui ôtent à l'idée de l'*Autre* son sens absolu et en découvrent la relativité ; bon gré, mal gré, individus et groupes sont bien obligés de reconnaître la réciprocité de leur rapport. Comment donc se fait-il qu'entre les sexes cette réciprocité n'ait pas été posée, que l'un des termes se soit affirmé comme le seul essentiel, niant toute relativité par rapport à son corrélatif, définissant celui-ci comme l'altérité pure ? Pourquoi les femmes ne contestent-elles pas la souveraineté mâle ? Aucun sujet ne se pose d'emblée et spontanément comme l'inessentiel ; ce n'est pas l'Autre qui se définissant comme Autre définit l'Un : il est posé comme

---

4. Voir C. Lévi-Strauss, *Les structures élémentaires de la parenté.* Je remercie C. Lévi-Strauss d'avoir bien voulu me communiquer les épreuves de sa thèse que j'ai entre autres utilisée dans la deuxième partie [du *Deuxième sexe*].

Autre par l'Un se posant comme Un. Mais pour que le retournement de l'Autre à l'Un ne s'opère pas, il faut qu'il se soumette à ce point de vue étranger. D'où vient en la femme cette soumission ?

Il existe d'autres cas où, pendant un temps plus ou moins long, une catégorie a réussi à en dominer absolument une autre. C'est souvent l'inégalité numérique qui confère ce privilège : la majorité impose sa loi à la minorité ou la persécute. Mais les femmes ne sont pas comme les Noirs d'Amérique, comme les Juifs, une minorité : il y a autant de femmes que d'hommes sur terre. Souvent aussi les deux groupes en présence ont d'abord été indépendants : ils s'ignoraient autrefois, ou chacun admettait l'autonomie de l'autre ; et c'est un événement historique qui a subordonné le plus faible au plus fort : la diaspora juive, l'introduction de l'esclavage en Amérique, les conquêtes coloniales sont des faits datés. Dans ces cas, pour les opprimés il y a eu un *avant* : ils ont en commun un passé, une tradition, parfois une religion, une culture. En ce sens le rapprochement établi par Bebel entre les femmes et le prolétariat serait le mieux fondé : les prolétaires non plus ne sont pas en infériorité numérique et ils n'ont jamais constitué une collectivité séparée. Cependant à défaut d'*un* événement, c'est un développement historique qui explique leur existence en tant que classe et qui rend compte de la distribution de *ces* individus dans cette classe. Il n'y a pas toujours eu des prolétaires : il y a toujours eu des femmes ; elles sont femmes par leur structure physiologique ; aussi loin que l'histoire remonte, elles ont toujours été subordonnées à l'homme : leur dépendance n'est pas la conséquence d'un événement ou d'un devenir, elle n'est pas *arrivée*. C'est en partie parce qu'elle échappe au caractère accidentel du fait historique que l'altérité apparaît ici comme un absolu. Une situation qui s'est créée à travers le temps peut se défaire en un autre temps : les Noirs de Haïti entre autres l'ont bien prouvé ; il semble, au contraire, qu'une condition naturelle défie le changement. En vérité pas plus que la réalité historique la nature n'est un donné immuable. Si la femme se découvre comme l'inessentiel qui jamais ne retourne à l'essentiel, c'est qu'elle n'opère pas elle-même ce retour. Les prolétaires disent « nous ». Les Noirs aussi. Se posant comme sujets ils changent en « autres » les bourgeois, les Blancs. Les femmes — sauf en certains congrès qui restent des manifestations abstraites — ne disent pas « nous »; les hommes disent « les femmes » et elles reprennent ces mots pour se désigner elles-mêmes ; mais elles ne se posent pas authentiquement comme Sujet. Les prolétaires ont fait la révolution en Russie, les Noirs à Haïti, les Indochinois se battent en Indochine : l'action des femmes n'a jamais été qu'une agitation symbolique ; elles n'ont gagné que ce que les hommes ont bien voulu leur concéder ; elles n'ont rien pris : elles ont reçu⁵. C'est qu'elles n'ont pas les moyens concrets de se rassembler en une unité qui se poserait en s'opposant. Elles n'ont pas de passé, d'histoire, de religion qui leur soit propre ; et elles n'ont pas comme les prolétaires une solidarité de travail et d'intérêts ; il n'y a pas même entre elles cette promiscuité spatiale qui fait des Noirs d'Amérique, des Juifs des ghettos, des ouvriers de Saint-Denis ou des usines Renault une communauté. Elles vivent dispersées parmi les hommes, rattachées par l'habitat, le travail, les intérêts économiques, la condition sociale à certains hommes — père ou mari — plus étroitement qu'aux autres femmes. Bourgeoises elles sont solidaires des bourgeois et non des femmes prolétaires ; blanches des hommes blancs et non des femmes noires. Le prolétariat pourrait se proposer de massacrer la classe dirigeante ; un Juif, un Noir fanatiques pourraient rêver d'accaparer le secret de la bombe atomique et de faire une humanité tout entière juive, tout entière noire : même en songe la femme ne peut exterminer les mâles. Le lien qui l'unit à ses oppresseurs n'est comparable à aucun autre. La division des sexes est en effet un donné biologique, non un moment de l'histoire humaine. C'est au sein d'un *mitsein* originel que leur opposition s'est dessinée et elle ne l'a pas brisée. Le couple est une unité fondamentale dont les deux moitiés sont rivées l'une à l'autre : aucun clivage de la société par sexes n'est possible. C'est là ce qui caractérise fondamentalement la femme : elle est l'Autre au cœur d'une totalité dont les deux termes sont nécessaires l'un à l'autre.

On pourrait imaginer que cette réciprocité eût facilité sa libération ; quand Hercule file la laine au pied d'Omphale, son désir l'enchaîne : pourquoi Omphale n'a-t-elle pas réussi à acquérir un durable pouvoir ? Pour se venger de Jason, Médée tue ses enfants : cette sauvage légende suggère que du lien qui l'attache à l'enfant la femme aurait pu tirer un ascendant redoutable. Aristophane a imaginé plaisamment dans Lysistrata une assemblée de femmes où celles-ci eussent tenté d'exploiter en commun à des fins sociales le besoin que les hommes ont d'elles : mais ce n'est qu'une comédie. La légende qui prétend que les Sabines ravies ont opposé à leurs ravisseurs une stérilité obstinée, raconte aussi qu'en les frappant de lanières de cuir les hommes ont eu magique-

---

5. Cf. deuxième partie, [note] 5.

ment raison de leur résistance. Le besoin biologique — désir sexuel et désir d'une postérité — qui met le mâle sous la dépendance de la femelle n'a pas affranchi socialement la femme. Le maître et l'esclave aussi sont unis par un besoin économique réciproque qui ne libère pas l'esclave. C'est que dans le rapport du maître à l'esclave, le maître ne *pose* pas le besoin qu'il a de l'autre ; il détient le pouvoir de satisfaire ce besoin et ne le médiatise pas ; au contraire l'esclave dans la dépendance, espoir ou peur, intériorise le besoin qu'il a du maître ; l'urgence du besoin fût-elle égale en tous deux joue toujours en faveur de l'oppresseur contre l'opprimé : c'est ce qui explique que la libération de la classe ouvrière par exemple ait été si lente. Or la femme a toujours été, sinon l'esclave de l'homme, du moins sa vassale ; les deux sexes ne se sont jamais partagé le monde à égalité ; et aujourd'hui encore, bien que sa condition soit en train d'évoluer, la femme est lourdement handicapée. En presque aucun pays son statut légal n'est identique à celui de l'homme et souvent il la désavantage considérablement. Même lorsque des droits lui sont abstraitement reconnus, une longue habitude empêche qu'ils ne trouvent dans les mœurs leur expression concrète. Economiquement hommes et femmes constituent presque deux castes ; toutes choses égales, les premiers ont des situations plus avantageuses, des salaires plus élevés, plus de chances de réussite que leurs concurrentes de fraîche date ; ils occupent dans l'industrie, la politique, etc., un beaucoup plus grand nombre de places et ce sont eux qui détiennent les postes les plus importants. Outre les pouvoirs concrets qu'ils possèdent, ils sont revêtus d'un prestige dont toute l'éducation de l'enfant maintient la tradition : le présent enveloppe le passé, et dans le passé toute l'histoire a été faite par les mâles. Au moment où les femmes commencent à prendre part à l'élaboration du monde, ce monde est encore un monde qui appartient aux hommes : ils n'en doutent pas, elles en doutent à peine. Refuser d'être l'Autre, refuser la complicité avec l'homme, ce serait pour elles renoncer à tous les avantages que l'alliance avec la caste supérieure peut leur conférer. L'homme-suzerain protégera matériellement la femme-lige et il se chargera de justifier son existence : avec le risque économique elle esquive le risque métaphysique d'une liberté qui doit inventer ses fins sans secours. En effet, à côté de la prétention de tout individu à s'affirmer comme sujet, qui est une prétention éthique, il y a aussi en lui la tentation de fuir sa liberté et de se constituer en chose : c'est un chemin néfaste car passif, aliéné, perdu, il est alors la proie de volontés étrangères, coupé de sa transcendance, frustré de toute valeur. Mais c'est un chemin facile : on évite ainsi l'angoisse et la tension de l'existence authentiquement assumée. L'homme qui constitue la femme comme un *Autre* rencontrera donc en elle de profondes complicités. Ainsi, la femme ne se revendique pas comme sujet parce qu'elle n'en a pas les moyens concrets, parce qu'elle éprouve le lien nécessaire qui la rattache à l'homme sans en poser la réciprocité, et parce que souvent elle se complaît dans son rôle d'*Autre*.

Mais une question se pose aussitôt : comment toute cette histoire a-t-elle commencé ? On comprend que la dualité des sexes comme toute dualité se soit traduite par un conflit. On comprend que si l'un des deux réussissait à imposer sa supériorité, celle-ci devait s'établir comme absolue. Il reste à expliquer que ce soit l'homme qui ait gagné au départ. Il semble que les femmes auraient pu remporter la victoire ; ou la lutte aurait pu ne jamais se résoudre. D'où vient que ce monde a toujours appartenu aux hommes et que seulement aujourd'hui les choses commencent à changer ? Ce changement est-il un bien ? Amènera-t-il ou non un égal partage du monde entre hommes et femmes ?

Ces questions sont loin d'être neuves ; on y a fait déjà quantité de réponses ; mais précisément le seul fait que la femme est *Autre* conteste toutes les justifications que les hommes ont jamais pu en donner : elles leur étaient trop évidemment dictées par leur intérêt. « Tout ce qui a été écrit par les hommes sur les femmes doit être suspect, car ils sont à la fois juge et partie », a dit au XVIIᵉ siècle Poulain de la Barre, féministe peu connu. Partout, en tout temps, les mâles ont étalé la satisfaction qu'ils éprouvent à se sentir les rois de la création. « Béni soit Dieu notre Seigneur et le Seigneur de tous les mondes qu'Il ne m'ait pas fait femme », disent les Juifs dans leurs prières matinales ; cependant que leurs épouses murmurent avec résignation : « Béni soit le Seigneur qu'Il m'ait créée selon sa volonté. » Parmi les bienfaits dont Platon remerciait les dieux, le premier était qu'ils l'aient créé libre et non esclave, le second homme et non femme. Mais les mâles n'auraient pu jouir pleinement de ce privilège s'ils ne l'avaient considéré comme fondé dans l'absolu et dans l'éternité : du fait de leur suprématie ils ont cherché à faire un droit. « Ceux qui ont fait et compilé les lois étant des hommes ont favorisé leur sexe, et les jurisconsultes ont tourné les lois en principes », dit encore Poulain de la Barre. Législateurs, prêtres, philosophes, écrivains, savants se sont acharnés à démontrer que la condition subordonnée de la femme était voulue dans le ciel et profitable à la terre. Les religions forgées par les hommes reflètent cette volonté de domination : dans les légendes d'Eve, de Pandore, ils ont puisé des armes. Ils ont mis la philosophie, la théologie à leur service comme on a vu par les phrases d'Aristote, de saint Thomas que nous avons citées. Depuis l'antiquité, satiristes et moralistes se sont complu à faire le tableau des faiblesses féminines. On sait quels violents réquisitoires ont été dressés contre elles à travers toute la littérature française : Montherlant reprend avec moins de verve la tradition de Jean de Meung. Cette hostilité paraît quelquefois fondée, souvent gratuite ; en vérité elle recouvre une volonté d'auto-justification plus ou moins adroitement masquée. « Il est plus facile d'accuser un sexe que d'excuser l'autre », dit Montaigne. En certains cas le processus est évident. Il est frappant par exemple que le code romain pour limiter les droits de la femme invoque « l'imbécillité, la fragilité du sexe » au moment où par l'affaiblissement de la famille elle devient un danger pour les héritiers mâles. Il est frappant qu'au XVIe siècle, pour tenir la femme mariée en tutelle, on fasse appel à l'autorité de saint Augustin, déclarant que « la femme est une beste qui n'est ni ferme ni estable » alors que la célibataire est reconnue capable de gérer ses biens. Montaigne a fort bien compris l'arbitraire et l'injustice du sort assigné à la femme : « Les femmes n'ont pas du tout tort quand elles refusent les règles qui sont introduites au monde, d'autant que ce sont les hommes qui les ont faites sans elles. Il y a naturellement brigue et riotte entre elles et nous » ; mais il ne va pas jusqu'à se faire leur champion. C'est seulement au XVIIIe que des hommes profondément démocrates envisagent la question avec objectivité. Diderot entre autres s'attache à démontrer que la femme est comme l'homme un être humain. Un peu plus tard Stuart Mill la défend avec ardeur. Mais ces philosophes sont d'une exceptionnelle impartialité. Au XIXe siècle la querelle du féminisme devient à nouveau une querelle de partisans ; une des conséquences de la révolution industrielle, c'est la participation de la femme au travail producteur : à ce moment les revendications féministes sortent du domaine théorique, elles trouvent des bases économiques ; leurs adversaires deviennent d'autant plus agressifs ; quoique la propriété foncière soit en partie détrônée, la bourgeoisie s'accroche à la vieille morale qui voit dans la solidité de la famille le garant de la propriété privée : elle réclame la femme au foyer d'autant plus âprement que son émancipation devient une véritable menace ; à l'intérieur même de la classe ouvrière, les hommes ont essayé de freiner cette libération parce que les femmes leur apparaissaient comme de dangereuses concurrentes et d'autant plus qu'elles étaient habituées à travailler à de bas salaires[6]. Pour prouver l'infériorité de la femme, les antiféministes ont alors mis à contribution non seulement comme naguère la religion, la philosophie, la théologie mais aussi la science : biologie, psychologie expérimentale, etc. Tout au plus consentait-on à accorder à l'*autre* sexe « l'égalité dans la différence ». Cette formule qui a fait fortune est très significative : c'est exactement celle qu'utilisent à propos des Noirs d'Amérique les lois Jim Crow ; or, cette ségrégation soi-disant égalitaire n'a servi qu'à introduire les plus extrêmes discriminations. Cette rencontre n'a rien d'un hasard : qu'il s'agisse d'une race, d'une caste, d'une classe, d'un sexe réduits à une condition inférieure, les processus de justification sont les mêmes. « L'éternel féminin » c'est l'homologue de « l'âme noire » et du « caractère juif ». Le problème juif est d'ailleurs dans son ensemble très différent des deux autres : le Juif pour l'antisémite n'est pas tant un inférieur qu'un ennemi et on ne lui reconnaît en ce monde aucune place qui soit sienne ; on souhaite plutôt l'anéantir. Mais il y a de profondes analogies entre la situation des femmes et celle des Noirs : les unes et les autres s'émancipent aujourd'hui d'un même paternalisme et la caste naguère maîtresse veut les maintenir à « leur place », c'est-à-dire à la place qu'elle a choisie pour eux ; dans les deux cas elle se répand en éloges plus ou moins sincères sur les vertus du « bon Noir » à l'âme inconsciente, enfantine, rieuse, du Noir résigné, et de la femme « vraiment femme », c'est-à-dire frivole, puérile, irresponsable, la femme soumise à l'homme. Dans les deux cas elle tire argument de l'état de fait qu'elle a créé. On connaît la boutade de Bernard Shaw : « L'Américain blanc, dit-il, en substance, relègue le Noir au rang de cireur de souliers : et il en conclut qu'il n'est bon qu'à cirer des souliers. » On retrouve ce cercle vicieux en toutes circonstances analogues : quand un individu ou un groupe d'individus est maintenu en situation d'infériorité, le fait est qu'il *est* inférieur ; mais c'est sur la portée du mot *être* qu'il faudrait s'entendre ; la mauvaise foi consiste à lui donner une valeur substantielle alors qu'il a le sens dynamique hégélien : *être* c'est être devenu, c'est avoir été fait tel qu'on se manifeste ; oui, les femmes dans l'ensemble *sont* aujourd'hui inférieures aux hommes, c'est-à-dire que leur situation leur ouvre de moindres possibilités : le problème c'est de savoir si cet état de choses doit se perpétuer.

6. Voir deuxième partie [du *Deuxième sexe*].

Beaucoup d'hommes le souhaitent : tous n'ont pas encore désarmé. La bourgeoisie conservatrice continue à voir dans l'émancipation de la femme un danger qui menace sa morale et ses intérêts. Certains mâles redoutent la concurrence féminine. Dans l'*Hebdo-Latin* un étudiant déclarait l'autre jour : « Toute étudiante qui prend une situation de médecin ou d'avocat nous *vole* une place » ; celui-là ne mettait pas en question ses droits sur ce monde. Les intérêts économiques ne jouent pas seuls. Un des bénéfices que l'oppression assure aux oppresseurs c'est que le plus humble d'entre eux se sent *supérieur* : un « pauvre Blanc » du Sud des U.S.A. a la consolation de se dire qu'il n'est pas un « sale nègre » ; et les Blancs plus fortunés exploitent habilement cet orgueil. De même le plus médiocre des mâles se croit en face des femmes un demi-dieu. Il était beaucoup plus facile à M. de Montherlant de se penser un héros quand il se confrontait à des femmes (d'ailleurs choisies à dessein) que lorsqu'il a eu à tenir parmi des hommes son rôle d'homme : rôle dont beaucoup de femmes se sont acquittées mieux que lui. C'est ainsi qu'en septembre 1948 dans un de ses articles du *Figaro Littéraire,* M. Claude Mauriac — dont chacun admire la puissante originalité — pouvait[7] écrire à propos des femmes : « *Nous* écoutons sur un ton (*sic !*) d'indifférence polie... la plus brillante d'entre elles, sachant bien que son esprit reflète de façon plus ou moins éclatante des idées qui viennent de *nous.* » Ce ne sont évidemment pas les idées de M. C. Mauriac en personne que son interlocutrice reflète, étant donné qu'on ne lui en connaît aucune ; qu'elle reflète des idées qui viennent des hommes, c'est possible : parmi les mâles mêmes il en est plus d'un qui tient pour siennes des opinions qu'il n'a pas inventées ; on peut se demander si M. Claude Mauriac n'aurait pas intérêt à s'entretenir avec un bon reflet de Descartes, de Marx, de Gide plutôt qu'avec lui-même ; ce qui est remarquable, c'est que par l'équivoque du *nous* il s'identifie avec saint Paul, Hegel, Lénine, Nietzsche et du haut de leur grandeur il considère avec dédain le troupeau des femmes qui osent lui parler sur un pied d'égalité ; à vrai dire j'en sais plus d'une qui n'aurait pas la patience d'accorder à M. Mauriac un « ton d'indifférence polie ».

J'ai insisté sur cet exemple parce que la naïveté masculine y est désarmante. Il y a beaucoup d'autres manières plus subtiles dont les hommes tirent profit de l'altérite de la femme. Pour tous ceux qui souffrent de complexe d'infériorité, il y a là un liniment miraculeux : nul n'est plus arrogant à l'égard des femmes,

---

7. Ou du moins il croyait le pouvoir.

agressif ou dédaigneux, qu'un homme inquiet de sa virilité. Ceux qui ne sont pas intimidés par leurs semblables sont aussi beaucoup plus disposés à reconnaître dans la femme un semblable ; même à ceux-ci cependant le mythe de la Femme, de l'Autre, est cher pour beaucoup de raisons[8] ; on ne saurait les blâmer de ne pas sacrifier de gaieté de cœur tous les bienfaits qu'ils en retirent : ils savent ce qu'ils perdent en renonçant à la femme telle qu'ils la rêvent, ils ignorent ce que leur apportera la femme telle qu'elle sera demain. Il faut beaucoup d'abnégation pour refuser de se poser comme le Sujet unique et absolu. D'ailleurs la grande majorité des hommes n'assume pas explicitement cette prétention. Ils ne *posent* pas la femme comme une inférieure : ils sont aujourd'hui trop pénétrés de l'idéal démocratique pour ne pas reconnaître en tous les êtres humains des égaux. Au sein de la famille, la femme est apparue à l'enfant, au jeune homme comme revêtue de la même dignité sociale que les adultes mâles ; ensuite il a éprouvé dans le désir et l'amour la résistance, l'indépendance, de la femme désirée et aimée ; marié, il respecte dans sa femme l'épouse, la mère, et dans l'expérience concrète de la vie conjugale elle s'affirme en face de lui comme une liberté. Il peut donc se persuader qu'il n'y a plus entre les sexes de hiérarchie sociale et qu'en gros, à travers les différences, la femme est une égale. Comme il constate cependant certaines infériorités — dont la plus importante est l'incapacité professionnelle — il met celles-ci sur le compte de la nature. Quand il a à l'égard de la femme une attitude de collaboration et de bienveillance, il thématise le principe de l'égalité abstraite ; et l'inégalité concrète qu'il constate, il ne la *pose* pas. Mais dès qu'il entre en conflit avec elle, la situation se renverse : il thématisera l'inégalité concrète et s'en autorisera même pour nier l'égalité abstraite[9]. C'est ainsi que beaucoup d'hommes affirment avec une quasi bonne foi que les femmes *sont* les égales de

8. L'article de Michel Carrouges paru sur ce thème dans le numéro 292 des *Cahiers du Sud* est significatif. Il écrit avec indignation : « L'on voudrait qu'il n'y ait point de mythe de la femme, mais seulement une cohorte de cuisinières, de matrones, de filles de joie, de bas-bleus ayant fonction de plaisir ou fonction d'utilité ! » C'est dire que selon lui la femme n'a pas d'existence pour soi ; il considère seulement sa *fonction* dans le monde mâle. Sa finalité est en l'homme ; alors en effect on peut préférer sa « fonction » poétique à toute autre. La question est précisément de savoir pourquoi ce serait par rapport à l'homme qu'il faudrait la définir.

9. Par exemple l'homme déclare qu'il ne trouve sa femme en rien diminuée parce qu'elle n'a pas de métier : la tâche du foyer est aussi noble, etc. Cependant à la première dispute il s'exclame : « Tu serais bien incapable de gagner ta vie sans moi. »

l'homme et qu'elles n'ont rien à revendiquer, et *en même temps* : que les femmes ne pourront jamais être les égales de l'homme et que leurs revendications sont vaines. C'est qu'il est difficile à l'homme de mesurer l'extrême importance de discriminations sociales qui semblent du dehors insignifiantes et dont les répercussions morales, intellectuelles sont dans la femme si profondes qu'elles peuvent paraître avoir leur source dans une nature originelle[10]. L'homme qui a le plus de sympathie pour la femme ne connaît jamais bien sa situation concrète. Aussi n'y a-t-il pas lieu de croire les mâles quand ils s'efforcent de défendre des privilèges dont ils ne mesurent même pas toute l'étendue. Nous ne nous laisserons donc pas intimider par le nombre et la violence des attaques dirigées contre les femmes ; ni circonvenir par les éloges intéressés qui sont décernés à la « vraie femme » ; ni gagner par l'enthousiasme que suscite sa destinée chez des hommes qui ne voudraient pour rien au monde la partager.

Cependant nous ne devons pas considérer avec moins de méfiance les arguments des féministes : bien souvent le souci polémique leur ôte toute valeur. Si la « question des femmes » est si oiseuse c'est que l'arrogance masculine en a fait une « querelle » ; quand on se querelle, on ne raisonne plus bien. Ce qu'on a cherché inlassablement à prouver c'est que la femme est supérieure, inférieure ou égale à l'homme : créée après Adam, elle est évidemment un être secondaire, ont dit les uns ; au contraire, ont dit les autres, Adam n'était qu'une ébauche et Dieu a réussi l'être humain dans sa perfection quand il a créé Eve ; son cerveau est le plus petit : mais il est relativement le plus grand ; le Christ s'est fait homme : c'est peut-être par humilité. Chaque argument appelle aussitôt son contraire et souvent tous deux portent à faux. Si on veut tenter d'y voir clair il faut sortir de ces ornières ; il faut refuser les vagues notions de supériorité, infériorité, égalité qui ont perverti toutes les discussions et repartir à neuf.

Mais alors comment poserons-nous la question ? Et d'abord qui sommes-nous pour la poser ? Les hommes sont juge et partie : les femmes aussi. Où trouver un ange ? En vérité un ange serait mal qualifié pour parler, il ignorerait toutes les données du problème ; quant à l'hermaphrodite, c'est un cas bien singulier : il n'est pas à la fois homme et femme mais plutôt ni homme ni femme. Je crois que pour élucider la situation de la femme, ce sont encore certaines femmes qui sont le mieux placées. C'est un sophisme que de préten-

---

10. Décrire ce processus fera précisément l'objet du volume II de cette étude.

dre enfermer Epiménide dans le concept de Crétois et les Crétois dans celui de menteur : ce n'est pas une mystérieuse essence qui dicte aux hommes et aux femmes la bonne ou la mauvaise foi ; c'est leur situation qui les dispose plus ou moins à la recherche de la vérité. Beaucoup de femmes d'aujourd'hui, ayant eu la chance de se voir restituer tous les privilèges de l'être humain, peuvent s'offrir le luxe de l'impartialité : nous en éprouvons même le besoin. Nous ne sommes plus comme nos aînées des combattantes ; en gros nous avons gagné la partie ; dans les dernières discussions sur le statut de la femme, l'O.N.U. n'a cessé de réclamer impérieusement que l'égalité des sexes achève de se réaliser, et déjà nombre d'entre nous n'ont jamais eu à éprouver leur féminité comme une gêne ou un obstacle ; beaucoup de problèmes nous paraissent plus essen-tiels que ceux qui nous concernent singulièrement : ce détachement même nous permet d'espérer que notre attitude sera objective. Cependant nous connaissons plus intimement que les hommes le monde féminin parce que nous y avons nos racines ; nous saisissons plus immédiatement ce que signifie pour un être humain le fait d'être féminin ; et nous nous soucions davantage de le savoir. J'ai dit qu'il y avait des problèmes plus essentiels ; il n'empêche que celui-ci garde à nos yeux quelque importance : en quoi le fait d'être des femmes aura-t-il affecté notre vie ? Quelles chances exactement nous ont été données, et lesquelles refusées ? Quel sort peuvent attendre nos sœurs plus jeunes, et dans quel sens faut-il les orienter ? Il est frappant que l'ensemble de la littérature féminine soit animée de nos jours beaucoup moins par une volonté de revendi-cation que par un effort de lucidité ; au sortir d'une ère de polémiques désordonnées, ce livre est une tentative parmi d'autres pour faire le point.

Mais sans doute est-il impossible de traiter aucun problème humain sans parti pris : la manière même de poser les questions, les perspectives adoptées, supposent des hiérarchies d'intérêts ; toute qualité enveloppe des valeurs ; il n'est pas de description soi-disant objective qui ne s'enlève sur un arrière-plan éthique. Au lieu de chercher à dissimuler les principes que plus ou moins explicitement on sous-entend, mieux vaut d'abord les poser ; ainsi on ne se trouve pas obligé de préciser à chaque page quel sens on donne aux mots : supérieur, inférieur, meilleur, pire, progrès, régression, etc. Si nous passons en revue quelques-uns des ouvrages consacrés à la femme, nous voyons qu'un des points de vue le plus souvent adopté, c'est celui du bien public, de l'intérêt général : en vérité chacun entend par là l'intérêt de la société telle qu'il souhaite la maintenir ou l'établir. Nous estimons quant à nous qu'il n'y a d'autre bien public que celui qui assure le bien privé des citoyens ; c'est du point de vue des chances concrètes données aux individus que nous jugeons les institutions. Mais nous ne confondons pas non plus l'idée d'intérêt privé avec celle de bonheur : c'est là un autre point de vue qu'on rencontre fréquemment ; les femmes de harem ne sont-elles pas plus heureuses qu'une électrice ? La ménagère n'est-elle pas plus heureuse que l'ouvrière ? On ne sait trop ce que le mot bonheur signifie et encore moins quelles valeurs authentiques il recouvre ; il n'y a aucune possibilité de mesurer le bonheur d'autrui et il est toujours facile de déclarer heureuse la situation qu'on veut lui imposer : ceux qu'on condamne à la stagnation en particulier, on les déclare heureux sous prétexte que le bonheur est immobilité. C'est donc une notion à laquelle nous ne nous référerons pas. La perspective que nous adoptons, c'est celle de la morale existentialiste. Tout sujet se pose concrètement à travers des projets comme une transcendance ; il n'accomplit sa liberté que par son perpétuel dépassement vers d'autres libertés ; il n'y a d'autre justification de l'existence présente que son expansion vers un avenir indéfiniment ouvert. Chaque fois que la transcendance retombe en immanence il y a dégradation de l'existence en « en soi », de la liberté en facticité ; cette chute est une faute morale si elle est consentie par le sujet ; si elle lui est infligée, elle prend la figure d'une frustration et d'une oppression ; elle est dans les deux cas un mal absolu. Tout individu qui a le souci de justifier son existence éprouve celle-ci comme un besoin indéfini de se transcender. Or, ce qui définit d'une manière singulière la situation de la femme, c'est que, étant comme tout être humain, une liberté autonome, elle se découvre et se choisit dans un monde où les hommes lui imposent de s'assumer contre l'Autre : on prétend la figer en objet, et la vouer à l'immanence puisque sa transcendance sera perpétuellement transcendée par une autre conscience essentielle et souveraine. Le drame de la femme, c'est ce conflit entre la revendication fondamentale de tout sujet qui se pose toujours comme l'essentiel et les exigences d'une situation qui la constitue comme inessentielle. Comment dans la condition féminine peut s'accomplir un être humain ? Quelles voies lui sont ouvertes ? Lesquelles aboutissent à des impasses ? Comment retrouver l'indépendance au sein de la dépendance ? Quelles circonstances limitent la liberté de la femme et peut-elle les dépasser ? Ce sont là les questions fondamentales que nous voudrions élucider. C'est dire que nous intéressant aux chances de l'individu nous ne définirons pas ces chances en termes de bonheur, mais en termes de liberté.

Il est évident que ce problème n'aurait aucun sens si nous supposions que pèse sur la femme un destin physiologique, psychologique ou économique. Aussi commencerons-nous par discuter les points de vue pris sur la femme par la biologie, la psychanalyse, le matérialisme historique. Nous essaierons de montrer ensuite positivement comment la « réalité féminine » s'est constituée, pourquoi la femme a été définie comme l'Autre et quelles en ont été les conséquences du point de vue des hommes. Alors nous décrirons du point de vue des femmes le monde tel qu'il leur est proposé[11] ; et nous pourrons comprendre à quelles difficultés elles se heurtent au moment où, essayant de s'évader de la sphère qui leur a été jusqu'à présent assignée, elles prétendent participer au *mitsein* humain.

11. Ce sera l'objet d'un deuxième volume.

JULIA KRISTEVA

Julia Kristeva, linguiste et psychanalyste féministe, une des intellectuelles les plus importantes de la deuxième moitié du XXᵉ siècle, est née en Bulgarie en 1941. En 1966, elle va en France pour faire des recherches pour sa thèse de doctorat, *La révolution du langage poétique*. A Paris elle se met très tôt à publier des essais et des articles dans les revues parisiennes, dont *Critique* et *Tel Quel*. Dans son œuvre, elle se penche sur les questions liées à la textualité (*Séméiotiké : recherches pour une sémanalyse,* 1969) ; elle examine les problèmes du langage poétique et définit la responsabilité de l'intellectuel en tant que dissident. Dans *Des chinoises* (1974), entre autres, sa méthode critique, mise au service d'une conscience politique et sociale, s'inspire à la fois de ses connaissances linguistiques et psychanalytiques et de son féminisme. Ses œuvres de la fin des années 1970 et des années 1980 sont moins politiques et plus axées sur la théorie. Dans *Polylogue* (1977) comme dans ses études psychologiques, dont *Pouvoirs de l'horreur : essai sur l'abjection* (1980) et *Soleil noir : dépression et mélancolie* (1987), son intérêt pour le rôle que joue le sexe dans l'acte créateur occupe l'avant-scène. *Étrangers à nous-mêmes* (1988), où elle étudie l'histoire de l'étranger en France et la xénophobie des Français, marque le retour à une œuvre plus engagée dans le social. En 1990, elle publie *Les samouraïs,* roman à clefs dont le personnage principal lui ressemble. Citons également *Le vieil homme et les loups* (1991), *Les nouvelles maladies de l'âme* (1993) et *Le temps sensible : Proust et l'expérience littéraire* (1994).

∽

Paru pour la première fois en 1979, dans la *Revue 34/44* de l'Université de Paris VII, l'essai « Le temps des femmes » n'a trouvé que récemment une large diffusion en langue française, grâce à sa reprise — à titre d'essai culminant — dans *Les nouvelles maladies de l'âme*. Il s'agit de la réflexion la plus approfondie qu'ait proposée Julia Kristeva sur le mouvement féministe et, plus particulièrement, sur le féminisme européen des années 1970. Le fait qu'elle intègre cet historique à une analyse du temps — la temporalité linéaire, historique, téléologique, d'une part, et la temporalité cyclique et monumentale, d'autre part — pourrait laisser entendre qu'il s'agit surtout d'établir une distinction entre les sexes et de postuler une spécificité féminine qui s'oppose aux valeurs et aux conceptions masculines dominantes. Tel n'est pas le cas. Au contraire, Kristeva interroge les deux types de temporalité et les paradigmes homme-femme qui leur correspondent afin d'analyser la manière dont notre imaginaire culturel a construit le féminin. Autre du symbolique, Autre du langage, situé en marge de la téléologie historique, le féminin, comme le poétique, permet de critiquer les formations culturelles actuelles et ouvre la voie à la révision et au changement. Pour Kristeva, les femmes ne correspondent toutefois pas au « féminin ». Les femmes n'habitent pas le « temps des femmes »; tout comme les hommes, les femmes vivent dans l'histoire.

Héritières de ces constructions de la temporalité, de la féminité et de la masculinité, les féministes de la première génération ont réagi en taillant aux femmes une place dans le temps historique. Une deuxième génération, toutefois, à laquelle s'identifie Kristeva, a commencé à repenser l'histoire et le contrat social lui-même : « le féminisme actuel se situe hors du temps linéaire des identités qui communiquent par projection et revendication. Il renoue avec une mémoire archaïque (mythique) aussi bien qu'avec la temporalité cyclique ou monumentale des "marginalismes" ». A la toute fin du texte, Kristeva exprime les espoirs et les appréhensions que lui inspire ce troisième féminisme.

Dans une conclusion proche de l'utopie, dans le « futur antérieur » qu'elle évoque au début de l'essai, Kristeva en appelle à une troisième génération qui saura intérioriser et, par conséquent, neutraliser les dichotomies homme-femme destructrices qui fondent notre civilisation : « *Je suis victime-et-bourreau*, même *et* autre, identique *et* étranger ». Elle prolonge sa réflexion sur la notion philosophique de l'altérité dans le court texte extrait ici d'*Étrangers à nous-mêmes*.

Le temps des femmes

La nation — rêve et réalité du XIXᵉ siècle. Elle semble avoir atteint son apogée et ses limites avec la crise de 1929 et l'apocalypse national-socialiste. On a vu s'effondrer les piliers qui la constituaient : l'homogénéité économique, la tradition historique, l'unité linguistique. Menée au nom de valeurs nationales, la Seconde Guerre mondiale a mis fin à la réalité nationale pour n'en faire qu'une illusion maintenue désormais dans un but idéologique ou étroitement politique. Même si des renaissances nationales et nationalistes sont à espérer ou à craindre, la cohérence aussi bien sociale que philosophique de la nation a atteint ses limites.

La recherche d'une *homogénéité* économique a fait place à l'*interdépendance* (quand ce n'est pas à la soumission aux grandes puissances économiques). Parallèlement, la tradition *historique* et l'unité *linguistique* se sont refondues dans un dénominateur à la fois plus vaste et plus profond qu'on peut appeler un « *dénominateur symbolique* » : la mémoire culturelle et religieuse forgée par une histoire et une géographie intriquées. Cette mémoire-là génère des territoires nationaux gouvernés par la confrontation encore en usage mais en perte de vitesse entre les partis politiques. Pourtant, le « dénominateur symbolique » commun fait apparaître, par-delà la mondialisation et l'uniformisation écono-mique, des particularités supérieures à la nation et qui épousent *parfois* les frontières d'un continent.

Un nouvel ensemble social se constitue ainsi, supérieur à la nation, dans lequel, loin de perdre ses traits, celle-ci les retrouve et les accentue. Mais dans une temporalité paradoxale : une sorte de « futur antérieur », où le passé le plus refoulé, transnational, confère un visage particulier à l'uniformité pro-grammée. Car la mémoire dont il s'agit, le dénominateur symbolique commun, concerne la réponse que des groupes humains, unis par leur terre et dans le temps, ont donnée, non pas aux problèmes de *production* de biens matériels (domaine de l'économie et des rapports humains qu'elle implique, la poli-tique), mais de *re-production,* de survie de l'espèce, de vie et de mort, de corps, de sexe, de symbole. S'il est vrai, par exemple, que l'Europe représente un tel ensemble socio-culturel, son existence tient davantage à ce « dénominateur symbolique » manifesté dans son art, sa philosophie, ses religions, qu'à son profil économique. La dépendance de ce dernier vis-à-vis de la mémoire collective est certaine, mais ses caractéristiques se modifient rapidement sous la pression de ses partenaires mondiaux.

On comprend facilement qu'un tel ensemble social possède une *solidité* enracinée dans le mode de reproduction et ses représentations, par lesquelles l'espèce biologique s'articule à son humanité tributaire du temps. Mais il revêt aussi une *fragilité,* car le dénominateur symbolique ne peut plus prétendre à l'universalité et subit les influences et les attaques d'autres mémoires socio-culturelles. Ainsi, à peine constituée, l'Europe se voit sollicitée à se reconnaître dans les constructions culturelles, artistiques, philosophiques, religieuses pro-pres à d'autres ensembles supranationaux. Cela semble naturel lorsqu'il s'agit d'entités que l'histoire a pu rapprocher (Europe et Amérique du Nord, ou Europe et Amérique latine), par exemple. Mais le phénomène se produit aussi lorsque l'universalité de ce dénominateur symbolique met en résonance des modes de production et de reproduction apparemment opposés (Europe et monde arabe, Europe et Inde ou Europe et Chine).

Bref, avec des ensembles socio-culturels du type « Europe », nous sommes en permanence devant une double problématique : celle de l'*identité* qui s'est constituée par la sédimentation historique, et celle de la *perte d'identité* produite par une connexion de mémoires qui échappe à l'histoire pour rencontrer l'anthropologie. En d'autres termes, nous sommes affrontés à deux dimensions temporelles : le temps d'une histoire linéaire, *cursive,* et le temps d'une autre histoire, un autre temps donc, *monumental* (les termes sont de Nietzsche), qui englobe dans des entités encore plus grandes ces ensembles socioculturels supranationaux.

Dans un organisme socio-culturel de ce type, j'aimerais attirer l'attention sur certaines formations qui me semblent en résumer la dynamique. Il s'agit de groupes socio-culturels, c'est-à-dire définis par leur place dans la production. Mais il sont surtout définis par leur rôle dans le mode de reproduction et ses représentations. Car, tout en portant les traits spécifiques de la formation socio-culturelle en question, ils sont en *diagonale* par rapport à elle et la relient aux autres formations socio-culturelles. Je pense en particulier à des groupes socio-culturels qu'on définit rapidement comme des classes d'âge (par exemple « les jeunes en Europe ») ou comme des divisions sexuelles (par exemple « les femmes en Europe »), etc. Il est évident que les « jeunes » ou les « femmes » en Europe ont une particularité bien à eux. Il n'est pas moins évident que ce qui les définit comme « jeunes » ou « femmes » les met immédiatement en diagonale par rapport à leur « origine » européenne et révèle leurs connivences avec les mêmes catégories en Amérique du Nord ou en Chine, entre autres. Pour autant qu'ils appartiennent aussi à « l'histoire monumentale », ils ne seront pas seulement « jeunes » ou « femmes » d'Europe. Ils répercuteront, de manière bien entendu spécifique, les traits universaux qui sont ceux de leur place structurale dans la reproduction et ses représentations.

Je voudrais, dans les pages qui suivent, situer la problématique des femmes en Europe dans une interrogation sur le temps : celui dont le mouvement féministe hérite, celui que son apparition modifie. Il s'agira, ensuite, de dégager deux phases, ou deux générations de femmes : tout en étant immédiatement universalistes et cosmopolites par leurs exigences, elles sont distinctes. La première reste davantage déterminée par une problématique nationale, tandis que la seconde, plus déterminée par le « dénominateur symbolique », est européenne et transeuropéenne. Enfin, j'essaierai de faire apparaître, aussi bien par les problèmes abordés que par le type d'analyse que je propose, ce qui, dans un domaine désormais d'une généralité mondiale, reste une proposition européenne. Ou, du moins, ce qui sera la proposition d'une Européenne.

QUEL TEMPS ?

« Father's time, mother's species », disait Joyce. C'est en effet à *l'espace générateur* de notre espèce humaine que l'on pense en évoquant le nom et le destin des femmes, davantage qu'au *temps,* au devenir ou à l'histoire. Les sciences modernes de la subjectivité, de sa généalogie ou de ses accidents, confirment cette division qui peut être le résultat d'une conjoncture socio-historique. Freud, à l'écoute des rêves et des fantasmes de ses patients, pensait que « l'hystérie était liée au lieu[1]. » Les études ultérieures sur l'apprentissage de la fonction symbolique par les enfants démontrent que la permanence et la qualité de l'amour maternel conditionnent l'apparition des premiers repères spatiaux. Ceux-ci induisent d'abord le rire enfantin, ensuite toute la gamme des manifestations symboliques menant au signe et à la syntaxe[2]. Pour leur part, l'anti-psychiatrie et la psychanalyse appliquée au traitement des psychoses ne procèdent-elles pas, avant de doter le patient de capacités de transfert et de communication, à

---

1. S. Freud et C. G. Jung, *Correspondence,* t. I, Gallimard, 1975, p. 87.
2. Cf. R. Spitz, *La première année de la vie de l'enfant,* PUF, 1958 ; Winnicott, *Jeu et réalité,* Gallimard, 1975 ; J. Kristeva, « Nom de lieu », *Polylogue,* Seuil, 1977, pp. 469–491.

l'aménagement de nouveaux lieux, substituts gratifiants et réparateurs d'anciennes défaillances de l'espace maternel ? On pourrait multiplier les exemples. Ils convergeront tous vers cette problématique de l'espace que maintes religions à résurgences matriarcales attribuent à « la femme ». Platon, résumant à l'intérieur de son propre système les atomistes de l'Antiquité, l'avait désignée par l'aporie de la *chora* : espace matriciel, nourricier, innommable, antérieur à l'Un, à Dieu et, par conséquent, défiant la métaphysique[3].

Quant au temps, la subjectivité féminine semble lui donner une mesure spécifique qui, de ses multiples modalités connues par l'histoire des civilisations, retient essentiellement la *répétition* et *l'éternité*. D'un côté : cycles, gestation, éternel retour d'un rythme biologique accordé à celui de la nature. Sa stéréotypie peut choquer ; sa régularité à l'unisson avec ce qui est vécu comme un temps extra-subjectif, un temps cosmique, est l'occasion d'éblouissements, de jouissances innommables. De l'autre : une temporalité massive, sans faille et sans fuite. Elle a si peu à voir avec le temps linéaire que le nom même de temporalité ne lui convient pas. Englobante et infinie comme l'espace imaginaire, elle fait penser au Kronos de la mythologie d'Hésiode qui, fils incestueux, couvrait de sa présense compacte toute l'étendue de Gaia pour la séparer d'Ouranos le père. Ou bien aux mythes de résurrection qui, dans toutes les croyances, perpétuent la trace d'un culte maternel, jusqu'à son élaboration la plus récente, la chrétienne. Pour elle, le corps de la Vierge Mère ne meurt pas mais passe, dans le même temps, d'un espace dans l'autre, par dormition (selon les orthodoxes), ou par assomption (selon les catholiques[4]).

Ces deux types de temporalités, cyclique et massive, sont traditionnellement liées à la subjectivité féminine pour autant qu'elle est pensée comme nécessairement maternelle. N'oublions pas toutefois qu'on retrouve la répétition et l'éternité comme conceptions fondamentales du temps dans de nombreuses expériences, en particulier mystiques[5]. Quand les courants du fémi-

---

3. Platon, *Timée* §52 : « Une place indéfiniment ; il ne peut subir la destruction, mais il fournit un siège à toutes choses qui ont un devenir, lui-même étant saisissable, en dehors de toute sensation, au moyen d'une sorte de raisonnement bâtard ; à peine entre-t-il en créance ; c'est lui précisément qui nous fait rêver quand nous l'apercevons, et affirmer comme une nécessité que tout ce qui est doit être quelque part, en un lieu déterminé... » Cf. J. Kristeva, *La révolution du langage poétique*, Seuil, 1975, p. 23 *sqq*.

4. Cf. J. Kristeva, « Hérétique de l'amour », *Histoires d'amour*, pp. 295–327.

5. Cf. H.-Ch. Puech, *La gnose et le temps*, Gallimard, 1977.

nisme moderne s'y reconnaissent, ils ne sont donc pas foncièrement incompatibles avec des valeurs « masculines ».

En revanche, c'est par rapport à une certaine conception du temps seulement que la subjectivité féminine semble faire problème. Il s'agit du temps comme projet, téléologie, déroulement linéaire et prospectif : le temps du départ, du cheminement et de l'arrivée, le temps de l'histoire. Que cette temporalité-là soit inhérente aux valeurs logiques et ontologiques d'une civilisation donnée a été largement démontré. Qu'elle explicite une rupture, une attente ou une angoisse que d'autres temporalités cachent, on peut le supposer. Ce temps est celui du langage comme énonciation de phrases (syntagme nominal et syntagme verbal ; topic-comment ; début-fin). Il se soutient de sa butée, la mort. Un temps d'obsessionnel, dirait le psychanalyste, reconnaissant dans la maîtrise de ce temps soucieux la véritable structure de l'esclave. L'hystérique qui, lui ou elle, souffre de réminiscences se reconnaîtrait plutôt dans les modalités temporelles antérieures, la cyclique, la monumentale. Cette antinomie de structures psychiques devient néanmoins, à l'intérieur d'une civilisation, une antinomie entre groupes sociaux et entre idéologies. En effet, les positions radicales de certaines féministes rejoignent le discours de groupes marginaux à inspiration spirituelle ou mystique et, curieusement, des préoccupations scientifiques récentes. N'est-il pas vrai que la problématique d'un temps indissociable de l'espace, d'un espace-temps en expansion infinie ou bien rythmé par des accidents et des catastrophes, préoccupe aussi bien la science de l'espace que la génétique ? Et que, d'une autre façon, la révolution des médias qui s'annonce avec le stockage et la reproduction de l'information implique une idée de temps congelé ou explosant selon les hasards des demandes ? Un temps qui fait retour mais immaîtrisable, débordant inexorablement son sujet et ne laissant à ceux qui l'approuvent que deux préoccupations : qui aura le pouvoir sur l'origine (la programmation) et sur la fin (l'utilisation) ?

Le lecteur aura été frappé par la fluctuation du terme de référence : mère, femme, hystérique... La cohérence apparente que revêt le terme de « femme » dans l'idéologie actuelle, en dehors de son effet « masse » ou « choc », efface les différences entre les fonctions ou structures qui agissent sous ce mot. Le moment est peut-être venu de faire apparaître précisément la *multiplicité* des visages et des préoccupations féminines. Du croisement de ces différences, il est important que surgisse de manière plus précise, moins publicitaire, mais plus vraie la *différence fondamentale* entre les deux sexes. Le féminisme a eu l'énorme mérite de la rendre douloureuse, c'est-à-dire productrice de surprise et de vie symbolique dans une civilisation qui, en dehors de la Bourse et des guerres, ne fait que s'ennuyer.

On ne peut pas parler d'Europe ni de « femmes en Europe », sans évoquer dans quelle histoire se situe cette réalité socio-culturelle. Il est vrai qu'une sensibilité féminine s'est fait jour depuis déjà un siècle. Mais il y a fort à parier qu'en introduisant sa notion de temps, elle ne s'accorde pas avec l'idée d'une « Europe éternelle » et peut-être même pas avec celle d'une « Europe moderne ». Elle chercherait plutôt, à travers le passé et le présent européens et avec eux, comme à travers et avec l'ensemble « Europe » en tant qu'il est le dépôt d'une mémoire, sa temporalité propre, trans-européenne. On peut observer en tout cas, de la part des mouvements féministes en Europe, trois attitudes à l'égard de cette conception de la temporalité linéaire qu'on qualifie facilement de masculine et qui est aussi bien civilisationnelle qu'obsessionnelle.

DEUX GÉNÉRATIONS

A ses débuts, combat des suffragettes ou de féministes existentialistes, le mouvement féminin aspire à se faire une place dans le temps linéaire comme temps du projet et de l'histoire. En ce sens et tout en étant d'emblée universa-liste, le mouvement s'enracine profondément dans la vie socio-politique des nations. Les revendications politiques des femmes, les luttes pour l'égalité des salaires et des fonctions, pour la prise du pouvoir dans les institutions sociales au même titre que les hommes, le rejet des attributs féminins ou maternels jugés incompatibles avec l'insertion dans cette histoire-là, relèvent de cette *logique d'identification* avec les valeurs non pas idéologiques (celles-ci sont com-battues à juste titre comme réactionnaires) mais logiques et ontologiques de la rationalité propre à la nation et à l'État. Il n'est pas nécessaire d'énumérer les bénéfices que cette logique d'identification et ce combat revendicatif ont apportés et apportent encore aux femmes (avortement, contraception, égalité de salaire, reconnaissance professionnelle, etc.). Ils ont ou vont avoir des effets plus importants encore que ceux de la révolution industrielle. Universaliste dans sa démarche, ce courant du féminisme *globalise* les problèmes des femmes de différents milieux, âges, civilisations ou simplement de différentes struc-tures psychiques, sous l'étiquette de La Femme Universelle. Dans son orbe, une considération sur les *générations* de femmes ne saurait se concevoir que comme une succession, une progression pour l'accomplissement du programme donné par les fondatrices.

Une seconde phase est liée à des femmes venues au féminisme après mai 1968, avec une expérience esthétique ou psychanalytique. On assiste à un refus quasi global de la temporalité linéaire et à une méfiance exacerbée à l'égard de la politique. Il est vrai que ce courant plus récent du féminisme se réfère à ses fondatrices et que la lutte pour la reconnaissance socio-culturelle des femmes est nécessairement sa préoccupation majeure. Mais il se pense *qualitativement* différent de la première génération. Intéressées essentiellement par la *spécificité* de la psychologie féminine et ses réalisations symboliques, ces femmes cherchent à donner un langage aux expériences corporelles et intersubjectives laissées muettes par la culture antérieure. Artistes ou écrivains, elles s'engagent dans une véritable exploration de la *dynamique des signes.* Leur exploration s'apparente, du moins dans ses aspirations, aux grands projets de bouleversement esthétique et religieux. Désigner cette expérience comme celle d'une nouvelle génération ne signifie pas seulement que d'autres problèmes se sont ajoutés aux revendications d'identité socio-politique des débuts. A exiger la reconnaissance d'une singularité irréductible et éclatée en elle-même, plurielle, fluide, non identique en quelque sorte, le féminisme actuel se situe hors du temps linéaire des identités qui communiquent par projection et revendication. Il renoue avec une mémoire archaïque (mythique) aussi bien qu'avec la temporalité cyclique ou monumentale des « marginalismes ». Ce n'est sans doute pas un hasard si la problématique européenne et transeuropéenne s'est imposée comme telle en même temps que cette nouvelle phase du féminisme.

Quels processus ou événements d'ordre socio-politique ont provoqué cette mutation ? Quels en sont les problèmes : les apports ainsi que les impasses ?

SOCIALISME ET FREUDISME

On peut soutenir que cette nouvelle génération de femmes se manifeste de manière plus nette en Europe occidentale qu'aux États-Unis, en raison d'une véritable *coupure* dans les relations sociales et dans les mentalités, produite par le socialisme et par le freudisme. Le *socialisme,* tout en subissant actuellement une crise profonde comme idéologie égalitaire, impose aux gouvernements et partis de tout bord d'élargir la solidarité dans la distribution des biens ainsi que dans l'accès à la culture. Le *freudisme,* en tant que levier interne au champ social, interroge l'égalitarisme en posant la question de la différence sexuelle et de la singularité des sujets, irréductibles les uns aux autres.

Le socialisme occidental, secoué à ses débuts par les exigences égalitaires ou différentielles de ses femmes (Flora Tristan), a vite écarté celles qui aspiraient à la reconnaissance d'une spécificité du rôle féminin dans la société et la culture. Il n'a retenu, dans l'esprit égalitaire et universaliste de l'humanisme des Lumières, que l'idée d'une nécessaire identité entre les deux sexes comme seul et unique moyen de la libération du « deuxième sexe ». Nous ne discuterons pas ici le fait que cet « idéal d'égalité » est loin d'être appliqué dans la pratique des mouvements et partis d'inspiration socialiste. C'est, en partie, de la révolte contre cette situation qu'est née la nouvelle génération des femmes en Europe occidentale après mai 1968. Disons seulement qu'en théorie, et en pratique, dans les pays de l'Europe de l'Est, l'idéologie socialiste, fondée sur une conception de l'être humain déterminée par sa situation dans la *production* et les rapports de production, ne tenait pas compte de la place de cet être humain dans la *reproduction* et dans *l'ordre symbolique*. Par conséquent, le caractère spécifique des femmes ne pouvait que lui apparaître inessentiel, sinon inexistant, dans l'esprit totalisant voire totalitaire de cette idéologie[6]. On commence à s'apercevoir que le même traitement égalitaire et censurant a été imposé, par l'humanisme des Lumières et jusqu'au socialisme, aux spécificités religieuses. En particulier aux Juifs[7].

Les acquis de cette attitude sont néanmoins capitaux pour les femmes. J'en prendrai comme exemple le changement du destin féminin dans les ex-pays socialistes de l'Est européen. On pourrait dire, en exagérant à peine, que les revendications des suffragettes et des féministes existentialistes y ont été en grande partie réalisées. Il est vrai que trois des grandes exigences du féminisme fondateur ont été accomplies malgré les errances et les bévues, dans les pays de l'Est : l'égalité économique, politique et professionnelle. La quatrième, l'égalité sexuelle, qui implique la permissivité des rapports sexuels, l'avortement et la contraception, reste frappée de tabous par l'éthique marxisante ainsi que par la raison d'État. C'est donc cette quatrième égalité qui fait problème et apparaît

6. Cf. D. Desanti, « L'autre sexe des bolcheviks », *Tel Quel*, no. 76, 1978 ; J. Kristeva, *Des Chinoises*, Éd. des femmes, 1975 (Urizen Books, 1977).

7. Cf. Arthur Hertzberg, *The French Enlightenment and the Jews,* Columbia University Press, 1968 ; *Les Juifs et la Révolution française,* dirigé par B. Blumenkranz et A. Soboul, Éd. Privat, 1976.

essentielle pour le combat de la nouvelle génération. Mais, simultanément, et en conséquence de cet accomplissement socialiste, qui est en réalité une déception, ce n'est plus dans une recherche d'égalité que le combat s'engage désormais. Il revendique la différence, la spécificité. A ce point précis du parcours, la nouvelle génération rencontre la question que nous avons appelée *symbolique*. La différence sexuelle, biologique, physiologique et relative à la reproduction, traduit une différence dans le rapport des sujets au contrat symbolique qu'est le contrat social. Il s'agit de spécifier la différence entre les hommes et les femmes, dans leur relation au pouvoir, au langage, au sens. La pointe la plus fine de la subversion féministe apportée par la nouvelle génération se situe désormais sur ce terrain. Elle conjugue le sexuel et le symbolique, pour essayer d'y trouver ce qui caractérise le féminin d'abord, et chaque femme pour finir.

La saturation de l'idéologie socialiste, l'épuisement de son programme pour un nouveau contrat social passent la main au... freudisme. Je n'ignore pas que des militantes ont vu en Freud le pénible phallocrate d'une Vienne pudibonde et décadente, qui s'imagine les femmes comme des sous-hommes, des hommes castrés.

CASTRÉS OU SUJETS AU LANGAGE

Avant de dépasser Freud pour proposer une vision plus juste des femmes, essayons d'abord de comprendre sa notion de castration. Le fondateur de la psychanalyse constate une *angoisse* ou une *peur* de castration et une *envie* corrélative de pénis : toutes des formations *imaginaires* propres aux *discours* des névrosés des *deux sexes,* hommes et femmes. Une lecture attentive de Freud, dépassant son biologisme et son mécanicisme de l'époque, nous permet d'aller plus loin. D'abord, comme le présupposé de la « scène primitive », le fantasme de castration avec son corrélat d'envie du pénis sont des *hypothèses,* des *a priori* propres à la théorie elle-même. Ils représentent des nécessités logiques à placer à l'« origine » pour expliquer ce qui n'arrête pas de fonctionner dans le discours névrotique. En d'autres termes, le discours névrotique, d'homme et de femme, ne se comprend dans sa logique propre que si l'on admet ses causes fondamentales : le fantasme de scène primitive et de castration. Et cela même si rien ne les présentifie dans la réalité elle-même. La réalité de la castration est aussi réelle que l'hypothèse d'une explosion qui aura été, selon l'astrophysique moderne, à l'origine de l'Univers. Mais nous sommes infiniment moins choqués quand ce type de démarche intellectuelle concerne la matière inanimée que quand il s'applique à notre propre subjectivité et au mécanisme fondamental de notre pensée épistémophilique.

D'autre part, certains textes de Freud (*L'Interprétation des rêves* mais surtout ceux de la deuxième topique, *La Métapsychologie* en particulier) et ses prolongements récents (notamment Lacan) laissent entendre que la castration est la construction imaginaire qui s'étaie d'un mécanisme psychique constituant le champ symbolique et tout être qui s'y inscrit. Il s'agit de l'avènement du signe et de la syntaxe, c'est-à-dire du langage comme *séparation* d'avec un état de plaisir fusionnel, pour que l'instauration d'un *réseau articulé* de *différences,* se référant à des objets séparés d'un sujet, constitue le *sens.* Cette opération logique de séparation (que la psychologie enfantine et la psycho-linguistique confirment) préconditionnant l'enchaînement syntaxique du langage est le sort commun des deux sexes, hommes et femmes. Que certaines relations bio-familiales conduisent des femmes (notamment les hystériques) à dénier cette séparation et le langage qui s'ensuit, tandis que des hommes (notamment des obsessionnels) les magnifient et, terrifiés, tentent de les maîtriser : voilà ce que dit la découverte freudienne sur ce point.

L'écoute analytique démontre que le pénis devient, dans le fantasme, le référent majeur de cette opération de séparation et donne son plein sens au *manque* ou au *désir* qui constitue le sujet lorsque celui-ci s'inclut dans l'ordre du langage. Pour que cette opération constitutive du symbolique et du social puisse apparaître dans sa vérité, et qu'elle soit entendue par *les deux sexes,* il serait juste d'y inscrire aussi toute la série de privations et d'exclusions qui accompagnent l'angoisse de perdre le pénis, et qui imposent la perte de la complétude et de la totalité. La castration apparaît alors comme l'ensemble des « coupures » indispensables à l'avènement symbolique.

VIVRE LE SACRIFICE

Qu'elles soient conscientes ou non des mutations qui ont produit ou accompagné leur éveil, la question qui se pose aux femmes aujourd'hui peut être formulée ainsi : *quelle est notre place dans le contrat social ?* Ce contrat, loin d'être celui des hommes égaux, est fondé sur une relation, somme toute sacrificielle, de séparation et d'articulation de différences produisant ainsi un sens communicable. Dès lors, quelle est notre place dans cet ordre du sacrifice et/ou du langage ? Ne voulant plus en être exclues ou ne nous contentant plus de la fonction qui nous a été toujours attribuée d'entretenir, d'aménager, de faire durer ce contrat socio-symbolique (mères, épouses, infirmières, médecins, institutrices...), comment pourrions-nous y manifester notre place, léguée par la tradition et que nous voulons transformer ?

Il est difficile d'évaluer ce qui, dans le rapport des femmes au symbolique tel qu'il se manifeste maintenant, relève d'une conjoncture socio-historique (idéologie patriarcale, chrétienne, humaniste, socialiste, etc.) ou d'une structure. Nous ne pourrons parler que d'une structure observée dans un contexte socio-historique, celui de la civilisation chrétienne occidentale et ses ramifications laïques. A l'intérieur de cette structure psycho-symbolique, les femmes se sentent comme les laissées-pour-compte du langage et du lien social. Elles n'y trouvent pas les affects, pas plus que les significations des relations qu'elles entretiennent avec la nature, leurs corps, celui de l'enfant, d'une autre femme, ou d'un homme. Cette frustration, qui n'est pas étrangère à certains hommes, devient l'essentiel de la nouvelle idéologie féministe. Il paraît, par conséquent, difficile sinon impossible aux femmes d'adhérer à cette logique sacrificielle de séparation et d'enchaînement syntaxique, qui fonde le langage et le code social. On aboutit au rejet du symbolique vécu comme un rejet de la fonction paternelle, et qui génère des psychoses.

A partir de ce constat, certaines essaient d'apporter un nouveau regard — nouveaux objets, nouvelles analyses — à l'intérieur des sciences humaines exploratrices du symbolique : anthropologie, psychanalyse, linguistique[8]. D'autres, plus subjectives, tentent, dans le sillage de l'art contemporain, de modifier la langue et les autres codes d'expression par un style plus proche du corps, de l'émotion. Je ne parle pas ici d'un langage de femmes[9], dont l'existence syntaxique est problématique et dont l'apparente spécificité lexicale est peut-être davantage le produit d'un marginalisme social que d'une différence sexuelle. Je ne parle pas non plus de la qualité esthétique des productions féminines : la plupart répètent un romantisme plus ou moins euphorique ou déprimé, et mettent en scène une explosion du moi en manque de gratification

8. Ces travaux sont périodiquement publiés dans diverses revues d'intellectuelles dont une des plus prestigieuses est *Signs* [University of Chicago Press]. Signalons aussi le numéro spécial de la *Revue des sciences humaines,* Lille-III, 1977, no. 4, « Écriture, féminité, féminisme »; et *Le Doctrinal de sapience,* no. 3, 1977 (Éd. Solin), « Les femmes et la philosophie ».

9. Cf. à propos des recherches linguistiques sur le « langage féminin », R. Lakoff, *Language and Women's Place,* 1974 ; M. R. Key, *Male/Female Language,* 1973 ; A.-M. Houdebine, « Les femmes et la langue », *Tel Quel,* no. 74, 1977.

narcissique. Je retiens que la préoccupation majeure de la nouvelle génération féminine est devenue le contrat socio-symbolique comme contrat sacrificiel.

Les anthropologues et les sociologues, depuis un siècle, ne cessent d'insister sur la société-sacrifice que révèlent les pensées sauvages, les guerres, les discours de rêves, ou les grands écrivains. Ils reformulent et analysent ainsi la question métaphysique du *mal.* Si la société est bien fondée sur un meurtre commis en commun, c'est en assumant la castration fondatrice du contrat social et symbolique que les êtres humains diffèrent le meurtre. Ils (le) symbolisent et se donnent une chance de transformer le chaos maléfique en ordre socio-symbolique optimal.

De leur côté, les femmes affirment aujourd'hui que ce contrat sacrificiel, elles l'éprouvent à leur corps défendant. A partir de là, elles tentent une révolte qui a pour elles le sens d'une résurrection. Mais, pour l'ensemble social, cette révolte est un refus. Elle peut nous conduire à la violence entre les sexes : haine meurtrière, éclatement du couple, de la famille. Ou bien à une innovation culturelle. Et probablement les deux à la fois. Mais l'enjeu est là, et il est épocal. En luttant contre le mal, on reproduit le mal, cette fois-ci au cœur du lien social (homme-femme).

LA TERREUR DU POUVOIR OU LE POUVOIR DU TERRORISME

Dans les ex-pays socialistes d'abord (U.R.S.S., Chine, etc.), et de manière de plus en plus sensible dans les démocraties occidentales sous la poussée des mouvements féministes, les femmes accèdent aux postes de commandes dans l'exécutif, l'industrie, la culture. Les inégalités, les dévalorisations, les sous-estimations, les persécutions même ont beau sévir encore, le combat contre elles est un combat contre des archaïsmes. La cause n'en est pas moins entendue, le principe est admis, il reste à briser les résistances. En ce sens, ce combat-là, tout en étant encore une des préoccupations fondamentales de la nouvelle génération, n'est pas à proprement parler son problème. Par rapport au *pouvoir,* son problème pourrait, en revanche, se résumer ainsi : que se passe-t-il lorsque les femmes accèdent au pouvoir et s'identifient à lui ? Que se passe-t-il lorsque, au contraire, elles le refusent mais créent une société parallèle, un contre-pouvoir, du club d'idées au commando de choc ?

L'assomption des femmes dans le pouvoir exécutif, industriel, culturel, n'a pas modifié la nature de ce pouvoir. On le voit clairement à l'Est. Les femmes promues aux postes de commandes et qui obtiennent brusquement des avantages économiques aussi bien que narcissiques refusés durant des millénaires deviennent les piliers des régimes en place, les gardiennes du statu quo, les protectrices les plus zélées de l'ordre établi[10]. Cette identification des femmes avec un pouvoir antérieurement ressenti comme frustrant, oppressif ou inaccessible, a été souvent utilisée par les régimes totalitaires : les nationaux-socialistes allemands et la junte chilienne en sont des exemples[11]. Qu'il s'agisse là d'un contreinvestissement de type paranoïaque d'un ordre symbolique initialement dénié est peut-être une explication de ce phénomène troublant. Elle n'empêche pas sa propagation massive sur la planète, sous des formes plus douces que celles totalitaires évoquées plus haut. Mais toutes vont dans le sens du nivellement, de la stabilité, du conformisme, au prix d'un écrasement des exceptions, des expériences, des hasards.

Certains regretteront que l'essor d'un mouvement libertaire comme le féminisme aboutisse à la consolidation du conformisme ; d'autres s'en réjouiront et en tireront profit. Les campagnes électorales, la vie des partis politiques, ne cessent de parier sur cette dernière tendance. L'expérience prouve que, très vite, même les initiatives contestataires ou novatrices des femmes aspirées par le pouvoir (quand elles ne s'y soumettent pas d'emblée) sont virées au compte de l'appareil. La supposée démocratisation des institutions par l'entrée en elles de femmes se solde le plus souvent par la fabrication de quelques « chefs » au féminin.

Plus radicaux, les courants féministes refusent le pouvoir existant et font du deuxième sexe une *contre-société*. Une société féminine se constitue, sorte d'alter ego de la société officielle, dans laquelle se réfugient les espoirs de plaisir. Contre le contrat socio-symbolique sacrificiel et frustrant : la contresociété imaginée harmonieuse, sans interdits, libre et jouissive. Dans nos sociétés modernes sans au-delà, la contre-société reste le seul refuge de la jouissance car elle est précisément une a-topie, lieu soustrait à la loi, écluse de l'utopie.

Comme toute société, la contre-société se fonde sur l'expulsion d'un exclu. Le bouc émissaire chargé du mal en purge ainsi la communauté constituée[12]

10. Cf. J. Kristeva, *Des Chinoises.*

11. Cf. M.-A. Macciocchi, *Éléments pour une analyse du fascisme,* 10/18, 1976 ; Michèle Mattelart, « Le coup d'État au féminin », *Les Temps modernes,* janv. 1975.

12. Les principes d'une « anthropologie victimaire » sont développés par R. Girard dans *La violence et le sacré,* Grasset, 1972, et surtout dans *Des choses cachées depuis la fondation du monde,* Grasset, 1978.

qui ne se met plus en cause. Les mouvements revendicatifs modernes ont souvent réitéré ce modèle en désignant un coupable pour se préserver des critiques : l'étranger, le capital, l'autre religion, l'autre sexe. Le féminisme ne devint-il pas, au bout de cette logique, un sexisme inversé ? Les différents marginalismes, de sexe, d'âge, de religion, d'ethnie, d'idéologie représentent, dans le monde moderne, un refuge de l'espérance, la transcendance laïcisée. Mais avec les femmes, et pour autant que s'accroît le nombre de celles qui s'intéressent à leur différence, quoique sous des formes moins spectaculaires qu'il y a quelques années, le problème de la contre-société devient massif : celle-ci occupe ni plus ni moins que « la moitié du ciel ».

Les mouvements revendicatifs, le féminisme y compris, ne sont pas « initialement libertaires » et seulement ultérieurement dogmatiques. Ils ne retombent pas dans les ornières des modèles combattus par la malice de quelque déviation interne ou manipulation externe. La logique même du contre-pouvoir et de la contre-société génère, par sa structure même, son essence d'être un simulacre de la société ou du pouvoir combattus. Le féminisme moderne n'aura été (dans cette optique sans doute trop hégélienne) qu'un moment dans l'interminable procès de l'avènement d'une conscience sur l'implacable violence (séparation, castration) qui constitue *tout* contrat symbolique.

On a déjà relevé le nombre important de femmes dans les groupes terroristes (commandos palestiniens, bande à Baader, brigades rouges, etc.). L'exploitation féminine est encore trop grande, et les préjugés traditionnels contre elles trop violents pour qu'on puisse envisager avec suffisamment de distance ce phénomène. Mais on peut dire d'ores et déjà qu'il est produit par une dénégation du contrat socio-symbolique et son contre-investissement. Ce mécanisme de type paranoïaque est à la base de tout engagement politique et peut générer différentes attitudes civilisatrices. Mais lorsqu'une femme est trop brutalement écartée ; lorsqu'elle ressent ses affects de femme ou sa condition d'être social ignorés par un discours et un pouvoir en exercice, depuis sa famille jusqu'aux institutions sociales, elle peut, par contre-investissement de cette violence subie, s'en faire l'agent « possédé ». Elle combat sa frustration avec des armes qui paraissent disproportionnées mais qui ne le sont pas par rapport à la souffrance narcissique d'où elles s'originent. Forcément oppositionnelle aux régimes des démocraties bourgeoises en place, cette violence terroriste se donne comme programme de libération un ordre plus répressif, plus sacrificiel encore que celui qu'elle combat. En effet, ce n'est pas contre des régimes totalitaires que ces groupes terroristes à participation féminine se manifestent, mais contre des régimes libéraux en expansion démocratique. La mobilisation se fait au nom d'une *nation,* d'un *groupe* opprimé, d'une *essence* humaine imaginée bonne et saine. C'est le fantasme d'une complétude archaïque qu'un ordre *arbitraire, abstrait* et pour cela même *mauvais,* serait venu perturber. Accusé d'être oppressif, n'est-ce pas plutôt d'être trop faible qu'on lui reproche ? De ne pas faire le poids devant une substance imaginée pure et bonne mais désormais perdue, à laquelle la femme marginalisée aspire ?

L'ordre social est sacrificiel, constate l'anthropologie, mais le sacrifice arrête la violence et enchaîne un ordre (prière ou paix sociale). De le refuser, on s'expose à l'explosion de la prétendue bonne substance qui se déchaîne, sans frein, sans loi ni droit, comme un arbitraire absolu.

Consécutives à la crise du monothéisme, les révolutions, depuis deux siècles, le fascisme et le stalinisme plus récemment, ont mis tragiquement en scène cette logique de la bonne volonté opprimée s'achevant dans le massacre. Les femmes sont-elles plus aptes que d'autres catégories sociales à verser dans la machine implacable du terrorisme ? On peut se contenter de signaler que depuis l'aube du féminisme, et même avant lui, des femmes hors du commun se manifestent souvent par le meurtre, le complot, l'attentat. La dette éternelle à la mère rend une femme plus vulnérable dans l'ordre symbolique, plus fragile quand elle en souffre, plus virulente quand elle s'en défend. Si l'archétype de la croyance dans une substance bonne et saine propre aux utopies est la croyance dans la toute-puissance d'une mère archaïque, pleine, totale, englobante, sans frustration, sans séparation, sans coupure productrice de symbolisme (sans castration), on comprend qu'il est impossible de désamorcer les violences mobilisées sans mettre en cause précisément ce mythe de la mère archaïque. L'envahissement des mouvements féminins par la paranoïa[13] a été noté, et on connaît la scandaleuse phrase de Lacan : « La Femme n'existe pas. » Elle n'existe pas en effet comme *La* détentrice d'une plénitude mythique, puissance suprême, sur laquelle s'appuie la terreur du pouvoir et le terrorisme en tant que désir de pouvoir. Mais quelle force de subversion ! quel jeu avec le feu !

13. Cf. Micheline Enriquez, « Fantasmes paranoïaques : différences des sexes, homosexualité, loi du père », *Topiques,* no. 13, 1974.

CRÉATURES ET CRÉATRICES

Le désir d'être mère, tenu pour aliénant ou réactionnaire par la génération féministe antérieure, n'est pas devenu un drapeau pour la génération actuelle. Mais le nombre des femmes augmente qui considèrent leur maternité comme compatible avec leur vie professionnelle (certaines améliorations des conditions de vie en sont aussi à l'origine : augmentation des crèches et des maternelles, participation plus active des hommes aux lourdes charges de la mère, etc.). De surcroît, elles la trouvent indispensable à la complexité de l'expérience féminine, avec ses joies et ses peines. Cette tendance a son extrême : les mères lesbiennes, ou certaines mères célibataires, qui refusent la valeur paternelle. On peut y voir une des formes les plus violentes de ce rejet du symbolique dont nous parlions plus haut, et une des divinisations les plus ferventes de la puissance maternelle. Hegel distinguait un droit féminin (familial et religieux) d'une loi masculine (de cité et politique). Nos sociétés connaissent bien les us et les abus de cette loi masculine, mais force est de reconnaître que le droit féminin se signale pour l'instant par un blanc. Si ces pratiques de maternité sans père étaient appelées à se généraliser, il est indispensable d'en élaborer la législation, pour freiner la violence dont l'objet est aussi bien l'enfant que l'homme. Les femmes sont-elles capables de ce souci psychologique et juridique ? Voilà une des grandes questions que rencontre la nouvelle génération féminine. Y compris et surtout quand elle refuse de se les poser, saisie par la même rage contre un ordre et sa loi dont on s'estime la victime.

Face à cette situation, il semble évident — et les groupes féministes s'en rendent de plus en plus compte, lorsqu'ils essaient d'élargir leur audience —, que le refus de la maternité ne peut pas être une politique générale. La majorité des femmes aujourd'hui trouve sa vocation dans la mise au monde d'un enfant. A quoi correspond ce désir de maternité ? Voilà une question pour la nouvelle génération, que la précédente avait interdite. Faute de lui répondre, l'idéologie féministe laisse la voie aux résurgences religieuses qui ont de quoi satisfaire les angoisses, les souffrances et les espoirs des mères. Si on ne peut accepter que partiellement l'affirmation freudienne selon laquelle le désir d'enfant est un désir de pénis et, en ce sens, un substitut de la puissance phallique et symbolique, on doit aussi prêter une oreille attentive aux paroles des femmes modernes sur cette expérience. La grossesse est une épreuve radicale : dédoublement du corps, séparation et coexistence du moi et d'un autre, d'une nature et d'une conscience, d'une physiologie et d'une parole. Cette mise en cause fondamentale de l'identité s'accompagne d'un fantasme de totalité — complétude narcissique. La grossesse est une sorte de psychose instituée, socialisée, naturelle. L'arrivée de l'enfant, en revanche, induit sa mère dans les labyrinthes d'une expérience peu commune : l'amour pour un autre. Non pas pour soi, ni pour un être identique, encore moins pour un autre avec lequel « je » fusionne (passion amoureuse ou sexuelle). Mais lent, difficile et délicieux apprentissage de l'attention, de la douceur, de l'oubli de soi. Accomplir ce trajet sans masochisme et sans annihilation de la personnalité affective, intellectuelle, professionnelle — tel semble être l'enjeu d'une maternité déculpabilisée. Elle devient, au sens fort du terme, une création. Pour l'instant, négligée.

Cependant, c'est dans l'aspiration à la création artistique et en particulier littéraire que se manifeste maintenant le désir d'affirmation féminine. Pourquoi la littérature ?

Est-ce parce que, en face des normes sociales, elle déploie un savoir et parfois la vérité sur un univers refoulé, secret, inconscient ? Qu'elle redouble ainsi le contrat social en révélant son non-dit, son inquiétante étrangeté ? Que de l'ordre abstrait et frustrant des signes sociaux, des mots de la communication courante, elle fait un jeu, espace de fantaisie et de plaisir ? Flaubert disait : « Madame Bovary c'est moi. » Maintenant certaines femmes imaginent : Flaubert c'est moi. Cette prétention ne trahit pas seulement une identification à la puissance imaginaire. Elle témoigne aussi du désir des femmes de soulever le poids sacrificiel du contrat social. Et de nourrir nos sociétés d'un discours plus souple, plus libre, sachant nommer ce qui n'a pas encore été objet de circulation communautaire : les énigmes du corps, les joies secrètes, les hontes, les haines du deuxième sexe...

Aussi l'écriture féminine attire-t-elle, ces derniers temps, le maximum d'attention de la part aussi bien des « spécialistes » que des médias. Les écueils, sur son trajet, ne sont pourtant pas mineurs. Ne lit-on pas des rejets dérisoires de la « littérature des hommes », dont les livres sont pourtant les « patrons » de maints écrits féminins ? Ne vend-on pas, grâce au label féministe, de nombreux ouvrages dont les jérémiades naïves ou le romantisme de bazar auraient été, sans cela, rejetés ? Ne trouve-t-on pas, sous la plume d'écrivains femmes, des attaques fantasmatiques contre le Langage et le Signe accusés d'être les supports ultimes du pouvoir phallocrate ? Au nom d'un corps privé de sens et dont la vérité ne serait que « gestuelle » ou « musicale »?

Pourtant, quels que soient les résultats discutables de la production féminine, le symptôme est là : les femmes écrivent. Et l'attente se fait lourde : qu'écriront-elles de nouveau ?

AU NOM DU PÈRE, DU FILS... ET DE LA FEMME ?

Ces quelques manifestations propres à la nouvelle génération féminine en Europe démontrent qu'elle se situe au lieu même de la crise religieuse de notre civilisation.

J'appelle religion la nécessité fantasmatique des êtres parlants de se donner une *représentation* (animale, féminine, masculine, parentale, etc.) à la place de ce qui les constitue comme tels : la symbolicité. Le féminisme actuel semble précisément constituer une telle *représentation* qui vient suppléer aux frustrations imposées aux femmes par la tradition chrétienne et sa variante laïque humaniste. Que cette nouvelle idéologie ait des affinités avec des croyances dites matriarcales ne doit pas cacher sa nouveauté radicale. Elle fait partie du courant anti-sacrificiel qui anime notre culture. Dans sa protestation contre les contraintes, elle ne s'expose pas moins aux risques de la violence et du terrorisme. A ce niveau de radicalisme, c'est le principe même de la socialité qui est mis en cause.

Pour certains penseurs contemporains, on le sait, la modernité serait la première époque dans l'histoire de l'humanité où l'homme essaie de vivre sans religion. Le féminisme, dans sa forme actuelle, n'est-il pas en train d'en devenir une ?

Ou, au contraire, arrivera-t-il à se défaire de sa croyance en La Femme, Son pouvoir, Son écriture, pour faire apparaître la singularité de chaque femme, ses multiplicités, ses langages pluriels : à perte d'horizon, à perte de vue, à perte de foi ?

Facteur de rassemblement ultime ? Ou facteur d'analyse ?

Support imaginaire dans une ère technocratique frustrant les narcissismes ? Ou instruments à la mesure de ce temps où cosmos, atomes et cellules, nos véritables contemporains, appellent à la constitution d'une subjectivité fluide et libre ?

UNE AUTRE GÉNÉRATION, C'EST UN AUTRE ESPACE

Une distance peut être désormais prise par rapport aux deux générations féminines précédentes. Cela implique qu'une *troisième* est en train de prendre corps, en tout cas en Europe. Je n'ai pas en vue une nouvelle classe d'âge (quoique son importance ne soit pas à sous-estimer) ni un autre « mouvement des masses féminines » qui succéderait à la seconde génération. Le sens que revêt ici le terme « génération » implique en fin de compte moins une chronologie qu'un espace *signifiant,* un espace mental, corporel et désirant.

Pour cette troisième génération que je revendique — que j'imagine ? —, la dichotomie homme/femme en tant qu'opposition de deux entités rivales paraît *appartenir à la métaphysique.* Que veut dire « identité », et même « identité sexuelle », dans un espace théorique et scientifique où la notion même d'identité est remise en cause[14] ? Je n'insinue pas simplement une bisexualité qui, le plus souvent, trahit l'aspiration à la totalité, à un effacement de la différence. J'entends d'abord une dédramatisation de la « lutte à mort » entre les deux. Non pas au nom de leur réconciliation — le féminisme a eu au moins le mérite de faire apparaître ce qu'il y a d'irréductible et même de meurtrier dans le contrat social. Mais pour que sa violence opère avec le maximum d'intransigeance à l'intérieur de l'identité personnelle et sexuelle elle-même, et non par le rejet de l'autre.

Il en découle des risques pour l'équilibre personnel et pour l'équilibre social constitués par l'homéostase des forces agressives propres aux groupes sociaux, nationaux, religieux, politiques. Pourtant, n'est-ce pas l'insupportable tension sous-jacente à cet « équilibre » qui conduit ceux qui en souffrent à s'en détacher, à chercher un autre réglage de la *différence* ?

Je vois s'amorcer, sous les dehors d'une indifférence vis-à-vis du militantisme de la première ainsi que de la seconde génération, un retrait à l'égard du sexisme.

A l'exception des revendications homosexuelles, masculines et féminines, le sexe s'impose de moins en moins comme un centre de l'intérêt subjectif. Cette désexualisation va jusqu'à mettre en cause, par-delà l'humanisme, l'anthropomorphisme sur lequel repose notre culture. L'homme et la femme sont de

14. Cf. Le séminaire sur l'*Identité,* dirigé par Cl. Lévi-Strauss, Grasset, 1977.

moins en moins le pivot de l'intérêt social. Le narcissisme ou l'égoïsme paroxystiques de nos contemporains n'est qu'en apparente contradiction avec ce recul de l'anthropomorphisme. Quand il n'échoue pas dans la suprématie technique et la robotisation généralisée, celui-ci, vaincu, cherche des issues dans la spiritualité. La libéralisation sexuelle, le féminisme, n'auraient été que des transitions vers un spiritualisme ?

Que celui-ci tourne à l'évasion ou au refoulement conformiste ne devrait pas cacher la radicalité de la démarche. On pourrait la résumer comme une *intériorisation de la séparation qui fonde le contrat social et symbolique.* Désormais, l'autre n'est pas un mal étranger à moi, bouc émissaire extérieur : autre sexe, autre classe, autre race, autre nation. *Je suis victime-et-bourreau,* même *et* autre, identique *et* étranger. Il ne me reste qu'à analyser indéfiniment la séparation fondatrice de ma propre et intenable identité.

Les religions sont prêtes à accueillir cette conscience européenne attentive au *mal intrinsèque,* qui se dégage après les acquis et les impasses idéologiques auxquels participe l'aventure féministe. Existe-t-il d'autres discours capables de la soutenir ? A côté de la psychanalyse, le rôle des expériences esthétiques devrait s'accroître non seulement pour faire contrepoids au stockage et à l'uniformité de l'information, mais pour démythifier la communauté du langage comme outil universel, totalisant, nivelant. Pour faire apparaître, avec la singularité de chacun, la multiplicité de nos identifications, la relativité de nos existences symboliques et biologiques.

Ainsi comprise, l'esthétique prend en charge la question de la morale. L'imaginaire contribue à l'esquisse d'une éthique encore invisible, tant le déferlement de l'imposture et de la haine ravage les sociétés libérées des dogmes mais aussi des lois. Contrainte et jeu, l'imaginaire laisse prévoir une éthique qui, consciente du fait que son ordre est sacrificiel, en réserve la charge pour chacun des participants. Elle les déclare coupables donc responsables, mais en leur donnant immédiatement la possibilité de jouissance, de productions variées, de vies faites d'épreuves et des différences. Une éthique utopique, mais en existe-t-il d'autres ?

La question de Spinoza peut être ici reprise : les femmes sont-elles sujettes à l'éthique ? Probablement pas à celle définie par la philosophie classique, par rapport à laquelle les générations féministes s'inscrivent dangereusement en porte à faux. Mais ne participent-elles pas à cet ébranlement que notre époque éprouve à divers niveaux (des guerres à la conception artificielle en passant par les drogues) et qui pose l'exigence d'une nouvelle éthique ? La réponse ne pourrait être positive qu'au prix de l'épuisement du féminisme comme *moment* de la pensée aspirant à capter une identité anthropomorphe, telle qu'elle entache la libération de notre espèce. Et que manifestent actuellement les courants « politically correct » aux États-Unis ? La conscience européenne est en avance sur ce plan. En grande partie, aussi, à cause de l'inquiétude et de la créativité de ses femmes.

Étrangers à nous-mêmes (extrait)

L'ÉTRANGE AU-DEDANS DE NOUS

L'inquiétante étrangeté serait ainsi la voie royale (mais au sens de la cour, non pas du roi) par laquelle Freud introduit le rejet fasciné de l'autre au cœur de ce « nous-même » sûr de soi et opaque, qui précisément n'existe plus depuis Freud et qui se révèle comme un étrange pays de frontières et d'altérités sans cesse construites et déconstruites. Chose étrange, il n'est nullement question des *étrangers* dans l'*Unheimliche*.

En vérité, il est rare qu'un étranger provoque l'angoisse terrifiante que suscitent la mort, le sexe féminin ou la pulsion débridée « maléfique ». Est-il pourtant si sûr que les sentiments « politiques » de xénophobie ne comportent pas, souvent inconsciemment, cette transe de jubilation effrayée que l'on a appelée *unheimlich,* que les Anglais nomment *uncanny,* et les Grecs tout simplement… *xenos,* « étranger »? Dans le rejet fasciné que suscite en nous l'étranger, il y a une part d'inquiétante étrangeté au sens de la dépersonnalisation que Freud y a découverte et qui renoue avec nos désirs et nos peurs infantiles de l'autre — l'autre de la mort, l'autre de la femme, l'autre de la pulsion immaîtrisable. L'étranger est en nous. Et lorsque nous fuyons ou combattons l'étranger, nous luttons contre notre inconscient — cet « impropre » de notre « propre » impossible. Délicatement, analytiquement, Freud ne parle pas des étrangers : il nous apprend à détecter l'étrangeté en nous. C'est peut-être la seule manière de ne pas la traquer dehors. Au cosmopolitisme stoïcien, à l'intégration universaliste religieuse, succède chez Freud le courage de nous dire désintégrés pour ne pas intégrer les étrangers et encore moins les poursuivre, mais pour les accueillir dans cette inquiétante étrangeté qui est autant la leur que la nôtre.

En fait, cette distraction ou cette discrétion freudienne à l'égard du « problème des étrangers » — lequel n'apparaît qu'en éclipse ou, si l'on préfère, en symptôme, par le rappel du terme grec *xenoi*[1] — pourrait être interprétée comme une invitation (utopique ou très moderne ?) à ne pas réifier l'étranger, à ne pas le fixer comme tel, à ne pas *nous* fixer comme tels. Mais à l'analyser en nous analysant. A découvrir notre troublante altérité, car c'est bien elle qui fait irruption face à ce « démon », à cette menace, à cette inquiétude qu'engendre l'apparition projective de l'autre au sein de ce que nous persistons à maintenir comme un « nous » propre et solide. A reconnaître *notre* inquiétante étrangeté, nous n'en souffrirons ni n'en jouirons de dehors. L'étrange est en moi, donc nous sommes tous des étrangers. Si je suis étranger, il n'y a pas d'étrangers. Aussi Freud n'en parle-t-il pas. L'éthique de la psychanalyse implique une politique : il s'agirait d'un cosmopolitisme de type nouveau qui, transversal aux gouvernements, aux économies et aux marchés, œuvre pour une humanité dont la solidarité est fondée sur la conscience de son inconscient — désirant, destructeur, peureux, vide, impossible. Nous sommes loin ici d'un appel à la fraternité dont on a déjà ironiquement remarqué la dette vis-à-vis de l'autorité paternelle et divine — « Pour qu'il y ait des frères, il faut un père », ne manqua pas de dire Veuillot en apostrophant les humanistes. Depuis l'inconscient érotique et mortifère, l'inquiétante étrangeté — projection en même temps qu'élaboration première de la pulsion de mort — qui annonce les travaux du « second » Freud, celui d'*Au-delà du principe de plaisir,* installe la différence en nous sous sa forme la plus désemparante, et la donne comme condition ultime de notre être *avec* les autres.

1. S. Freud, *L'inquiétante étrangeté.*

ASSIA DJEBAR

Née Fatima Zohra Imalayen le 4 août 1936 à Cherchell (Algérie), Assia Djebar fait ses études secondaires au lycée de Blida. Première Algérienne à se présenter au concours d'admission à l'École normale supérieure de Sèvres, elle ne passe pas sa licence à cause de la grève des étudiants algériens, mais elle écrit, dès 1956, son premier roman, *La soif* (qui sera publié en 1957) ; un deuxième, *Les impatients,* paraît en 1958. La même année, elle suit son mari en Tunisie, où elle collabore à *El moujahid,* organe du Front de Libération Nationale. Après l'indépendance de l'Algérie, elle enseigne à la Faculté des Lettres d'Alger. Pendant les années 1960, Djebar publie des romans, dont *Les enfants du nouveau monde* (1962) et *Les alouettes naïves* (1967), écrit de la poésie et s'attaque à des projets cinématographiques. Elle traite de plus en plus de la question des femmes ; en 1977, elle réalise pour la télévision algérienne *La nouba des femmes du mont Chenoua,* qui remporte, en 1979, le Prix de la critique internationale à la Biennale de Venise. La femme algérienne reste au centre de son œuvre capitale, *Femmes d'Alger dans leur appartement* (1980), recueil de nouvelles. Dans ses œuvres plus récentes, dont *L'amour, la fantasia* (1985), *Ombre sultane* (1987) et *Loin de Médine* (1991), la femme algérienne se trouve en conflit avec la répression à laquelle on l'a condamnée, tout en faisant figure de participante active non reconnue à l'histoire de son pays. En 1995 elle publie *Vaste est la prison.*

∽

Eugène Delacroix, *Femmes d'Alger dans leur appartement,* 1834. Louvre, Paris, France. Giraudon / Art Resource, New York.

Dans son récit de la séquestration et de la réduction au silence des femmes en Algérie, « Regard interdit, son coupé », Assia Djebar évoque immédiatement Delacroix, l'un des premiers Français à pénétrer l'espace intime des femmes algériennes, comme le révèlent les deux versions de son célèbre tableau *Femmes d'Alger dans leur appartement.* Selon elle, le tableau représente bien plus que le regard orientalisant d'un Européen ; il dépeint, comme malgré lui peut-être, l'« amertume désespérée » de ces femmes. A ce groupe immobile de femmes muettes, Djebar oppose les héroïnes du lointain passé algérien, ainsi que les « porteuses de feu » de la Guerre d'indépendance, qui a libéré son pays de la France, espérant que ces fragments de mémoire lui permettront de « restituer la conversation entre femmes » bloquée par une longue histoire de répression patriarcale.

Femmes d'Alger dans leur appartement (extrait)

REGARD INTERDIT, SON COUPÉ

1 Le 25 juin 1832, Delacroix débarque à Alger pour une courte escale. Il vient de séjourner durant un mois au Maroc, immergé dans un univers d'une extrême richesse visuelle (splendeur des costumes, furia des fantasias, fastes d'une cour royale, pittoresque de noces juives ou de musiciens de rues, noblesse de félins royaux : lions, tigres, etc.).

Cet Orient si proche et dont il est le contemporain s'offre à lui dans une totale et excessive nouveauté. Un Orient tel qu'il l'avait rêvé pour la Mort de Sardanaple — mais ici lavé de toute idée de péché. Un Orient qui par surcroît et dans le seul Maroc, échappe à l'autorité du Turc exécré depuis les Scènes des massacres de Scio.

Le Maroc se révèle ainsi lieu de rencontre du rêve et de l'idéal esthétique incarné, lieu d'une révolution visuelle. Delacroix peut justement écrire un peu plus tard : « Les hommes et les choses m'apparaissent sous un jour nouveau depuis mon voyage ».

A Alger, Delacroix ne séjournera que trois jours. Ce bref passage dans une capitale récemment conquise l'oriente, grâce à un heureux concours de circonstances, vers un monde auquel il était demeuré étranger lors de son périple marocain. Pour la première fois, il pénètre dans un univers réservé : celui des femmes algériennes.

Le monde, qu'il a découvert au Maroc et que ses croquis fixent, est essentiellement masculin et guerrier, viril en un mot. S'est offert à ses yeux le permanent spectacle d'une extériorité toute en fastes, bruits, cavalcades et mouvements rapides. Mais passant du Maroc à l'Algérie, Delacroix franchit en même temps une subtile frontière qui va inverser tous les signes et être à l'origine de ce que la postérité retiendra de ce singulier « voyage en Orient ».

L'aventure est connue : l'ingénieur en chef du port d'Alger M. Poirel, amateur de peinture, a dans ses services un chaouch, ancien patron de barque de course — un « raïs » d'avant 1830 — qui consent, après de longues discussions, à laisser Delacroix pénétrer dans sa propre maison.

Un ami de l'ami, Cournault, nous rapporte les détails de l'intrusion. La maison se trouvait dans l'ex-rue Duquesne. Delacroix, accompagné du mari et sans doute de Poirel, traverse « un couloir obscur » au bout duquel s'ouvre, inattendu et baignant dans une lumière presque irréelle, le harem proprement dit. Là, des femmes et des enfants l'attendent « au milieu d'un amas de soie et d'or ». L'épouse de l'ancien raïs, jeune et jolie, est assise devant un narguilé. Delacroix, rapporte Poirel à Cournault qui nous l'écrit, « était comme enivré du spectacle qu'il avait sous ses yeux ».

Entré en conversation, par l'intermédiaire du mari improvisé interprète, il veut tout savoir de « cette vie nouvelle et mystérieuse pour lui ». Sur les multiples croquis qu'il entreprend — attitudes diverses de femmes assises — il inscrit ce qui lui paraît le plus important à ne pas oublier : la précision des couleurs (« noir lignes d'or, violet laqué, rouge d'inde foncé » etc...) avec le détail des costumes, rapport multiple et étrange qui déroute ses yeux.

Dans ces brèves annotations graphiques ou scripturaires, il y a comme une fébrilité de la main, une ivresse du regard : instant fugitif d'une révélation évanescente se tenant sur cette mouvante frontière où se côtoient rêve et réalité. Cournault note : « cette fièvre que calmaient à peine les sorbets et les fruits ».

La vision, complètement nouvelle, a été perçue image pure. Et comme si cet éclat trop neuf devait en brouiller la réalité, Delacroix se force à noter sur ses croquis chaque nom et prénom de femmes. Aquarelles armoriées aux noms de Bayah, Mouni et Zora ben Soltane, Zora et Kadoudja Tarboridji. Corps crayonnés sortant de l'anonymat de l'exotisme.

Cette abondance de couleurs rares, ces noms aux sonorités nouvelles, est-ce cela qui trouble et exalte le peintre ? Est-ce cela qui lui fait écrire : « C'est beau ! C'est comme au temps d'Homère !»

Là, dans cette visite de quelques heures à des femmes recluses, quel choc, ou tout au moins quel vague trouble a saisi le peintre ? Ce cœur de harem entrouvert, est-il vraiment tel qu'il le voit ?

Delacroix rapporte de ce lieu traversé des objets : des babouches, une écharpe, une chemise, une culotte. Non pas banals trophées de touriste, mais preuves tangibles d'une expérience unique, fugage. Traces oniriques.

Il a besoin de toucher son rêve, d'en prolonger la vie au-delà du souvenir, de compléter ce que ses carnets enferment de croquis et dessins. Il y a là l'équivalent d'une compulsion fétichiste qu'aggrave la certitude de l'unicité irrévocable de ce moment vécu, qui ne se répétera plus jamais.

A son retour à Paris, le peintre travaillera deux ans sur l'image de son souvenir qui, bien que documenté et étayé d'objets locaux, tangue d'une sourde et informulée incertitude. Il en tire un chef-d'œuvre qui nous fait toujours nous interroger.

« Femmes d'Alger dans leur appartement » : trois femmes dont deux sont assises devant un narguilé. La troisième, au premier plan, est à demi-allongée, accoudée sur des coussins. Une servante, de trois quarts dos, lève un bras comme si elle écartait la lourde tenture qui masque cet univers clos ; personnage presque accessoire, elle ne fait que longer ce chatoiement de couleurs qui auréole les trois autres femmes. Tout le sens du tableau se joue dans le rapport qu'entretiennent celles-ci avec leur corps, ainsi qu'avec le lieu de leur enfermement. Prisonnières résignées d'un lieu clos qui s'éclaire d'une sorte de lumière de rêve venue de nulle part — lumière de serre ou d'aquarium —, le génie de Delacroix nous les rend à la fois présentes et lointaines, énigmatiques au plus haut point.

Quinze ans après ces journées d'Alger, Delacroix se ressouvient, y retravaille et donne au salon de 1849 une seconde version des « Femmes d'Alger ».

La composition est à peu près identique, mais plusieurs changements font mieux apparaître par récurrence le sens latent du tableau.

Dans cette seconde toile où les traits des personnages sont moins précis, les éléments du décor moins fouillés, l'angle de vision s'est élargi. Cet effet de cadrage a pour triple résultat : — d'éloigner de nous les trois femmes qui s'enfoncent alors plus profondément dans leur retrait, — de découvrir et dénuder entièrement un des murs de la chambre, de le faire peser d'un plus grand poids sur la solitude de ces femmes, — enfin d'accentuer le caractère irréel de la lumière. Celle-ci fait mieux apparaître ce que l'ombre recèle comme menace invisible, omniprésente, par le truchement de la servante qu'on ne distingue presque plus mais qui est là, attentive.

Femmes en attente toujours. Moins sultanes soudain que prisonnières. N'entretenant avec nous, spectateurs, aucun rapport. Ne s'abandonnant ni ne se refusant au regard. Etrangères mais présentes terriblement dans cette atmosphère raréfiée de la claustration.

Elie Faure raconte que le vieux Renoir, quand il évoquait cette lumière des « Femmes d'Alger », ne pouvait s'empêcher de laisser couler sur ses joues de grosses larmes.

Devrions-nous pleurer comme le vieux Renoir, mais pour d'autres raisons qu'artistiques ? Evoquer, un siècle et demi après, les Baya, Zora, Mouni et Khadoudja. Ces femmes, que Delacroix — peut-être malgré lui[1] — a su

---

1. Le talent novateur de Delacroix peintre s'oppose au traditionalisme de l'homme Delacroix. Cf. son image très conservatrice de la femme quand, après sa visite à Alger, il note dans son journal à propos du harem : « C'est beau ! C'est comme au temps d'Homère ! La femme dans le gynécée s'occupant des enfants, filant la laine ou brodant de merveilleux tissus. C'est la femme comme je la comprends ! »

regarder comme personne ne l'avait fait avant lui, ne cessent de nous dire, depuis, quelques chose d'insoutenable et d'actuellement présent.

Le tableau de Delacroix se perçoit comme une approche d'un Orient au féminin — la première sans doute dans la peinture européenne, habituée à traiter littérairement le thème de l'odalisque ou à évoquer seulement cruauté et nudité du sérail.

Le rêve lointain et proche dans les yeux perdus des trois Algéroises, si nous tentons d'en saisir la nature : nostalgie ou douceur vague, c'est pour, à partir de leur absence si manifeste, rêver à notre tour la sensualité. Comme si derrière ces corps et avant que la servante ne laisse retomber le rideau, s'étalait un univers dans lequel avant de s'asseoir devant nous, nous qui regardons, elles vivraient continuellement.

Car précisément, nous regardons. Dans la réalité, ce regard-là nous est interdit. Si le tableau de Delacroix inconsciemment fascine, ce n'est pas en fait pour cet Orient superficiel qu'il propose, dans une pénombre de luxe et de silence, mais parce que, nous mettant devant ces femmes en position de regard, il nous rappelle qu'ordinairement nous n'en avons pas le droit. Ce tableau lui-même est un regard volé.

Et je me dis que Delacroix, plus de quinze ans après, s'est rappelé surtout ce « couloir obscur » au bout duquel, dans un espace sans issue, se tiennent, hiératiques, les prisonnières du secret. Celles dont on ne devine le drame lointain que de cette coulisse inattendue que devient là la peinture.

Ces femmes, est-ce parce qu'elles rêvent qu'elles ne nous regardent pas, ou est-ce parce que, enfermées sans recours, elles ne peuvent même plus nous entrevoir ? Rien ne se devine de l'âme de ces dolentes assises, comme noyées dans ce qui les entoure. Elles demeurent absentes à elles-même, à leur corps, à leur sensualité, à leur bonheur.

Entre elles et nous, spectateurs, il y a eu la seconde du dévoilement, le pas qui a franchi le vestibule de l'intimité, le frôlement surpris du voleur, de l'espion, du voyeur. Deux ans auparavant seulement, le peintre français y aurait risqué sa vie...

Flotte donc entre ces femmes d'Alger et nous, l'interdit. Neutre, anonyme, omniprésent.

Ce regard-là, longtemps l'on a cru qu'il était volé parce qu'il était celui de l'étranger, hors du harem et de la cité.

Depuis quelques décennies — au fur et à mesure que triomphe çà et là chaque nationalisme —, on peut se rendre compte qu'à l'intérieur de cet Orient livré à lui-même, l'image de la femme n'est pas perçue autrement : par le père, par l'époux et, d'une façon plus trouble, par le frère et le fils.

En principe, seuls ceux-ci peuvent regarder la femme. Aux autres hommes de la tribu (et tout cousin qui aura partagé les jeux d'enfance devient un voyeur-voleur en puissance), la femme montre — dans un premier temps d'assouplissement de la rigueur coutumière — sinon son corps entier, du moins son visage et ses mains.

Le second temps de cet assouplissement se trouve être paradoxalement dépendant du voile[2]. Enveloppant totalement le corps et les membres, il permet à celle qui le revêt et qui circule au-dehors sous son couvert, d'être à son tour voleuse possible dans l'espace masculin. Elle y paraît surtout silhouette fugitive, éborgnée quand elle ne regarde que d'un œil. Les largesses du « libéralisme » lui restituent, dans certains cas et lieux, son autre œil en même temps que l'intégralité de son regard : les deux yeux, grâce à la voilette, sont maintenant grands ouverts sur le dehors.

Un autre œil est donc là, le regard féminin. Mais cet œil libéré, qui pourrait devenir signe d'une conquête vers la lumière des autres, hors du confinement, voilà qu'il est perçu à son tour menace ; et le cercle vicieux se reforme.

Hier, le maître faisait sentir son autorité sur les lieux clos féminins par la solitude de son propre regard, anihilant ceux des autres. L'œil féminin à son

---

2. Les femmes voilées sont d'abord des femmes libres de circuler, plus avantagées donc que des femmes entièrement recluses, celles-ci en général les épouses des plus riches. Selon la tradition coranique, le mari ne peut empêcher sa femme d'aller au bain — hammam —, au moins une fois par semaine. Mais s'il est assez riche pour construire dans sa demeure son propre hammam ?

Dans ma ville natale, dans les années 30, des femmes, pour aller au bain, y allaient voilées, mais y allaient de nuit.

La femme voilée qui circule de jour dans les rues de la ville est donc, dans une première étape une femme « évoluée ».

Voile signifiant ensuite oppression du corps, j'ai connu des jeunes femmes qui refusaient au moment de leur adolescence le principe de circuler voilées. Aussi devaient-elles rester alors cloîtrées derrière fenêtres et barreaux, ne voyant que de loin l'espace extérieur... Demie-mesure dans les bourgeoisies nouvelles : faire circuler le plus possible leurs femmes dans des voitures individuelles (que celles-ci conduisent elles-mêmes), pour abriter ainsi le corps (la tôle jouant le rôle du tissu ancestral), et pour circuler le moins possible « exposées ».

tour, quand il se déplace, voilà que, paraît-il, le craignent les hommes immobilisés dans les cafés maures des médinas d'aujourd'hui, tandis que le fantôme blanc passe irréel mais énigmatique.

Dans ces regards licites (c'est-à-dire ceux du père, du frère, du fils ou de l'époux) — qui se lèvent sur l'œil et le corps féminin — car l'œil de celui qui domine cherche d'abord l'autre œil, celui du dominé, avant de prendre possession du corps —, se court un risque d'autant plus imprévisible que les causes peuvent en être fortuites.

Il suffit d'un rien — d'un épanchement brusque, d'un mouvement inconsidéré, inhabituel, d'un espace déchiré par un rideau qui se soulève sur un coin secret[3] — pour que les autres yeux du corps (seins, sexe, et nombril), risquent à leur tour d'être exposés dévisagés. C'en est fini pour les hommes, gardiens vulnérables : c'est leur nuit, leur malheur, leur déshonneur.

Regard interdit : parce qu'il est certes interdit de regarder le corps femelle qu'on incarcère, dès l'âge de dix ans et jusqu'à quarante ou quarante-cinq ans entre les murs, au mieux entre des voiles. Mais aussi danger que le regard féminin, qui, libéré pour la circulation au-dehors, risque à tout instant de mettre à nu les autres regards du corps mobile. Comme si soudain le corps tout entier se mettait à regarder, à « défier », traduit l'homme... Une femme — en mouvement, donc « nue » — qui regarde, n'est-ce pas en outre une menace nouvelle à leur exclusivité scopique, à cette prérogative mâle ?

L'évolution la plus visible des femmes arabes, tout au moins dans les villes, a donc été d'enlever le voile. Nombre de femmes, souvent après une adolescence ou toute une jeunesse cloîtrées, ont vécu concrètement l'expérience du dévoilement.

Le corps avance hors de la maison et pour la première fois il est ressenti

---

3. La tradition rapporte une histoire d'amour entre le prophète Mohamed et parmi ses femmes, Zaineb, la plus belle. Histoire née d'un simple regard.

Zaineb était mariée à Zaïd, le fils adoptif du prophète. Un jour, celui-ci avait besoin de s'entretenir avec Zaïd ; il s'approcha donc de sa tente. Zaïneb lui répondit, Zaïd étant absent. Elle se tenait abritée derrière une tenture, mais « un souffle de vent souleva le rideau » et la jeune femme, en déshabillé, apparut à Mohamed qui se retire, troublé.

Zaïd ensuite redonnera sa liberté à Zaïneb. Mais Mohamed devra attendre qu'un verset du Coran intervienne, légitimant une union avec une ex-épouse d'un fils adoptif. Il épousera Zaïneb qui restera, face à (et souvent contre) Aïcha, une épouse préférée (cf. Gaudefroy-Demonbynes : Mahomet).

comme « exposé » à tous les regards : la démarche devient raidie, le pas hâtif, l'expression du regard contractée.

L'arabe dialectal transcrit l'expérience d'une façon significative : « je ne sors plus *protégée* (c'est-à-dire voilée, recouverte) » dira la femme qui se libère du drap ; « je sors *déshabillée,* ou même *dénudée* ». Le voile qui soustrayait aux regards est de fait ressenti comme « habit en soi », ne plus l'avoir, c'est être totalement exposée.

Quant à l'homme qui consent à partager l'évolution la plus timide, la plus lente possible de ses sœurs ou de sa femme, le voilà condamné à vivre dans le malaise et l'inquiétude. Imaginant qu'à peine l'œil, et à sa suite, le corps, débarrassé de la voilette, puis du voile entier, la femme ne peut passer qu'au stade du risque fatal, découvrir l'autre-œil, l'œil-sexe. A mi-distance dans ce glissement, est entrevue la seule halte de la « danse du ventre », elle qui fait grimacer, dans les cabarets, l'autre œil-nombril.

Ainsi le corps de la femme, dès que celle-ci sort de l'attente assise dans l'intérieur clôturé, recèle danger de nature. Bouge-t-il dans un espace ouvert ? N'est perçue soudain que cette multiplicité divagante d'yeux en lui et sur lui.

Autour de cette dérive féminine, se cristallise la hantise paranoïaque de l'homme dépossédé. (Après tout, le seul homme d'Alger qui en 1832 permet au peintre étranger la pénétration du harem est justement ancien petit corsaire vaincu, désormais « chaouch » obéissant à un fonctionnaire français.)

En Algérie, précisément, lorsqu'en 1830 commence l'intrusion étrangère — maintenue coûte que coûte aux seuils des sérails appauvris —, à l'investissement progressif de l'espace au-dehors, correspond parallèlement un gel de plus en plus sourd de la communication intérieure : entre les générations, et encore plus entre les sexes.

Ces femmes d'Alger — celles qui demeurent immobiles depuis 1832 sur le tableau de Delacroix —, s'il était possible hier de trouver dans leur fixité l'expression nostalgique du bonheur ou celle de la douceur de la soumission, aujourd'hui cependant, nous frappe au plus sensible leur amertume désespérée.

Au terme des combats héroïques, la femme regardait, la femme criait : regard-témoin tout au long de la bataille, que prolongeait le hululement pour encourager le guerrier (cri allongé trouant l'horizon comme un gargouillis infini du ventre, un appel sexuel en envol total).

Or les combats, tout au long du XIXe siècle, de plus en plus au sud des terres algériennes, ont été successivement perdus. Les héros n'en finissent pas de mordre la poussière. Dans cette geste, regards et voix des femmes continuent à être perçus à distance, au-delà de la frontière qui devrait être celle de la mort, sinon de la victoire.

Mais pour ceux de l'âge de la soumission, féodaux ou prolétaires, fils ou amants, la scène demeure, les spectatrices n'ont pas bougé et c'est dans une crainte rétrospective que ceux-là se sont mis à rêver ce regard.

Ainsi, tandis qu'au-dehors toute une société se cloisonne en dualité vaincus-vainqueurs, autochtones et envahisseurs, dans le harem, réduit à un gourbi ou à une grotte, se vérouille quasi définitivement le dialogue. Si l'on pouvait seulement investir ce seul corps spectateur qui reste, davantage le cerner pour oublier la défaite !... Mais tout mouvement qui rappellerait la furia des ancêtres, se fige irrémédiablement, redoublant l'immobilité qui fait la femme prisonnière.

Dans la culture orale algérienne, principalement dans les petites villes totalement investies, se développe dans le poème, dans le chant et jusque dans les figures de la danse lente ou nerveuse, le thème presque unique de la meurtrissure qui vient remplacer l'imprévisibilité vivace de l'expression du désir ironique.

Que la première rencontre des sexes ne soit possible qu'à travers le rite du mariage et de ses cérémonies éclaire sur la nature d'une obsession qui marque profondément notre être social et culturel. Une plaie vive s'inscrit sur le corps de la femme par le biais de l'assomption d'une virginité qu'on déflore rageuse-ment et dont le mariage consacre trivialement le martyre. La nuit de noces devient essentiellement nuit du sang. Non pas de la connaissance ou à plus forte raison du plaisir, mais nuit du sang qui est aussi nuit du regard et du silence. D'où le chœur suraigu des longs cris poussés par les autres femmes (sororité spasmée qui tente de prendre envol dans la nuit aveugle), d'où le fracas aussi de la poudre pour mieux envelopper ce silence-là[4].

Or ce regard du sexe ensanglanté renvoie au premier regard, celui de la mère au terme de l'enfantement. L'image de celle-ci se dresse alors, ambivalente et éplorée, voilée totalement et en même temps livrée nue, jambes sanguinolentes dans les sursauts de la douleur.

4. Cf. chanson de noce dans l'ouest algérien : « O les filles, je vous en prie / Laissez-moi dormir avec vous ! / Chaque nuit, j'en ferai « exploser » une (de vous) / Avec le pistolet et le fusil !... »

Le Coran dit, on l'a souvent répété : « le Paradis se trouve aux pieds des mères ». Si le christianisme est adoration de la mère-vierge, l'Islam, plus brutalement, entend par « mère », avant même la source de tendresse, la femme sans jouissance. Avec l'espoir obscur que l'œil-sexe qui a enfanté n'est plus de ce fait menaçant. La mère seule peut alors regarder.

II Au temps de l'Emir Abdelkader, des tribus nomades qui lui sont fidèles, les Arbaa et les Harazélias, se trouvent assiégées en 1839 au fort « Ksar el Hayran » par l'ennemi traditionnel Tedjini. Le quatrième jour du siège, les assaillants escaladent déjà les murs, quand une jeune fille des Harazélias, nommée Messaouda (« l'heureuse »), voyant les siens s'apprêter à tourner le dos, s'écrie :

> Où courez-vous donc ainsi ? C'est de ce côté que sont les ennemis ! Faut-il qu'une jeune fille montre comment doivent se comporter les hommes ? Eh bien, voyez !

Elle monte sur le rempart, se laisse glisser au-dehors, face aux ennemis. S'exposant ainsi volontairement, elle déclame en même temps :

Où sont les hommes de ma tribu ?
Où sont mes frères ?
Où sont ceux qui chantaient pour moi des chants d'amour ?

Sur ce, les Harazélias s'élancent à son secours et la tradition rapporte qu'en vociférant ce cri de guerre et d'amour :

« Sois heureuse, voici tes frères, voici tes amants !... » ils repoussèrent, électrisés par l'appel de la jeune fille, l'ennemi.

Messaouda est ramenée en triomphe et, depuis, l'on chante dans les tribus du sud algérien « le chant de Messaouda » qui rapporte ces faits et se termine justement par cette exaltation de la meurtrissure héroïque :

> Messaouda, tu seras toujours une tenaille pour arracher les dents !

Nombre d'épisodes, dans l'histoire des résistances algériennes du siècle dernier, montrent en effet des femmes guerrières, sorties de ce rôle traditionnel de spectatrices. Leur regard redoutable aiguillonnait le courage, mais soudain, là même où pointe l'ultime désespoir, leur présence même dans le mouvement bouillonnant du combat fait la décision.

D'autres relations sur l'héroïsme féminin illustrent la tradition de la reine-mère féodale (intelligence, sens de l'organisation et courage « viril »), à l'exemple de la lointaine Kahina berbère.

L'histoire de Messaouda, plus modeste, me paraît présenter un aspect plus nouveau : variante certes de l'héroïsme et de la solidarité tribale, mais surtout ici mise en correspondance d'un corps en danger (dans le mouvement totalement improvisé) avec une voix qui appelle, défie et écorche. Pour finir, guérit du risque de lâcheté et permet de trouver l'issue victorieuse.

« Sois heureuse, voici tes frères, voici tes amants !» Ces frères-amants s'effraient-ils plus de voir le corps alors totalement exposé, ou sont-ils davantage « électrisés » par la voix féminine qui court ? Ce son enfin sorti des entrailles, frôlant le sang de la mort et celui de l'amour. Et c'est la révélation : « Sois heureuse !» Le chant de Messaouda seul consacre ce bonheur de la femme, totalement dans la mobilité à la fois improvisée et dangereuse, en somme créatrice.

Peu de Messaouda, hélas, dans notre proche passé de résistance anticoloniale. Avant la guerre de libération, la recherche de l'identité nationale, quand elle y incluait la participation féminine, se complaisait, même pour les figures exceptionnelles et reconnues de guerrières, à en évacuer le corps et à éclairer ces femmes en « mères ». Mais lorsque, au cours des sept années de guerre nationale, le thème de l'héroïne s'exalte, c'est justement autour du corps des jeunes filles que j'appelle « porteuses de feu » et que l'ennemi incarcère. Harems fondus un temps en prisons « Barberousse », les Messaouda de la « bataille d'Alger » s'appelèrent Djamila.

Depuis cet appel de Messaouda et ce répons des « frères-amants », depuis cette course en avant de l'orgueil féminin libéré, qu'avons-nous comme « dit » de nos femmes, comme parole féminine ?

Le tableau de Delacroix nous montre deux des femmes comme surprises à converser, mais leur silence ne finit pas de nous parvenir. Parole arrêtée de celles qui baissent les paupières ou regardent dans le vague pour communiquer. Comme s'il s'agissait d'un secret à l'élucidation duquel veille la servante, dont on ne sait pas très bien si elle espionne ou si elle est complice.

Dès l'enfance, on apprend à la fillette « le culte du silence qui est une des plus grandes puissances de la société arabe »[5]. Ce qu'un général français, « ami des Arabes », appelle « puissance », nous le ressentons comme une seconde mutilation.

5. Cf. « *La femme arabe* » du général Daumas, écrit peu avant la mort de l'auteur en 1871, publié en 1912.

Même le oui qui doit suivre la « fatiha » du mariage et que le père doit demander à sa fille — le Coran lui en faisant obligation — est presque partout (dans l'aire musulmane) ingénieusement étouffé. Le fait que la jeune fille ne puisse être vue à découvert afin de proférer son acquiescement (ou son non-acquiescement) l'oblige à passer par le truchement d'un représentant mâle qui parle à « sa place ». Terrible substitution d'une parole à une autre, et qui, de plus, ouvre la voie à la pratique illégale du mariage forcé. Parole déflorée, violentée avant que n'intervienne l'autre défloration, l'autre violence.

D'ailleurs même sans « ouali », on convient que ce « oui » qu'on attend directement d'elle, elle peut l'exprimer, à cause de sa « pudeur » devant le père et l'homme de loi, par son silence ou par ses larmes. Il est vrai que dans la Perse ancienne, on note une pratique encore plus caractéristique[6] : pour la consécration du mariage, le garçon fait entendre bien clairement son accord ; la fiancée, elle, est placée dans une chambre contiguë, au milieu d'autres femmes, près de la porte sur laquelle tombe un rideau. Pour faire entendre ce « oui » nécessaire, les femmes font cogner la tête de la jeune fille contre la porte, lui tirant un soupir.

Ainsi, le seul mot que la femme a à prononcer, ce « oui » à la soumission, sous couvert de bienséance, elle l'exhale malaisément, sous l'effet d'une douleur physique ou par l'ambiguïté de larmes silencieuses.

On raconte qu'en 1911, les femmes (mères et sœurs) dans diverses campagnes algériennes venaient errer autour des camps où se parquaient les conscrits dits « indigènes », pour pleurer et se déchirer le visage. L'image de la femme éplorée, se lacérant les joues jusqu'à l'hystérie, devient chez les ethnologues d'alors la seule image « en mouvement »: plus de guerrières ni de poétesses héroïques. Quand il ne s'agit pas de femmes invisibles et muettes, si elles font toujours corps avec leur tribu, elles ne peuvent apparaître que comme furies impuissantes. Silence même des danseuses-prostituées des Ouled-Naîls aux corps couverts jusqu'aux pieds, au visage d'idole alourdi de bijoux, au seul son rythmé des anneaux de chevilles.

De 1900 à 1954, en Algérie, fermeture donc d'une société indigène de plus en plus dépossédée, dans son espace vital et jusque dans ses structures tribales. Le regard orientalisant — avec ses interprètes militaires d'abord et ses photo-

6. Cf. P. Raphaël du Mans, *État de la Perse en 1660*, Paris 1890.

graphes et cinéastes ensuite — tourne autour de cette société fermée, en soulignant davantage encore son « mystère féminin », pour occulter ainsi l'hostilité de toute une communauté algérienne en danger.

Il n'empêche pourtant que, durant cette première moitié du XXᵉ siècle, le resserrement spatial a conduit à un resserrement des relations parentales : entre cousins, entre frères, etc. Et dans les rapports frères-sœurs, ces dernières furent le plus souvent — toujours grâce à ce « oui-silence des larmes » — déshérédées au profit des mâles de la famille : autre figure là aussi de cet immémorial abus de confiance, de cette aliénation des biens et des corps.

Doublement emprisonnée donc dans cette immense prison, la femme n'a plus droit qu'à un espace se restreignant comme une peau de chagrin. Seule la relation mère-fils se renforça davantage jusqu'à bloquer toutes les autres circulations. Comme si le rattachement de plus en plus difficile aux racines, pour ces nouveaux prolétaires sans terre et bientôt sans culture, repassait par le cordon ombilical.

Mais, au-delà de ce resserrement à l'intérieur des familles, dont bénéficient les seuls mâles, il y a le rattachement aux racines orales de l'histoire.

Son de la mère qui, femme sans corps et sans voix individuelle, retrouve le timbre de la voix collective et obscure, nécessairement asexuée. Car dans ce tournoiement de la défaite ayant abouti à une immobilité tragique, les modèles pour retrouver second souffle et oxygène sont cherchés ailleurs[7] que dans cette sorte de ventre nourricier immense où la cohorte des mères et des aïeules, dans l'ombre des patios, des gourbis, a entretenu la mémoire affective...

Echos des batailles perdues du siècle passé, détails de couleurs dignes justement d'un Delacroix chez les récitantes analphabètes : les voix chuchotées de ces femmes oubliées en ont développé des fresques irremplaçables et ont tressé ainsi notre sens de l'histoire.

Par là même, la présence agrandie de la mère (femme sans corps ou au contraire au corps multiplié) se trouve être le nœud le plus solide d'une incommunicabilité quasi totale des sexes. Mais en même temps, dans le domaine de la parole, la mère semble avoir monopolisé en fait la seule expression authentique d'une identité culturelle, limitée certes au terroir, au village, au

7. « *Ailleurs* », pour la genèse du nationalisme politique, c'est autant à partir de l'émigration ouvrière en Europe des années 1920, que grâce au mouvement des idées nouvelles de l'Orient arabe où se forment nombre de lettrés arabophones et musulmans. (Mouvements du P.P.A. et des « ulémas ».)

saint populaire local, quelquefois au « clan », mais en tout cas concrète et ardente d'affectivité.

Comme si la mère, reculant en deçà de la procréation, nous masquait son corps, afin de revenir comme voix d'aïeule indéfinie, chœur intemporel où se redit l'histoire. Mais une histoire dont s'expulse l'image archétypale du corps féminin.

En pointillé surnage un tracé hésitant, restes d'une culture de femmes qui s'asphyxie lentement : chansons des terrasses des jeunes filles[8], quatrains d'amour des femmes de Tlemcen[9], magnifiques thrènes funéraires de celles de Laghouat, toute une littérature qui devient hélas de plus en plus lointaine, pour finir par ressembler à ces oueds sans embouchure, égarés dans les sables...

Lamento du folklore des chanteuses juives et arabes des noces algéroises, peu à peu, cette douceur surannée, cette nostalgie amoureuse, à peine allusive, se transmet des femmes à des adolescentes, futures sacrifiées, comme si le chant se refermait sur lui-même.

Nous, enfants dans les patios où nos mères nous apparaissent encore jeunes, sereines, aux bijoux qui ne les écrasent pas — pas encore —, qui les parent souvent d'une vanité inoffensive, nous, dans le bruissement alangui des voix féminines perdues, nous en percevons encore la chaleur ancienne... mais rarement le recroquevillement. Or ces îlots de paix, cet entracte que garde notre mémoire, n'est-ce pas un peu de cette autonomie végétale des Algéroises du tableau, monde des femmes complètement séparé ?

Monde dont s'éloigne le garçon avançant en âge, mais dont s'éloigne aussi la jeune fille aujourd'hui qui s'émancipe. Pour celle-ci surtout, l'éloignement revient à déplacer le lieu de son mutisme : elle troque le gynécée et la communauté ancienne contre un face-à-face souvent fallacieux avec l'homme.

Ainsi, ce monde de femmes, quand il ne bruit plus de chuchotements de tendresse complice, de complaintes perdues, bref d'un romantisme d'enchantement évanoui, ce monde-là devient brusquement, aridement, celui de l'autisme.

8. Les « chansons de terrasses » sont celles du jeu de la « *Bokala* » où les jeunes filles échangent des couplets rimés, comme signes de présages.

9. Il s'agit des « *hawfis* », genre de poésie populaire féminine et chantée. Ibn Khaldoun fait déjà mention de ce genre traditionnel qu'il appelle « mawaliya ».

Ce même type de littérature féminine se retrouve, ailleurs qu'à Tlemcen, mais toujours dans de petites villes du nord algérien.

Soudain la réalité présente se dévoile sans fards, sans passéisme : le son est vraiment coupé.

III Alors que débutait à peine la guerre de libération en Algérie, Picasso va vivre, de décembre 1954 à février 1955, quotidiennement dans le monde des « Femmes d'Alger » de Delacroix. Il s'y confronte et bâtit autour des trois femmes, et avec elles, un univers complètement transformé : quinze toiles et deux lithographies portant le même titre.

Il m'émeut de penser que l'Espagnol génial préside ainsi à un changement des temps.

A l'entrée de notre « nuit coloniale », le peintre français nous livrait sa vision qui, remarque Baudelaire admirateur, « exhale je ne sais quel haut parfum de mauvais lieu qui nous guide assez vite vers les limbes insondés de la tristesse ». Ce parfum de mauvais lieu venait de bien loin et il se sera encore davantage concentré.

Picasso renverse la malédiction, fait éclater le malheur, inscrit en lignes hardies un bonheur totalement nouveau. Prescience qui devrait, dans notre quotidien, nous guider.

« Picasso a toujours aimé libérer les belles du harem », remarque Pierre Daix. Libération glorieuse de l'espace, réveil des corps dans la danse, la dépense, le mouvement gratuit. Mais aussi préservation d'une des femmes restée hermétique, olympienne, soudain immense. Comme une morale proposée, ici, d'un rapport à retrouver entre sérénité ancienne et parée (la dame, figée auparavant dans sa tristesse maussade, est dorénavant immobile, mais comme un roc de puissance intérieure) et l'éclatement improvisé dans un espace ouvert.

Car il n'y a plus de harem, la porte en est grande ouverte et la lumière y entre ruisselante ; il n'y a même plus de servante espionne, simplement une autre femme, espiègle et dansante. Enfin les héroïnes — à l'exception de la reine dont les seins éclatent néanmoins — y sont totalement nues, comme si Picasso retrouvait la vérité du langage usuel qui, en arabe, désigne les « dévoilées » comme des « dénudées ». Comme s'il faisait aussi de cette dénudation non pas seulement le signe d'une « émancipation », mais plutôt celui d'une renaissance de ces femmes à leur corps.

Deux ans après cette intuition d'artiste, est apparue la lignée des porteuses de bombes, à la « bataille d'Alger ». Celles-ci sont-elles seulement les sœurscompagnes des héros nationalistes ? Certes pas, car tout se passe comme si ces derniers, isolés, hors du clan, avaient fait un long parcours, des années 1920 à presque 1960, pour retrouver leurs « sœurs-amantes » et cela, à l'ombre des prisons et des sévices des légionnaires.

Comme s'il avait fallu la guillotine et les premiers sacrifiés du froid de l'aube pour que des jeunes filles tremblent pour leurs frères de sang et le disent[10]. L'accompagnement ancestral avait été jusque là le hululement du triomphe et de la mort.

Il s'agit de se demander si les porteuses de bombes, en sortant du harem, ont choisi par pur hasard leur mode d'expression le plus direct : leurs corps exposés dehors et elles-mêmes s'attaquant aux autres corps ? En fait elles ont sorti ces bombes comme si elles sortaient leurs propres seins, et ces grenades ont éclaté contre elles, tout contre.

Certaines d'entre elles se sont retrouvées sexes électrocutés, écorchés par la torture.

Si le viol comme fait et « tradition » de guerre est en soi horriblement banal depuis que les guerres existent, il devint — lorsque nos héroïnes en furent les expiatoires victimes — motif à bouleversement douloureux, vécu comme traumatisme par l'ensemble de la collectivité algérienne. Sa dénonciation publique par journaux et prétoires interposés contribua certes à en amplifier la résonance scandaleuse : les mots qui le nommèrent firent, autour du viol, l'unanimité explicitement réprobatrice. Une barrière de mots tombait, se transgressait, un voile se déchirait devant une réalité menacée, mais dont le refoulement était trop fort pour ne pas faire retour. Celui-ci submergea une solidarité du malheur qui avait été un instant efficace. Ce que les mots avaient dévoilé le temps d'une guerre, voilà que retombe sur lui la chape épaisse des sujets tabous, voilà que s'inverse le sens d'une révélation. Revient alors le lourd silence qui met fin au rétablissement momentané du son. Le son est de nouveau coupé. Comme si les pères, frères ou cousins disaient : « Nous avons bien assez payé pour ce dévoilement des mots !» Oubliant sans doute que des femmes ont inscrit dans leur chair meurtrie ce dire qui est pourtant pénalisé d'un silence s'étendant alentour.

Le son de nouveau coupé, le regard de nouveau interdit reconstruisent les ancestrales barrières. « Un parfum de mauvais lieu » disait Baudelaire. Il n'y a

10. Cf. avant 1962 : Zora Drif, « *La mort de mes frères* ».

plus de sérail. Mais la « structure du sérail »[11] tente d'imposer, dans les nouveaux terrains vagues, ses lois : loi de l'invisibilité, loi du silence.

Je ne vois que dans les bribes de murmures anciens comment chercher à restituer la conversation entre femmes, celle-là même que Delacroix gelait sur le tableau. Je n'espère que dans la porte ouverte en plein soleil, celle que Picasso ensuite a imposée, une libération concrète et quotidienne des femmes.

11.   « *La structure du sérail* » de Alain Grosrichard, 1979.

ANNIE ERNAUX

Fille de petits commerçants normands, Annie Ernaux est née en 1940. Elle enseigne la littérature dans des lycées d'Annecy et des environs de Paris ainsi qu'au Centre national d'enseignement par correspondance. Dans ses romans *Les armoires vides* (1974), *Ce qu'ils disent ou rien* (1977) et *La femme gelée* (1981), elle mêle à la fiction des éléments de sa propre expérience. Dans *La place* (1983) et *Une femme* (1987), elle traite plus ouvertement de sa vie privée, de son histoire et de sa situation familiale. Parmi ses œuvres plus récentes, citons *Passion simple* (1991) et *Journal du dehors* (1993), qui reproduit des scènes transcrites du métro et des hypermarchés parisiens.

Une femme est le récit de la vie de la mère d'Annie Ernaux, mais aussi l'autobio-graphie de celle qui écrit, et dont l'identité émerge, comme dans nombre de textes féminins, grâce à la relation avec autrui. Comme le souligne la narratrice, son histoire est le reflet de l'histoire sociale de la France moderne ; elle retrace la trajectoire d'une famille, des grands-parents, paysans normands, aux parents, petits commerçants qui ont quitté l'usine pour devenir propriétaires d'un café-épicerie. La mère comprend que l'instruction permettra à sa fille d'échapper au dur labeur de la vie étriquée qu'elle-même et son mari ont menée ; ses aspira-tions lancent la jeune fille vers un monde où on ne parle pas le même langage.

A la recherche des mots qui lui permettront d'ouvrir le dialogue avec sa mère, Ernaux se rappelle le patois normand de ses grands-parents et les expressions familières de sa mère. A partir de quelques photographies, seules traces de la vie anonyme de sa mère, notre auteur inscrit, dans l'Histoire, une femme qu'on a tenue à distance de l'écriture et dont la vie est passée inaperçue. Ainsi, elle comprend que grâce à son livre elle a, dans un sens, donné naissance à sa mère.

Une femme
(extrait)

Ma mère est morte le lundi 7 avril à la maison de retraite de l'hôpital de Pontoise, où je l'avais placée il y a deux ans. L'infirmier a dit au téléphone : « Votre mère s'est éteinte ce matin, après son petit déjeuner. » Il était environ dix heures.

Pour la première fois la porte de sa chambre était fermée. On lui avait déjà fait sa toilette, une bande de tissu blanc lui enserrait la tête, passant sous le menton, ramenant toute la peau autour de la bouche et des yeux. Elle était recouverte d'un drap jusqu'aux épaules, les mains cachées. Elle ressemblait à une petite momie. On avait laissé de chaque côté du lit les barres destinées à l'empêcher de se lever. J'ai voulu lui passer la chemise de nuit blanche, bordée de croquet, qu'elle avait achetée autrefois pour son enterrement. L'infirmier m'a dit qu'une femme du service s'en chargerait, elle mettrait aussi sur elle le crucifix, qui était dans le tiroir de la table de chevet. Il manquait les deux clous fixant les bras de cuivre sur la croix. L'infirmier n'était pas sûr d'en trouver. Cela n'avait pas d'importance, je désirais qu'on lui mette quand même son crucifix. Sur la table roulante, il y avait le bouquet de forsythias que j'avais apporté la veille. L'infirmier m'a conseillé d'aller tout de suite à l'état civil de l'hôpital. Pendant ce temps, on ferait l'inventaire des affaires personnelles de ma mère. Elle n'avait presque plus rien à elle, un tailleur, des chaussures d'été bleues, un rasoir électrique. Une femme s'est mise à crier, la même depuis des mois. Je ne comprenais pas qu'elle soit encore vivante et que ma mère soit morte.

A l'état civil, une jeune femme m'a demandé pour quoi c'était. « Ma mère

Annie Ernaux, d'*Une femme,* © Éditions GALLIMARD.

est décédée ce matin. — A l'hôpital ou en long séjour ? quel nom ?» Elle a regardé une feuille et elle a souri un peu : elle était déjà au courant. Elle est allée chercher le dossier de ma mère et m'a posé quelques questions sur elle, son lieu de naissance, sa dernière adresse avant d'entrer en long séjour. Ces renseignements devaient figurer dans le dossier.

Dans la chambre de ma mère, on avait préparé sur la table de chevet un sac en plastique contenant ses affaires. L'infirmier m'a tendu la fiche d'inventaire à signer. Je n'ai plus désiré emporter les vêtements et les objets qu'elle avait eus ici, sauf une statuette achetée lors d'un pèlerinage à Lisieux avec mon père, autrefois, et un petit ramoneur savoyard, souvenir d'Annecy. Maintenant que j'étais venue, on pouvait conduire ma mère à la morgue de l'hôpital, sans attendre la fin des deux heures réglementaires de maintien du corps dans le service après décès. En partant, j'ai vu dans le bureau vitré du personnel la dame qui partageait la chambre de ma mère. Elle était assise avec son sac à main, on la faisait patienter là jusqu'à ce que ma mère soit transportée à la morgue.

Mon ex-mari m'a accompagnée aux pompes funèbres. Derrière l'étalage de fleurs artificielles, il y avait des fauteuils et une table basse avec des revues. Un employé nous a conduits dans un bureau, posé des questions sur la date du décès, le lieu de l'inhumation, une messe ou non. Il notait tout sur un grand bordereau et tapait de temps en temps sur une calculette. Il nous a emmenés dans une pièce noire, sans fenêtres, qu'il a éclairée. Une dizaine de cercueils étaient debout contre le mur. L'employé a précisé : « Tous les prix sont t.c. ». Trois cercueils étaient ouverts pour qu'on puisse choisir aussi la couleur du capitonnage. J'ai pris du chêne parce que c'était l'arbre qu'elle préférait et qu'elle s'inquiétait toujours de savoir devant un meuble neuf s'il était en chêne. Mon ex-mari m'a suggéré du rose violine pour le capiton. Il était fier, presque heureux de se rappeler qu'elle avait souvent des corsages de cette couleur. J'ai fait un chèque à l'employé. Ils s'occupaient de tout, sauf de la fourniture des fleurs naturelles. Je suis rentrée vers midi chez moi et j'ai bu du porto avec mon ex-mari. J'ai commencé d'avoir mal à la tête et au ventre.

Vers cinq heures, j'ai appelé l'hôpital pour demander s'il était possible de voir ma mère à la morgue avec mes deux fils. La standardiste m'a répondu qu'il était trop tard, la morgue fermait à quatre heures et demie. Je suis sortie seule en voiture, pour trouver un fleuriste ouvert le lundi, dans les quartiers neufs près de l'hôpital. Je voulais des lis blancs, mais la fleuriste me les a déconseillés, on ne les fait que pour les enfants, les jeunes filles à la rigueur.

L'inhumation a eu lieu le mercredi. Je suis arrivée à l'hôpital avec mes fils et mon ex-mari. La morgue n'est pas fléchée, nous nous sommes perdus avant de la découvrir, un bâtiment de béton sans étage, à la lisière des champs. Un employé en blouse blanche qui téléphonait nous a fait signe de nous asseoir dans un couloir. Nous étions sur des chaises alignées le long du mur, face à des sanitaires dont la porte était restée ouverte. Je voulais voir encore ma mère et poser sur elle deux petites branches de cognassier en fleur que j'avais dans mon sac. Nous ne savions pas s'il était prévu de nous montrer ma mère une dernière fois avant de refermer le cercueil. L'employé des pompes funèbres que nous avions eu au magasin est sorti d'une pièce à côté et nous a invités à le suivre, avec politesse. Ma mère était dans le cercueil, elle avait la tête en arrière, les mains jointes sur le crucifix. On lui avait enlevé son bandeau et passé la chemise de nuit avec du croquet. La couverture de satin lui montait jusqu'à la poitrine. C'était dans une grande salle nue, en béton. Je ne sais pas d'où venait le peu de jour.

L'employé nous a indiqué que la visite était finie, et nous a raccompagnés dans le couloir. Il m'a semblé qu'il nous avait amenés devant ma mère pour qu'on constate la bonne qualité des prestations de l'entreprise. Nous avons traversé les quartiers neufs jusqu'à l'église, construite à côté du centre culturel. Le corbillard n'était pas arrivé, nous avons attendu devant l'église. En face, sur la façade du supermarché, il y avait écrit au goudron, « l'argent, les marchandises et l'État sont les trois piliers de l'apartheid ». Un prêtre s'est avancé, très affable. Il a demandé, « c'est votre mère ?» et à mes fils s'ils continuaient leurs études, à quelle université.

Une sorte de petit lit vide, bordé de velours rouge, était posé à même le sol de ciment, devant l'autel. Plus tard, les hommes des pompes funèbres ont placé dessus le cercueil de ma mère. Le prêtre a mis une cassette d'orgue sur le magnétophone. Nous étions seuls à assister à la messe, ma mère n'était connue de personne ici. Le prêtre parlait de « la vie éternelle », de la « résurrection de notre sœur », il chantait des cantiques. J'aurais voulu que cela dure toujours, qu'on fasse encore quelque chose pour ma mère, des gestes, des chants. La musique d'orgue a repris et le prêtre a éteint les cierges de chaque côté du cercueil.

La voiture des pompes funèbres est partie aussitôt vers Yvetot, en Normandie, où ma mère allait être enterrée à côté de mon père. J'ai fait le voyage dans
ma voiture personnelle avec mes fils. Il a plu pendant tout le trajet, le vent
soufflait en rafales. Les garçons m'interrogeaient au sujet de la messe, parce
qu'ils n'en avaient jamais vu auparavant et qu'ils n'avaient pas su comment se
comporter au cours de la cérémonie.

A Yvetot, la famille était massée près de la grille d'entrée du cimetière. L'une
de mes cousines m'a crié de loin : « Quel temps, on se croirait en novembre !»,
pour ne pas rester à nous regarder avancer sans rien dire. Nous avons marché
tous ensemble vers la tombe de mon père. Elle avait été ouverte, la terre rejetée
sur le côté en un monticule jaune. On a apporté le cercueil de ma mère. Au
moment où il a été positionné au-dessus de la fosse, entre des cordes, les
hommes m'ont fait approcher afin que je le voie glisser le long des parois de la
tranchée. Le fossoyeur attendait à quelques mètres, avec sa pelle. Il était en
bleus, un béret et des bottes, le teint violacé. J'ai eu envie de lui parler et de lui
donner cent francs, en pensant qu'il irait peut-être les boire. Cela n'avait pas
d'importance, au contraire, il était le dernier homme à s'occuper de ma mère en
la recouvrant de terre tout l'après-midi, il fallait qu'il ait du plaisir à le faire.

La famille n'a pas voulu que je reparte sans manger. La sœur de ma mère
avait prévu le repas d'inhumation au restaurant. Je suis restée, cela aussi me
paraissait une chose que je pouvais encore faire pour elle. Le service était lent,
nous parlions du travail, des enfants, quelquefois de ma mère. On me disait,
« ça servait à quoi qu'elle vive dans cet état plusieurs années ». Pour tous, il
était mieux qu'elle soit morte. C'est une phrase, une certitude, que je ne
comprends pas. Je suis rentrée en région parisienne le soir. Tout a été vraiment
fini.

Dans la semaine qui a suivi, il m'arrivait de pleurer n'importe où. En me
réveillant, je savais que ma mère était morte. Je sortais de rêves lourds dont je
ne me rappelais rien, sauf qu'elle y était, et morte. Je ne faisais rien en dehors
des tâches nécessaires pour vivre, les courses, les repas, le linge dans la machine
à laver. Souvent j'oubliais dans quel ordre il fallait les faire, je m'arrêtais après
avoir épluché des légumes, n'enchaînant sur le geste suivant, de les laver,
qu'après un effort de réflexion. Lire était impossible. Une fois, je suis descen-
due à la cave, la valise de ma mère était là, avec son porte-monnaie, un sac d'été,
des foulards à l'intérieur. Je suis restée prostrée devant la valise béante. C'est

au-dehors, en ville, que j'étais le plus mal. Je roulais, et brutalement : « Elle ne sera plus jamais nulle part dans le monde. » Je ne comprenais plus la façon habituelle de se comporter des gens, leur attention minutieuse à la boucherie pour choisir tel ou tel morceau de viande me causait de l'horreur.

Cet état disparaît peu à peu. Encore de la satisfaction que le temps soit froid et pluvieux, comme au début du mois, lorsque ma mère était vivante. Et des instants de vide chaque fois que je constate « ce n'est plus la peine de » ou « je n'ai plus besoin de » (faire ceci ou cela pour elle). Le trou de cette pensée : le premier printemps qu'elle ne verra pas. (Sentir maintenant la force des phrases ordinaires, des clichés même.)

Il y aura trois semaines demain que l'inhumation a eu lieu. Avant-hier seulement, j'ai surmonté la terreur d'écrire dans le haut d'une feuille blanche, comme un début de livre, non de lettre à quelqu'un, « ma mère est morte ». J'ai pu aussi regarder des photos d'elle. Sur l'une, au bord de la Seine, elle est assise, les jambes repliées. Une photo en noir et blanc, mais c'est comme si je voyais ses cheveux roux, les reflets de son tailleur en alpaga noir.

Je vais continuer d'écrire sur ma mère. Elle est la seule femme qui ait vraiment compté pour moi et elle était démente depuis deux ans. Peut-être ferais-je mieux d'attendre que sa maladie et sa mort soient fondues dans le cours passé de ma vie, comme le sont d'autres événements, la mort de mon père et la séparation d'avec mon mari, afin d'avoir la distance qui facilite l'analyse des souvenirs. Mais je ne suis pas capable en ce moment de faire autre chose.

C'est une entreprise difficile. Pour moi, ma mère n'a pas d'histoire. Elle a toujours été là. Mon premier mouvement, en parlant d'elle, c'est de la fixer dans des images sans notion de temps : « elle était violente », « c'était une femme qui brûlait tout », et d'évoquer en désordre des scènes, où elle apparaît. Je ne retrouve ainsi que la femme de mon imaginaire, la même que, depuis quelques jours, dans mes rêves, je vois à nouveau vivante, sans âge précis, dans une atmosphère de tension semblable à celle des films d'angoisse. Je voudrais saisir aussi la femme qui a existé en dehors de moi, la femme réelle, née dans le quartier rural d'une petite ville de Normandie et morte dans le service de gériatrie d'un hôpital de la région parisienne. Ce que j'espère écrire de plus juste se situe sans doute à la jointure du familial et du social, du mythe et de l'histoire. Mon projet est de nature littéraire, puisqu'il s'agit de chercher une vérité sur ma mère qui ne peut être atteinte que par des mots. (C'est-à-dire que ni les photos, ni mes souvenirs, ni les témoignages de la famille ne peuvent me donner cette vérité.) Mais je souhaite rester, d'une certaine façon, au-dessous de la littérature.

Yvetot est une ville froide, construite sur un plateau venté, entre Rouen et Le Havre. Au début du siècle, elle était le centre marchand et administratif d'une région entièrement agricole, aux mains de grands propriétaires. Mon grand-père, charretier dans une ferme, et ma grand-mère, tisserande à domicile, s'y sont installés quelques années après leur mariage. Ils étaient tous deux originaires d'un village voisin, à trois kilomètres. Ils ont loué une petite maison basse avec une cour, de l'autre côté de la voie ferrée, à la périphérie, dans une zone rurale aux limites indécises, entre les derniers cafés près de la gare et les premiers champs de colza. Ma mère est née là, en 1906, quatrième de six enfants. (Sa fierté quand elle disait : « Je ne suis pas née à la campagne. »)

Quatre des enfants n'ont pas quitté Yvetot de leur vie, ma mère y a passé les trois quarts de la sienne. Ils se sont rapprochés du centre mais ne l'ont jamais habité. On « allait en ville », pour la messe, la viande, les mandats à envoyer. Maintenant, ma cousine a un logement dans le centre, traversé par la Nationale 15 où circulent des camions jour et nuit. Elle donne du somnifère à son chat pour l'empêcher de sortir et de se faire écraser. Le quartier où ma mère a passé son enfance est très recherché par les gens à hauts revenus, pour son calme et ses maisons anciennes.

Ma grand-mère faisait la loi et veillait par des cris et des coups à « dresser » ses enfants. C'était une femme rude au travail, peu commode, sans autre relâchement que la lecture des feuilletons. Elle savait tourner les lettres et, première du canton au certificat, elle aurait pu devenir institutrice. Les parents avaient refusé qu'elle parte du village. Certitude alors que s'éloigner de la famille était source de malheur. En normand, « ambition » signifie la douleur d'être séparé, un chien peut mourir d'ambition. Pour comprendre aussi cette histoire refermée à onze ans, se rappeler toutes les phrases qui commencent par « dans le temps » : dans le temps, on n'allait pas à l'école comme maintenant, on écoutait ses parents, etc.

Elle tenait bien sa maison, c'est-à-dire qu'avec le minimum d'argent elle arrivait à nourrir et habiller sa famille, alignait à la messe des enfants sans trous ni taches, et ainsi s'approchait d'une dignité permettant de vivre sans se sentir des manants. Elle retournait les cols et les poignets de chemises pour qu'elles fassent double usage. Elle gardait tout, la peau du lait, le pain rassis, pour faire des gâteaux, la cendre de bois pour la lessive, la chaleur du poêle éteint pour sécher les prunes ou les torchons, l'eau du débarbouillage matinal pour se laver les mains dans la journée. Connaissant tous les gestes qui accommodent la pauvreté. Ce savoir, transmis de mère en fille pendant des siècles, s'arrête à moi qui n'en suis plus que l'archiviste.

Mon grand-père, un homme fort et doux, est mort à cinquante ans d'une crise d'angine de poitrine. Ma mère avait treize ans et elle l'adorait. Veuve, ma grand-mère est devenue encore plus raide, toujours sur le qui-vive. (Deux images de terreur, la prison pour les garçons, l'enfant naturel pour les filles.) Le tissage à domicile ayant disparu, elle a fait du blanchissage, des ménages de bureaux.

A la fin de sa vie, elle habitait avec sa dernière fille et son gendre, dans un baraquement sans électricité, ancien réfectoire de l'usine d'à côté, juste au bas de la voie ferrée. Ma mère m'emmenait la voir le dimanche. C'était une petite femme ronde, qui se mouvait rapidement malgré une jambe plus courte que l'autre de naissance. Elle lisait des romans, parlait très peu, avec brusquerie, aimait bien boire de l'eau-de-vie, qu'elle mélangeait à un fond de café, dans la tasse. Elle est morte en 1952.

L'enfance de ma mère, c'est à peu près ceci :

un appétit jamais rassasié. Elle dévorait la pesée du pain en revenant du boulanger. « Jusqu'à vingt-cinq ans, j'aurais mangé la mer et les poissons !»,

la chambre commune pour tous les enfants, le lit partagé avec une sœur, des crises de somnambulisme où on la retrouvait debout, endormie, les yeux ouverts, dans la cour,

les robes et les chaussures dépassées d'une sœur à l'autre, une poupée de chiffon à Noël, les dents trouées par le cidre,

mais aussi les promenades sur le cheval de labour, le patinage sur la mare gelée durant l'hiver 1916, les parties de cache-cache et de saut à la corde, les injures et le geste rituel de mépris — se tourner et se taper le cul d'une main vive — à l'adresse des « demoiselles » du pensionnat privé,

toute une existence au-dehors de petite fille de la campagne, avec les mêmes savoir-faire que les garçons, scier du bois, locher les pommes et tuer les poules d'un coup de ciseau au fond de la gorge. Seule différence, ne pas se laisser toucher le « quat'sous ».

Elle est allée à l'école communale, plus ou moins suivant les travaux des saisons et les maladies des frères et sœurs. Très peu de souvenirs en dehors des exigences de politesse et de propreté des maîtresses, montrer les ongles, le haut de la chemise, déchausser un pied (on ne savait jamais lequel il fallait laver). L'enseignement lui est passé dessus sans provoquer aucun désir. Personne ne « poussait » ses enfants, il fallait que ce soit « dans eux » et l'école n'était qu'un temps à passer en attendant de ne plus être à charge des parents. On pouvait manquer la classe, on ne perdait rien. Mais non la messe qui, même dans le bas de l'église, vous donnait le sentiment, en participant à la richesse, la beauté et l'esprit (chasubles brodées, calices d'or et cantiques) de ne pas « vivre comme des chiens ». Ma mère a montré de bonne heure un goût très vif pour la religion. Le catéchisme est la seule matière qu'elle ait apprise avec passion, en connaissant par cœur toutes les réponses. (Plus tard, encore, cette façon haletante, joyeuse, de répondre aux prières, à l'église, comme pour montrer qu'elle savait.)

Ni heureuse ni malheureuse de quitter l'école à douze ans et demi, la règle commune[1]. Dans la fabrique de margarine où elle est entrée, elle a souffert du froid et de l'humidité, les mains mouillées attrapant des engelures qu'on gardait tout l'hiver. Ensuite, elle n'a jamais pu « voir » la margarine. Très peu, donc, de « rêveuse adolescence », mais l'attente du samedi soir, la paye qu'on rapporte à la mère, en gardant juste de quoi s'offrir *Le Petit Écho de la Mode* et la poudre de riz, les fous rires, les haines. Un jour, le contremaître a laissé son cache-nez se prendre dans la courroie d'une machine. Personne ne l'a secouru et il a dû se dégager seul. Ma mère était à côté de lui. Comment admettre cela, sauf à avoir subi un poids égal d'aliénation ?

Avec le mouvement d'industrialisation des années vingt, il s'est monté une

---

1. Piège, cependant, de ne parler qu'au passé. Dans *Le Monde* du 17 juin 1986, on lit à propos de la région de ma mère, la Haute-Normandie : « Un retard de la scolarisation qui n'a jamais été comblé, malgré des améliorations, continue de produire ses effets [...]. Chaque année, 7 000 jeunes sortent du système scolaire sans formation. Issus des "classes de relégation", ils ne peuvent accéder à des stages de qualification. La moitié d'entre eux, selon un pédagogue, ne "savent pas lire deux pages conçues pour eux". »

grande corderie qui a drainé toute la jeunesse de la région. Ma mère, comme ses sœurs et ses deux frères, a été embauchée. Pour plus de commodité, ma grand-mère a déménagé, louant une petite maison à cent mètres de l'usine, dont elle faisait le ménage le soir, avec ses filles. Ma mère s'est plu dans ces ateliers propres et secs, où l'on n'interdisait pas de parler et de rire en travaillant. Fière d'être ouvrière dans une grande usine : quelque chose comme être civilisée par rapport aux sauvages, les filles de la campagne restées derrière les vaches, et libre au regard des esclaves, les bonnes des maisons bourgeoises obligées de « servir le cul des maîtres ». Mais sentant tout ce qui la séparait, de manière indéfinissable, de son rêve : la demoiselle de magasin.

Comme beaucoup de familles nombreuses, la famille de ma mère était une tribu, c'est-à-dire que ma grand-mère et ses enfants avaient la même façon de se comporter et de vivre leur condition d'ouvriers à demi ruraux, ce qui permettait de les reconnaître, « les D... ». Ils criaient tous, hommes et femmes, en toutes circonstances. D'une gaieté exubérante, mais ombrageux, ils se fâchaient vite et « n'envoyaient pas dire » ce qu'ils avaient à dire. Par-dessus tout, l'orgueil de leur force de travail. Ils admettaient difficilement qu'on soit plus courageux qu'eux. Continuellement, aux limites qui les entouraient, ils opposaient la certitude d'être « quelqu'un ». D'où, peut-être, cette fureur qui les faisait se jeter sur tout, le travail, la nourriture, rire aux larmes et annoncer une heure après, « je vais me mettre dans la citerne ».

De tous, c'est ma mère qui avait le plus de violence et d'orgueil, une clairvoyance révoltée de sa position d'inférieure dans la société et le refus d'être seulement jugée sur celle-ci. L'une de ses réflexions fréquentes à propos des gens riches, « on les vaut bien ». C'était une belle blonde assez forte (« on m'aurait acheté ma santé !»), aux yeux gris. Elle aimait lire tout ce qui lui tombait sous la main, chanter les chansons nouvelles, se farder, sortir en bande au cinéma, au théâtre voir jouer *Roger la honte* et *Le Maître de forges*. Toujours prête à « s'en payer ».

Mais à une époque et dans une petite ville où l'essentiel de la vie sociale consistait à en apprendre le plus possible sur les gens, où s'exerçait une surveillance constante et naturelle sur la conduite des femmes, on ne pouvait qu'être prise entre le désir de « profiter de sa jeunesse » et l'obsession d'être « montrée du doigt ». Ma mère s'est efforcée de se conformer au jugement le plus favorable porté sur les filles travaillant en usine : « ouvrière *mais* sérieuse », pratiquant la messe et les sacrements, le pain bénit, brodant son trousseau chez les sœurs de l'orphelinat, n'allant jamais au bois seule avec un garçon. Ignorant que ses jupes raccourcies, ses cheveux à la garçonne, ses yeux « hardis », le fait surtout qu'elle travaille avec des hommes, suffisaient à empêcher qu'on la considère comme ce qu'elle aspirait à être, « une jeune fille comme il faut ».

La jeunesse de ma mère, cela en partie : un effort pour échapper au destin le plus probable, la pauvreté sûrement, l'alcool peut-être. À tout ce qui arrive à une ouvrière quand elle « se laisse aller » (fumer, par exemple, traîner le soir dans la rue, sortir avec des taches sur soi) et que plus aucun « jeune homme sérieux » ne veut d'elle.

Ses frères et ses sœurs n'ont échappé à rien. Quatre sont morts au cours des vingt-cinq dernières années. Depuis longtemps, c'est l'alcool qui comblait leur creux de fureur, les hommes au café, les femmes chez elles (seule la dernière sœur, qui ne buvait pas, vit encore). Ils n'avaient plus de gaieté ni de parole qu'avec un certain degré d'ivresse. Le reste du temps, ils abattaient leur travail sans parler, « un bon ouvrier », une femme de ménage dont il n'y a « rien à redire ». Au fil des années, s'habituer à ne plus être évalué que sous le rapport de la boisson dans le regard des gens, « être bien », « en avoir un coup dans le nez ». Une veille de la Pentecôte, j'ai rencontré ma tante M... en revenant de classe. Comme tous les jours de repos, elle montait en ville avec son sac plein de bouteilles vides. Elle m'a embrassée sans pouvoir rien dire, oscillant sur place. Je crois que je ne pourrai jamais écrire comme si je n'avais pas rencontré ma tante, ce jour-là.

Pour une femme, le mariage était la vie ou la mort, l'espérance de s'en sortir mieux à deux ou la plongée définitive. Il fallait donc reconnaître l'homme capable de « rendre une femme heureuse ». Naturellement, pas un gars de la terre, même riche, qui vous ferait traire les vaches dans un village sans électricité. Mon père travaillait à la corderie, il était grand, bien mis de sa personne, un « petit genre ». Il ne buvait pas, gardait sa paye pour monter son ménage. Il était d'un caractère calme, gai, et il avait sept ans de plus qu'elle (on ne prenait pas un « galopin » !). En souriant et rougissant, elle racontait : « J'étais très courtisée, on m'a demandée en mariage plusieurs fois, c'est ton père que j'ai choisi. » Ajoutant souvent : « Il n'avait pas l'air commun. »

L'histoire de mon père ressemble à celle de ma mère, famille nombreuse, père charretier et mère tisserande, l'école quittée à douze ans, ici, pour les travaux des champs comme domestique de ferme. Mais son frère aîné était parvenu à une bonne place au chemin de fer, deux sœurs s'étaient mariées avec des commis de magasin. Anciennes employées de maison, elles savaient parler sans crier, marcher posément, ne pas se faire remarquer. Déjà plus de « dignité », mais aussi de tendance au dénigrement des filles d'usine, comme ma mère, dont l'apparence, les gestes, leur évoquaient trop le monde qu'elles étaient en train de quitter. Pour elles, mon père « aurait pu trouver mieux ».

Ils se sont mariés en 1928.

Sur la photo de mariage, elle a un visage régulier de madone, pâle, avec deux mèches en accroche-cœur, sous un voile qui enserre la tête et descend jus-qu'aux yeux. Forte des seins et des hanches, de jolies jambes (la robe ne couvre pas les genoux). Pas de sourire, une expression tranquille, quelque chose d'amusé, de curieux dans le regard. Lui, petite moustache et nœud papillon, paraît beaucoup plus vieux. Il fronce les sourcils, l'air anxieux, dans la crainte peut-être que la photo ne soit mal prise. Il la tient par la taille et elle lui a posé la main sur l'épaule. Ils sont dans un chemin, au bord d'une cour avec de l'herbe haute. Derrière eux, les feuillages de deux pommiers qui se rejoignent leur font un dôme. Au fond, la façade d'une maison basse. C'est une scène que j'arrive à sentir, la terre sèche du chemin, les cailloux affleurant, l'odeur de la campagne au début de l'été. Mais ce n'est pas ma mère. J'ai beau fixer la photo longtemps, jusqu'à l'hallucinante impression de croire que les visages bougent, je ne vois qu'une jeune femme lisse, un peu empruntée dans un costume de film des années vingt. Seules, sa main large serrant les gants, une façon de porter haut la tête, me disent que c'est elle.

Du bonheur et de la fierté de cette jeune mariée, je suis presque sûre. De ses désirs, je ne sais rien. Les premiers soirs — confidence à une sœur — elle est entrée dans le lit en gardant sa culotte sous sa chemise de nuit. Cela ne veut rien dire, l'amour ne pouvait se faire qu'à l'abri de la honte, mais il devait se faire, et bien, quand on était « normale ».

Au début, l'excitation de faire la dame et d'être installée, étrenner le service de vaisselle, la nappe brodée du trousseau, sortir au bras de « son mari », et les rires, les disputes (elle ne savait pas faire la cuisine) ; les réconciliations (elle n'était pas boudeuse), l'impression d'une vie nouvelle. Mais les salaires n'augmentaient plus. Ils avaient le loyer, les traites des meubles à payer. Obligés de regarder sur tout, demander des légumes aux parents (ils n'avaient pas de jardin), et au bout du compte, la même vie qu'avant. Ils la vivaient différemment. Tous deux, le même désir d'arriver, mais chez lui, plus de peur devant la lutte à entreprendre, de tentation de se résigner à sa condition, chez elle, de conviction qu'ils n'avaient rien à perdre et devaient tout faire pour s'en sortir « coûte que coûte ». Fière d'être ouvrière mais pas au point de le rester toujours, rêvant de la seule aventure à sa mesure : prendre un commerce d'alimentation. Il l'a suivie, elle était la volonté sociale du couple.

En 1931, ils ont acheté à crédit un débit de boissons et d'alimentation à Lillebonne, une cité ouvrière de 7 000 habitants, à vingt-cinq kilomètres d'Yvetot. Le café-épicerie était situé dans la Vallée, zone des filatures datant du dix-neuvième siècle, qui ordonnaient le temps et l'existence des gens de la naissance à la mort. Encore aujourd'hui, dire la Vallée d'avant-guerre, c'est tout dire, la plus forte concentration d'alcooliques et de filles mères, l'humidité ruisselant des murs et les nourrissons morts de diarrhée verte en deux heures. Ma mère avait vingt-cinq ans. C'est ici qu'elle a dû devenir elle, avec ce visage, ces goûts et ces façons d'être, que j'ai cru longtemps avoir toujours été les siens.

Le fonds ne suffisant pas à les faire vivre, mon père s'est embauché sur des chantiers de construction, plus tard dans une raffinerie de la Basse-Seine, où il est passé contremaître. Elle tenait seule le commerce.

Aussitôt, elle s'y est donnée avec passion, « toujours le sourire », « un petit mot pour chacun », une infinie patience : « J'aurais vendu des cailloux !» D'emblée, accordée à une misère industrielle qui ressemblait, en plus dur, à celle qu'elle avait connue, et consciente de la situation, gagner sa vie grâce à des gens qui ne la gagnaient pas eux-mêmes.

Sans doute, pas un moment à soi entre l'épicerie, le café, la cuisine, où s'est mise à grandir une petite fille, née peu après l'installation dans la Vallée. Ouvrir de six heures du matin (les femmes des filatures passant au lait) à onze heures du soir (les joueurs de cartes et de billard), être « dérangée » à n'importe quel moment par une clientèle habituée à revenir plusieurs fois dans la journée aux commissions. L'amertume de gagner à peine plus qu'une ouvrière et la hantise de ne pas « y arriver ». Mais aussi, un certain pouvoir — n'aidait-elle pas des familles à survivre en leur faisant crédit ? —, le plaisir de parler et d'écouter —

tant de vies se racontaient à la boutique —, somme toute le bonheur d'un monde élargi.

Et elle « évoluait » aussi. Obligée d'aller partout (aux impôts, à la mairie), de voir les fournisseurs et les représentants, elle apprenait à se surveiller en parlant, elle ne sortait plus « en cheveux ». Elle a commencé de se demander avant d'acheter une robe si celle-ci avait « du chien ». L'espoir, puis la certitude de ne plus « faire campagne ». A côté de Delly et des ouvrages catholiques de Pierre l'Ermite, elle lisait Bernanos, Mauriac et les « histoires scabreuses » de Colette. Mon père n'évoluait pas aussi vite qu'elle, conservant la raideur timide de celui qui, ouvrier le jour, le soir ne se sent pas, en patron de café, à sa vraie place.

Il y a eu les années noires de la crise économique, les grèves, Blum, l'homme « qui était enfin pour l'ouvrier », les lois sociales, les fêtes tard dans la nuit au café, la famille de son côté à elle qui arrivait, on mettait des matelas dans toutes les pièces, qui repartait, avec des sacs bourrés de provisions (elle donnait facilement, et n'était-elle pas la seule à s'en être sortie ?), les brouilles avec la famille de « l'autre côté ». La douleur. Leur petite fille était nerveuse et gaie. Sur une photo, elle apparaît grande pour son âge, les jambes menues, avec des genoux proéminents. Elle rit, une main au-dessus du front, pour ne pas avoir le soleil dans les yeux. Sur une autre, près d'une cousine en communiante, elle est sérieuse, jouant cependant avec ses doigts, écartés devant elle. En 1938, elle est morte de la diphtérie trois jours avant Pâques. Ils ne voulaient qu'un seul enfant pour qu'il soit plus heureux.

La douleur qui se recouvre, simplement le silence de la neurasthénie, les prières et la croyance d'une « petite sainte au ciel ». La vie à nouveau, au début de 1940, elle attendait un autre enfant. Je naîtrai en septembre.

Il me semble maintenant que j'écris sur ma mère pour, à mon tour, la mettre au monde.

Il y a deux mois que j'ai commencé, en écrivant sur une feuille « ma mère est morte le lundi sept avril ». C'est une phrase que je peux supporter désormais, et même lire sans éprouver une émotion différente de celle que j'aurais si cette phrase était de quelqu'un d'autre. Mais je ne supporte pas d'aller dans le quartier de l'hôpital et de la maison de retraite, ni de me rappeler brutalement des détails, que j'avais oubliés, du dernier jour où elle était vivante. Au début, je croyais que j'écrirais vite. En fait je passe beaucoup de temps à m'interroger sur l'ordre des choses à dire, le choix et l'agencement des mots, comme s'il existait un ordre idéal, seul capable de rendre une vérité concernant ma mère — mais je ne sais pas en quoi elle consiste — et rien d'autre ne compte pour moi, au moment où j'écris, que la découverte de cet ordre-là.

L'exode : elle est partie sur les routes jusqu'à Niort, avec des voisins, elle dormait dans des granges, buvait « du petit vin de là-bas », puis elle est revenue seule à bicyclette, en franchissant les barrages allemands, pour accoucher à la maison un mois après. Aucune peur, et si sale en arrivant que mon père ne l'a pas reconnue.

Sous l'Occupation, la Vallée s'est resserrée autour de leur épicerie, dans l'espérance du ravitaillement. Elle s'efforçait de nourrir tout le monde, surtout les familles nombreuses, son désir, son orgueil d'être bonne et utile. Durant les bombardements, elle ne voulait pas se réfugier dans les abris collectifs à flanc de colline, préférant « mourir chez elle ». L'après-midi, entre deux alertes, elle me promenait en poussette pour me fortifier. C'était le temps de l'amitié facile, sur les bancs du Jardin public elle se liait avec des jeunes femmes mesurées qui tricotaient devant le bac à sable, pendant que mon père gardait la boutique vide. Les Anglais, les Américains, sont entrés dans Lillebonne. Les tanks traversaient la Vallée, en jetant du chocolat et des sachets de poudre d'orange qu'on ramassait dans la poussière, tous les soirs le café plein de soldats, des rixes quelquefois, mais la fête, et savoir dire *shit for you*. Ensuite, elle racontait les années de guerre comme un roman, la grande aventure de sa vie. (Elle a tant aimé *Autant en emporte le vent*.) Peut-être, dans le malheur commun, une sorte de pause dans la lutte pour arriver, désormais inutile.

La femme de ces années-là était belle, teinte en roses. Elle avait une grande voix large, criait souvent sur un ton terrible. Elle riait aussi beaucoup, d'un rire de gorge qui découvrait ses dents et ses gencives. Elle chantait en repassant, *Le temps des cerises, Riquita jolie fleur de Java,* elle portait des turbans, une robe d'été à grosses rayures bleues, une autre beige, molle et gaufrée. Elle se poudrait à la houppette devant la glace au-dessus de l'évier, se passait du rouge à lèvres en commençant par le petit cœur du milieu, se parfumait derrière l'oreille. Pour agrafer son corset, elle se tournait vers le mur. Sa peau sortait entre les lacets croisés, attachés en bas par un nœud et une rosette. Rien de son corps ne m'a échappé. Je croyais qu'en grandissant je serais elle.

Un dimanche, ils pique-niquent au bord d'un talus, près d'un bois. Souvenir d'être entre eux, dans un nid de voix et de chair, de rires continuels. Au retour, nous sommes pris dans un bombardement, je suis sur la barre du vélo de mon père et elle descend la côte devant nous, droite sur la selle enfoncée dans ses fesses. J'ai peur des obus et qu'elle meure. Il me semble que nous étions tous les deux amoureux de ma mère.

En 1945, ils ont quitté la Vallée, où je toussais sans arrêt et ne me développais pas à cause des brouillards, et ils sont revenus à Yvetot. L'après-guerre était plus difficile à vivre que la guerre. Les restrictions continuaient et les « enrichis au marché noir » faisaient surface. Dans l'attente d'un autre fonds de commerce, elle me promenait dans les rues du centre détruit bordées de décombres, m'emmenait prier à la chapelle installée dans une salle de spectacle, en remplacement de l'église, brûlée. Mon père travaillait à reboucher les trous de bombes, ils habitaient deux pièces sans électricité, avec les meubles démontés rangés contre les murs.

Trois mois après, elle revivait, patronne d'un café-alimentation semi-rural, dans un quartier épargné par la guerre, à l'écart du centre. Juste une minuscule cuisine et, à l'étage, une chambre et deux mansardes, pour manger et dormir en dehors du regard des clients. Mais une grande cour, des hangars pour remiser le bois, le foin et la paille, un pressoir, et surtout une clientèle qui payait davantage comptant. Tout en servant au café, mon père cultivait son jardin, élevait des poules et des lapins, faisait du cidre qu'on vendait aux clients. Après avoir été ouvrier pendant vingt ans, il est retourné à un mode de vie à demi paysan. Elle s'occupait de l'épicerie, des commandes et des comptes, maîtresse de l'argent. Ils sont parvenus peu à peu à une situation supérieure à celle des ouvriers autour d'eux, réussissant par exemple à devenir propriétaires des murs du commerce et d'une petite maison basse contiguë.

Les premiers étés, aux congés, d'anciens clients de Lillebonne venaient les voir, par familles entières, en car. On s'embrassait et on pleurait. On assemblait bout à bout les tables du café pour manger, on chantait et on rappelait l'Occupation. Puis ils ont cessé de venir au début des années cinquante. Elle disait, « c'est le passé, il faut aller de l'avant ».

Images d'elle, entre quarante et quarante-six ans : un matin d'hiver, elle ose entrer dans la classe pour réclamer à la maîtresse qu'on retrouve l'écharpe de laine que j'ai oubliée dans les toilettes et qui a coûté cher (j'ai su longtemps le prix).

un été, au bord de la mer, elle pêche des moules à Veules-les-Roses, avec une belle-sœur plus jeune. Sa robe, mauve à rayures noires, est relevée et nouée par-devant. Plusieurs fois, elles vont boire des apéritifs et manger des gâteaux dans un café installé dans un baraquement près de la plage, elles rient sans arrêt.

à l'église, elle chantait à pleine voix le cantique à la Vierge, *J'irai la voir un jour, au ciel, au ciel.* Cela me donnait envie de pleurer et je la détestais.

elle avait des robes vives et un tailleur noir en « grain de poudre », elle lisait *Confidences* et *La Mode du jour.* Elle mettait ses serviettes avec du sang dans un coin du grenier, jusqu'au mardi de la lessive.

quand je la regardais trop, elle s'énervait, « tu veux m'acheter ?».

le dimanche après-midi, elle se couchait en combinaison, avec ses bas. Elle me laissait venir dans le lit à côté d'elle. Elle s'endormait vite, je lisais, blottie contre son dos.

à un repas de communion, elle a été saoule et elle a vomi à côté de moi. A chaque fête, ensuite, je surveillais son bras allongé sur la table, tenant le verre, en désirant de toutes mes forces qu'elle ne le lève pas.

Elle était devenue très forte, quatre-vingt-neuf kilos. Elle mangeait beaucoup, gardait toujours des morceaux de sucre dans la poche de sa blouse. Pour maigrir, elle s'est procuré des pilules dans une pharmacie de Rouen, en cachette de mon père. Elle s'est privée de pain, de beurre, mais n'a perdu que dix kilos.

Elle claquait les portes, elle cognait les chaises en les empilant sur les tables pour balayer. Tout ce qu'elle faisait, elle le faisait avec bruit. Elle ne posait pas les objets, mais semblait les jeter.

A sa figure, on voyait tout de suite si elle était contrariée. En famille, elle disait ce qu'elle pensait en paroles abruptes. Elle m'appelait chameau, souillon, petite garce, ou simplement « déplaisante ». Elle me battait facilement, des gifles surtout, parfois des coups de poing sur les épaules (« je l'aurais tuée si je ne m'étais pas retenue !»). Cinq minutes après, elle me serrait contre elle et j'étais sa « poupée ».

Elle m'offrait des jouets et des livres à la moindre occasion, fête, maladie, sortie en ville. Elle me conduisait chez le dentiste, le spécialiste des bronches, elle veillait à m'acheter de bonnes chaussures, des vêtements chauds, toutes les fournitures scolaires réclamées par la maîtresse (elle m'avait mise au pensionnat, non à l'école communale). Quand je remarquais qu'une camarade avait par exemple une ardoise incassable, elle me demandait aussitôt si j'avais envie d'en avoir une : « Je ne voudrais pas qu'on dise que tu es moins bien que les autres. » Son désir le plus profond était de me donner tout ce qu'elle n'avait pas eu. Mais cela représentait pour elle un tel effort de travail, tant de soucis d'argent, et une préoccupation du bonheur des enfants si nouvelle par rapport à l'éducation d'autrefois, qu'elle ne pouvait s'empêcher de constater : « Tu nous coûtes cher » ou « Avec tout ce que tu as, tu n'es pas encore heureuse !».

J'essaie de ne pas considérer la violence, les débordements de tendresse, les reproches de ma mère comme seulement des traits personnels de caractère, mais de les situer aussi dans son histoire et sa condition sociale. Cette façon d'écrire, qui me semble aller dans le sens de la vérité, m'aide à sortir de la solitude et de l'obscurité du souvenir individuel, par la découverte d'une signification plus générale. Mais je sens que quelque chose en moi résiste, voudrait conserver de ma mère des images purement affectives, chaleur ou larmes, sans leur donner de sens.

Elle était une mère commerçante, c'est-à-dire qu'elle appartenait d'abord aux clients qui nous « faisaient vivre ». Il était défendu de la déranger quand elle servait (attentes derrière la porte séparant la boutique de la cuisine, pour avoir du fil à broder, la permission d'aller jouer, etc.). Si elle entendait trop de bruit, elle surgissait, donnait des claques sans un mot et repartait servir. Très tôt, elle m'a associée au respect des règles à observer vis-à-vis des clients — dire bonjour d'une voix claire, ne pas manger, ne pas se disputer devant eux, ne critiquer personne — ainsi qu'à la méfiance qu'ils devaient inspirer, ne jamais croire ce qu'ils racontent, les surveiller discrètement quand ils sont seuls dans le magasin. Elle avait deux visages, l'un pour la clientèle, l'autre pour nous. Au coup de sonnette, elle entrait en scène, souriante, la voix patiente pour des questions rituelles sur la santé, les enfants, le jardin. Revenue dans la cuisine, le sourire s'effaçait, elle restait un moment sans parler, épuisée par un rôle où s'unissaient la jubilation et l'amertume de déployer tant d'efforts pour des gens qu'elle soupçonnait d'être prêts à la quitter s'ils « trouvaient moins cher ailleurs ».

C'était une mère que tout le monde connaissait, publique en somme. Au pensionnat, quand on m'envoyait au tableau : « Si votre maman vend dix paquets de café à tant » et ainsi de suite (évidemment, jamais cet autre cas, aussi réel, « si votre maman sert trois apéritifs à tant »).

Elle n'avait jamais le temps, de faire la cuisine, tenir la maison « comme il faudrait », bouton recousu sur moi juste avant le départ pour l'école, chemisier qu'elle repassait sur un coin de table au moment de le mettre. A cinq heures du matin, elle frottait le carrelage et déballait les marchandises, en été elle sarclait les plates-bandes de rosiers, avant l'ouverture. Elle travaillait avec force et rapidité, tirant sa plus grande fierté de tâches dures, contre lesquelles pourtant elle pestait, la lessive du gros linge, le décapage du parquet de la chambre à la paille de fer. Il lui était impossible de se reposer et de lire sans une justification, comme « j'ai bien mérité de m'asseoir » (et encore, elle cachait son feuilleton, interrompu par une cliente, sous une pile de vêtements à raccommoder). Les disputes entre mon père et elle n'avaient qu'un seul sujet, la quantité de travail qu'ils fournissaient l'un par rapport à l'autre. Elle protestait, « c'est moi qui fais tout ici ».

Mon père lisait seulement le journal de la région. Il refusait d'aller dans les endroits où il ne se sentait pas à « sa place » et de beaucoup de choses, il disait qu'elles n'étaient pas pour lui. Il aimait le jardin, les dominos, les cartes, le bricolage. Il lui était indifférent de « bien parler » et il continuait d'utiliser des tournures de patois. Ma mère, elle, tâchait d'éviter les fautes de français, elle ne disait pas « mon mari », mais « mon époux ». Elle hasardait quelquefois dans la conversation des expressions dont on n'avait pas l'habitude, qu'elle avait lues ou entendu dire par des « gens bien ». Son hésitation, sa rougeur même, par peur de se tromper, rires de mon père qui la chinait ensuite sur ses « grands mots ». Une fois sûre d'elle, elle se plaisait à les répéter, en souriant s'il s'agissait de comparaisons qu'elle sentait littéraires (« il porte son cœur en éecharpe !» ou « nous ne sommes que des oiseaux de passage... ») comme pour en atténuer la prétention dans sa bouche. Elle aimait le « beau », ce qui fait « habillé », le magasin du Printemps, plus « chic » que les Nouvelles Galeries. Naturellement, aussi impressionnée que lui par les tapis et les tableaux du cabinet de l'oculiste, mais voulant toujours surmonter sa gêne. Une de ses expressions fréquentes : « Je me suis payée de toupet » (pour faire telle ou telle chose). Aux remarques de mon père sur une toilette neuve, son maquillage soigneux avant de sortir, elle répondait avec vivacité : « Il faut bien tenir son rang !»

Elle désirait apprendre : les règles du savoir-vivre (tant de crainte d'y manquer, d'incertitude continuelle sur les usages), ce qui se fait, les nouveautés, les noms des grands écrivains, les films sortant sur les écrans (mais elle n'allait pas au cinéma, faute de temps), les noms des fleurs dans les jardins. Elle écoutait avec attention tous les gens qui parlaient de ce qu'elle ignorait, par curiosité, par envie de montrer qu'elle était ouverte aux connaissances. S'élever, pour elle, c'était d'abord apprendre (elle disait, « il faut meubler son esprit ») et rien n'était plus beau que le savoir. Les livres étaient les seuls objets qu'elle manipulait avec précaution. Elle se lavait les mains avant de les toucher.

Elle a poursuivi son désir d'apprendre à travers moi. Le soir, à table, elle me faisait parler de mon école, de ce qu'on m'enseignait, des professeurs. Elle avait plaisir à employer mes expressions, la « récré », les « compos » ou la « gym ». Il lui semblait normal que je la « reprenne » quand elle avait dit un « mot de travers ». Elle ne me demandait plus si je voulais « faire collation », mais « goûter ». Elle m'emmenait voir à Rouen des monuments historiques et le musée, à Villequier les tombes de la famille Hugo. Toujours prête à admirer. Elle lisait les livres que je lisais, conseillés par le libraire. Mais parcourant aussi parfois *Le Hérisson* oublié par un client et riant : « C'est bête et on le lit quand même !» (En allant avec moi au musée, peut-être éprouvait-elle moins la satisfaction de regarder des vases égyptiens que la fierté de me pousser vers des connaissances et des goûts qu'elle savait être ceux des gens cultivés. Les gisants de la cathédrale, Dickens et Daudet au lieu de *Confidences,* abandonné un jour, c'était, sans doute, davantage pour mon bonheur que pour le sien.)

Je la croyais supérieure à mon père, parce qu'elle me paraissait plus proche que lui des maîtresses et des professeurs. Tout en elle, son autorité, ses désirs et son ambition, allait dans le sens de l'école. Il y avait entre nous une connivence autour de la lecture, des poésies que je lui récitais, des gâteaux au salon de thé de Rouen, dont il était exclu. Il me conduisait à la foire, au cirque, aux films de Fernandel, il m'apprenait à monter à vélo, à reconnaître les légumes du jardin. Avec lui je m'amusais, avec elle j'avais des « conversations ». Des deux, elle était la figure dominante, la loi.

Des images plus crispées d'elle, allant vers la cinquantaine. Toujours vive et forte, généreuse, des cheveux blonds ou roux, mais un visage souvent contrarié quand elle n'était plus obligée de sourire aux clients. Une tendance à se servir d'un incident ou d'une réflexion anodine pour épuiser sa colère contre leurs conditions de vie (le petit commerce de quartier était menacé par les magasins neufs du centre-ville reconstruit), à se fâcher avec ses frères et sœurs. Après la mort de ma grand-mère, elle a gardé longtemps le deuil et pris l'habitude d'aller à la messe en semaine, de bonne heure. Quelque chose de « romanesque » en elle s'est évanoui.

1952. L'été de ses quarante-six ans. Nous sommes venues en car à Étretat passer la journée. Elle grimpe sur la falaise à travers les herbes, dans sa robe de crêpe bleu à grandes fleurs, qu'elle a enfilée derrière les rochers à la place de son tailleur de deuil mis pour partir à cause des gens du quartier. Elle arrive après moi au sommet, à bout de souffle, la figure brillante de sueur par-dessus la poudre. Elle ne voyait plus ses règles depuis deux mois.

A l'adolescence, je me suis détachée d'elle et il n'y a plus eu que la lutte entre nous deux.

Dans le monde où elle avait été jeune, l'idée même de la liberté des filles ne se posait pas, sinon en termes de perdition. On ne parlait de la sexualité que sur le mode de la grivoiserie interdite aux « jeunes oreilles » ou du jugement social, avoir bonne ou mauvaise conduite. Elle ne m'a jamais rien dit et je n'aurais pas osé lui demander quoi que ce soit, la curiosité étant déjà considérée comme le début du vice. Mon angoisse, le moment venu, de lui avouer que j'avais mes règles, prononcer pour la première fois le mot devant elle, et sa rougeur en me tendant une garniture, sans m'expliquer la façon de la mettre.

Elle n'a pas aimé me voir grandir. Lorsqu'elle me voyait déshabillée, mon corps semblait la dégoûter. Sans doute, avoir de la poitrine, des hanches signifiait une menace, celle que je coure après les garçons et ne m'intéresse plus aux études. Elle essayait de me conserver enfant, disant que j'avais treize ans à une semaine de mes quatorze ans, me faisant porter des jupes plissées, des socquettes et des chaussures plates. Jusqu'à dix-huit ans, presque toutes nos disputes ont tourné autour de l'interdiction de sortir, du choix des vêtements (son désir répété, par exemple, que j'aie une gaine au-dehors, « tu serais mieux habillée »). Elle entrait dans une colère disproportionnée, en apparence, au sujet : « Tu ne VAS TOUT DE MÊME PAS sortir comme ça » (avec cette robe, cette coiffure, etc.) mais qui me paraissait normale. Nous savions toutes les deux à quoi nous en tenir : elle, sur mon désir de plaire aux garçons, moi, sur sa hantise qu'il « m'arrive un malheur », c'est-à-dire coucher avec n'importe qui et tomber enceinte.

Quelquefois, je m'imaginais que sa mort ne m'aurait rien fait.

En écrivant, je vois tantôt la « bonne » mère, tantôt la « mauvaise ». Pour échapper à ce balancement venu du plus loin de l'enfance, j'essaie de décrire et d'expliquer comme s'il s'agissait d'une autre mère et d'une fille qui ne serait pas moi. Ainsi, j'écris de la manière la plus neutre possible, mais certaines expressions (« s'il t'arrive un malheur ! ») ne parviennent pas à l'être pour moi, comme le seraient d'autres, abstraites (« refus du corps et de la sexualité » par exemple). Au moment où je me les rappelle, j'ai la même sensation de découragement qu'à seize ans, et, fugitivement, je confonds la femme qui a le plus marqué ma vie avec ces mères africaines serrant les bras de leur petite fille derrière son dos, pendant que la matrone exciseuse coupe le clitoris.

ANDRÉE CHEDID

Née au Caire le 20 mars 1920 dans une famille égypto-libanaise, Andrée Chedid oscille sans cesse entre deux mondes, deux civilisations distinctes qui s'interpénètrent, dans sa vie comme dans son œuvre. Elle passe son enfance en Égypte avant d'étudier, de quatorze à dix-sept ans, dans des pensionnats parisiens. De retour en Égypte, elle obtient un baccalauréat ès arts de l'Université américaine du Caire. Malgré ses nombreux déplacements, elle éprouve pour le Moyen-Orient, cadre de la plupart de ses œuvres, un attachement profond. Elle cherche toujours à concilier et à harmoniser les pôles disparates de son expérience : l'Europe et le Moyen-Orient, la civilisation moderne et la civilisation ancienne, la tragédie et l'espoir. Écrivain prolifique, elle a publié, depuis *Le sommeil délivré* (1952), plusieurs autres romans, dont *Le sixième jour* (1960), *La cité fertile* (1972), *Les marches de sable* (1981), *La maison sans racines* (1985) et *L'enfant multiple* (1989). Les deux derniers traitent de la guerre au Liban et surtout des torts causés aux enfants. Chedid a publié une vingtaine de recueils de poésie, dont le dernier, *Poèmes pour un texte (1970–1991),* est paru en 1991, cinq pièces de théâtre et des livres pour enfants. Elle a reçu plusieurs prix prestigieux : le Grand Prix de l'Académie Belge en 1975, le Prix Mallarmé en 1976 et le Prix Goncourt en 1979. Récemment, elle a publié *A la mort, à la vie* (1992); un recueil de nouvelles *Femmes de Job* (1993) ; *Rencontrer l'inespéré* (1993) ; et *Par delà les mots* (1995).

Tiraillée entre deux terres et deux sensibilités, Andrée Chedid allie l'héritage égyptien à une sensibilité française. « La Soudanaise », le récit d'une « autre » exotique, fait partie du recueil *Les corps et le temps*. Alors que la narratrice observe cette autre — dans la lumière et à contre-jour, au sens propre et au sens figuré —, on peut imaginer qu'elle est consciente également de l'autre en elle-même. C'est le récit lui-même qui répond à la question que pose sa voisine, la Soudanaise, « Comment vas-tu ?» ; ainsi, l'autre lui fait signe et lui dit, ou du moins lui laisse entendre, qu'elles auraient pu vivre ensemble d'autres aventures, si le temps le leur avait permis, si la mort n'avait triomphé de la vie. L'écriture naît au moment même où s'éteint l'« autre » : « Là-haut, sur la terrasse, la Soudanaise mourait... »

La Soudanaise

> « J'ai détruit la différence.
> Entre les visages de moi et les visages
> des autres. » Maïakovski

Là-haut, sur la terrasse, la Soudanaise mourait...

Quand je l'appris, plus tard, quelque chose s'arracha de ma chair, une clarté chancela. Et puis, me vint ce regret lancinant de l'avoir, par périodes, oubliée ; de n'avoir pas été là pour l'assister.

J'imaginais son dernier souffle, impondérable, s'allégeant encore pour ne pas peser sur son entourage. Ce souffle fragile s'amassant une dernière fois dans son large corps, s'élevant de cette chair de sombre et généreuse argile. Ce souffle flottant ensuite par-dessus sa terrasse, avant de survoler le grouillement de la ville qui la remplissait d'effroi ; se dissolvant, enfin, plus loin, aux confins du désert.

De son époux, portier du petit immeuble de dix étages — homme imposant, balafré et doux — j'avais fini par obtenir qu'elle descende un après-midi de sa terrasse, pour une promenade dans les rues du Caire.

Depuis leur venue du Soudan — cela faisait plus de vingt ans — elle ne connaissait de la ville que ces lieux haut-perchés d'où elle pouvait contempler, à distance, ces multitudes dont le nombre ne faisait que s'accroître.

Mi-voilée, pelotonnée au fond d'un taxi, elle n'avait traversé la ville que trois fois. D'abord, à son arrivée ; et puis à deux occasions pour changer de terrasse. De la banlieue populaire, jusqu'au cœur de la cité, le portier avait peu à peu amélioré son statut. Il possédait même quelques intérêts dans le minuscule café — bourré de chaises et de tables débordant sur l'impasse — niché au bas de l'immeuble dont il était gardien.

Faire accepter cette randonnée n'était pas aisé. Se fiant — comme son épouse — aux usages et préjugés qui tiennent la femme pour craintive et puérile, je les surpris, tous les deux, par ma proposition.

Avec un mélange de gêne et d'affabilité, elle commença par refuser. J'insistais.

— Elle a peur, dit-il.

— Nous irons ensemble. Nous nous tiendrons la main.

Je décrivais nos futures allées et venues, les passants, les vitrines... Enfin, je vis ses yeux pétiller.

J'avais près de trente ans à l'époque ; elle, huit ou neuf de plus. D'ouverture, le jeu était partial. Mon existence, faite de strates diverses et multiples, m'offrait questions et choix ; la sienne s'enracinait dans une trame uniforme. Mais je la sentais si vivante, que le désir de l'arracher à un lent obscurcissement me poursuivait.

Ses cinq enfants étaient autres. Surtout ses filles, qui connaissaient le dehors ; mais ne lui en parlaient pas. De son côté, elle n'interrogeait personne. Deux petites allaient encore à l'école ; la troisième faisait des travaux d'aiguille chez une brodeuse en appartement, à plusieurs pâtés de maisons de son domicile.

Il semblait établi que l'existence de la Soudanaise, amputée de toute animation, se déroulerait jusqu'au bout dans cet espace tronqué, maintenu entre ciel et bitume. Que ses jours se dévideraient, à l'abri des intempéries, comme sur un radeau, dont elle ne songerait jamais à changer le cours ou à se plaindre.

Sa famille la considérait avec tendresse et recul. Elle me faisait souvent penser à ces rocs aplanis par l'eau et le temps, qui s'incrustent — immuables et tranquilles — au bord des plages ; cependant que l'action de la mer continue de rouler galets et coquillages leur imprimant ces vibrations, ces métamorphoses, qui les apparentent à tout ce qui est vivant.

Eclatant d'un grand rire — qui le secoua tout entier déplaçant son turban, qu'il rajusta avant de me répondre — le portier accéda à ma demande :

— Je vous aurais prévenu ! dit-il. Je vous aurais prévenu !

A travers les années nos rencontres furent peu nombreuses ; mais cette rareté n'entamait pas notre attachement.

Tout nous séparait, tout nous liait pourtant. Ou plutôt, ce qui nous unissait, tenait d'un contentement — à la fois impalpable et savoureux — que nous éprouvions dans la compagnie l'une de l'autre.

Le domaine de la Soudanaise consistait en trois chambres, qui se hissaient comme des verrues à divers coins de la terrasse. Ces pièces surnageaient au-dessus d'une débâcle de poules et de cageots, d'herbes poussant dans les marmites, de chèvre, de valises éventrées, de bouteilles et de boîtes vides, de meubles endommagés, d'un mannequin de couturière à la poitrine avantageuse, d'une radio dont il ne restait que l'enveloppe.

Ces débris — constamment frôlés par l'un ou l'autre, traversés sans fin par le va et vient des poules, des poussins et de la chèvre — n'étaient pas amassés par esprit de cumul ; ils étaient plutôt éparpillés, étalés, pour parer à un manque chez soi ou chez ceux des autres terrasses. Ces derniers savaient qu'ils pouvaient, à toute heure, fureter dans ce rebut et emporter ce qui faisait leur affaire. La Soudanaise n'utilisait que des objets strictement nécessaires, et n'en convoitait aucun autre.

Nous partagions à peine quelques mots, elle et moi. La Soudanaise parlait surtout sa langue d'origine ; je vivais, en grande partie, à l'étranger. Mais ce peu de paroles nous suffisait.

A chaque rentrée de voyage, sans attendre l'ascenseur, périodiquement en panne, je grimpais les 123 marches et surgissais, à l'improviste, dans l'enso-leillement de la terrasse. L'intensité de la lumière me faisait cligner des yeux.

Quel que soit le moment, elle était là ! Vêtue de noir, la tête recouverte d'un tissu, elle m'accueillait à bras ouverts, et nous nous embrassions.

Tout contre elle, je plonge dans l'humus des racines, dans le limon de cette terre que je n'ai cessé d'emporter ; et qu'il m'arrive, aux retours, d'aller chercher en bordure du Nil, à pleine main, pour y plaquer, longuement, mes lèvres.

Ensuite, elle s'excusait et se retirait pour quelques minutes dans une de ses chambres ; me laissant, à nouveau, découvrir ma première cité.

Je retrouvais, chaque fois, les façades plus lézardées, les rues plus peuplées ; des bâtisses plus croulantes, d'autres et d'autres terrasses où s'augmentait continuellement le volume des détritus. Vers l'horizon, je reconnaissais cette même colline désertique ; ces flèches de prière se hissant hors des quartiers. J'entendais à nouveau ces klaxons qui me resaisissent, par surprise, dans d'autres villes où ces stridences sont prohibées, et me transportent subitement, ici, dans l'odeur et l'animation qui me sont si familières.

La Soudanaise reparaissait avec l'autre voile sur ces cheveux : ce pan de lin, immaculé, qu'elle gardait pour honorer son hôte. L'étoffe éclatante de blancheur entourait, à présent, sa noire et belle face épanouie.

Elle s'asseyait, ensuite, le buste droit au bord de son lit ; je prenais place, en face d'elle, sur une chaise rempaillée. Nous nous tenions les mains. C'était là un rite sans raideur, que les années n'avaient pas usé.

Ses mains charnues, chaudes, à la peau satinée, pressaient ou se pressaient dans les miennes aux nervures plus apparentes.

Les mots venaient ensuite. Non pour rompre le silence, mais plutôt pour le porter.

— Comment vas-tu ? disait-elle.

— Comment vas-tu ?

La question devenait réponse, et la réponse question. Puis, cela recommençait, lentement, au rythme de nos respirations. Sans nous lasser, nous nous tendions les mêmes paroles comme des morceaux de pain en temps de pénurie.

— Comment vas-tu ?

— Comment vas-tu ?

J'entraîne la Soudanaise, avec moi, dans l'immense métropole.

Elle porte ses sandales marrons, la longue robe noire qui lui bat les chevilles. Autour de son visage dégagé, elle a mis le voile des grands jours.

Nous allons toutes les deux, de rues en avenues, d'impasses en carrefours. Nous nous faufilons entre les voitures. Son bras résiste et se raidit. La transpiration coule le long de ses joues, la sueur de nos paumes se mélangent.

Nous marchons le long des trottoirs. Des dalles éclatées nous découvrent les boyaux des sous-sol : tubes capitonnés de rouille, écheveau de fils téléphoniques que deux hommes, assis au bord du trou, tentent avec ardeur de démêler. Nous enjambons un égoût qui suinte. Nous plongeons dans la foule, nous nous en extirpons. Je la sens partagée entre bonheur et panique.

Un enfant crie les gros titres du journal ; court allégrement après les passants, frappe contre les vitres des voitures. Des guérites jaunes, émergent en bordure des rues, pleines de leur cargaison de cigarettes, de boissons sucrées, de chewing-gum. A l'abri de son refuge, un marchand tassé sur son tabouret, assiste, impassible aux remous du dehors. J'achète des limonades que nous buvons au goulot.

Balcons effondrés, murs lépreux, fenêtres maculées ; grouillante, bruyante, couverte d'ecchymoses, elle palpite, notre cité.

Pressées dans la foule nous gravissons les marches des passerelles qui sillonnent, à quelques mètres du sol, l'énorme place où s'enchevêtrent toutes sortes de véhicules. Nous les redescendons. Le bras de la Soudanaise est de plus en plus souple, son pas de plus en plus délié.

Elle vient de me lâcher la main. Aspirant la ville par tous ses pores, voilà qu'elle avance seule, la tête rejetée en arrière, le dos redressé.

Nous achetons deux pommes. Je croque dans l'une ; elle glisse la sienne au fond de sa poche. Nous frôlons les vitrines : les poussiéreuses, les pimpantes. Des chaussures s'étalent par centaines, les fleurs ont des mines exténuées ; les étoffes, présentées en draperies, se donnent des airs solennels. Il y a queue devant le magasin d'alimentation.

Le vaste corps de la Soudanaise se laisse emporter par l'élan de la ville. Ses yeux brillent. Elle me lance :

— Comment vas-tu ?

La turbulence de la chaussée l'effraie et l'attire tout à la fois. Elle me fait signe qu'elle veut traverser.

Nous entrons dans l'arène.

Soubresauts des moteurs. Des cyclistes titubent. Un ânon tirant une carriole s'immobilise dans l'attente. La Soudanaise s'arrête pour caresser les grandes oreilles de l'animal, sa face obstinée et douce.

Ceinturées par le bouillonnement giratoire du trafic ; assourdies par ses vibrations, nous avançons dans une sorte d'ivresse joyeuse.

Mais soudain, c'est l'imprévu ; l'accident stupide.

Aujourd'hui, je me demande encore comment cela a pu arriver ?

Elle me devançait de plus en plus. Avec ce ravissement, cet entrain du nageur qui pénètre dans la mer et s'offre, à plein corps, à la brise, au soleil, aux vagues... lorsque j'ai entendu son cri !

Un cri à gorge déployée arrête mon pas et transperce le tintamarre. Pour la première fois, j'aperçois d'un coup, en entier, toute sa chevelure. Puis — flottant à mi-air, s'éloignant de nous à la vitesse d'une circulation redevenue soudain fluide — je reconnais son voile. Son voile clair suspendu à l'arrière d'un énorme autobus rouge.

Je n'ai cessé de le revoir ce rectangle de lin. Accompagnant la masse de tôle écarlate bourrée et débordante de voyageurs, son image d'un blanc incandescent ondule dans l'air et file, tandis que la Soudanaise pétrifiée, humiliée, cache ses cheveux de toute la largeur de ses deux mains.

Cela dure quelques secondes. L'autobus stoppe aussi subitement qu'il a démarré.

Je me précipite. Je décroche le voile et le lui ramène en me pressant.

Elle s'en recouvre, hâtivement. La tête basse, elle introduit sa main dans la mienne.

Sans rien dire, avec fermeté, elle me tire et me guide vers le chemin du retour.

Je n'ai jamais su de quelle façon, ce soir-là, elle a relaté sa promenade aux siens. Ni la place qu'avait prise l'incident dans son récit. Peut-être l'avait-elle tu ?

Un an plus tard, elle fut atteinte d'une maladie endémique qui épuisa son cœur.

C'est du cœur qu'elle mourut après trois jours d'agonie.

On m'a raconté que sentant la fin proche elle a demandé qu'on la pare de son voile de fête ; et, qu'aux dernières minutes, mêlée aux paroles de sa langue natale elle répétait en souriant :

— Comment vas-tu ?

Ces mots, ce geste, me parvinrent comme un signe. Je pense qu'à travers eux, elle me faisait comprendre qu'en dépit de sa mésaventure, elle serait allée vers d'autres promenades, d'autres découvertes... si elle avait vécu.

Là-haut, sur la terrasse, la Soudanaise est morte. Et j'étais loin...

LEÏLA SEBBAR

Née en Algérie en 1941 d'un père algérien et d'une mère française, Leïla Sebbar réside en France depuis l'âge de dix-sept ans. Essayiste engagée dans l'étude de la condition des femmes émigrées, elle ne se lance dans la fiction qu'en 1981. Son premier roman, *Fatima ou les Algériennes au square* (1981), est suivi de *Shérazade, brune, frisée, les yeux verts* (1982), des *Carnets de Shérazade* (1985), et du troisième volume de cette trilogie, *Le fou de Shérazade* (1991), autant d'œuvres qui portent sur la quête d'identité des femmes émigrées marginalisées en France. En 1986, elle publie *Les lettres parisiennes : autopsie de l'exil,* une correspondance avec Nancy Huston. Un roman, *J. H. cherche âme sœur,* paraît en 1987. Ses essais et ses autres écrits ont été publiés dans diverses revues, dont *Sans frontière, Sorcières* et *Les temps modernes. La négresse à l'enfant* paraît en 1990 et *Le silence des rives* en 1993.

Ni Française, ni Algérienne, ni Beure, mais de cultures multiples, située en marge de ces trois pôles et en même temps entre eux, Leïla Sebbar privilégie la déstabilisation des identités. Sa protagoniste Shérazade, dans le roman *Les carnets de Shérazade,* doit se constituer comme sujet dans une France postcoloniale et postmoderne. Dans une réécriture subversive de deux modèles narratifs européens —le roman picaresque et le bildungsroman —, Leïla Sebbar lance son héroïne dans une série d'aventures qui mettent en scène ses identités minoritaires : femme, maghrébine, exilée. Shérazade se reconnaît aussi bien dans des représentations orientalistes comme le célèbre tableau de Delacroix, *Femmes d'Alger dans leur appartement*, que parmi les femmes immigrées, marginalisées et cloîtrées de la « zone ». Elle consomme des produits culturels des deux côtés de la Méditerranée, tout en démontrant que les femmes peuvent également être des productrices de culture. A sa quête identitaire fait écho sa venue à l'écriture, qui renoue avec l'activité de conteuse de l'aïeule évoquée dans le titre du roman. Elle part en voyage afin de se libérer des structures répressives de sa famille d'immigrés et pour se mesurer à « la France profonde ». Ses voyages en compagnie de Gilles, camionneur français, dans le monde de la culture populaire beure, font de son compagnon le lecteur français à qui elle sert de médiatrice et d'interprète des nouvelles formes identitaires : le métissage culturel de la musique « rockarabe » et son équivalent vestimentaire, « le look ». Le discours de Leïla Sebbar valorise toutes les formes hybrides — grande culture et culture populaire, regards orientalistes, maghrébins et postcoloniaux, français soutenu et argot beur, sexualité féminine et androgynie. Elle construit ainsi une protagoniste qui donne libre cours à son imagination, une jeune femme libérée capable de traverser la diversité et la multiplicité, agissant selon ses désirs au lieu d'obéir à un quelconque dogme.

Les carnets de Shérazade
(extrait)

Gilles freina brutalement. Devant, une camionnette était en train de tomber en panne ; elle s'arrêta tout à fait après quelques tressautements et le camion bleu Gauloises de Gilles stoppa, collé à l'arrière jaune paille de la fourgonnette. Il vit descendre trois jeunes gens qui se disputaient. Pendant qu'il les aidait, plongé dans le moteur au milieu des têtes frisées et crépues, Shérazade, dans le camion écoutait la cassette de *Carte de séjour*. Elle avait enfin accès au magnétophone de Gilles, lorsqu'il n'était pas là. Gilles allait et venait, du moteur béant à sa trousse à outils :

— Qu'est-ce que tu as mis ? On comprend rien, ni la musique ni les paroles.

— C'est une cassette pirate d'un groupe rockarabe, rockmétèque... Tu connais pas.

— Je comprends pas ce que tu racontes. Non je connais pas. Qu'est-ce qu'ils chantent, là ?

— Demande aux garçons de la camionnette s'ils connaissent.

— J'ai pas le temps.

Gilles courait avec deux des garçons derrière la camionnette. Elle venait de démarrer et le chauffeur ne voulait pas freiner. Les garçons criaient — arrête, Rachid ! arrête... On va te la casser ta petite gueule, si tu arrêtes pas. Tu vas voir, tu pourras plus chanter on te verra plus jamais sur une scène... — Avant de repartir, Rachid salua Gilles et lui tendit deux places de concert — si vous passez à Lyon ce soir, venez on vous invite.

A Lyon-Villeurbanne, Gilles chercha Le Relais du Beaujolais. On se garait facilement. Il prendrait une douche. Shérazade regardait le plan de Lyon et sa banlieue. Elle dit — ah ! le voilà ! — quoi ? demanda Gilles — le musée des Beaux-Arts — tu iras seule, si c'est pas fermé. Shérazade suivait de l'index, en les lisant à haute voix, les noms des cités. — ah ! la voilà ! — quoi ? — dit Gilles. — la cité de Farid — qu'est-ce que tu vas foutre, là-bas ? Tu iras toute seule, là aussi. Moi je gare mon camion au relais et je bouge plus jusqu'à ce soir pour le concert. J'ai deux places. Si tu veux venir... C'est *Carte de séjour,* je connais pas, mais j'ai envie d'y aller.

Shérazade fit un bond sur son siège :

— Alors, c'était les mecs de *Carte de séjour,* la camionnette ? Wouaou ! Mais je sais pas si tu vas aimer.

A Lyon-Villeurbanne, le relais était calme. Des hommes jouaient aux cartes. La patronne et son employée épluchaient des légumes sur une toile cirée orange à fleurs, en écoutant la radio. L'employée disait comme chaque jour, à la même heure, qu'elle enverrait un message à Anne-Marie Peysson pour retrouver sa sœur, avoir de ses nouvelles au moins. Elle avait appris un jour, par hasard, que sa sœur avec qui elle s'était fâchée, parce qu'elle avait refusé de garder sa mère alors que c'était son tour, avait émigré au Canada avec mari et enfants. Elle n'avait même pas pu lui apprendre la mort de leur mère, mais elle avait besoin de sa signature pour une question d'héritage. Elle ne raconterait pas tout à Anne-Marie, elle dirait l'essentiel. Souvent ça marchait. Là, c'était plus difficile, mais elle faisait confiance à Anne-Marie... Gilles prit le journal, plié sur le comptoir, *France-Soir* ou *Le Progrès,* et monta prendre un bain. Shérazade avait déposé son sac dans la chambre et elle avait filé — à huit heures ici, cria Gilles. Après le concert on s'en va. On reste pas à Lyon.

— Si on se revoit pas. Salut ! cria Shérazade de la porte du relais. Les rideaux à carreaux rouges et blancs tremblaient encore après le départ bruyant de Shérazade. La patronne regarda vers l'entrée par-dessus ses lunettes et dit — je le connais ce routier. D'habitude il vient seul. Je me demande qui c'est, cette fille...

Aux Minguettes, Shérazade eut du mal à trouver l'appartement de la mère de Farid. Lorsqu'elle demandait, on lui disait que des Farid il y en avait dix au moins par bloc... Si elle n'avait pas le nom de la famille, elle pouvait repartir. Les Minguettes, c'était pas un espace vert où on venait se promener le dimanche en famille, ni un point de vue panoramique, ni un zoo, ni un cirque. Les rodéos c'était fini et les journalistes et les touristes dehors à coup de pied au cul. Ceux qui pouvaient entrer ici, c'étaient les ouvriers avec leurs machines, pour abattre les tours, ceux-là oui ils étaient autorisés à tout casser, tout, tout raser qu'il ne reste plus rien de cette pourriture, lui il les aiderait même, que rien ne reste debout. Shérazade écoutait le garçon qui s'adressait à elle, en répétant — j'ai la haine... J'ai la rage... — puis il reprenait contre elle les mêmes paroles agressives qu'il lui criait au visage. Elle lui parla en arabe. Il se tut, la regarda — tu es une sœur ?... Tu vois je ne reconnais plus les miens... Je suis peut-être fou... Dis-moi qui est Farid, je te dirai qui est sa mère — il avait répondu en arabe à Shérazade.

Le garçon la laissa à la porte de l'appartement 76, septième étage, tour numéro 4. Elle sonna. Ça ne marchait pas. On entendait du bruit de l'autre côté de la porte, des voix d'enfants, petits. Elle frappa. Quelqu'un cria. On vint ouvrir après avoir regardé à l'œilleton. Une fille de dix-sept ans, environ. Shérazade dit — bonjour, je viens pour Farid. Votre mère est là ? La fille appela sa mère. Le couloir était sombre, l'entrée minuscule. Shérazade restait debout à la porte. La fille alla chercher la mère qui arriva en s'essuyant les mains à un coin de tablier. Shérazade ne s'attendait pas à une femme aussi jeune, plus jeune que sa mère, elle n'avait pas quarante ans. Elle regarda Shérazade, droit dans les yeux, avant de répondre à son bonjour madame... Aussitôt, Shérazade pensa qu'elle avait eu tort de venir parler à cette femme de son fils. Ce qu'elle allait lui dire la blesserait ou il fallait mentir. Pourquoi cette impulsion... Comme si c'était vital, Shérazade avait couru jusqu'à cette cité, ces H.L.M. qui ressemblaient à tous ceux qu'elle connaissait depuis la banlieue parisienne jusqu'à Marseille, à Lille où elle irait... Elle avait hésité, seule sur le palier... comme si elle allait voir sa mère, ses sœurs, la grande et les petites, son père si c'était dimanche. Sa main avait tremblé sur la sonnette et elle restait debout muette devant cette femme hostile, méfiante, répétant — bonjour, madame —

jusqu'à ce que la mère se décide à lui dire d'entrer, en arabe, pour la mettre à l'épreuve. Shérazade avait parlé tout le temps en arabe, assise à la table de la salle de séjour. La mère avait demandé à la fille aînée de faire du café et d'apporter des gâteaux secs. Shérazade remarqua la télévision recouverte comme pour un deuil. La mère avait chassé les enfants de la pièce.

La femme était petite et mince. Elle lissait les bandeaux de ses cheveux et ses bracelets en or faisaient du bruit autour de son visage. La fille servit le café et s'assit près de sa mère. Elle écoutait Shérazade qui racontait qu'elle connaissait bien Farid. Elle le voyait souvent à Paris, il travaillait chez un mécanicien, il voyageait quand il avait de l'argent et, s'il n'écrivait pas, ce n'était pas parce qu'il oubliait sa famille, ou pour une autre raison. Il lui parlait de sa mère et de ses sœurs, il disait qu'il allait leur envoyer de l'argent. Quand elle avait quitté Paris, il lui avait dit que, si elle passait à Lyon, elle pourrait donner des nouvelles chez lui, les nouvelles étaient bonnes. Shérazade parla longtemps, la mère et la sœur de Farid l'écoutèrent jusqu'à la fin sans rien ajouter à ce qu'elle disait, sans la contredire, sans l'interrompre pour poser des questions plus précises.

Shérazade but le café, prit un petit gâteau qu'elle ne mangerait pas, se leva. Elle allait partir lorsque la mère la retint ; lui prenant les deux mains dans les siennes, froides et fines, elle lui dit — Farid, mon fils, Farid que tu connais, c'est lui... Mon fils, il est en prison depuis plusieurs semaines et je ne l'ai pas encore vu.

C'est Shérazade qui éclata en sanglots.

La mère la prit dans ses bras, lui parla comme à un enfant, lui dit des mots tendres sans suite en arabe et en français, la remercia d'être venue, jusqu'à elle, pour son fils. Shérazade pleura devant la fille aînée et les enfants qui regardaient par la porte entrouverte. Lorsqu'elle fut sur le palier, Shérazade entendit les enfants qui répétaient, en français :

— On peut mettre la télé ?...

Pour passer plus de temps chez la mère de Farid, Shérazade avait couru dans le musée, comme avec Julien au Louvre vers *Les Femmes d'Alger* et *Le Bain turc*. Elle s'était arrêtée devant *La Femme au perroquet* de Delacroix, une jeune femme nue, blanche et blonde, une chaîne d'or autour du cou est étendue sur des étoffes satinées qui brillent. On ne voit pas ses yeux. Elle joue avec un perroquet vivant posé aux pieds du sofa. Elle porte une toque en voile. On dirait qu'elle va tomber, la toque. Puis elle avait regardé *Les Cavaliers arabes* de Chassériau, pensant à ceux de Fromentin à La Rochelle, enfin sans le vouloir et sans savoir que c'était lui, elle stoppa avant de sortir, courant toujours, devant un tableau de Gauguin, le petit-fils de Flora Tristan. Flora ne l'avait pas connu ? Le Sauvage du Pacifique. Chez la mère de Farid, Shérazade se rappelait *La Femme au perroquet,* les femmes orientales de la peinture française, les esclaves blanches des harems, oisives et belles, dans le luxe des parfums et de la soie, languides et comme endormies... On les aimait. Et les femmes d'Orient en France, dans les cités au bord des capitales, sa mère, la mère de Farid, les mères du Nord à Douai, Roubaix, Tourcoing, Lens, dans le froid et la brique grise et noire comme le lui avait raconté Néfissa à Marseille ? Néfissa disait qu'elle allait chercher le soleil qu'elle ne retournerait jamais plus dans les corons.

Shérazade arriva hors d'haleine au relais de Lyon-Villeurbanne. Gilles regardait la télé avec d'autres camionneurs, ils aimaient tous Collaro et son Coco-rico-coboy. Ça ne la faisait pas rire. Ils riaient, riaient, riaient. Shérazade les entend malgré les bruits de tuyauterie de la douche. Entre le musée et les Minguettes, elle a réussi à s'habiller en grande surface, pour rien : trois culottes neuves, un jean, un tee-shirt, deux paires de socquettes blanches. Elle se lave les cheveux, se coupe les ongles, observant, sans le savoir, les gestes rituels pour la toilette des ablutions, les gestes du grand-père d'Algérie, lorsqu'elle vivait chez lui pendant les vacances, avec sa sœur Mériem ; elles étaient toutes petites. Elle commence par la main droite, d'abord l'index, le doigt qu'on appelle le témoin en arabe, le doigt tourné vers Dieu, puis la main gauche, l'index le premier... Pour les orteils, il faut couper l'ongle du petit doigt du pied droit, le premier, puis les autres, pied droit, pied gauche. Elle les a toujours coupés ainsi. Lorsqu'elle arrive dans la salle de café, les hommes se retournent et sifflent en la voyant.

— Madame Yvonne ! Vous nous l'aviez cachée ? C'est votre nièce ? Elle est en vacances chez vous ? Pour combien de jours ? On va camper ici, nous.

La patronne se lève, une pomme de terre à demi épluchée dans une main, le couteau à légumes dans l'autre. Elle regarde de loin, les hommes devant la télé, Shérazade arrêtée près du comptoir, debout, indécise.

— J'en ai pas de nièce, dit Mme Yvonne. Et cette fille, elle montre Shérazade de la pointe de son couteau de cuisine, je la connais pas. C'est la première fois que je la vois chez moi. C'est la fille à Gilles. Il vous l'a pas dit ?

— Alors, c'est lui qui la cache, le salaud ! dit un camionneur en donnant une bourrade à Gilles. Tu es pas un vrai copain. Quand on a quelque chose de bon on partage. Pas vrai, madame Yvonne ?

Gilles se leva, régla la chambre pour le bain et la douche, le casse-croûte et les boissons. Il partit avec Shérazade, avant la fin de Collaro.

— Tu laisses tomber Collaro et les copains ? lui crièrent les routiers. Attends la prochaine, on te loupera pas... Allez, salut ! Et bonne nuit. Pense à nous !

Dans la salle de concert, Gilles était le plus vieux et le plus blanc depuis l'Atlantique jusqu'au Rhône. Si les autres savaient... Gilles souriait, regardait autour de lui ces garçons et ces filles rassemblés ce soir-là dans les cris, les rires, les hurlements. Il entendait des langues étrangères, des accents, des voix pas d'ici. C'était Babel, douce, rauque, chuintante, gutturale, pointue, sifflante, éraillée, âpre, tendre... Shérazade a abandonné Gilles dans les vagues sauvages de la salle surpeuplée. Elle fait signe à Véronique qui lance en l'air un long foulard de soie rouge. Véronique du squatt parisien, ronde et sexy, des yeux de biche, une bouche candide et mouillée, des joues trop roses. Sa mère ne voulait pas qu'elle se marie avec son petit ami kabyle. Elle ne lui avait pas désobéi, puisque Shérazade le chercha en vain. Elle vit Omar près de Véronique... Elle l'appela très fort, en allant vers lui. Omar tient Véronique par la main et devant l'air surpris de Shérazade, il explique — je lui ai pas piquée... C'est lui qui est parti. Le service national, il paraît, moi j'y crois pas... enfin, il faut pas faire de peine à Véro. Véro, je l'ai reconnue un matin à Marseille. Mon copain venait d'embarquer, je marchais seul. Je m'assois à une terrasse, à un moment, et qui je vois ? Véro, toute seule. C'est rare. Elle buvait une menthe à l'eau avec une paille. Elle m'a reconnu ; on se voyait pas très souvent à Paris, on fréquentait pas les mêmes endroits... elle m'a dit qu'elle allait chez sa mère, elle avait plus d'argent, plus de boulot, elle se reposerait à Nice. Sa mère acceptait tout de Véronique, si elle venait chez elle, seule, et si elle ne sortait pas le soir... Il lui avait trouvé un job dans un bateau de croisière où il s'occupait de l'animation et des femmes riches, des bourges qui le payaient bien, c'était pas trop fatigant. Ils s'arrêtaient à Lyon pour voir des Beurs ; après, ils savaient pas. C'était des Beurs de la Marche. Lui aussi avait marché, pas comme les marcheurs de Marseille jusqu'à Paris, mais quand même. Véronique embrasse Shérazade, et frotte ses joues vigoureusement pour effacer les traces de rouge à lèvres. Omar proteste contre le rouge envahissant de Véro — avant de se laver les dents, le matin, dit Omar, Véro se met du rouge aux lèvres... C'est une maladie, ma parole, comme si moi... —

toi, l'interrompt Véronique, tu pisses dans le lavabo et ça pue parce que tu fais même pas couler l'eau — elle posa sur la joue d'Omar un baiser sonore et l'entraîna vers la scène assiégée par une triple rangée de garçons et de filles.

Dans la salle, des garçons s'étaient habillés comme les musiciens du groupe, mêlant avec discernement et grâce, chéchia, turban, battle-dress, jean, smoking, boléro, saroual, débardeur à mailles, borsalino, ceinture cloutée, lunettes noires, mains de Fatma... Gilles remarqua que les filles restaient plus classiques. Elles n'avaient pas osé se déguiser. Quelques-unes brillaient sous les paillettes et portaient des lunettes excentriques mais elles étaient rares, la plupart du temps costumées en garçonnes.

Ils étaient sept, comme dans les contes.

Leur histoire était un conte. Fous de musique, pauvres mais acharnés, vifs et nerveux, ils avaient quitté à grands pas les bidonvilles, z.u.p. et zones, les régions froides, pour prendre d'assaut d'autres zones, d'autres terres, jusqu'à la scène publique où, comme ce soir-là, ils donnaient du soleil. Ils occupaient les planches comme des conquérants joyeux, lyriques et drôles. Lorsqu'ils arrivèrent avec leurs instruments baroques et ordinaires, d'Orient et d'Occident et que Rachid, le chanteur, prit le micro, il y eut dans la salle une houle immense jusqu'aux lustres, des ululements et des youyous, des bravos scandés. Ils étaient tous fous, sauf les sept sur la scène, tranquilles, sereins. Gilles n'avait jamais entendu une telle musique, des paroles si exotiques, un rythme aussi bâtard. Rachid, dans son saroual blanc et son boléro brodé, dansait, jouait avec le micro et les fils comme avec une corde ; il chantait en hurlant. On lui réclamait des chansons, toujours les mêmes. Il chanta jusqu'à l'épuisement. Gilles, à la fin du concert, ne vit plus la scène. Ils s'étaient tous levés, à la fois, pour aller danser avec les musiciens, sur la scène et autour. Shérazade dansait avec Rachid qui ne chantait plus. Gilles pensa qu'elle était la plus belle, la plus gracieuse, la plus séduisante... Mais il voulait partir. Il partirait sans elle.

Maintenant, il s'ennuyait. C'était fini, l'éblouissement. Il avait envie de boire un demi. Il sortit et alla s'installer dans la brasserie qui faisait face à la salle des fêtes. Il se levait pour partir, le groupe arriva, Rachid et Shérazade en tête qui se tenaient par le cou et riaient. Gilles essaya de les éviter mais Shérazade, comme si elle était ivre, le prit par le bras pour qu'il se joignît à la bande. Entre Gilles et Rachid, Shérazade se balançait en chantant. Gilles se dégagea, puis Rachid, et les autres, tous s'assirent autour de trois tables, les musiciens et leurs groupies. Gilles avait du mal à suivre la conversation. Ils parlaient très vite, riaient tout le temps, plaisantaient d'une langue à l'autre. Shérazade leur ressemblait, parlait comme eux, riait avec eux, plaisantait dans leurs langues. Soudain, un garçon qui n'était pas de la bande pointa le doigt vers Gilles :

— C'est qui celui-là ? Qui c'est, ce beauf' ?

Tous à la fois, ils regardèrent Gilles.

— C'est mon copain, dit Shérazade.

— Ce type-là ? Ce vieux fromage ? dit le garçon soutenu par un autre qui l'excitait, pour se marrer.

Gilles entendait mal ce que disaient les garçons. Shérazade dit — répète un peu...

— Pourquoi que tu te colles avec un beauf', un Frangaoui... Il te baise mieux que nous, les bougnoules ? Hein ? Toutes des pouffiasses...

— Ta gueule ! cria Shérazade — si tu continues je te bute !

— C'est ça, c'est ça. Essaye voir. On va se marrer. Non mais la meuf... Qu'est-ce qu'elle se croit. Et les autres là autour de la gonzesse, ils s'aplatissent devant les beauf'... Tous des harkis, des vendus, des pourris... On vous a achetés avec des dollars... votre musique...

Rachid s'était levé prêt à se battre.

— C'est pas avec toi que je veux me tabasser, c'est avec l'autre, là-bas au fond, celui qui baise notre sœur pour pas un rond... Je vais lui montrer moi...

Le garçon, entraînant son complice, se dirigea vers Gilles à l'autre bout de la table, près de la porte.

— Viens dehors, si tu es un homme !

Shérazade cria — laisse tomber Gilles, il a bu, son copain aussi, laisse tomber...

Gilles se leva, dit — je m'en vais, salut ! et sortit, suivi des deux garçons menaçants ; sur le trottoir, la bagarre fut violente et brève. Gilles les envoya à terre, l'un après l'autre. Ils étaient tous dehors. Quand les agresseurs se relevèrent, Gilles et Shérazade n'étaient plus là. Les deux garçons furieux tombèrent à coups de poing sur les musiciens en les traitant de harkis... Au bruit de la sirène de police, ils se séparèrent.

Se dire

Comment tracer la venue des femmes à l'écriture dans les diverses formes qu'elle a prises ? Plutôt qu'une histoire linéaire, nous avons choisi de présenter quelques exemples saisissants, qui semblent ouvrir une voie aux possibilités futures.

Les réflexions qu'inspire à Hélène Cixous sa propre venue à l'écriture prennent ici la forme d'un acte autobiographique typiquement féminin. Jusqu'ici tenues à l'écart de l'histoire et de toute action transformatrice, les femmes doivent s'affirmer elles-mêmes sur un mode révolutionnaire. Son examen de l'Autre et de l'Ailleurs l'entraîne plus loin, dans un espace encore à définir, dans la jouissance de l'expression libre.

Dans ses souvenirs d'enfance, Nathalie Sarraute met elle aussi l'accent sur le langage en tant qu'élément constitutif de l'être. Dans son texte, tous les événements du passé participent à une jubilation linguistique, qui prend la forme d'un dialogue rendant parfaitement compte du conflit de deux volontés, celle de la petite fille en opposition constante à l'Autre. Rebelle, sa façon de se dire est énergique à l'extrême. Voilà pourquoi elle refuse toute intrusion de l'Autre dans ce qu'elle a résolu d'être et de faire : « Non, tu ne feras pas ça... [...] Si, je le ferai. Non, tu ne feras pas ça... [...] Si, je le ferai. » Mariant l'action aux mots et défaisant tout à mesure qu'elle écrit, elle se définit comme un être qui, par-delà l'enfance, rejoint l'âge adulte. Tiraillée entre pays, parents et langues, son moi écrivant doit lutter contre la fragmentation ; ce faisant, il revêt un caractère d'urgence. La lutte incessante qu'elle doit mener pour se distinguer de l'Autre impossible à connaître est à l'origine de son énergie et de son écriture.

Que l'expression de soi passe par la prose ou la poésie, elle sert de base authentique à l'être, qu'elle prolonge, par-delà le soi, dans le monde. Dans les textes poétiques de Claire Lejeune, l'« Illettrée » se réalise elle-même avec une vive intensité à mesure qu'elle découvre, entre les lignes de ce qui a déjà été écrit, son propre espace de lecture — et d'écriture. Une fois de plus, une femme se voit contrainte d'inventer son espace imaginaire et discursif. D'après les nombreux liens analogiques que nous essayons d'établir dans le présent recueil, nous pourrions voir, dans l'auto-accusation de la femme de lettres qu'est l'« Illettrée », un rappel du lien intime qui unit l'« être » à la « lettre ». La lettre doit rendre compte de la violence cannibale de l'existence comme de l'agonie de l'identité et de l'intimité. Sans gêne et sans sentimentalisme, la femme qui écrit reconnaît que son œuvre couronne sa vie. Ecrire, comme parler, amplifie l'être, si bien qu'il faut faire preuve de la plus grande prudence. Comment dire ? Comment être ? Quel est le lien entre les deux ?

Les obstacles à l'expression de soi différeront selon les contextes. De temps à autre, nous avons le bonheur de reconnaître chez autrui la capacité non seulement de nous parler, de parler *avec* nous, mais aussi de parler *pour* nous. Dans de tels cas, c'est comme si la capacité de la femme qui écrit et celle de la femme qui lit se rejoignaient, si bien que la lecture révèle les liens essentiels qu'elle entretient avec l'expression, tout comme la lecture de soi avec l'expression conséquente de soi : « se lire » en dialogue avec « se dire ».

Le titre symptomatique « J'aime à toi », de Luce Irigaray, utilise la préposition « à » pour marquer la distanciation et la non-consommation dans la relation à l'Autre. Le texte décrit un amour qui choisirait d'être non-réducteur et qui refuserait la distinction entre « sujet » et « objet ». Lorsque les deux personnes qui composent un couple sont fortes et animées d'intentions divergentes, l'amour non seulement ne s'oppose pas au langage, mais au contraire va dans le même sens que lui. Par bonheur, les amoureux sont tous deux des lecteurs et des interlocuteurs autonomes et interdépendants. Le langage doit être transformé pour rendre compte d'une forme différente de relation.

Refusant tout délai, la femme mise en scène par Nicole Brossard dans l'« Écrivain » est en quête du même pouvoir et s'adapte aux exigences de la situation : « Cette nuit, je me rencontre. » Je me déplace sans cesse, dit-elle. Par défi, en faisant appel à son corps de femme, elle apprend à parler, comme dans la naissance qu'elle raconte. La présence matérielle du corps est à l'origine d'un langage sexuel complexe constituant l'extrême différence de l'écriture au féminin comme en témoigne, par exemple, la locution singulière : « je nous veux. » « La vie privée est politique » : changer le vocabulaire de l'une revient irrévocablement à changer l'autre.

Dans un poème en prose intitulé *Amantes,* Brossard trace une nouvelle cartographie du corps et du discours qui le représente, en féminisant les termes qui disent le corps lesbien. Ce faisant, elle peuple « sa » continent d'une multitude d'amantes célèbres et de femmes écrivains lesbiennes venues des quatre coins du monde.

La grave prise en charge de l'action politique tentée par Nicole Brossard contraste avec le lyrisme cosmique du texte philosophico-poétique de Claire Lejeune, qui a davantage trait à l'univers qu'au pays auquel elle appartient. Tandis que Cixous fait de la naissance du langage — qu'elle cherche à soustraire au monde masculin, purement cérébral — le pendant de la naissance d'un enfant, de manière plus révolutionnaire encore, Sarraute et Irigaray montrent à quel point les relations humaines dépendent du pouvoir du langage. La langue transforme.

LUCE IRIGARAY

Née en Belgique pendant les années 1930, Luce Irigaray est, en ce qui concerne les rapports entre la sexualité et le langage, une des théoriciennes les plus importantes de la pensée française contemporaine. Après avoir obtenu une maîtrise de philosophie à l'Université de Louvain en 1955, elle enseigne dans un lycée de Bruxelles jusqu'en 1959. Elle s'installe alors à Paris, où elle réside toujours. Elle y entreprend des études approfondies dans divers domaines, dont un doctorat en linguistique (1968) et un autre en philosophie (1974). Elle fait des recherches en psychanalyse à l'École freudienne, sous la direction de Jacques Lacan. Elle travaille au Centre National de Recherches Scientifiques (CNRS) et devient, en 1986, directeur de recherches pour la division de psychologie. Sa deuxième thèse, *Speculum de l'autre femme* (1974), qui critique le phallocentrisme et l'esprit patriarcal de la théorie et de la pratique freudiennes (et lacaniennes), suscite une énorme controverse qui entraînera sa marginalisation, puis son exclusion du milieu universitaire parisien. Elle n'enseignera de nouveau à Paris qu'en 1985, pour donner un séminaire à l'École des Hautes Etudes en sciences sociales, puis un autre au Collège international de philosophie. Pendant ses années « d'exil », elle participe à des colloques en Europe et en Amérique du Nord, parfois à titre d'organisatrice, et publie plusieurs œuvres importantes, dont *Ce sexe qui n'en est pas un* (1977) ainsi que *Et l'une ne bouge pas sans l'autre* (1979). Ses œuvres plus récentes sont le fruit de ses conférences et séminaires : *Éthique de la différence sexuelle* (1984), « L'ordre sexuel du discours » (1987) et *Sexes et parentés* (1987). Elle s'intéresse maintenant davantage à la philosophie qu'à la psychologie ; en 1986, elle a changé de division au CNRS. Parmi ses ouvrages récents, citons *Le temps de la différence : pour une révolution pacifique* (1989), *Je, tu, nous : pour une culture de la différence* (1990) et *J'aime à toi : esquisse d'une félicité dans l'histoire* (1992).

﹏

Dans ses écrits de la fin des années 1980 et du début des années 1990 — *Je, tu, nous* (1990), *Sexes et genres à travers les langues* (1990) et *J'aime à toi* (1992) —, Luce Irigaray analyse surtout, du point de vue philosophique, la formation du sujet par le langage et par la différence sexuelle, à travers la dimension intersubjective et interpersonnelle. Que le langage existant ne permette d'exprimer ni une modification en profondeur des relations entre les sexes, ni une tentative véritable de comprendre « la femme », voilà ce qu'elle ne cesse de répéter depuis la fin des années 1970. Le langage et les systèmes de représentation ne peuvent « traduire » le désir féminin, rappelle-t-elle, soucieuse d'inventer de nouvelles structures linguistiques, un « parler-femme » pour décrire les relations nouvelles qu'elle imagine et dont le sujet est toujours « je/tu ». Dans son essai de référence, « Quand nos lèvres se parlent », « je/tu » caresse en même temps « me/te » et lui parle, tandis que les lèvres de la bouche et celles du sexe, réunies, créent un dialogue amoureux. Lorsqu'elle se fait utopique, Irigaray puise dans l'amour pour repenser le dualisme sujet/objet, réécrire la relation d'objet qu'instaure la formule « je t'aime » et atteindre, ce faisant, une éthique idéale de l'être. Ce projet a pour point culminant les essais reproduits ici, extraits de la collection *J'aime à toi* : « Toi qui ne seras jamais mien » et « J'aime à toi ». Le sujet vise la « reconnaissance » de l'autre, sujet également, tout en retenant une barrière d'altérité infranchissable. Pour éviter que l'amour ne devienne une prise de possession, il faut respecter cette barrière : « Je te reconnais va de pair avec : tu m'es irréductible, comme je le suis pour toi ». Irigaray utilise la préposition « à », qui exige un complément d'objet indirect, pour rappeler la distance et l'ouverture nécessaires. Les deux essais traitent à la fois des relations entre les êtres et des relations de groupe, notamment des rapports entre les sexes : le « je » et le « tu » sont des pronoms sexués, car seule une attention soutenue accordée aux marques grammaticales de la différence sexuelle permettra d'explorer une féminité inscrite dans le langage. A force de repenser les frontières du soi et de l'autre, ainsi que celles du genre, Irigaray invente ce qu'elle appelle une « syntaxe de la communication ».

J'aime à toi (extraits)

TOI QUI NE SERAS JAMAIS MIEN

Comment esquisser la voie de l'opération de la reconnaissance ?

Je te reconnais, donc tu n'es pas le tout, sinon tu serais trop grand(e) et je serais débordé(e) par ta grandeur. Tu n'es pas le tout et je ne suis pas le tout.

Je te reconnais, donc je ne puis tourner autour de toi, je ne peux te cerner ni t'introjecter. Tu n'es pas un *illic* qui peut devenir un *hic,* si j'emploie la terminologie de Husserl. Je ne peux complètement t'identifier, a fortiori m'identifier à toi.

Je te reconnais signifie que je ne peux te connaître ni par la pensée ni par la chair. La puissance d'un négatif demeure entre nous. Je te reconnais va de pair avec : tu m'es irréductible, comme je le suis pour toi. Nous sommes insubstituables l'un à l'autre. Tu m'es transcendant(e), inaccessible en un sens, non seulement en tant qu'étant mais aussi en tant qu'être (ce qui suppose, selon moi, une fidélité à la vie plutôt qu'une soumission à la mort). La transcendance subsiste toujours entre nous, non pas comme une abstraction ni une construction, une fabrication du même pour fonder son origine ou mesurer son devenir, mais comme la résistance d'une réalité concrète et idéelle : je ne serai jamais toi, ni en corps ni en pensée.

Te reconnaître veut dire ou implique te respecter comme autre. Accepter de m'arrêter devant toi comme devant un insurmontable, un mystère, une liberté qui ne sera jamais mienne, une subjectivité qui ne sera jamais mienne, un mien qui ne sera jamais mien.

Je te reconnais est la/une condition pour qu'existent *je, tu* et *nous.* Mais ce *nous* ne sera jamais plein ni simplement positif. Il ne sera jamais non plus un neutre, un *on* collectif. Ce *nous* est travaillé par le négatif, l'insubstituable entre nous, la transcendance entre nous. Il est constitué de sujets irréductibles l'un à l'autre, les uns aux autres, donc capables de communiquer dans la liberté et la nécessité. Le progrès spirituel peut alors s'entendre comme devenir de la

Luce Irigaray, *J'aime à toi,* « Toi que ne seras jamais mien », « J'aime à toi », Éditions Bernard Grasset.

communication entre nous, sous forme de dialogue individuel ou collectif. La parole *entre* relaie l'attrait de l'instinct ou de la similitude.

Je te reconnais signifie que tu es différent(e) de moi, que je ne peux t'/m'identifier ni maîtriser ton devenir. Je ne serai jamais ton maître. Et ce négatif est ce qui me permet d'aller vers toi.

Je te reconnais suppose que je ne peux pas te voir de part en part. Tu ne me seras jamais totalement visible mais, grâce à cela, je te respecte comme différent(e) de moi. Ce que je ne vois pas de toi, me meut vers toi si tu te gardes, et que ton énergie me permet de garder et élever la mienne avec toi. Je vais vers toi comme vers ce que je ne verrai pas mais qui m'attire, tel le chemin d'un devenir, d'un progrès. Ce progrès ne signifie pas un éloignement de la chair, de mon corps, de mon histoire. Je vais vers ce qui me permet de devenir tout en restant moi.

La transcendance n'est donc plus extase, sortie hors de soi vers un tout-autre inaccessible, outre-sensibilité, outre-terre. Elle est respect de l'autre que je ne serai jamais, qui m'est transcendant(e) et à qui je suis transcendant(e). Ni simple nature ni esprit commun au-delà d'elle, elle existe par la différence de corps et de culture qui continue à alimenter notre énergie, son mouvement, sa génération et sa création. Cette énergie, dès lors, n'est plus canalisée, sublimée, paralysée vers un au-delà de *je-moi,* ni de *tu,* ni de *nous.* Elle est mouvement et transformation qui limitent l'empire de mon ego, celui du pouvoir du *tu,* ou de la communauté et de ses valeurs déjà instituées. Elle reste en moi, enstase et non extase, mais disponibilité à la rencontre avec l'autre, notamment par le langage, sans sacrifice de la sensibilité.

L'autre de la différence sexuelle est celui — ou celle — vers qui il est possible d'aller comme vers une transcendance, tout en restant en soi, et sans inversion de celle-ci en soi sous forme d'âme ou d'esprit. Cet(te) autre est ce que je n'atteindrai jamais et, pour cette raison même, *il/elle* m'oblige à rester en moi pour *lui* et *nous* être fidèle, en gardant notre différence.

Je te reconnais signifie je reconnais que tu es, que tu existes, que tu deviens. Dans cette reconnaissance, je te marque, je me marque de l'incomplétude, du négatif. Tu n'es ni je ne suis le tout, ni le même, principe de totalisation. Et notre différence est irréductible à *une* hiérarchie, *une* généalogie, *une* histoire. Elle ne peut être estimée en termes de plus ou moins. Ce qui reviendrait à l'anéantir.

La reconnaissance est l'opération par laquelle la dialectique maître-esclave, pensée par Hegel, peut être surmontée. Mais, dans le système hégélien, elle ne peut l'être que par le passage à l'esprit absolu, un esprit absolu en fait déterminé comme unisexe donc non comme universel concret. Pour éviter les relations maître(s)-esclave(s), il est nécessaire de pratiquer une autre reconnaissance que celle marquée par la hiérarchie, donc aussi la généalogie. Dire que l'enfant est la mort des parents revient à laisser l'esprit dans une sorte de naturalisme et à considérer que l'Histoire implique un/des sacrifice(s). Si l'enfant participe d'une culture attentive à la communication, l'intersubjectivité, la spirituali-sation de la différence entre les sexes, l'avenir peut apporter aux parents une société plus heureuse, outre la chance de leur propre devenir en tant qu'amants. Mais surtout il n'y a plus pouvoir de l'un sur l'autre. L'irréductibi-lité de la différence enraie sans cesse la capitalisation d'un quelconque pouvoir, d'une autorité simple sur.

Seule la reconnaissance de l'autre en tant que sexué offre cette possibilité. Entre la femme et l'homme, l'homme et la femme, la reconnaissance demande un travail du négatif. La maîtrise de, la substitution à, y sont des opérations impossibles dans le respect de ce qui est, de ce qui existe.

L'identité sexuée résout un autre risque, signalé par exemple dans l'œuvre d'Adorno[1], mais également par d'autres critiques de Hegel. L'identité sexuée exclut toute forme de totalité et aussi de propriété pleine du sujet (et des existentiaux). Le *mien* du sujet est toujours déjà marqué par une désappro-priation : le genre. Être homme ou femme revient déjà à ne pas être le tout du sujet ni de la communauté ni de l'esprit, mais aussi à ne pas être tout à fait soi. Le fameux *je* est un autre, dont la cause est parfois attribuée à l'inconscient, peut s'entendre différemment. *Je* n'est jamais simplement *mien* en tant qu'il appartient à un genre. Donc, je ne suis pas tout : je suis homme ou femme. Et je ne suis pas un sujet simple, j'appartiens à un genre. Je suis objectivement limité(e) par cette appartenance.

Les résistances concernant la reconnaissance de l'importance de la diffé-rence sexuelle me semblent venir de ce négatif en soi et pour soi qu'elle implique. J'appartiens à un genre, ce qui signifie à un universel sexué et à une relation entre deux universels.

---

1. Ainsi dans *Le jargon de l'authenticité* (traduction Eliane Escoubas), Éditions Payot, « Critique de la politique ».

Dans les théories et pratiques psychanalytiques, l'appartenance à un genre peut partiellement servir de tiers dans la constitution de l'identité adulte. L'impératif de la loi et du pouvoir du père s'y trouve rendu inutile. Il faut et il suffit que je respecte le genre que je suis. Le jeu du même et de l'autre, présent dans l'identité générique, me permet de sortir de la dépendance à la généalogie, de l'enfance, de l'inceste. Ainsi je suis engendré(e) par deux, porté(e) et accouché(e) par une femme, nourri(e) par elle, mais je suis homme ou femme, et, en tant que tel(le), je dois devenir qui je suis et non rester dans mon destin et la/ma dépendance infantiles.

L'obligation d'appartenir à mon genre est susceptible de servir de lieu d'interprétation de l'Œdipe selon Freud. Nous n'avons pas à choisir, comme il se dit, entre l'interdit de l'inceste et la psychose. Il nous suffit de devenir notre genre pour sortir d'une relation indifférenciée avec la mère — si tant est que cette forme de relation ne soit pas déjà une fable masculine[2].

Mais devenir son genre constitue aussi le moyen du retour à soi. Celui-ci ne peut entrer dans la sphère du pur connaître, du pur comprendre. L'appartenance à un genre ne peut être connue ni assumée à la manière de la vérité, ou des vérités, de la philosophie classique. Cette vérité est pour une part passivité, fidélité à l'être que je suis, être qui m'est donné par nature et que je dois endosser, respecter et cultiver comme la moitié de l'identité humaine, non pour autant *une* mais *deux*. L'être que je suis n'est donc jamais le tout et il est toujours séparé (de) en tant que correspondant à un genre. Il ne peut donc pas être fusionnel, ni dans l'enfance ni dans l'amour. De plus cet être est ouverture à l'autre genre, généalogiquement et horizontalement.

Dans cette perspective, il n'y a plus « immédiateté naturelle ». Je suis un être ou un étant sexué, donc assigné à un genre, à une identité générique, que je ne suis pas forcément dans/par mon immédiateté sensible. Ainsi naître fille dans une culture dominée par le masculin n'est pas forcément naître avec une sensibilité appropriée à mon genre. La physiologie féminine est sans doute présente mais pas l'identité qui reste à construire. Certes, il ne s'agit pas de la construire en reniant sa physiologie. Il est question de revendiquer une culture, de vouloir et d'élaborer une spiritualité, une subjectivité et une altérité propres à ce genre : féminin. Soit non pas, comme disait Simone de Beauvoir : on ne naît

2. Lire, par exemple, « A propos de l'ordre maternel » dans *Je, tu, nous.*

pas femme, on le devient (par culture) mais plutôt : je suis née femme, mais je dois encore devenir cette femme que je suis par nature.

Du côté de l'« esprit absolu », la reconnaissance de l'identité sexuée comme dimension d'une culture spirituelle rend l'unité de cette totalisation impossible. En effet, chaque genre doit définir et garder des médiations propres, et il est nécessaire de déterminer des médiations qui permettent une communication et des échanges entre les genres. Mais il n'y aura plus de synthèse ultime. Il n'y aura plus de définitive « négation de la négation ». L'homme étant irréductible à la femme et la femme à l'homme, il n'existe plus d'esprit *absolu* ni d'être *un* final. La relation entre l'homme et la femme, les hommes et les femmes, a lieu sur fond d'un fond sans fond. Elle est sans résolution ni assomption définitives, toujours en devenir dans des allers et retours entre l'un et l'autre, les uns et les autres, sans fin ni échéance dernières.

Pour que ces allers-retours en vue d'un devenir de la communication soient motivés, une intentionnalité doit être à l'œuvre. Il est nécessaire que *il* et *elle,* je_{il} — je_{elle} et tu_{il} — tu_{elle}, aient de la valeur et que leurs relations constituent le lieu d'une énergie ascendante plutôt que descendante.

La femme et l'homme doivent donc être reconnus comme représentants ou incarnations du genre humain. Ils doivent être valorisés pour le devenir de leur *je* sexué, pour les relations entre eux et pour la constitution d'une dialectique spirituelle de ces relations.

Ainsi l'intentionnalité entre eux ne peut pas devenir obligation d'engendrer et pas davantage occasion de déchéance. Elle doit être motivée par le désir d'un devenir spirituel individuel et collectif réalisé par femme et homme, femmes et hommes.

Pour ce devenir, il est nécessaire que femmes et hommes trouvent des modes de se rapporter l'un à l'autre et de communiquer entre eux, modes qui évitent l'écueil d'un avec-l'autre sans médiations pour le genre féminin, et d'un avec-l'outil, la main, l'objet, l'argent, le langage au détriment de l'intersubjectivité et de la reconnaissance de l'autre pour le genre masculin. Il importe donc de définir un rapport d'indirection entre les genres où les obstacles de la fusion ou appropriation entre les personnes et de la substitution de l'instrument à la relation intersubjective soient surmontés. Le « à », dans l'expression « j'aime à toi », tente de soutenir cette double intention en déjouant une inertie propre à chaque sexe et qui paralyse les échanges entre eux.

J'AIME À TOI

J'aime à toi : signifie je garde à toi un rapport d'indirection. Je ne te soumets ni ne te consomme. Je te respecte (comme irréductible). Je te salue : je salue en toi. Je te loue : je loue en toi. Je te rends grâces : je rends grâces à toi pour... Je te bénis de ou pour. Je te parle, non seulement de telle chose, mais je te parle à toi. Je te dis, non pas tant ceci ou cela, mais je te dis à toi.

Le « à » est le garant de l'indirection. Le « à » empêche le rapport de transitivité sans irréductibilité de l'autre, et réciprocité possible. Le « à » maintient l'intransitivité entre les personnes, l'interpellation, la parole ou le don interpersonnels : je parle à toi, je demande à toi, je donne à toi (et non : je te donne toi à un autre).

Le « à » est le signe de la non-immédiateté, de la médiation entre nous. Donc, non pas : je t'ordonne ou te commande de faire telles choses, ce qui pourrait se dire ou équivaloir à : je t'ordonne à telles choses, je te soumets à telles vérités, à tel ordre, ceux-ci pouvant correspondre à un travail mais aussi à une jouissance, humaine ou divine. Et pas plus : je te séduis à moi, le toi devenant à moi, le j'aime à toi, j'aime à moi. Et pas non plus : je t'épouse, au sens de je fais de toi ma femme ou mon mari, soit : je te prends, je te fais mien(ne). Mais : je souhaite être attentif(ve) à toi pour le présent et le futur, je te demande de rester avec toi, je suis fidèle à toi.

Le « à » est le lieu de non-réduction de la personne à l'objet. Je t'aime, je te désire, je te prends, je te séduis, je t'ordonne, je t'instruis, etc. risquent toujours d'anéantir l'altérité de l'autre, de le/la transformer en mon bien, mon objet, de le/la réduire au/en mien, ce qui est dire faisant déjà partie de mon champ de propriétés existentielles ou matérielles.

Le « à » est aussi une barrière contre l'aliénation de la liberté de l'autre dans ma subjectivité, mon monde, ma parole...

J'aime à toi signifie donc : je ne te prends pas ni comme objet direct, ni comme objet indirect en tournant autour de toi. C'est plutôt autour de moi que je dois tourner pour maintenir le *à toi* grâce au retour à moi. Non pas avec ma proie — toi devenu(e) mien(ne) — mais avec l'intention de respecter ma nature, mon histoire, mon intentionnalité, en respectant aussi les tiennes. Donc je ne reviens pas à moi sur le mode du : je me demande si je suis aimé(e). Ce qui correspondrait à une intentionnalité introvertie qui va vers l'autre pour revenir ruminer tristement et sans fin des questionnements solipsistes en une sorte de cannibalisme plus ou moins culturel.

Le « à » est garant de deux intentionnalités : la mienne et la tienne. J'aime cela en toi qui peut correspondre à mon intentionnalité et à la tienne.

Il peut se faire que j'aime en toi — « à toi » — ce qui n'est pas consciemment voulu par toi, ce qui échappe à tes intentions : tel geste, telle expression, tel trait de ton corps, de ta sensibilité. A nous de voir si nous pouvons bâtir un *nous* sur ce qui ainsi est, de *toi,* compatible avec mes intentions mais échappe aux tiennes, moins conscient pour toi. Sur cet « à toi » — plus propriété de toi qu'intention, si tant est que cette distinction soit toujours possible — pouvons-nous construire une temporalité ?

Le problème du *nous* est celui d'une rencontre qui a lieu selon une chance en quelque sorte juste (un *kairos* ?) ou, pour une part, d'un hasard dont la nécessité nous échappe, mais il est aussi ou surtout celui de la constitution d'une temporalité : ensemble, avec, entre. L'engagement sacramentel ou juridique, l'obligation de reproduire ont trop souvent suppléé à ce problème : comment construire une temporalité entre nous ? Comment unir durablement deux intentionnalités ? deux sujets ?

Car faire de toi mon bien, ma possession, mon *mien* n'accomplit pas l'alliance entre nous. Ce geste sacrifie une subjectivité à l'autre. Le « à » devient un possessif, l'indice d'une possession, non d'une propriété existentielle. A moins de dire que l'homme est un possédant qui transforme en lois ses instincts ? Dans ce cas, le « à » de la possession n'est plus bilatéral. Tu es à moi, souvent sans réciprocité. Dans ce mien(ne) que tu es, tu perds la liberté de la réciprocité, outre le fait que le possédant est peu disponible à être à quelqu'un. L'actif et le passif se répartissent entre qui possède et qui est possédé(e), l'amant et l'aimée, par exemple. Il n'y a plus là deux sujets en relations amoureuses.

Le « à » tente d'éviter de retomber dans l'horizon de réduction d'un sujet à l'objet, au bien propre.

Mais comment un sujet peut-il se lier ou être lié durablement à un autre ? Comment empêcher que la durée de ce lien soit soumise au jugement d'un Dieu-Père ou Roi, à l'arbitrage d'une autorité civile, à un pouvoir ou à un savoir de type généalogique, imposés ou élus ? Et comment soustraire la relation entre amants à l'aliénation par la famille ?

Il est possible que, dans les mirages sacramentel ou juridique des Tu es à moi,

Je suis à toi, pour toujours, il y ait un naturel irrésolu qui se projette dans le céleste ou la loi.

Selon moi, *j'aime à toi* ne peut se temporaliser comme un : j'aime à ta subsistance naturelle, même si ce « à » n'implique pas le sacrifice de celle-ci. Mais ce que j'aime peut-il se résoudre en obéissance à une nature ?

Ce destin plane encore sur la condition et la définition de la femme dans notre culture, mais aussi sur celles de l'homme en tant qu'il aurait à être un citoyen neutralisé dans sa nature, qu'il aurait aussi à être « tête » pour le genre humain, et notamment la femme, et « image » de la divinité. Tout cela allant de pair avec un manque de culture de la sexualité.

Mais puis-je aimer la soumission à une nature : animale, humaine, divine ? Ne manque-t-il pas là un mouvement plus ou moins libre de part et d'autre, mouvement qui construit l'un et l'autre et permet la constitution d'une temporalité commune. Si je suis attentif(ve) à ton intentionnalité, à ta fidélité à toi-même et à son/ton devenir, il m'est permis d'imaginer si une durée peut exister entre nous, si nos intentionnalités peuvent s'accorder.

Ces intentionnalités ne peuvent se réduire à *une*. Il ne suffit pas de regarder ensemble dans la même direction, selon la parole de Saint-Exupéry, ou alors de manière qui n'abolit pas mais allie les différences. L'homme et la femme, fidèles à leur identité, n'ont pas la même intentionnalité, n'étant pas du même genre, n'occupant pas la même place dans la généalogie. Mais ils peuvent prendre des engagements selon des accords qui rendent leurs intentionnalités compatibles : bâtir ensemble une culture de la sexualité, par exemple, ou construire une politique de la différence.

De telles alliances peuvent apporter à chacun(e) du soutien dans la réalisation de son intentionnalité.

Ainsi : tu ne me sais pas, mais tu sais quelque chose de mon apparaître. Tu peux aussi percevoir les directions et dimensions de mon intentionnalité. Tu ne peux savoir qui je suis mais tu peux m'assister à être en percevant ce qui m'échappe de moi, les fidélités ou infidélités à moi-même. Tu peux ainsi m'aider à sortir de l'inertie, la tautologie, la répétition, ou encore l'errance, l'erreur. Tu peux m'aider à devenir tout en restant moi-même.

Rien donc d'un mariage par contrat qui m'arrache à une famille pour m'enchaîner à une autre, rien qui me soumette comme disciple à un maître, rien qui me prenne ma virginité, qui arrête mon devenir dans une soumission à l'autre (cautionnée par un Autre ou un État), rien non plus qui contraigne ma nature à la reproduction. Il est plutôt question d'une nouvelle étape de mon existence. Celle qui me permet d'accomplir mon genre dans une identité spécifique, liée à mon histoire et à une époque de l'Histoire.

L'universel générique, en effet, n'est pas transhistorique. Il serait souhaitable qu'il se réalise progressivement. Et, à travers le monde, il en va bien ainsi en extension. La culture de la différence sexuelle peut s'étendre de nos jours à travers les peuples, les traditions. Il serait bien que cette extension s'accompagne d'un progrès qualitatif, d'un éloignement progressif de l'animalité et de la soumission de la sexualité à la reproduction ou à la pornographie.

Pour ce progrès du langage est nécessaire. Non seulement le langage de l'information, comme je l'ai signalé, mais celui de la communication. Il nous manque, en particulier, une syntaxe de la communication. Communiquer revient, en effet, à établir des liens, ce qui relève de la syntaxe.

Donc : comment te parler ? Et : comment t'écouter ?

NATHALIE SARRAUTE

Romancière, essayiste, dramaturge et avocate, Nathalie Sarraute est née Nathalie Tcherniak le 18 juillet 1900 à Ivanovo-Voznessensk (Russie). Ses parents divorcent lorsqu'elle a deux ans, et sa jeunesse se passe entre la France et la Russie. Elle raconte cette époque dans *Enfance* (1983). Elle fait des études d'anglais à la Sorbonne, où elle obtient sa licence en 1920. Par la suite, elle prépare un baccalauréat ès arts à l'Université d'Oxford et étudie la sociologie à Berlin. En 1925, elle se marie avec Raymond Sarraute. Ils ont trois filles. En 1932, elle écrit son premier texte (qui deviendra la deuxième esquisse de *Tropismes,* 1939), où elle énonce les thèmes qui la retiendront pendant toute sa carrière : la complexité des relations humaines et la crise d'une langue bourrée de clichés. Dans les dix-neuf textes de *Tropismes* (vingt-quatre dans l'édition de 1967), elle envisage les rapports humains à travers les menus détails de la vie de tous les jours. Etant juive, elle se voit obligée, durant l'Occupation, de se réfugier dans la maison de campagne d'une Française, où elle passe pour la gouvernante de ses propres enfants. Pendant cette période, elle écrit *Portrait d'un inconnu,* qui paraît en 1948. Une dizaine d'œuvres suivra, dont un autre roman, *Martereau* (1953) ; *L'ère du soupçon* (1956), recueil d'essais critiques ; et *Le planétarium* (1959), roman qui retient beaucoup l'attention. *Les fruits d'or* (1963), autre roman, lui vaut, en 1964, le Prix international de la littérature. Pendant ces années, surtout à cause de l'expérimentation formelle qui caractérise ses deux derniers livres, elle est associée au groupe des « nouveaux romanciers », qui traitent des problèmes de la création artistique et proposent un nouveau modèle de narration, sans sujet et sans intrigue. Entre 1964 et 1978, elle se partage entre des œuvres dramatiques pour le théâtre et pour la radio, dont *Le silence* (1964), *Le mensonge* (1966), *Isma* (1970), *C'est beau* (1973), *Elle est là* (1978) et les romans *Entre la vie et la mort* (1968) et « *disent les imbéciles* » (1976). Son théâtre complet paraît en 1978. Parmi ses livres plus récents, on retrouve une œuvre en prose, *L'usage de la parole* (1980) ; une pièce pour la radio, *Pour un oui ou pour un non* (1982) ; *Paul Valéry et l'enfant d'éléphant* et *Flaubert le précurseur* (1986) ; et un roman, *Tu ne t'aimes pas* (1989).

Comme Alain Robbe-Grillet et Marguerite Duras, également liés au Nouveau Roman, Nathalie Sarraute a connu, dans les années 1980, un virage autobiographique qui semblait marquer une rupture par rapport à ses écrits plus anciens, dont la visée n'était pas de raconter une histoire ni de retracer l'émergence d'une personnalité. Mais comme le révèle le dialogue de la narratrice avec son double au début du récit, *Enfance* n'est pas une autobiographie traditionnelle. Comme un texte plus ancien de Sarraute, *Tropismes,* il traite des rapports complexes entre le langage et les impulsions et émotions humaines qui soustendent les mots prononcés ou écrits, voire les contredisent. En présentant une série d'instants en apparence banals, elle dépeint les bouleversements qu'a connus une petite fille tiraillée entre sa mère et son père, entre la Russie et la France, ainsi que ses premiers contacts avec l'écriture.

Enfance
(extraits)

— Alors, tu vas vraiment faire ça ? « Évoquer tes souvenirs d'enfance »... Comme ces mots te gênent, tu ne les aimes pas. Mais reconnais que ce sont les seuls mots qui conviennent. Tu veux « évoquer tes souvenirs »... il n'y a pas à tortiller, c'est bien ça.

— Oui, je n'y peux rien, ça me tente, je ne sais pas pourquoi...

— C'est peut-être... est-ce que ce ne serait pas... on ne s'en rend parfois pas compte... c'est peut-être que tes forces déclinent...

Nathalie Sarraute, d'*Enfance,* © Éditions GALLIMARD.

— Non, je ne crois pas... du moins je ne le sens pas...

— Et pourtant ce que tu veux faire... « évoquer tes souvenirs »... est-ce que ce ne serait pas...

— Oh, je t'en prie...

— Si, il faut se le demander : est-ce que ce ne serait pas prendre ta retraite ? te ranger ? quitter ton élément, où jusqu'ici, tant bien que mal...

— Oui, comme tu dis, tant bien que mal...

— Peut-être, mais c'est le seul où tu aies jamais pu vivre... celui...

— Oh, à quoi bon ? je le connais.

— Est-ce vrai ? Tu n'as vraiment pas oublié comment c'était là-bas ? comme là-bas tout fluctue, se transforme, s'échappe... tu avances à tâtons, toujours cherchant, te tendant... vers quoi ? qu'est-ce que c'est ? ça ne ressemble à rien... personne n'en parle... ça se dérobe, tu l'agrippes comme tu peux, tu le pousses... où ? n'importe où, pourvu que ça trouve un milieu propice où ça se développe, où ça parvienne peut-être à vivre... Tiens, rien que d'y penser...

— Oui, ça te rend grandiloquent. Je dirai même outrecuidant. Je me demande si ce n'est pas toujours cette même crainte... Souviens-toi comme elle revient chaque fois que quelque chose d'encore informe se propose... Ce qui nous est resté des anciennes tentatives nous paraît toujours avoir l'avantage sur ce qui tremblote quelque part dans les limbes...

— Mais justement, ce que je crains, cette fois, c'est que ça ne tremble pas... pas assez... que ce soit fixé une fois pour toutes, du « tout cuit », donné d'avance...

— Rassure-toi pour ce qui est d'être donné... c'est encore tout vacillant, aucun mot écrit, aucune parole ne l'ont encore touché, il me semble que ça palpite faiblement... hors des mots... comme toujours... des petits bouts de quelque chose d'encore vivant... je voudrais, avant qu'ils disparaissent... laisse-moi...

— Bon. Je me tais... d'ailleurs nous savons bien que lorsque quelque chose se met à te hanter...

— Oui, et cette fois, on ne le croirait pas, mais c'est de toi que me vient l'impulsion, depuis un moment déjà tu me pousses...

— Moi ?

— Oui, toi par tes objurgations, tes mises en garde... tu le fais surgir... tu m'y plonges...

« Nein, das tust du nicht »... « Non, tu ne feras pas ça »... les voici de nouveau, ces paroles, elles se sont ranimées, aussi vivantes, aussi actives qu'à ce moment, il y a si longtemps, où elles ont pénétré en moi, elles appuient, elles pèsent de toute leur puissance, de tout leur énorme poids... et sous leur pression quelque chose en moi d'aussi fort, de plus fort encore se dégage, se soulève, s'élève... les paroles qui sortent de ma bouche le portent, l'enfoncent là-bas... « Doch, Ich werde es tun. » « Si, je le ferai. »

« Nein, das tust du nicht. » « Non, tu ne feras pas ça... » ces paroles viennent d'une forme que le temps a presque effacée... il ne reste qu'une présence... celle d'une jeune femme assise au fond d'un fauteuil dans le salon d'un hôtel où mon père passait seul avec moi ses vacances, en Suisse, à Interlaken ou à Beattenberg, je devais avoir cinq ou six ans, et la jeune femme était chargée de s'occuper de moi et de m'apprendre l'allemand... Je la distingue mal... mais je vois distinctement la corbeille à ouvrage posée sur ses genoux et sur le dessus une paire de grands ciseaux d'acier... et moi... je ne peux pas me voir, mais je le sens comme si je le faisais maintenant... je saisis brusquement les ciseaux, je les tiens serrés dans ma main... des lourds ciseaux fermés... je les tends la pointe en l'air vers le dossier d'un canapé recouvert d'une délicieuse soie à ramages, d'un bleu un peu fané, aux reflets satinés... et je dis en allemand... « Ich werde es zerreissen. »

— En allemand... Comment avais-tu pu si bien l'apprendre ?

— Oui, je me le demande... Mais ces paroles, je ne les ai jamais prononcées depuis... « Ich werde es zerreissen »... « Je vais le déchirer »... le mot « zerreissen » rend un son sifflant, féroce, dans une seconde quelque chose va se produire... je vais déchirer, saccager, détruire... ce sera une atteinte... un attentat... criminel... mais pas sanctionné comme il pourrait l'être, je sais qu'il n'y aura aucune punition... peut-être un blâme léger, un air mécontent, un peu inquiet de mon père... Qu'est-ce que tu as fait, Tachok, qu'est-ce qui t'a pris ? et l'indignation de la jeune femme... mais une crainte me retient encore, plus forte que celle d'improbables, d'impensables sanctions, devant ce qui va arriver dans un instant... l'irréversible... l'impossible... ce qu'on ne fait jamais, ce qu'on ne peut pas faire, personne ne se le permet...

« Ich werde es zerreissen. » « Je vais le déchirer »... je vous en avertis, je vais franchir le pas, sauter hors de ce monde décent, habité, tiède et doux, je vais m'en arracher, tomber, choir dans l'inhabité, dans le vide...

« Je vais le déchirer »... il faut que je vous prévienne pour vous laisser le temps de m'en empêcher, de me retenir... « Je vais déchirer ça »... je vais le lui dire très fort... peut-être va-t-elle hausser les épaules, baisser la tête, abaisser sur son ouvrage un regard attentif... Qui prend au sérieux ces agaceries, ces taquineries d'enfant ?... et mes paroles vont voleter, se dissoudre, mon bras amolli va retomber, je reposerai les ciseaux à leur place, dans la corbeille...

Mais elle redresse la tête, elle me regarde tout droit et elle me dit en appuyant très fort sur chaque syllabe : « Nein, das tust du nicht »... « Non, tu ne feras pas ça »... exerçant une douce et ferme et insistante et inexorable pression, celle que j'ai perçue plus tard dans les paroles, le ton des hypnotiseurs, des dresseurs...

« Non, tu ne feras pas ça... » dans ces mots un flot épais, lourd coule, ce qu'il charrie s'enfonce en moi pour écraser ce qui en moi remue, veut se dresser... et sous cette pression ça se redresse, se dresse plus fort, plus haut, ça pousse, projette violemment hors de moi les mots... « Si, je le ferai. »

« Non, tu ne feras pas ça... » les paroles m'entourent, m'enserrent, me ligotent, je me débats... « Si, je le ferai »... Voilà, je me libère, l'excitation, l'exaltation tend mon bras, j'enfonce la pointe des ciseaux de toutes mes forces, la soie cède, se déchire, je fends le dossier de haut en bas et je regarde ce qui en sort... quelque chose de mou, de grisâtre s'échappe par la fente...

« Vous raconterez votre premier chagrin. " Mon premier chagrin " sera le titre de votre prochain devoir de français. »

— N'est-ce pas plutôt rédaction qu'on disait à l'école communale ?

— Peut-être... en tout cas, cette rédaction-là ou ce devoir de français ressort parmi les autres. Dès que la maîtresse nous a dit d'inscrire sur nos carnets « Mon premier chagrin », il n'est pas possible que je n'aie pas pressenti... je me trompais rarement... que c'était un « sujet en or »... j'ai dû voir étinceler dans une brume lointaine des pépites... les promesses de trésors...

J'imagine qu'aussitôt que je l'ai pu, je me suis mise à leur recherche. Je n'avais pas besoin de me presser, j'avais du temps devant moi, mais j'avais hâte de trouver... c'est de cela que tout allait dépendre... Quel chagrin ?...

— Tu n'as pas commencé par essayer, en scrutant parmi tes chagrins...

— De retrouver un de mes chagrins ? Mais non, voyons, à quoi penses-tu ? Un vrai chagrin à moi ? vécu par moi pour de bon... et d'ailleurs, qu'est-ce que je pouvais appeler de ce nom ? Et quel avait été le premier ? Je n'avais aucune envie de me le demander... ce qu'il me fallait, c'était un chagrin qui serait hors de ma propre vie, que je pourrais considérer en m'en tenant à bonne distance... cela me donnerait une sensation que je ne pouvais pas nommer, mais je la ressens maintenant telle que je l'éprouvais... un sentiment...

— De dignité, peut-être... c'est ainsi qu'aujourd'hui on pourrait l'appeler... et aussi de domination, de puissance...

— Et de liberté... Je me tiens dans l'ombre, hors d'atteinte, je ne livre rien de ce qui n'est qu'à moi... mais je prépare pour les autres ce que je considère comme étant bon pour eux, je choisis ce qu'ils aiment, ce qu'ils peuvent attendre, un de ces chagrins qui leur conviennent...

— Et c'est alors que tu as eu cette chance d'apercevoir... d'où t'est-il venu ?

— Je n'en sais rien, mais il m'a apporté dès son apparition une certitude, une satisfaction... je ne pouvais pas espérer trouver un chagrin plus joli et mieux fait... plus présentable, plus séduisant... un modèle de vrai premier chagrin de vrai enfant... la mort de mon petit chien... quoi de plus imbibé de pureté enfantine, d'innocence.

Aussi invraisemblable que cela paraisse, tout cela je le sentais...

— Mais est-ce invraisemblable chez un enfant de onze, presque de douze ans... tu étais dans la classe du certificat d'études.

— Ce sujet a fait venir, comme je m'y attendais, plein d'images, encore succinctes et floues, de brèves esquisses... mais qui promettaient en se développant de devenir de vraies beautés... Le jour de mon anniversaire, oh quelle surprise, je saute et bats des mains, je me jette au cou de papa, de maman, dans le panier une boule blanche, je la serre sur mon cœur, puis nos jeux, où donc ? mais dans un beau grand jardin, prairies en fleur, pelouses, c'est celui de mes grands-parents où mes parents et mes frères et sœurs passent les vacances... et puis viendra l'horreur... la boule blanche se dirige vers l'étang...

— Cet étang que tu avais vu sur un tableau, bordé de joncs, couvert de nénuphars...

— Il faut reconnaître qu'il est tentant, mais voici quelque chose d'encore plus prometteur... la voie ferrée... nous sommes allés nous promener de ce côté, le petit chien monte sur le remblai, je cours derrière lui, je l'appelle, et voici qu'à toute vitesse le train arrive, l'énorme, effrayante locomotive... ici pourront se déployer des splendeurs...

Maintenant c'est le moment... je le retarde toujours... j'ai peur de ne pas partir du bon pied, de ne pas bien prendre mon élan... je commence par écrire le titre... « Mon premier chagrin »... il pourra me donner l'impulsion...

Les mots parmi lesquels je me suis posée ne sont pas mes mots de tous les jours, des mots grisâtres, à peine visibles, assez débraillés... ces mots-ci sont comme revêtus de beaux vêtements, d'habits de fête... la plupart sont venus de lieux bien fréquentés, où il faut avoir de la tenue, de l'éclat... ils sont sortis de mes recueils de morceaux choisis, des dictées, et aussi...

— Était-ce des livres de René Boylesve, d'André Theuriet ou déjà de Pierre Loti ?

— En tout cas ce sont des mots dont l'origine garantit l'élégance, la grâce, la beauté... je me plais en leur compagnie, j'ai pour eux tous les égards qu'ils méritent, je veille à ce que rien ne les dépare... S'il me semble que quelque chose abîme leur aspect, je consulte aussitôt mon Larousse, il ne faut pas qu'une vilaine faute d'orthographe, un hideux bouton les enlaidisse. Et pour les relier entre eux il existe des règles strictes auxquelles on doit se conformer... si je n'arrive pas à les retrouver dans ma grammaire, si le moindre doute subsiste, il vaut mieux ne pas y toucher, à ces mots, en chercher d'autres que je pourrai placer dans une autre phrase où ils seront à une place appropriée, dans le rôle qui leur convient. Même mes mots à moi, ceux dont je me sers d'ordinaire sans bien les voir, lorsqu'ils doivent venir ici acquièrent au contact des autres un air respectable, de bonnes manières. Parfois je glisse ici ou là un mot rare, un ornement qui rehaussera l'éclat de l'ensemble.

Souvent les mots me guident dans mes choix... ainsi dans ce premier chagrin, le « bruissement sec » des feuilles d'automne que nous froissions en courant, en nous roulant dessus, mon petit chien et moi, m'ont fait, après avoir hésité, préférer pour nos jeux dans le jardin de mes grands-parents l'automne au printemps...

— Pourtant « les pousses tendres et les bourgeons duveteux » étaient bien séduisants...

— L'automne l'a emporté et je ne l'ai pas regretté... n'y ai-je pas trouvé « la douceur des rayons d'un soleil pâle, les feuilles d'or et de pourpre des arbres... ».

Derrière la porte fermée de ma chambre, je suis occupée à ce qu'il peut y avoir au monde de plus normal, de plus légitime, de plus louable, je fais mes devoirs, en ce moment il se trouve que c'est un devoir de français. Je n'en ai pas choisi le sujet, il m'a été donné, même imposé, c'est un sujet fait pour moi, à la mesure d'un enfant de mon âge... il m'est permis de m'ébattre à l'intérieur de ses limites, sur un terrain bien préparé et aménagé, comme dans la cour de récréation ou bien aussi, puisque ces ébats s'accompagnent de grands efforts, comme dans la salle de gymnastique.

Maintenant arrive le moment de concentrer toutes mes forces pour le grand bond... l'arrivée du train, son vacarme, sa vapeur brûlante, ses énormes yeux qui brillent. Et puis, quand le train est passé, entre les rails la touffe de poils blancs, la flaque de sang...

Mais cela, je me retiens d'y toucher, je veux laisser les mots prendre tout leur temps, choisir leur moment, je sais que je peux compter sur eux... les derniers mots viennent toujours comme poussés par tous ceux qui les précèdent...

Dans l'obscurité de la salle du cinéma de la rue d'Alésia, tandis que je regarde passer je ne sais plus quel film muet, accompagné d'une agréable, excitante musique, je les appelle, je les rappelle plutôt, ils sont déjà venus avant, mais je veux les revoir encore... le moment est propice... je les fais résonner... faut-il changer celui-ci de place ? ... j'écoute de nouveau... vraiment la phrase qu'ils forment se déroule et retombe très joliment... encore peut-être un léger arrangement... et puis ne plus l'examiner, je risquerais de l'abîmer... il faut seulement s'efforcer de la conserver telle qu'elle est, ne pas en perdre un mot jusqu'au moment où je l'écrirai sur ma copie déjà mise au net, en allant à la ligne pour bien la faire ressortir dans toute sa beauté, en la faisant suivre du point final.

Il ne me restera plus qu'à tracer à bonne distance de la dernière ligne un trait bien droit et net avec ma plume très propre et ma règle.

— Jamais au cours de toute ta vie aucun des textes que tu as écrits ne t'a donné un pareil sentiment de satisfaction, de bien-être...

Peut-être, plus tard, encore un autre devoir, celui sur les jouets...

— Un sujet de devoir de français en troisième au lycée. Cette impression d'accomplissement, là aussi, quand me venaient des mots délicieux, porteurs « d'effluves du passé, d'une odeur de moisissure qui m'était montée au visage lorsque seule dans le grenier de la vieille maison j'avais soulevé le lourd couvercle du coffre où gisaient pêle-mêle des jouets abandonnés, délabrés... un flot de souvenirs charmants... » j'écoutais enchantée chantonner sourdement dans mes phrases « une mélancolie retenue, une émouvante nostalgie... ».

— Maintenant c'était de Balzac surtout que les mots te venaient... Reconnais qu'entre la qualité de ses textes, de ceux de Boylesve ou de Theuriet et les tiens tu ne voyais guère de différence...

— Et cette ressemblance m'apportait une certitude, une sécurité... Mais je dois avouer que mes textes étaient pour moi plus délectables.

En relisant une dernière fois « Mon premier chagrin »... j'en connaissais par cœur des passages... je l'ai trouvé parfait, tout lisse et net et rond...

— Tu avais besoin de cette netteté, de cette rondeur lisse, il te fallait que rien ne dépasse...

— J'aimais ce qui était fixe, cernable, immuable... C'est cela qui m'a plus tard charmée dans la géométrie plane, dans la chimie organique, dans les premiers éléments de physique... le théorème d'Archimède, la machine d'Atwood... aucun risque de voir quoi que ce soit se mettre à fluctuer, devenir instable, incertain... j'ai perdu pied dès que j'ai dû quitter ces régions où je me sentais en parfaite sécurité et aborder celles mouvantes, inquiétantes de la géométrie dans l'espace, de la chimie inorganique... « Mon premier chagrin » est arrondi et fixe à souhait, pas la moindre aspérité, aucun mouvement brusque, déroutant... rien qu'un balancement léger et régulier, un doux chantonnement...

Vraiment ce devoir mérite que je le montre à mon père. Il aime regarder mes devoirs. Surtout mes devoirs de français.

Il faut que nous soyons seuls, il est tacitement entendu que Véra ne doit pas être présente. Comme il est convenu entre nous, sans qu'un mot ait été dit, qu'elle ne doit jamais être là quand je fais signer à mon père mon carnet de notes.

Bien sûr, la croix que la maîtresse épingle sur mon tablier et que je porte toute la semaine, il est impossible d'éviter qu'elle la voie et que ne se soulèvent en elle comme des vaguelettes de mécontentement, d'hostilité.

Quand j'entre dans le cabinet de travail de mon père avec ma copie à la main, il abandonne aussitôt ce qu'il est en train de faire et se met à m'écouter... et moi, en lui lisant, je retrouve les joies de la récitation, encore accrues... y a-t-il un texte dont mes intonations fassent mieux jouer toutes les nuances ?

Mon père est toujours réservé, il ne se répand pas en compliments, mais je n'en ai pas besoin, je sais à son air, à la façon dont il m'écoute qu'il me dira que c'est très bien. Sans plus. Mais cela me suffit. Pas une seconde entre nous il ne s'agit d'une appréciation d'un autre ordre que celle qu'il ferait sur n'importe lequel de mes devoirs. Jamais n'est même de loin suggérée, jamais ne vient nous frôler l'idée de « dons d'écrivain »... rien n'est aussi éloigné...

— En es-tu sûre ?

— Absolument. Je n'ai fait qu'un très bon devoir. Je ne me suis rien permis, je n'en ai d'ailleurs aucune envie, je ne cherche jamais à dépasser les limites qui me sont assignées, pour aller vagabonder Dieu sait où, là où je n'ai rien à faire, chercher je ne sais quoi... ou plutôt ce que mon père déteste par-dessus tout, ce qu'il n'évoque qu'en plissant d'un air méprisant ses lèvres, ses paupières, et qu'il appelle « la gloriole »... certes non, je ne la cherche pas. L'idée ne me vient jamais de devenir un écrivain. Parfois il m'arrive de me demander si je ne pourrais pas être une actrice... mais pour ça il faut être belle comme Véra Koren ou comme Robine. Non, ce que j'aimerais, c'est d'être institutrice.

Le jour où la maîtresse nous rend nos devoirs, j'attends avec le pressentiment, mais c'est plutôt une certitude, que la liste commencera par mon nom. La note inscrite sur la copie a moins d'importance... elle sera probablement un 8 ou un 9... Mais il faut absolument pour que soit confirmée ma réussite que le devoir soit en tête de la liste !...

— Il ne t'est jamais venu à l'esprit qu'il serait le premier de trente devoirs assez médiocres et que par conséquent cette sélection...

— Non, jamais. Le numéro un marque pour moi un absolu. Quelque chose à quoi rien n'est supérieur. Peu importe où. J'ai l'illusion que c'est hors comparaison. Il n'est pas possible que ce que j'ai fait vienne après ce qu'a fait quelqu'un d'autre.

— Ta rage contre toi-même... c'était au lycée Fénelon... quand pour la première fois Monsieur Georgin, en rendant les versions latines, t'a dit : « Mais que s'est-il passé ? Vous êtes... » était-ce troisième ou seconde ?...

— Sur le chemin du retour, j'ai sorti de mon cartable l'ignominieuse copie, je l'ai piétinée, je l'ai déchirée, et j'ai jeté ses morceaux dans le bassin de la place Médicis.

Je dévale en courant, en me roulant dans l'herbe rase et drue parsemée de petites fleurs des montagnes jusqu'à l'Isère qui scintille au bas des prairies, entre les grands arbres... je m'agenouille sur son bord, je trempe mes mains dans son eau transparente, j'en humecte mon visage, je m'étends sur le dos et je l'écoute couler, je respire l'odeur de bois mouillé des énormes troncs de sapins écorcés portés par son courant et qui ont échoué près de moi dans les hautes herbes... je colle mon dos, mes bras en croix le plus fort que je peux contre la terre couverte de mousse pour que toutes les sèves me pénètrent, qu'elles se répandent dans tout mon corps, je regarde le ciel comme je ne l'ai jamais regardé... je me fonds en lui, je n'ai pas de limites, pas de fin.

Le brouillard qui monte jusqu'à l'hôtel, recouvre les prés, emplit la vallée, est bienfaisant, il adoucit, il rend moins douloureuse la fin des vacances... Sa fraîcheur, sa grisaille me stimulent, elles fortifient mon impatience d'affronter enfin ce qui m'attend à la rentrée, cette « nouvelle vie » au lycée Fénelon, on m'a dit qu'on y travaille tellement, que les professeurs y sont très exigeants, tu verras, les premiers temps risquent d'être difficiles, ça te changera de l'école primaire...

Enfin un matin très tôt, Véra me conduit jusqu'à l'angle de l'avenue d'Orléans et de la rue d'Alésia où s'arrête le tramway Montrouge-Gare de l'Est... Elle m'aide à escalader le marchepied, elle se penche vers la portière et elle dit au contrôleur : « Soyez gentil, c'est la première fois que " la petite " prend le tramway toute seule, rappelez-lui de descendre au coin du boulevard Saint-Germain... », elle me dit encore une fois de faire bien attention, je la rassure d'un geste et je vais m'asseoir sur la banquette en bois sous les fenêtres, mon lourd cartable neuf bourré de cahiers neufs et de nouveaux livres, posé par terre entre mes jambes... Je me retiens de bondir à chaque instant, je me tourne d'un côté et de l'autre pour regarder les rues à travers les vitres poussiéreuses... c'est agaçant que le tramway s'attarde tant à chaque arrêt, qu'il ne roule pas plus vite...

Rassure-toi, j'ai fini, je ne t'entraînerai pas plus loin...

— Pourquoi maintenant tout à coup, quand tu n'as pas craint de venir jusqu'ici ?

— Je ne sais pas très bien... je n'en ai plus envie... je voudrais aller ailleurs... C'est peut-être qu'il me semble que là s'arrête pour moi l'enfance... Quand je regarde ce qui s'offre à moi maintenant, je vois comme un énorme espace très encombré, bien éclairé...

Je ne pourrais plus m'efforcer de faire surgir quelques moments, quelques mouvements qui me semblent encore intacts, assez forts pour se dégager de cette couche protectrice qui les conserve, de ces épaisseurs blanchâtres, molles, ouatées qui se défont, qui disparaissent avec l'enfance...

HÉLÈNE CIXOUS

Auteur de plus de cinquante œuvres de fiction, de critique et de théâtre, Hélène Cixous est née en 1937 à Oran (Algérie) d'un père pied-noir d'origine juive et d'une mère autrichienne-allemande ; l'allemand est sa langue maternelle. Apprenant toute jeune que les juifs de sa famille sont persécutés par les nazis, elle conçoit une haine profonde pour toutes les formes d'abus de pouvoir. Pendant sa jeunesse, elle s'intéresse à la mythologie et lit les Romantiques allemands et Shakespeare. Étudiante en littérature en France, elle passe l'agrégation d'anglais en 1959. Elle se marie, a deux enfants et commence une carrière universitaire comme assistante à l'Université de Bordeaux. Après son divorce en 1965, elle obtient le premier d'une longue série de postes dans des universités parisiennes. Depuis 1968, elle enseigne l'anglais à l'Université de Paris VIII, qu'elle a co-fondée cette même année. En 1974, elle fonde le Centre de recherches en études féminines, qu'elle dirige toujours. Son premier texte, *Le prénom de Dieu,* paraît en 1967. En 1968, elle obtient son doctorat ès lettres (sa thèse, *L'exil de James Joyce ou l'art du remplacement,* est publiée la même année). En 1969, elle fonde, avec Tzvetan Todorov, la revue *Poétique* ; elle publie également son premier roman, *Dedans,* qui lui vaut le Prix Médicis. Ennemie de la répression et de l'injustice sous toutes ses formes, Cixous présente, dans ses œuvres, une quête de la liberté individuelle et d'une société libre fondée sur la concertation des individus. Parmi ses œuvres les plus importantes, on peut retenir la trilogie *Le troisième corps* (1970), *Les commencements* (1970) et *Neutre* (1972) ; *Prénoms de personne* (1974) ; *La jeune née* (en collaboration avec Catherine Clément, 1975) ; un essai, « Le rire de la Méduse » (*L'arc*, 1975) ; *Souffles* (1975) ; et *Limonade tout était si infini* (1982). En 1984, elle travaille avec Ariane Mnouchkine ; leur pièce, *L'histoire terrible mais inachevée de Norodom Sihanouk roi du Cambodge* (1985), illustre l'association du langage, de la politique et de l'action au service de la liberté, qui se trouve au centre de la philosophie de Cixous. Parmi ses publications plus récentes, mentionnons *Manne* (1988), *La nuit miraculeuse* (1989), téléfilm réalisé en collaboration avec Mnouchkine, *L'Indiade ou l'Inde de leurs rêves* (1986), une pièce de théâtre, *Jours de l'an* (1990), *Akhmatova* (1990), *On ne part pas, on ne revient pas* (1991), *L'ange au secret* (1991), *Déluge* (1992), *Beethoven à jamais, ou l'existence de Dieu* (1993), *Le passage des frontières : autour du travail de Jacques Derrida* (1994) et *Fiancée juive : de la tentation* (1995).

∽

Publié pour la première fois en 1976, un an après le célèbre essai « Le rire de la Méduse », dans un livre rédigé en collaboration avec Annie Leclerc et Madeleine Gagnon, « La venue à l'écriture » a été repris en 1986 dans *Entre l'écriture*. Dans cet essai, Cixous présente et met en pratique ce qu'elle finira par appeler « l'écriture féminine ». L'écriture, comme elle la décrit ici — dans une révision de théories et de textes d'hommes —, est un acte d'amour : « Au commencement j'ai adoré ». Elle naît du désir pour l'autre, du visage de la mère. Elle émerge des frontières devenues perméables qui séparent chaque être de l'autre. Elle abolit la mort : « J'écris l'encore. Encore ici, j'écris vie. » L'écriture naît également du rapport conscient à l'autobiographie. « Juifemme », exilée, étrangère, trilingue, Cixous se forge par l'écriture, avec douleur et jubilation, une voie d'entrée dans la langue française : « en français je vole, je suis voleuse ». Fait essentiel, l'écriture émerge, en toute spontanéité, de son corps de femme, qu'elle habite tout entier. Son médium : le sang menstruel, le lait maternel, la jouissance, la grossesse, la naissance. « Vision : ma poitrine comme un tabernacle. Ouvre. Mes poumons comme les rouleaux de la Thora ». Puisant dans sa propre expérience, elle prend la parole au nom des femmes, au nom du silence dont elles ont souffert et des espaces qu'elles ont ouverts grâce à leur « venue à l'écriture ».

La venue à l'écriture
(extraits)

Au commencement j'ai adoré. Ce que j'adorais était humain. Pas des personnes ; pas des totalités, des êtres dénommés et délimités. Mais des signes. Des clins d'être qui me frappaient, qui m'incendiaient. Des fulgurations qui venaient à moi : Regarde ! Je m'embrasai. Et le signe se retirait. Disparaissait. Cependant que je brûlais et me consumais entièrement. Ce qui m'arrivait, si puissamment lancé depuis un corps humain, c'était la Beauté : il y avait un visage, tous les mystères y étaient inscrits, gardés, j'étais devant, je pressentais qu'il y avait un au-delà, auquel je n'avais pas accès, un là sans limites, le regard me pressait, m'interdisait d'entrer, j'étais dehors, dans un guet animal. Un désir cherchait sa demeure. J'étais ce désir. J'étais la question. Étrangeté du destin de la question : chercher, poursuivre les réponses qui la calment, qui l'annulent. Ce qui l'anime, la lève, lui donne envie de se poser, c'est l'impression que l'autre est là, si proche, existe, si loin, qu'il y a, quelque part, au monde, une fois passée la porte, la face qui promet, la réponse pour laquelle on continue à se mouvoir, à cause de laquelle on ne peut se reposer, pour l'amour de laquelle on se retient de renoncer, de se laisser aller ; à mourir. Quel malheur pourtant, s'il arrivait à la question de rencontrer *sa* réponse ! Sa fin !

J'ai adoré le Visage. Le sourire. La face qui fait mon jour et ma nuit. Le sourire me tenait en respect, en extase. En terreur. Le monde édifié, éclairé, anéanti par un frémissement de cette face. Ce visage n'est pas une métaphore. Face, espace, structure. Lieu de tous les visages qui me donnent naissances, détiennent mes vies. Je l'ai vu, je l'ai lu, je l'ai contemplé, à m'y perdre. Combien de faces pour le visage ? Plus d'une. Trois, quatre, mais toujours l'unique, et l'unique toujours plus d'une.

Je l'ai *lu* : le visage signifiait. Et chaque signe indiquait un nouveau chemin. A suivre, pour s'approcher du sens. Le Visage me soufflait quelque chose, me parlait, m'appelait à parler, à déchiffrer tous les noms qui l'entouraient, l'évoquaient, l'effleuraient, le faisaient apparaître. Il rendait les choses visibles et lisibles ; comme s'il était entendu que même si la lumière s'éloignait, les choses qu'elle avait éclairées ne disparaîtraient pas, ce qu'elle avait touché resterait, ne cesserait pas d'être ici, de briller, de se donner encore à prendre par le nom.

Dès que j'ai vécu, je m'en souviens avec une douleur qui ne diminue pas, j'ai tremblé ; j'ai craint la séparation ; j'ai redouté la mort. Je la voyais à l'œuvre, je devinais sa jalousie, sa constance, et qu'elle ne laisserait rien de vivant lui échapper. Je l'ai vu blesser, paralyser, défigurer, massacrer, dès que mes yeux ont regardé. J'ai découvert que le Visage était mortel, qu'il me faudrait à chaque instant le reprendre de force au Néant. Je n'ai pas adoré ce-qui-va-disparaître ; l'amour n'est pas lié pour moi à la condition de mortalité. Non. J'ai aimé. J'ai eu peur. J'ai peur. A cause de la peur, j'ai renforcé l'amour, toutes les forces de la vie je les ai alertées, j'ai armé l'amour, avec de l'âme et des mots, pour empêcher la mort de gagner. Aimer : garder en vie : nommer.

Le visage primitif a été celui de ma mère. Sa face pouvait à volonté me donner la vue, la vie, me les retirer. A cause de la passion pour le premier visage, j'ai longtemps attendu la mort de ce côté. Je gardais ma mère à vue, avec la férocité d'une bête. Mauvais calcul. Sur l'échiquier, je couvais la dame ; et c'est le roi qui est tombé.

Écrire : pour ne pas laisser la place au mort, pour faire reculer l'oubli, pour ne jamais se laisser surprendre par l'abîme. Pour ne jamais se résigner, se consoler, se retourner dans son lit vers le mur et se rendormir comme si rien n'était arrivé ; rien ne pouvait arriver.

Peut-être n'ai-je jamais écrit que pour obtenir la grâce du Visage. A cause de la disparition. Pour affronter sans cesse le mystère, celui du là-pas-là. Celui du visible et de l'invisible. Pour lutter contre la loi qui dit : « Tu ne te feras pas d'image taillée, ni aucune figure de ce qui est en haut dans le ciel ou de ce qui est en bas sur la terre, ou de ce qui est dans les eaux, ou de qui est en dessous de la terre ». Contre l'édit d'aveuglement. J'ai souvent perdu la vue ; et je ne finirai pas de me tailler l'image. Mon écriture regarde. Les yeux fermés.

Tu veux avoir. Tu veux tout. Mais il n'est pas permis à l'être humain d'avoir. D'avoir tout. Et à la femme, il n'est même pas permis d'espérer avoir tout ce qu'un être humain peut avoir. Il y a tant de frontières, et tant de murailles, et à l'intérieur des murailles, d'autres murailles. Bastions, dans lesquels, un matin, je me réveille condamnée. Villes où je suis isolée, quarantaines, cages, maisons de « santé », si souvent j'y suis allée, mes tombes, mes mitards corporels, la terre pleine de lieux de réclusion pour moi. Le corps au cachot, l'esprit au silence. Périodes de prison : quand j'y suis, la peine est vraiment d'une longueur et d'une nature imprévisibles. Mais je m'y sens, après tout, « comme chez moi ». Ce que tu ne peux avoir, ce que tu ne peux toucher, flairer, caresser, essaie du moins de le voir. Je veux voir : tout. Pas de Terre Promise à laquelle je n'arrive un jour. Voir ce qu'on (n')aura jamais. J'ai peut-être écrit pour voir ; pour avoir ce que je n'aurais jamais eu ; pour qu'avoir ne soit pas le privilège de la main qui prend et enferme ; du gosier, de l'estomac. Mais de la main qui montre du doigt, des doigts qui voient, qui dessinent, du bout des doigts qui tracent sous la douce dictée de la vision. Du point de vue de l'œil d'âme. L'œil dame. Du point de vue de l'Absolu ; au sens propre de ce mot : la séparation.

Écrire pour toucher des lettres, des lèvres, du souffle, pour caresser de la langue, lécher de l'âme, goûter le sang du corps aimé ; de la vie éloignée ; pour saturer de désir la distance ; afin qu'elle ne te lise pas.

Avoir ? Un avoir sans limites, sans restriction ; mais sans aucun « dépôt », un avoir qui ne détient pas, qui ne possède pas, l'avoir-amour, celui qui se soutient d'aimer, dans le sang-rapport. Ainsi, donne-toi ce que tu voudrais que dieu-s'il-existait te donne.

Qui peut définir ce qu'« avoir » veut dire ; où se passe vivre ; où s'assure jouir ?

Tout est là : quand la séparation ne sépare pas ; quand l'absence est animée, reprise au silence, à l'immobilité. Dans l'assaut que donne l'amour au néant. Ma voix repousse la mort ; ma mort ; ta mort ; ma voix est mon autre. J'écris et tu n'es pas mort. Si j'écris l'autre est sauf.

L'écriture est bonne : elle est ce qui n'en finit pas. En moi circule le plus simple, le plus sûr autre. Comme le sang : on n'en manque pas. Il peut s'appauvrir. Mais tu le fabriques et le renouvelles. En moi la parole du sang, qui ne cessera pas avant ma fin.

J'ai d'abord écrit en vérité pour barrer la mort. A cause d'un mort. La plus cruelle, celle qui ne fait grâce de rien, l'irréparable. Il s'agit de ceci : tu meurs pendant que je ne suis pas là. Pendant qu'Iseut n'est pas là, Tristan se tourne vers le mur et il se meurt. Ce qui se passe entre ce corps et ce mur, ce qui ne se passe pas, me transperce de douleur, me fait écrire. Besoin du Visage : de passer le mur, de déchirer la voile noire. De voir de mes yeux ce que je perds ; de regarder la perte dans les yeux. Je veux voir de mes yeux la disparition. L'intolérable c'est que la mort n'ait pas lieu, qu'elle me soit dérobée. Que je ne puisse la vivre, la prendre dans mes bras, jouir sur sa bouche du dernier soupir.

J'écris l'encore. Encore ici, j'écris vie. La vie : ce qui touche à la mort ; j'écris tout contre elle mes

Lettres du Qui-Vive : Dire, pour l'atténuer, la fragilité de la vie, le tremblement de la pensée qui ose vouloir la saisir, tourner autour du piège que la vie te tend chaque fois que tu poses la question que la mort te souffle, la question diabolique : « Pourquoi vivre ? pourquoi moi ?» Comme si c'était la mort qui voulait comprendre la vie. La question la plus dangereuse : car elle ne menace de se poser, comme une pierre tombale, qu'au moment où tu n'as pas de

« raison » de vivre. Vivre, être-vivant, ou plutôt ne pas être ouvert à la mort c'est ne pas se trouver dans le cas où cette question se fait imminente. Plus précisément : on vit toujours *sans* raison ; et vivre c'est ça, c'est vivre sans-raison, pour rien, à la grâce du temps. C'est la non-raison, une vraie folie, si on y pense. Mais on n'y pense pas. Dès qu'il s'introduit de la « pensée », de la « raison », à proximité de la vie, il y a de quoi devenir folle.

Écrire empêche la question qui attaque la vie d'arriver. Ne te demande pas : pourquoi... ? Tout tremble dès que frappe la question du sens.

On naît ; on vit ; tout le monde le fait, avec une force d'aveuglement animale. Malheur à toi si tu veux avoir le regard humain, si tu veux savoir ce qui t'arrive.

Folles : celles qui sont obligées de re-faire acte de naissance tous les jours. Je pense : rien ne m'est donné. Je ne suis pas née une fois pour toutes. Ecrire, rêver, s'accoucher, être moi-même ma fille de chaque jour. Affirmation d'une force intérieure capable de regarder la vie sans mourir de peur, et surtout de se regarder soi-même, comme si tu étais à la fois l'autre, — indispensable à l'amour — et rien de plus ni de moins que moi.

J'ai peur : que la vie devienne étrange. Qu'elle ne soit plus ce rien qui fait sens immédiatement dans mon corps, mais que, hors de moi, elle m'environne et me presse de Sa question ; qu'elle devienne l'énigme, la sans-raison, le coup de dé ; le coup de grâce.

Terreur : l'arrêt de vie, l'arrêt de mort : Terreur de tout enfant. Devenir adulte, c'est peut-être ne plus se demander d'où on vient, où on va, qui être. Eloigner le passé, écarter l'avenir ? Mettre l'Histoire à la place de toi ? Peut-être. Mais quelle est la femme que le questionnement épargne ? Ne te demandes-tu pas, toi aussi : qui suis-je, qui aurai-je été, pourquoi-moi, pourquoi-pas-moi ? Ne trembles-tu pas d'incertitude ? N'es-tu pas comme moi sans cesse en train de te débattre pour ne pas tomber dans le piège ? Ce qui signifie que tu es déjà dans le piège, car la peur de douter est déjà le doute que tu redoutes. Et pourquoi cette question du pourquoi-suis-je ne me laisse-t-elle pas en paix ? Me fait-elle perdre l'équilibre ? Quel rapport avec mon être-femme ? C'est, je crois, que la scène sociale t'y contraint ; l'Histoire t'y condamne ; si tu veux grandir, avancer, étendre ton âme, jouir à l'infini de tes corps, de tes biens, où te mettras-tu ? Tu es, toi aussi, juifemme, menue, diminutive, souris parmi le peuple des souris, assignée à la crainte du grand méchant chat. A la diaspora de tes désirs ; aux déserts intimes. Et si tu grandis, ton désert grandit aussi. Si tu sors du trou, le monde te fait savoir qu'il n'y a pas de place entre ses états pour ton espèce.

— Pourquoi m'as-tu mise au monde si c'est pour que je ne m'y trouve pas ?

A qui poser cette question, tu ne le sais même pas.

Parfois je pense que j'ai commencé à écrire pour donner lieu à la question errante qui me hante l'âme et me hache et me scie le corps ; pour lui donner sol et temps ; pour détourner de ma chair son tranchant ; pour donner, chercher, appeler, toucher, mettre au monde un nouvel être qui ne m'attache pas, qui ne me chasse pas, qui ne périsse pas d'étroitesse.

A cause du rêve suivant :

Mon refus de la maladie comme arme. Il y a une même qui me fait horreur. N'est-elle pas déjà morte ? Foutue. Je crains sa mort. Là, sur ce grand lit. Triste, effroyablement. Sa maladie : c'est le cancer. Une main malade. Elle est elle-même la maladie. La sauveras-tu en lui coupant la main. Surmonte l'atroce, l'angoissant dégoût, non de la mort, mais de la condamnation, du travail de la maladie. Tout mon être est convulsé. Dis-lui ce qu'il faut dire : « Tu as deux mains. Si une main ne vit pas, coupe-la. Tu as demain. Quand une main ne te sert pas, remplace-la par l'autre main. Agis. Réponds. Tu as perdu la main qui écrit ? Apprends à écrire de l'autre main. » Et avec elle elle-même-moi-sa-main, je commence à tracer sur le papier. Or aussitôt se déploie une parfaite calligraphie, comme si elle avait toujours eu cette écriture-là dans l'autre main. Si tu meurs, vis.

D'une main, souffrir, vivre, toucher du doigt la douleur, la perte. Mais il y a l'autre main : celle qui écrit.

On tue une fille : Au commencement, j'ai désiré.

— Qu'est-ce qu'elle veut ?

— Vivre. Rien que vivre. Et m'entendre dire le nom.

— Horreur ! Coupez-lui la langue !

— Qu'est-ce qu'elle a ?

— Peut pas s'empêcher de voler !

— En ce cas, nous avons des cages extra.

Quel est le Suroncle qui n'a pas empêché une fille de voler, qui ne l'a pas ligotée, qui n'a pas bandé les pieds de sa petite chérie, pour qu'ils soient exquisement petits, qui ne l'a pas momifiée jolie ?

Comment aurais-je écrit ? N'aurait-il pas fallu d'abord avoir les « bonnes raisons » d'écrire ? Celles, mystérieuses pour moi, qui vous donnent le « droit » d'écrire ? Et je ne les connaissais pas. Je n'avais que la « mauvaise » raison, ce n'était pas une raison, c'était une passion, quelque chose d'inavouable, — et d'inquiétant, un de ces traits de la violence qui m'affligeait. Je ne « voulais » pas écrire. Comment aurais-je pu le « vouloir »? Je n'étais pas égarée au point de perdre la mesure des choses. Une souris n'est pas un prophète. Je n'aurais pas eu le culot d'aller réclamer mon livre à Dieu sur le Sinaï, même si en tant que souris j'avais trouvé l'énergie de grimper sur la montagne. De raison, aucune. Mais il y avait de la folie. De l'écriture dans l'air autour de moi. Toujours proche, enivrante, invisible, inaccessible. Écrire me traverse ! Cela me venait soudain. Un jour j'étais traquée, assiégée, prise. Cela me prenait. J'étais saisie. D'où ? Je n'en savais rien. Je n'en ai jamais rien su. D'une région dans le corps. Je ne sais pas où elle est. « Écrire » me saisissait, m'agrippait, du côté du diaphragme, entre le ventre et la poitrine, un souffle dilatait mes poumons et je cessais de respirer.

J'étais soudain remplie par une turbulence qui m'essoufflait et m'inspirait des actes fous. « Écris. » Quand je dis qu'« écrire » me prenait, ce n'était pas une phrase qui venait me séduire, il n'y avait rien d'écrit justement, pas de lettre, pas de ligne. Mais au creux de la chair, l'attaque. Bousculée. Pas pénétrée. Investie. Agie. L'attaque était impérieuse : « Écris !» Même si je n'étais qu'une maigre souris anonyme, j'ai bien connu la terrifiante secousse qui galvanise le prophète, réveillé en pleine vie par un ordre d'en haut. Il y a de quoi vous obliger à traverser les océans. Moi, écrire ? Mais je n'étais pas un prophète. Une envie ébranlait mon corps, changeait mes rythmes, se démenait dans ma poitrine, me rendait le temps invivable. J'étais orageuse. « Éclate !» — « Tu peux parler !» Et d'ailleurs qui parle ? L'Envie avait la violence d'un coup. Qui me frappe ? Qui me prend à revers ? Et dans mon corps un souffle de géant, mais de phrase point. Qui me pousse ? Qui m'envahit ? Qui me change en monstre ? En souris qui veut devenir aussi grosse qu'un prophète ?

Une force gaie. Pas un dieu ; ça ne vient pas d'en haut. Mais d'une inconcevable contrée, intérieure à moi mais inconnue, en rapport avec une profondeur comme s'il pouvait y avoir dans mon corps (qui, du dehors, et du point de vue d'un naturaliste, est tout ce qu'il y a de plus élastique, nerveux, maigre et vif, non sans charme, les muscles fermes, le nez pointu toujours humide et frémissant et les pattes vibrantes), un autre espace, sans limites, et là-bas, dans des zones qui m'habitent et que je ne sais pas habiter, je les sens, je ne les vis pas, elles me vivent, jaillissent les sources de mes âmes, je ne les vois pas, je les sens, c'est incompréhensible mais c'est ainsi. Il y a des sources. C'est l'énigme. Un matin, ça explose. Mon corps connaît là-bas une de ses affolantes aventures cosmiques. J'ai du volcan dans mes territoires. Mais pas de lave : ce qui veut s'écouler, c'est du souffle. Et pas n'importe comment. Le souffle « veut » une forme. « Écris-moi ! » Un jour il me supplie, un jour il me menace. « Mais tu vas m'écrire oui ou non ? » Il aurait pu me dire : « Peins-moi ». J'essayai. Mais la nature de sa fureur exigeait la forme qui arrête le moins, qui enferme le moins, le corps sans cadre, sans peau, sans mur, la chair qui ne sèche pas, qui ne se raidit pas, qui ne caille pas le sang fou qui veut la parcourir — à jamais. « Laisse-moi passer ou je casse tout ! »

Quel chantage aurait pu m'amener à céder au souffle ? Écrire ? Moi ? Ce souffle, parce qu'il était si fort, et si furieux, je l'aimais, je le craignais. Être soulevée, un matin, arrachée du sol, balancée dans les airs. Être surprise. Avoir en moi-même la possibilité de l'inattendu. M'endormir souris, me réveiller aigle ! Quel délice ! Quelle terreur. Et je n'y étais pour rien, je n'y pouvais rien. Surtout chaque fois que le souffle me prenait, se répétait le même malheur : ce qui commençait, malgré moi, en exultation, se poursuivait à cause de moi en combat, et s'achevait en chute et en désolation. A peine en haut : « Eh ! Qu'est-ce que tu fais là ? Est-ce la place d'une souris ? » Honte ! Une honte m'atteignait. Il ne manque pas sur terre, il ne manquait donc pas, dans mes espaces personnels, de gardiens de la loi, les poches pleines de « première pierre » à lancer sur les souris volantes. Quant à mon gardien intérieur — que je n'appelais pas surmoi à l'époque — il était plus rapide et précis que tous les autres : il me jetait la pierre avant que tous les autres-parents, maîtres, contemporains prudents, soumis, rangés — tous les non-fous et les antisouris — aient eu le temps de tirer. « The fastest gun », c'était moi. Heureusement ! Ma honte réglait mon compte sans scandale. J'étais « sauvée ».

Écrire ? Je n'y pensai pas. J'y songeai sans cesse, mais avec le chagrin et l'humilité, la résignation, l'innocence des pauvres. L'Écriture est Dieu. Mais ce n'est pas le tien. Comme la Révélation d'une cathédrale : Je suis née dans un pays où la culture était retournée à la nature, — s'était refaite chair. Ruines qui ne sont pas des ruines, mais des hymnes de la mémoire lumineuse, Afrique chantée par la mer nuit et jour. Le passé n'était pas passé. Il s'était couché comme le prophète dans le sein du temps. A dix-huit ans, je découvre la

« culture ». Le monument, sa splendeur, sa menace, son *discours*. « Admire-moi. Je suis le génie du christianisme. A genoux, rejeton de la mauvaise race. Éphémère. Je me suis érigée pour mes fidèles. Dehors, petite juive. Vite, ou je te baptise. « Gloire » : quel mot ! un nom d'armée, de cathédrale, de victoire hautaine ; ce n'était pas un mot pour juifemme. Gloire, vitraux, drapeaux, dômes, constructions, chefs-d'œuvre, comment ne pas reconnaître votre beauté, et qu'elle me rappelle à mon étrangeté ?

On m'expulse de la cathédrale de Köln un été. Il est vrai que j'avais les bras nus, ou la tête peut-être. Un prêtre me fout dehors. Nue. Je me sentis nue d'être juive, juive d'être nue, nue d'être femme, juive d'être chair et gaie ! — Et j'aurai tous vos livres. Mais les cathédrales je les quitte. Leur pierre est triste et mâle.

Les textes je les mangeais, je les suçais, les tétais, les baisais. Je suis l'enfant innombrable de leur foule.

Mais écrire ? De quel droit ? Après tout, je les lisais sans droit, sans permission, à leur insu.

Comme j'aurais pu prier dans une cathédrale, et envoyer à leur Dieu un message imposteur.

Ecrire ? J'en mourais d'envie, d'amour, donner à l'écriture ce qu'elle m'avait donné, quelle ambition ! Quel impossible bonheur. Nourrir ma propre mère. Lui donner à mon tour mon lait ? Folle imprudence.

Pas besoin d'un surmoi bien sévère pour m'empêcher d'écrire : rien en moi ne rendait vraisemblable ou concevable un tel acte. Est-ce que beaucoup d'enfants de manœuvres rêvent de devenir Mozart ou Shakespeare ?

Tout de moi se liguait pour m'interdire l'écriture : l'Histoire, mon histoire, mon origine, mon genre. Tout ce qui constituait mon moi social, culturel. A commencer par le nécessaire, qui me faisait défaut, la matière dans laquelle l'écriture se taille, d'où elle s'arrache : la langue. Tu veux — Écrire ? Dans laquelle langue ? La propriété, le droit me gendarmaient depuis toujours : j'ai appris à parler français dans un jardin d'où j'étais sur le point d'être expulsée parce que juive. J'étais de la race des perdeurs de paradis. Écrire français ? De quel droit ? Montre-nous tes lettres de créance, dis-nous les mots de passe, signe-toi, fais voir tes mains, montre tes pattes, qu'est-ce que c'est que ce nez-là ?

J'ai dit « écrire français ». On écrit *en*. Pénétration. Porte. Frappez avant d'entrer. Formellement interdit.

— Tu n'es pas d'ici. Tu n'es pas chez toi ici. Usurpatrice !

— C'est vrai. Pas de droit. Seulement de l'amour.

Écrire ? Jouir comme jouissent et font jouir *sans fin* les dieux qui ont créé les livres ; les corps de sang et de papier ; leurs lettres de chair et de larmes ; qui mettent fin à la fin. Les dieux humains, qui ne savent pas ce qu'ils ont fait. Ce que leur voir, et leur dire, nous font. Comment n'aurais-je pas eu le désir d'écrire ? Alors que les livres me prenaient, me transportaient, me perçaient jusqu'aux entrailles, me donnaient à sentir leur puissance désintéressée ; que je me sentais aimée par un texte qui ne s'adressait pas à moi, ni à toi, mais à l'autre ; traversée par la vie même, qui ne juge pas, qui ne choisit pas, qui touche sans désigner ; agitée, arrachée à moi, par l'amour ? Comment aurais-je pu, quand mon être était peuplé, mon corps parcouru, fécondé, me refermer dans un silence ? Venez à moi et je viendrai à vous. Quand l'amour te fait l'amour comment t'empêcherais-tu de murmurer, de dire ses noms, de rendre grâce à ses caresses ?

Tu peux désirer. Tu peux lire, adorer, être envahie. Mais écrire ne t'est pas accordé. Écrire était réservé aux élus. Cela devrait se passer dans un espace inacessible aux petits, aux humbles, aux femmes. Dans l'intimité d'un sacré. L'écriture parlait à ses prophètes depuis un buisson ardent. Mais il avait dû être décidé que les buissons ne dialogueraient pas avec les femmes.

L'expérience ne le prouvait-elle pas ? Je ne pensais pas qu'elle s'adressait aux hommes ordinaires, pourtant, mais seulement à des justes, des êtres taillés dans la séparation, pour la solitude. Elle leur demandait tout, elle leur prenait tout, elle était impitoyable et tendre, elle les dépossédait entièrement de tout bien, de tout lien, elle les allégeait, les dépouillait ; alors elle leur livrait le passage : vers le plus loin, sans nom, sans fin, elle leur donnait le départ, c'était un droit et une nécessité. Ils n'arriveraient jamais. Ils ne seraient jamais trouvés par la limite. Elle serait avec eux, à l'avenir, comme personne.

Ainsi, pour cette élite, le beau trajet sans horizon, au-delà de tout, la sortie effrayante mais enivrante en direction du jamais encore dit.

Mais pour toi, les contes t'annoncent un destin de restriction et d'oubli ; la brièveté, la légèreté d'une vie qui ne part de la maison de ta mère que pour faire trois petits détours qui te ramènent tout étourdie à la maison de ta grand-mère qui ne fera de toi qu'une bouchée. Pour toi, petite fille, petit pot de lait, petit pot de miel, petit panier, l'expérience le démontre, l'histoire te promet ce petit voyage alimentaire, qui te ramène bien vite au lit du Loup jaloux, ta grand-mère toujours insatiable, comme si la loi voulait que la mère soit contrainte de sacrifier sa fille pour expier l'audace d'avoir joui des bonnes choses de la vie dans sa jolie rejetonne rouge. Vocation d'engloutie, trajet de scybale.

Aux fils du Livre, la recherche, le désert, l'espace inépuisable, décourageant, encourageant, la marche en avant. Aux filles de ménagère, l'égarement dans la forêt. Trompée, déçue, mais bouillonnante de curiosité. Au lieu du grand duel énigmatique avec le Sphinx, le questionnement dangereux adressé au corps du Loup : à quoi sert le corps ? Les mythes nous font la peau. Le Logos ouvre sa grande gueule, et nous avale.

Et pourtant elle écrit ! : D'abord elle meurt. Ensuite elle aime.

Je suis morte. Il y a un abîme. Il y a le saut. *On* le fait. Ensuite, une gestation de soi — en soi, atroce. Quand la chair se taille, se tord, se déchire, se décompose, se relève, se sait femme nouvelle-née, il y a une souffrance qu'aucun texte n'est assez doux et puissant pour accompagner d'un chant. C'est pourquoi, pendant qu'elle se meurt, — puis se naît, silence.

Je n'ai rien à dire sur ma mort. Elle a été trop grande pour moi jusqu'ici. D'une certaine manière tous mes textes en sont « nés ». L'ont fuie. En sont issus. Mon écriture a plusieurs sources, plusieurs souffles l'animent et l'emportent.

Sans elle — ma mort — je n'aurais pas écrit. Pas déchiré le voile de ma gorge. Pas poussé le cri qui déchire les oreilles, qui fend les murs. Ce qui se passe pendant la mort ne peut pas se dire. Écrire est d'une certaine manière (je ne crois pas me tromper en pensant qu'il y a des traits universels de notre passage à la mort) — d'abord la différence d'un soupir ultime, d'une phrase saisie par la terreur ; et simultanément déjà la fuite en avant s'esquissant, le sursaut d'horreur — car dans la mort on connaît la plus grande, la plus repoussante souffrance — et le retour en arrière, l'indicible, l'inavouable nostalgie de ce que l'on aura connu dans le moment du mariage avec la mort. Ce qui s'est passé alors est décisif, c'est l'absolument inoubliable, mais cela demeure dans une mémoire qui n'est pas notre mémoire quotidienne, dans une mémoire qui ne sait pas, qui ne parle pas, n'est que chair labourée, couturée, preuve douloureuse mais de quoi...

Et de l'époque de la mort, on garde la plus grande peur et le plus grand bien : le désir de se tenir toujours au plus près d'Elle, la mort, notre mère la plus puissante, celle qui nous donne la plus violente poussée de désir, de passer, de sauter, car on ne peut *rester près* d'elle, elle aspire et donne aspiration ; et ce désir est fendu, il est en même temps son contraire, le désir en s'approchant d'elle jusqu'à en mourir, presque, de se tenir extrêmement loin d'elle, le plus loin possible. Car c'est devant elle, contre elle, tout contre elle, notre mère la plus dangereuse, la plus généreuse, celle qui nous donne (alors que nous ne pensons pas, qu'il n'y a pas en nous de clarté de pensée, mais seulement le tumulte, les grondements du sang, le trouble précosmique, embryonnaire) l'envie foudroyante de sortir l'envie, que les extrêmes se touchent s'entrent et se renversent l'un dans l'autre, et le jour ne vient pas après la nuit, mais lutte avec elle, l'étreint, la blesse, est blessé par elle, et le sang noir et le sang blanc se mêlent ; et de même la vie sort en rampant des entrailles de la mort qu'elle a lacérées, qu'elle hait, qu'elle adore, et elle n'oublie jamais que la mort ne l'oublie pas, qu'elle est toujours là, qu'elle ne la quitte pas, ouvre la fenêtre, le sein terrible est là, le lit de paix, — et c'est sa plus grande force, elle comprend que la mort nous aime comme nous l'aimons, et que, d'une manière étrange, nous pouvons en vérité compter sur elle. Que c'est d'elle, de Mort notre mère double, que nous nous éloignons et nous rapprochons, en écrivant, car écrire est toujours d'abord une manière de ne pas arriver à faire son deuil de la mort.

Et je dis : il faut avoir été aimée par la mort, pour naître et passer à l'écriture. La condition à laquelle commencer à écrire devient nécessaire — (et) — possible : *tout perdre,* avoir une fois tout perdu. Et ce n'est pas une « condition » pensable. Tu ne peux pas *vouloir* perdre : si tu veux, alors il y a du *tu* et du *vouloir,* il y a du non-perdu. Écrire — commence, sans toi, sans je, sans loi, sans savoir, sans lumière, sans espoir, sans lien, sans personne près *de* toi, car si l'histoire mondiale continue, tu n'y es pas, tu es « en » « enfer » et l'enfer est là où je ne suis pas mais où ce qui m'est, alors que je suis sans lieu, se sent remourir à travers les temps des temps, où non-moi entraîne moi de plus en plus loin de moi, et où ce qui reste de moi n'est plus que souffrance sans moi-même, souffrance jamais circonscrite par même, car moi, ouvert, ne cesse de sentir s'écouler le sens, l'âme, les substances corporelles et spirituelles du moi, moi se vide, et cependant, de plus en plus lourde, tu t'enfonces, tu t'abîmes dans l'abîme du non-rapport.

Alors quand tu as tout perdu, plus de chemin, plus de sens, plus de signe fixe, plus de sol, plus de pensée qui résiste à une autre pensée, quand tu es perdue, hors de toi, et que tu continues à te perdre, quand tu deviens le mouvement affolant de te perdre, alors, c'est par là, de là, où tu es trame déchiquetée, chair qui laisse passer l'étrange, être sans défense, sans résistance, sans barre, sans peau, tout engouffrée d'autre, c'est dans ces temps haletants que des écritures te traversent, tu es parcourue par des chants d'une pureté inouïe, car ils ne s'adressent à personne, ils jaillissent, ils sourdent, hors des gorges de tes habitantes inconnues ce sont des cris que la mort et la vie jettent en se combattant.

Et ce tissu où tes douleurs te taillent ce corps sans bord, cette terre sans fin, ravagée, cet espace dévasté, tes états ruinés, sans armée, sans maîtrise, sans remparts, — tu ne savais pas qu'ils sont les jardins de l'amour. Non pas de la demande. Tu n'es pas une jalouse, tu n'es pas calcul et envie, puisque tu es perdue. Tu n'es pas dans le rapport. Tu es détachement. Tu ne mendies pas. Tu ne manques de rien. Tu es au-delà du manque : Mais tu erres dépouillée, indéfinie, à la grâce de l'Autre. Et si l'Amour passe, il peut trouver en toi le sans-borne, le lieu sans fin qui lui est faste et nécessaire. Si tu es perdue alors seulement l'amour peut se trouver en toi sans se perdre.

Or, si tu es une femme, tu es toujours plus proche et plus loin de la perte qu'un homme. Plus capable et moins capable de perte. Plus attirée, plus repoussée. Plus séduite, plus interdite. Une même pulsion, obscure, divisée dans son sens, et toujours l'inverse de soi-même, te pousse, en te retenant, à perdre.

Car, à une « femme », tout empreinte par l'héritage socio-culturel, on a inculqué l'esprit de « retenue ». Elle est même *la* retenue, socialement. (Ou si tu veux, la refoulée, la contrôlée.) Elle se retient et elle est retenue, par mille liens, accrochée, conjuguée, cordons, chaînes, filet, laisse, écuelle, réseau de dépendances asservissantes, rassurantes. Elle est définie par ses appartenances, *femme de,* comme elle a été fille de, de main en main, de lit en niche, de niche en foyer, la femme en tant que complément-de-nom, a beaucoup à faire pour trancher. On t'a appris à avoir peur de l'abîme, de l'infini, qui t'est pourtant plus familier qu'à l'homme. Ne va pas près de l'abîme ! Si elle allait découvrir sa force ! Si elle allait, soudain, jouir, profiter de son immensité ! Si elle faisait le saut ! Et ne tombait pas, comme une pierre, mais comme un oiseau. Si elle se découvrait nageuse d'illimité !

Lâche-toi ! Lâche tout ! Perds tout ! Prends l'air. Prends le large. Prends la lettre. Écoute : rien n'est trouvé. Rien n'est perdu. Tout est à chercher. Va, vole, nage, bondis, dévale, traverse, aime l'inconnu, aime l'incertain, aime ce qui n'a pas encore été vu, aime personne, que tu es, que tu seras, quitte-toi, acquitte-toi des vieux mensonges, *ose ce que tu n'oses pas,* c'est là que tu jouiras, ne fais jamais ton ici que d'un *là,* et réjouis-toi, réjouis-toi de la terreur, suis la où tu as peur d'aller, élance-toi, c'est par là ! Écoute : tu ne dois rien au passé, tu ne dois rien à la loi. *Gagne* ta liberté : rends tout, vomis tout, donne tout. Donne absolument tout, entends-moi, *tout,* donne tes biens, est-ce fait ? Ne garde rien, ce à quoi tu tiens, donne-le y es-tu ? Cherche-toi, cherche le je, bouleversé, nombreux que tu seras toujours plus loin, et hors d'un soi, sors, sors du vieux corps, coupe à la Loi. Laisse-la tomber de tout son poids, et toi file, ne te retournes pas : ce n'est pas la peine, il n'y a rien derrière toi, tout est à venir.

De la mort, je crois, on ne peut sortir qu'en poussant un éclat de rire. J'ai ri. Je me suis assise en haut d'une échelle aux degrés couverts de plumes maculées, vestiges d'anges défaits, très loin au-dessus des fleuves de Babylone qui se tordaient entre les lèvres du Pays qui toujours se promet. Et j'ai ri. J'étais pliée de rire. J'étais parfaitement seule. Et il n'y avait rien autour de moi. Je n'étais tenue à rien, je ne me tenais à rien, je pouvais avancer sans me poser, il n'y avait pas de chemin, dans la main gauche mes morts, dans la main droite mes vies à volonté. S'il y avait du dieu, j'en étais.

Je n'ai pas cherché : j'étais chercherie.

Au commencement, il ne peut y avoir que mourir, l'abîme, le premier rire.

Ensuite, tu ne sais pas. C'est la vie qui décide. Sa terrible force d'invention, qui nous dépasse. Notre vie, nous anticipe. Toujours sur toi, une hauteur d'avance, un désir, le bon abîme, celui qui te suggère : « Saute et passe à l'infini ». Écris ! Quoi ? Prends le vent, prends l'écriture, fais corps avec la lettre. Vis ! Risque : qui ne risque rien n'a rien, qui risque ne risque plus rien.

Au commencement il y a une fin. N'aie crainte : c'est ta mort qui meurt. Ensuite : tous les commencements.

Quand tu as touché la fin, alors seulement le Commencement peut t'advenir.

D'abord j'ai ri, j'ai crié, une douleur m'a dicté mes premières lettres d'enfer. M'a taillé de nouvelles oreilles pour l'avenir et j'ai entendu les cris du monde, les rages et les appels des peuples, les chants des corps, la musique des supplices et la musique des extases. J'écoute.

Mais si l'espace sans limite ne m'avait pas été donné alors, je n'aurais pas écrit ce que j'entends. Car j'écris pour, j'écris depuis, j'écris à partir ; de l'Amour. J'écris d'Amour. Écrire : aimer, inséparables. Écrire est un geste de l'amour. *Le Geste.*

Chacun se nourrit et s'augmente de l'autre. De même que l'un n'est pas sans l'autre, de même Écrire et Aimer sont amants et ne se déploient qu'en s'embrassant, se cherchant, s'écrivant, s'aimant. Écrire : faire l'amour à l'Amour. Écrire en aimant, aimer en écrivant. A l'Écriture l'Amour ouvre le corps sans lequel l'Écriture s'étiole. A l'amour la lettre fait chair aimée lue, multipliée en tous les corps et textes que l'amour porte et attend de l'amour. Texte : non le détour mais la chair en travail d'amour.

Pas les opérations de la sublimation. Elle ne se donne pas dans le texte des satisfactions dérivées. Elle ne transforme pas ses désirs en objet d'art, ses douleurs et sa solitude en produits de prix. Pas de réappropriation.

L'amour ne s'échange pas contre de l'adaptation sociale, ses signes de vie n'ont pas d'équivalents marchands. Les objets de rêve non plus ne sont pas des objets sublimes. Et comme les textes, ils ne sont pas sans effet sur la vie éveillée, ils la transforment, sa vie est plus que diurne : une vie à plusieurs vies, toutes ses vies de nuit, et toutes ses vies de poésie. Ainsi s'étend et se cherche l'amour, littéralement, charnellement. Si tu écris femme, tu le sais comme moi : tu écris pour donner au corps ses Livres d'Avenir parce que l'Amour te dicte tes nouvelles genèses. Pas pour combler l'abîme, mais pour t'aimer jusqu'au fond de tes abîmes. Pour connaître, pas pour éviter. Pas pour surmonter ; pour explorer, plonger, visiter. Là où tu écris, ça grandit, ton corps se déplie, ta peau raconte ses légendes jusqu'ici muettes.

L'amour fait un geste, il y a deux ans, un envol de paupières et le texte s'enlève : il y a ce geste, le texte en surgit. Il y a ce texte et le corps prend un nouvel essor. Lis-moi — lèche-moi, écris-moi l'amour. Elle ne se met pas en abysme pour saturer la béance crainte ; ses abîmes elles les célèbre, elle les veut ouverts, elle désire leur sans-fond, leur promesse : jamais tu ne nous combleras, tu ne manqueras jamais du bon vertige ; pour ta faim nos sexes sans fin, nos différences.

Toujours le texte s'écrit sous la douce contrainte de l'amour. Mon seul tourment, ma seule crainte, c'est de ne pas écrire aussi haut que l'Autre, mon seul chagrin c'est de ne pas écrire aussi beau que l'Amour. Toujours me vient le texte en rapport avec la Source. Si la source était barrée je n'écrirais pas. Et la source m'est donnée. Ce n'est pas moi. On ne peut pas être sa propre source.

puisse cesser de chercher, que je quière furieusement de toutes mes forces et de tous mes sens. Source qui donne le sens et l'élan à toutes les autres sources, qui allume l'Histoire pour moi, met en vie toutes les scènes du réel, et me donne mes naissances chaque jour. Elle m'ouvre la terre et je m'élance. Elle m'ouvre le corps et l'écriture s'élance. L'aimée, celle qui est là, celle qui est là toujours là, celle qui ne manque pas, qui ne fait pas défaut, mais dont chaque phrase appelle un livre — et chaque souffle inaugure dans ma poitrine un chant, un là qui ne disparait pas mais que je ne « trouve » pas, que je n'enferme pas, que je ne « comprends » pas, un sans-limites pour mon sans-limites, l'être qui se donne — à chercher —, qui suscite et relance le mouvement qui me fait battre le cœur, qui me fait lever l'encre et repartir chercher plus loin, questionnante éternité, inlassable, insatiable, réponse qui pose une question, sans-fin.

L'amour me donne l'espace et le désir du sans-fin. Dix mille vies n'en couvrent pas une seule page. Quel malheur ! Quel bonheur ! Ma petitesse, quelle chance ! Ne pas connaître le terme ! Être en relation avec le plus-que-moi ! Me donne la force de vouloir tous les mystères, de les aimer, d'en aimer la menace, l'inquiétante étrangeté. L'Amour m'arrive. Son visage : ses milliers de nouveaux visages.

Son regard, le même l'Éternel, et cependant je ne l'avais encore jamais reçu. Sa voix, comment l'entendre, comment avec mes oreilles humaines entendre la voix qui fait résonner dix mille voix. Je suis frappée. Je suis touchée. Ici. Ici-Là. Mon corps est atteint. Agité. Sous les coups de l'amour, je prends feu, je prends l'air, je prends lettre. Ce n'est pas que je ne resiste pas. Il parle et c'est moi qui suis proférée.

Qui me fait écrire, gémir, chanter, oser ? Qui me donne le corps qui n'a jamais peur d'avoir peur ? Qui m'écrit ? Qui fait de ma vie le champ charnel d'une levée de textes ? La Vie en personne. Il y a longtemps que les noms qui ne sont propres qu'à l'envie de posséder ne sont plus propres à nommer l'être qui s'égale à la Vie. Tous les noms de la Vie lui vont, tous les noms ensemble ne suffisent pas à le désigner. Quand j'aurai fini d'écrire, lorsque nous serons retournés à l'air du chant que nous sommes, le corps de textes que nous nous serons faits sera un de ses noms parmi tant d'autres.

Ni père ni mère, ni frère ni homme ni sœur, mais l'être qu'à l'instant l'amour nous propose de devenir parce qu'il nous plaît ou nous importe sur cette scène, dans ces bras, dans cette rue, au cœur de cette lutte, au creux de ce lit, dans cette manif, sur cette terre, dans cet espace marqué de signes — politiques, cette manif, sur cette terre, dans cet espace marqué de signes — politiques, culturels, et parcouru de signes amoureux. Souvent tu es ma mère jeune homme et moi souvent ta fille fils, ta mère minérale, et toi mon père sauvage, mon frère animal. Il y a des possibilités qui n'ont jamais surgi. D'autres tout à fait imprévues qui nous sont survenues une seule fois. Fleurs, animaux, engins, grand-mères, arbres, fleuves, nous sommes traversés, changés, surpris.

Ecrire : d'abord je suis touchée, caressée, blessée, ensuite je cherche à découvrir le secret de ce toucher pour l'étendre, le célébrer et le transformer en une autre caresse.

CLAIRE LEJEUNE

Claire Lejeune est née le 5 octobre 1926 à Havré (Belgique). Très active en milieux littéraires, en 1962 elle fonde *Les cahiers internationaux de symbolisme* et en 1965, la revue *Réseaux*. Sa production poétique est profondément intellectuelle et philosophique. Plus récemment, elle a adopté la forme de l'essai. Parmi ses écrits, on retrouve *La gangue et le feu* (1963), *La geste* (1966), *Elle* (1969), *Mémoire de rien* (1972), *Morphogenèse et imaginaire* (1978), *L'atelier* (1979), *L'issue* (1980), *L'œil de la lettre* (1984), *Âge poétique, âge politique* (1987), *L'imaginaire amoureux* (1989) et *Livre de la sœur* (1992).

Il y a quelque chose dans le terrible dépouillement qui marque les réflexions de Claire Lejeune sur le langage, la vie et la poésie — qui est à la fois capable et incapable de leur donner corps — qui rejoint notre condition moderne et nous parle de manière indélébile. Autour de ces textes proches de l'aphorisme, il y a le néant. Rien de beau ou de faible ne les marque ni ne les enveloppe. Ils semblent incarner, dans *Mémoire de rien,* le « Vautour — ni ce frisson de plumes lisses autour — rien que le bec et l'œil et ce qu'on en dit ». Même la joie prend la forme d'une brûlure — rien n'est conforme à nos attentes, pas même la confiance poétique. Rien ne peut être possédé ou réinvesti, ni le moi, ni ce qui le lie à l'imagination. Car, comme le dit Lejeune catégoriquement et indiscutablement : « La poésie c'est l'hommage rendu à la mémoire de rien ».

Illettrée

Illettrée. Je n'ai jamais pu lire qu'entre les lignes. Ailleurs, il n'y avait rien. Que les os, la cage. Quand j'eus dévoré les entrailles, bu le sang, il fallut bien se rendre à la carcasse... C'est là, dans la secrète école vertébrale que j'appris tout, l'existence de rien. Je me retrouvai seule sur la grande voierie. Désarmée.

Étant toi je serai guérie de cette agonie originelle que ton existence même secrète en moi. Se ravir, il n'y a pas d'autre remède à la fatalité de notre faille.

Où donc

Où donc sera le texte coronaire ?

Issue du livre : couronnement ? Sacre ? Massacre ?

Couronne précipice où le livre vient à bout de quête. Ultime contraction où le royaume éclate, où le tiers s'ingénie...

Senti jusqu'à ces temps le livre comme une tension croissante dont il se ferait feu et sang : le livre ma guerre. Ce matin saisi ma vie comme une pièce ronde, un franc qui se serait battu de mon métal. Reçu le sceau du livre pour acquit de mon intégrité. Je suis loisible.

Se saluer c'est l'œuvre du septième jour.

NICOLE BROSSARD

Poéte, écrivain et journaliste, Nicole Brossard est née à Montréal en 1943. Elle est co-fondatrice de plusieurs revues, dont *La Barre du jour* (1965–77), devenue *La Nouvelle Barre du jour* en 1977. Avant tout soucieuse de transformer le langage poétique, elle prend conscience, au cours des années 1970, de l'importance de son identité, d'abord en tant que femme, ensuite en tant que lesbienne, et commence à écrire dans une langue où s'inscrit le corps féminin. Son travail d'expérimentation linguistique fait d'elle l'une des théoriciennes les plus importantes de ce qu'elle appelle *l'écriture au féminin*. Elle est membre du collectif du journal féministe *Les têtes de pioche* (1976) ; en 1979, elle participe à la pièce de théâtre collective *La nef des sorcières*. Ses écrits poétiques, *Le centre blanc : poèmes 1965–1975* et *La partie pour le tout* (1975), illustrent l'intégration d'une subjectivité féminine et lesbienne. Dans ses romans, dont *French Kiss, étreinte-exploration* (1974), *L'amer ou le chapitre effrité* (1977), *Le sens apparent* (1980) et *Picture Theory* (1982), toute distinction entre fiction et théorie disparaît. *Le désert mauve* (1987), roman reconnu aussitôt comme « postmoderne », renoue avec une forme de récit en apparence plus traditionnelle, mais Brossard y poursuit son exploration de la langue et de la théorie féministes. Elle rassemble, dans son *Anthologie de la poésie des femmes au Québec* (1991), les textes de poétesses trop souvent oubliées par l'histoire littéraire traditionnelle. Elle a reçu plusieurs prix littéraires prestigieux. Parmi les œuvres plus récentes, citons *Installations : avec et sans pronoms* (1989), *La nuit verte du parc labyrinthe* (1992) et *Langues obscures* (1992).

Le monologue « L'écrivain » est tiré de *La nef des sorcières* (1976), création collective réunissant un groupe d'écrivains et d'actrices féministes, dont des collaboratrices bien connues comme France Théoret et Marie-Claire Blais. La pièce comprend six monologues qui traitent de divers aspects de la condition féminine : l'actrice, la ménopausée, l'ouvrière, la fille, la lesbienne et l'écrivain. Comme le font remarquer Brossard et France Théoret dans leur introduction, le recours au monologue fait ressortir la solitude des femmes ; chacune est « incapable de communiquer du projet à d'autres femmes, inapte encore à tisser les liens d'une solidarité qui rendrait crédible et évidente l'oppression qu'elles subissent et qui les fissure sur toute la surface de leur corps. Du dedans, du dehors » (p. 7). Le texte de Brossard montre, de manière saisissante, le travail d'une femme en train de forger sa propre « écriture au féminin ».

Dans « Ma continent », le passage tiré d'*Amantes,* elle inscrit dans le langage la réalité physique de l'amour pour un corps de femme, tout en situant le rapport intime dans l'espace plus vaste de « sa » continent de l'écriture et de la passion lesbiennes, grâce à l'évocation du nom de celles qui l'ont précédée ou qui sont ses contemporaines, venues de partout en Amérique du Nord et en Europe.

La nef des sorcières (extrait)

L'ÉCRIVAIN

Montréal, Mars 1976.
Une femme appuie savamment sur son crayon.
Mais elle n'écrit pas de poème d'amour.
Elle dessine des ventres plats. Des vulves totales.
Elle change l'ordre des mots.
Elle détonne par en-dedans, le crayon mou.
Il est minuit. Il fait encore chaud.
J'aime les abat-jour et les ombres chinoises.
Qu'est-ce qui m'attise et qui me refroidit en même temps ?
Des ongles trop longs.
Une peau fine. Qui déchire à rien.
Une peau de fanatique. Tatouée.
Pleine de signes anciens et de mots nouveaux.

Des images, des *flashes* sous l'abat-jour.

Je ne veux rien remettre à demain.

Cette nuit, je me rencontre. Je fais les comptes.

Je veux faire fondre tous les fonds de teint.

Où et comment suis-je en train de me déplacer ?

Par rapport à moi. Par rapport aux autres.

Je choisis la nuit pour parler au grand jour.

Entre le fictif et le réel. A quelle fiction me donner.

Quand de toute manière celle-ci me précède toujours ?

Je suis une proie de fiction.

Il m'arrive de me prendre pour un adjectif.

J'ai grandi en adjectif.

Belle, grosse, féminine, effrontée, charmante, maigrichonne

Pas pire, brillante la petite.

Cette nuit, je décolle mes pages blanches, mes vieux
morceaux choisis. Je décolle.

Je parle pour me donner une voix d'accès.

Un trou d'horizon.

Ce que je suis, ce que je ne suis pas.

Cible fictive dans le centre blanc.

Une femme pense avoir raison. Elle se retrouve seule. Au
fond, une femme qui parle seule est toujours une femme qui
s'attend à quelque chose de nouveau.

Je parle. Je parle. Je parle en blanc dans le noir d'une salle.
C'est comme le contraire des nuits sur papier blanches
d'insomnie.

Et j'ai les mains libres pour parler. Pour me donner des sens
nouveaux. Un sixième sens à mon existence.

Je parle dans la perspective d'un pacte politique avec d'autres
femmes. Touchez-moi. La vie privée est politique.

Le décor me saute devant les yeux et je saute des mots.

Lesquels ? J'improvise sur un terrain nouveau. Je reprends
mon droit, mes dûs. Les mots font surface.

Ils viennent de loin. Millénaires. A peine audibles dans le
chant et les pleurs de femmes en labeurs.

Je suis en labeurs dans une réalité qui me pend au bout du nez
comme un appât.

Je cherche mes mots. Je fouille partout. Dans le repli des
robes, les touffes de poil, entre les orteils, sous la langue, entre
les draps, dans le ventre des statues.

La cire des abeilles.

La petite Vénus de cire fond lentement et ne livre plus de
secrets sous les abat-jour. Elle salive. Elle dit des mots. Je n'ai
pas la bouche cousue de fils blancs. Mais la douleur partout
comme en des membres fantômes.
Il est urgent que je brûle quelques papiers du temps que j'aimais,
soignais et torchais les hommes.
Urgent de déjouer les ruses.
Je refuse d'écrire pour expier la bêtise collective.
Ce soir, j'entre dans l'histoire sans relever ma jupe.
J'y entre avec des mots dans l'histoire sans relever ma jupe.
J'y entre avec des mots et une solidarité. Je m'inscris comme
une folle de pleine lune dans un parcours difficile et nécessaire.
Ça paraît peut-être. Peut-être que non. Mais j'ai peur. Peur du
leurre. Peur de trafiquer mes certitudes les plus vitales. Peur
qu'on coupe tout discours, qu'on me coupe des parleuses, des
femmes rompues. Qu'on m'exile et me bannisse avant d'avoir
pu les rejoindre.
Mais il y a les ponts. Des routes qui du cerveau au ventre sont
irréversibles tant le plaisir est grand de circuler paisiblement
dans son corps.
Du dedans, du dehors, je me penche pour comprendre et c'est
comme toujours par une folie retrouvée et insaisissable avec
des mots. Les mots d'une grammaire en érection.
Qui coupe les ponts. Et qui me laisse seule à tramer comme un
« e » muet mes phrases où le masculin l'emporte toujours sur le
féminin.
Je tisse ma toile d'horizon. La mer immense entre mes yeux
fixés et avides. Dans le vague. Écoutant.
Je tourne dans ma tête avec la planète. Quand c'est vite c'est
que je dis non, que je résiste. Hystérique, hystérique. Ti-kiss,
ti-kiss, ti-kiss. Je pue, je pullule. Je combats le corps étranger.
Je gâche le spectacle que les impuissants cherchent à s'offrir à
mes dépens.
Autrement, je tourne lentement comme une différence et je
bouge dans ma tête avec le bruit de l'horloge. Des sons, des
mots, des sons, des mots, des sons. Le mot, le mauve, les
fauves. Qui a peur de Virginia Woolf ? Mais au fond je n'ai de
revanche à prendre sur quiconque. Je suis sans cheval et sans
ombre. Sans cavalier. Et c'est bon, d'être à soi pour soi, sagement
son propre déploiement.
Je me déchiffre papier peau de mon âge. J'exhibe pour moi,

pour nous, ce qui nous ressemble. J'écris et je ne veux plus faire cela toute seule. Je nous veux. Faire craquer, grincer, grincher l'histoire.

La vie privée est politique.

La rupture sera inaugurale. Je franchis des seuils. Je passe à travers quelque chose qui est moi et qui s'acharne pour se convaincre que ce n'est pas une image. Sage comme une image en rose. Rose de Lima, pétards de Sorel. Marguerite des champs. La couleur est le deuil quand je franchis le seuil, noir sur blanc qui s'écrit. Les yeux verraient-ils la différence si l'encre était blanche.

Relief, récif, récit. Femme fictive. Où est mon centre de gravité ? Je dérive.

Difficile de vivre la tête dans le « goulot de l'histoire ». De s'allonger la nuit comme de décisives pendules l'une à côté de l'autre pour traverser le temps et défaire les mémoires au fur et à mesure. La mémoire des hommes. En souvenir de notre amour. *With love.* Éternellement vôtre.

Iseult, Eurydice, Sapho. Emma, la femme de Charles, qui se vengeait si dérisoirement dans ses monologues. Ensevelies sous la passion.

Fragmentées. Jeunes et vieilles parcheminées. Usées sur toutes leurs courbes. Démembrées. Non pas possédées. Mais dépossédées.

J'ai la mémoire longue cette nuit. Une haleine à répandre des odeurs à exhaler. J'ai la mémoire aussi longue que tous les désirs restés coincés dans ma poitrine. Je sors de ma cachette de femme et d'écrivain.

Quelque chose m'excite que je ne parviens pas à cerner. Faire le tour de ses démangeaisons. Je dois avoir les yeux cernés. Il est tard. Imaginons l'imagination comme un éventail ou comme une langue maternelle qui vient tout juste d'avoir son premier orgasme.

Gênant n'est-ce pas ?

Le transit est périlleux. Passer d'un état de conscience à un autre. Un tremblement si percutant qu'il éveille même les intestins. Ce qui fait qu'on confond si facilement avoir du cœur au ventre et avoir des couilles.

Il fait chaud. Pas de trève. Je parle. À mes risques et périls. Sagittaire grisée. Aimantée par ce qui coule de source. Pour la première fois.

Je délire à moitié comme un côté parallèle et infirme. Un côté
paralysé. Dans ma digestion, dans mes nerfs, mes muscles. Ça
prolifère. Ça se ramifie. Assouvissement de somnambule. Je
rêve. Je parle. Comme une vieille maison hantée. Ma moitié,
ma douce moitié, ma chère moitié, ma moitié de moi-même.
Qui veut être une moitié de quelqu'un ?
La belle et la bête. Entrez. C'est la victime qui parle. L'hystérique
qui se démène. Qui se tord dans son feu de sorcière.
L'héritière de la dérision. Le corps étranger qui expie sa différence
publiquement.
Mais ici la victime prend part au spectacle. Elle se regarde.
Elle se parle. Avec ou sans miroir.
Radi, radi frais. Radicale.
Je m'échelonnerais des heures et des heures à faire babine et
bouche acrobate. Amazone. Dard, dard.
Gare à la moisson.
Il fait chaud dans l'eau de rêve.
La poitrine gonfle. On respire. Ici dedans ce soir. Dans ma
fissure d'écervelée. Ah ! Mais oui. C'est le comble du somnambulisme
que de s'agiter les mains pendant qu'on vous égorge.
J'ai les mains libres. Pas de porc frais à cuisiner. Ça tranche.
Le livre dort. Je parle. Je me berce. Je suis assise dans un
creux. C'est la panique autour de moi. J'ai la posture comique :
je pisse accroupie et j'ai des goûts de femme enceinte. Des
hiboux dans la gorge.
Je suis somnambule depuis Julie. J'étais grosse ! A force de se
lever cinq ou six fois la nuit, on y prend goût.
On prend la nuit. On reprend à la nuit pouce par pouce ses
morceaux de peau, ses taches de rousseur, ses grains de
beauté, ses sourcils. On reprend la vraie longueur de ses cils.
On garde l'œil ouvert. J'ai les yeux bleus.
Je n'ai jamais aimé parler de moi. Comme si j'avais toujours eu
l'impression qu'il n'y avait rien de spécial à raconter sur ma
vie privée. Et pourtant c'est celle-là qui compte. Comment on
naît, comment on joue, comment on jouit, comment on
souffre, comment on meurt. Les hommes sont si chauds en
public et leur corps si frigide au lit qu'ils n'ont de privé que
leur propriété.
Des fois j'ai l'impression d'avoir flotté à côté de moi depuis
mon adolescence. Flotté dans une vie privée bien en règle.
D'une certaine manière, parce que j'ai toujours fait à ma tête.

A ma tête d'homme justement. Une tête d'homme greffée sur un corps de femme. Oui, j'ai été efficace, oui, j'ai été productive. Devant les pouvoirs, j'ai toujours enragé comme un fils maudit. J'avais la révolution de mon bord. J'enrageais comme un homme de gauche. Mes crises, elles étaient d'octobre ou d'automne. Mais on devient femme quand on fait de la prison. On braille, on crie, on cogne, on s'énerve, on se pète la tête sur les murs, on se fait des accroire. On se fait des montagnes. C'est drôle comme ça rend hystérique les empêchements. Certains après-midi quand j'aimerais être seule et que Julie tourne en rond autour de moi, je deviens maboule et marabout. J'appelle ça mon mal maternel. Ça fait drôle d'écrire maternel au masculin. Seule, je parviens à me débrouiller l'esprit. Mais à deux, je deviens isolée.

La femme qui écrit jongle sur une chaise de cuisine. Confrontant les sentences du père avec le silence de sa mère et de ses sœurs.

C'est dans la cuisine que j'écris. Café, bruits de la rue. Un arbre que j'aperçois par la fenêtre. Je ne lave plus mon linge sale en famille. C'est public. Faut que ça se voit, que ça se sente, que ça se sache ce qui salit le plus, ce qui déteint, ce qui est cousu de fils blancs.

Femmes fatales. Nous sommes sûrement fatales à quelqu'un, à quelque chose pour subir le mauvais sort. Oui, je veux être fatale à l'amour emmuré. Fatale à la famille, fatale aux polices d'assurances, fatale à nos gardes du corps. Je suis entourée de gardes du corps. Protégée, empêchée. Le corps, mon corps. Ceci est mon corps.

Petites contractions. Détente. Petites contractions. J'ai la langue sèche. Fait chaud. Je suis humide. Ça coule. Poussez. Poussez. Respirez bien. Détends-toi. Fait chaud. Encore. Jouis. Jouis. Poussez. Poussez. C'est une fille.

Mon corps surveillé. Surexcité. Plein d'électricité. A qui appartient ce corps ? Où ira-t-il ? Que fera-t-elle ? Laissez-moi passer. Laissez-là passer. Que je vois de près, que je touche longuement.

On fait du pénis et du vagin deux grands moignons qui cherchent appui sur leur infirmité. Laissez-moi passer. Fait chaud. C'est encombré. Les pages se décollent. Les mots affluent autour du clitoris.

Toute jouissance du clitoris announce un chavirement dans le corps historique de l'espèce.

Jouir en son nom sans épousailles macabres. Sans bague, sans papier. Je célèbre dans un temps inaloué. Mes espaces sont grands.

Fait chaud de m'entendre parler.

J'fais pas de théâtre. J'fais pas de théâtre. Je succombe. C'est tout. J'ai le délire heureux et *magané* cette nuit. J'assouplis ma forme de belligérante.

Est-ce qu'on se ressemble ? Je prétends que oui. Mais on a les tics de nos maris. Brench et brench. Toi dans Outremont, moi dans Laval, toi dans Saint-Henri, moi dans Rosemont. On se ressemble c'est comme rien. On a toutes le physique de l'emploi. Fait chaud dans la galère. La folie des bergères va sortir du manteau de mouton.

Il n'y a plus de temps à perdre. Plus de fuite en arrière possible. Il faut ravir le sens, du sens.

Sur toute la surface du corps et dedans.

Mes premiers poèmes, je les ai écrits après ma première peine d'amour. Crinoline et queue de cheval. Lamartine et ballonpanier. Je me posais des questions. C'est tout. Vie privée d'adolescente, vie privée d'adulte. C'est tout marqué dans la couleur de nos joues. De nos confidences après l'école à quatre heures. L'après-midi au téléphone. Fait chaud dans ma mémoire. L'abat-jour est plein d'incendies. Un peu de lassitude après toutes ces questions, ce bavardage. Peur de toucher le fond humide de soi dans la remise en question. Impossible de se remettre en question toute seule. Parler femme c'est dire toute la trahison de l'enfance. C'est craindre plus férocement que dans tous les cauchemars une mort certaine. Ce soir, je dérive sans arsenic, sans acide, sans corde, sans armes, sans pilule. Je coule entourée de maniaques publics, connus, politiques et sexuels.

Amertume, colère, envie, fatigue, amour, désir, papier, mot, orgasme, plotte, bébé, pollueurs nocturnes, angoisse. C'est de tout cela dont il s'agit. Et j'ai chaud. Je suis en chaleur.

Je bave avec mes airs de poète, de femme fatale, d'ange déchu, de putain, de femme du monde, de femme de ménage, de ménopausée, de calendrier, de diaphragme. Je bave sur la rumeur qui fait de moi un à côté, une aventure. Une pas

pareille de bête sauvage à monter.
Je liquide.
Caroussel. Je tourne en rond dans mon trou de femme.
J'apprends, j'apprends. Je parle.

Ma continent

Ma continent qui possède à cette heure
toutes mes salives, car chez toi, j'ai
oublié le texte que je voulais sous tes
yeux de lecture qui ont vu passer des
siècles de fantasmes, de peau, le bruit/
la détonation. (ma) c'est un espace/ une hypothèse

ma continent femme de tous les espaces
cortex et flot : un sens de la gravité
qui *me met au monde*
ma différente matière à existence qui
comble et évacue cette tension *unique*
qui ressemble à l'ultime vitalité et
sagesse où intelligence et seins, cuisses
successivement dormantes et d'agitation
les poitrines ont la raison du souffle
que nous y trouvons/ écriture

ma continent des espaces de raison et
(d'amour) comme une histoire spatiale
où nous pouvons dire dans le concret
des allégeances et des caresses en silence
une forme de réverbération/je traverse
les villes sans simuler *la nature* car
je suis si civilisée face à la mer
au comble de l'eau, persistante/j'ai lu
« Toute la mer va vers la ville »
et aussi dans ta langue
« Non smettete di delirare, questo è il
momento de l'utopia »

ma continent multiple de celles qui ont signé : Djuna
Barnes, Janes [*sic*] Bowles, Gertrude Stein, Natalie Barney,
Michèle Causse, Marie-Claire Blais, Jovette Marchessault,
Adrienne Rich, Mary Daly, Colette et Virginia, les
autres noyées, Cristina Perri Rossi, Louky Bersianik, Pol
Pelletier, Maryvonne si attentive, Monique Wittig, Sande

Zeig, Anna d'Argentine, Kate Millett, Jeanne d'Arc Jutras,
Marie Lafleur, Jane Rule, Renée Vivien, Romaine Brooks,
écrire : le réel / la peau clairvoyante
prunelle essentielle dans le déploiement
de ma conscience et *expression* : mon double
une singulière mobilité et le continent
certes une joie

ma continent, je veux parler l'effet
radical de la lumière au grand jour
aujourd'hui, je t'ai serrée de près,
aimée de toute civilisation, de toute
texture, de toute géométrie et de braise,
délirantes, comme on écrit : et
mon corps est ravi

Imaginer

Parmi toutes les formes de prise en charge de soi, l'imagination est peut-être la plus libératrice. Au-delà de l'opposition des identités régionales et politiques multiples, au-delà des conflits psychologiques et personnels, il est possible de rêver d'un espace utopique. Loin du monde pratique ancré dans le quotidien, on peut, à partir de réalités imaginées, se donner une nouvelle perspective.

D'ailleurs, l'imagination des femmes a quelque chose de particulier, quelque chose de particulièrement englobant et de personnel pourtant. Qu'il appartienne aux sphères du domestique, du familial ou de l'intime, ou qu'il constitue un prolongement artistique réfléchi qui étend ses ramifications bien au-delà du domestique, l'*espace* créé dans l'esprit féminin, ou par lui, a ses propres caractéristiques. Nous présentons ici toute une gamme d'espaces imaginaires, autour de la vie et du paysage, de l'absence et de la mort, de la création, de l'amour et de l'art.

Dans *La maladie de la mort,* de Marguerite Duras, la nuit, la mort, le silence, l'acte sexuel et la parole se mêlent en contrepoint à la marée montante en un dialogue si épuré que plus rien n'existe au-delà de la chambre et de son intolérable solitude. Tout comme le plaisir corporel est indissociable de la terreur spirituelle, la maladie de la vie se révèle identique à celle de la mort.

Cette identité mortelle, présente dans le corps vu par l'Autre, est aggravée par l'abolition impossible de la distance qui sépare les deux acteurs de ce drame terrible ; la femme, utilisée à l'origine pour fournir à l'homme un plaisir sexuel, devient sa conscience implacable. Elle est à la fois le témoin et la preuve de sa maladie mortelle, de son absence de sentiment. La chambre ne peut déboucher que sur cette certitude : ne pas avoir l'imagination pour sentir constitue déjà la plus sûre des morts.

Les drames de Duras et d'Anne-Marie Albiach, au style intense et dépouillé, se limitent à deux corps et à une pièce ; par leur espace et leur forme resserrée, ils ont tous deux la curieuse concentration d'une tragédie de Racine. De façon appropriée, le style d'Albiach, qui donne le sentiment d'être hermétiquement fermé, crée une sensation d'étouffement, jusque dans la présentation typographique du texte. L'histoire d'amour mise en scène se déroule sous le signe d'une « Figure vocative », où les mots ne sont présentés qu'en demi-teinte, *mezza voce*. Cette histoire·d'amour ne débouche sur rien, si ce n'est sur une fin ouverte terrible, une poursuite inhumaine sans fin : « si ce n'est ce perpétuel ». Elle se termine sans se terminer. Comme celui de Duras, cet imaginaire communique son désespoir intense au lecteur, qui doit apprendre à y transposer sa propre finitude, ou encore à soutenir la terreur mortelle que l'amour peut entraîner ; cette terreur n'est pas si différente après tout de celle qu'inspire l'absence de sentiment. Toutes deux sont *perpétuelles* : voilà ce qui, chaque jour, terrorise toute chose.

Dans les récits de Gabrielle Roy et de Rose-Marie François, nous effectuons un retour aux relations familiales. La grand-mère et la petite-fille chez la première, la mère et la fille chez la seconde, remplacent le drame des deux amants. La texture entière est modifiée — au lieu du frottement tragique et serré de deux sensibilités et de deux corps, la scène est remplie par les efforts que déploie une personne pour s'adapter à une autre. Dans le récit de Roy, l'« infini pays monotone » menace toujours de demeurer identique à lui-même, brulé par les rayons solitaires et implacables du soleil couchant, et l'ennui de la petite fille est toujours plus fort que la capacité de la grand-mère à le vaincre. Et alors, miraculeusement, la grand-mère fabrique une poupée à partir de quelques chiffons, démontrant une créativité magique qui stupéfie sa petite-fille, soudainement humble devant la « solitude hautaine et indéchiffrable de qui est occupé à créer ». Comme Dieu le Père, la grand-mère a recréé l'univers, au féminin.

De même, dans le récit de Rose-Marie François, semblable à une toile de Monet dépeignant une promenade à travers champs, la mère crée pour sa fille un univers aux horizons ouverts. Dans ce portrait lyrique de deux femmes dans un pré, la mère, coiffée de son large chapeau de paille, immense au point de remplir l'univers, offre sa main à sa petite fille et, par ce geste, le monde qui s'étend devant elles. A l'image de la puissance créatrice de la grand-mère dans le récit de Roy, la capacité féminine à définir l'espace, à abolir les frontières qui le bornent et à tout refaire à neuf sont signes de force et de détermination, en contraste parfait avec les scènes étouffantes où évoluent les amants des textes de Duras et d'Albiach. Chez François, le paysage s'ouvre sur l'étendue de la nature, tandis que ces drames, qui se ferment et se referment, ne se dirigent que vers la certitude de la mort.

Nous concluons sur cette réussite esthétique, technique et émotionnelle que constitue la remarquable reprise par Marguerite Yourcenar d'une ancienne légende taoïste. Avec une conviction sans précédente dans la fiction, le portrait extraordinaire qu'elle brosse du pouvoir miraculeux qu'a l'artiste de « réaliser » ce qu'il peint correspond à merveille à la célèbre formule d'André Breton, fondateur du mouvement surréaliste : « L'imaginaire est ce qui tend à devenir le réel ». Son texte conjugue le dedans et le dehors, à l'intérieur de l'architecture du récit et du monde qui s'étend au-delà. Dans cet au-delà, la mer et le ciel se confondent enfin.

Le pouvoir d'abolir la division, et la contradiction, constitue la véritable force créatrice des femmes. Ce sont elles qui, derrière toute les œuvres que nous avons choisi de célébrer, réunissent les différents domaines, elles encore qui réfigurent l'espace dans une lumière autre, intérieure et extérieure. Dans les œuvres les plus fortes, une telle imagination peut éveiller non seulement la femme qui écrit, mais, au-delà d'elle, le monde.

MARGUERITE DURAS

Née Marguerite Donnadieu le 4 avril 1914, elle passe sa jeunesse en Indochine. La mort de son père ainsi que les conflits sans fin qui opposent sa mère à l'administration coloniale marquent son enfance. Elle obtient son baccalauréat au lycée français de Saïgon avant de partir pour Paris, où elle fait des études de mathématiques et obtient une licence de droit à la Sorbonne. Elle se marie en 1939. Son premier roman, *Les impudents,* paraît chez Plon après avoir été refusé par plusieurs éditeurs. Pendant l'Occupation, elle fait partie de la Résistance. Elle raconte ses expériences dans *La douleur* (1985). Malgré un heureux événement, la naissance de son fils, Jean, en 1947, les années de l'après-guerre sont très pénibles pour Duras. Elle divorce deux fois et vit une crise d'écriture. Elle est expulsée du Parti communiste et subit sa première crise d'alcoolisme, maladie qui va la tourmenter à plusieurs reprises. Après avoir publié quelques œuvres, dont *Un barrage contre le Pacifique* (1950) et *Le marin de Gibraltar* (1952), elle se tourne vers une facture plus expérimentale dans *Moderato cantabile* (1958) et *L'après-midi de Monsieur Andesmas* (1962). Le succès du film *Hiroshima, mon amour* (1960), dont elle écrit le scénario, assoit sa réputation. Sa trilogie *Le ravissement de Lol V. Stein* (1964), *Le vice-consul* (1965) et *India Song* (1975) pousse encore plus loin l'expérimentation linguistique et narrative. Elle en vient à remettre en question la textualité même. Dramaturge, Duras écrit plusieurs pièces de théâtre, publiées en trois volumes, aussi bien que nombre de scénarios. Elle collabore à la mise en scène de ses pièces et tourne elle-même la plupart de ses scénarios. Avec *L'amant* (1984) et *La douleur* (1985), elle connaît un succès énorme. Depuis, elle a publié plusieurs œuvres, dont *La musica deuxième* (1985), *Les yeux bleus, cheveux noirs* (1986), *La pute de la côte normande* (1986), *La vie matérielle* (1987), *Emily L* (1987) et *L'amant de la Chine du Nord* (1991). En 1992, elle publie *France,* texte qui accompagne les photographies de Janine Niepce. *Écrire* et *Monde extérieur* paraissent en 1993. Elle est morte le 3 mars 1996.

≤⌐

La maladie de la mort (1982) reprend la même relation que dans nombre de romans de Marguerite Duras : enfermés dans une chambre, un homme et la femme qu'il a engagée font l'amour. Il est actif, elle est passive ; il est incapable d'aimer et cette incapacité éveille le désir de la femme ; leur passion est, ou devient, la mort. Bien qu'ils soient dans la même chambre, chacun reste emmuré en lui-même ; l'autre lui permet d'effectuer une projection de ses besoins et de ses fantasmes intimes. Essentiellement, la femme est la projection de l'homme, le support de sa tentative de ressentir une quelconque émotion. Les lecteurs assistent en voyeurs à leurs ébats ; en même temps, ils sont assimilés à l'homme grâce à l'emploi de la deuxième personne. Dans d'autres textes durassiens, dont *Le ravissement de Lol V. Stein,* par exemple, la figure d'un tiers s'introduit comme observateur-voyeur dans la passion du couple central. La passion naît de l'investissement imaginaire du tiers. Mais le dépouillement de *La maladie de la mort,* la présence de deux personnages seulement, signifie que ni le désespoir de l'homme, ni le vide qui habite la femme, ne peuvent se communiquer, se partager.

La vie matérielle (1987), d'où est tiré « La maison », est une série de textes courts et d'entretiens de Duras avec Jérôme Beaujour ; ni fiction ni journalisme, mais apparenté aux deux, le livre traite justement des aspects matériels de la vie des femmes. « La maison », l'un de ses textes-pivots, présente une analyse de la vie quotidienne des femmes et de l'espace qu'elles occupent et une métaphore du travail d'écriture de Marguerite Duras à la fin des années 1980. Écrire tient pour Duras du travail d'archives ; c'est une forme de ménage, de rangement des fragments de son histoire et de celle des autres femmes, de son écriture et de celle des autres femmes ; bref, il s'agit, comme elle le dit dans *La vie matérielle,* d'« un travail de femmes ». Duras habite son écriture, au même titre que les femmes qu'elle décrit dans « La maison » habitent leur foyer. Elle déplace les choses, les range autrement, tantôt tente de tout jeter, tantôt fait de nouvelles acquisitions, mais, en dernière analyse, elle garde une bonne partie des objets réunis : elle « range » la vie et la documente. Les objets entrent en résonance, renvoient sans cesse les uns aux autres ; comme les objets familiers du foyer, ils forment une histoire fragmentée, morcelée, qui semble revenir sans fin sur elle-même. Mais le foyer, comme Duras nous le rappelle, est également pour les femmes une prison. Les objets de la vie domes-tique que renferme la maison réduisent les femmes à une servitude éternelle. Les formes d'évasion — les cafés et l'alcool, chez Duras — sont tout aussi mortelles. La chambre, la maison, le café sont devenus pour certaines femmes autant de lieux où se joue la mort ; pour d'autres, comme Duras, c'est l'écri-ture qui s'y déploie.

La maladie de la mort

Vous devriez ne pas la connaître, l'avoir trouvée partout à la fois, dans un hôtel, dans une rue, dans un train, dans un bar, dans un livre, dans un film, en vous-même, en vous, en toi, au hasard de ton sexe dressé dans la nuit qui appelle où se mettre, où se débarrasser des pleurs qui le remplissent.

Vous pourriez l'avoir payée.

Vous auriez dit : Il faudrait venir chaque nuit pendant plusieurs jours.

Elle vous aurait regardé longtemps, et puis elle vous aurait dit que dans ce cas c'était cher.

Et puis elle demande : Vous voulez quoi ?

Vous dites que vous voulez essayer, tenter la chose, tenter connaître ça, vous habituer à ça, à ce corps, à ces seins, à ce parfum, à la beauté, à ce danger de mise au monde d'enfants que représente ce corps, à cette forme imberbe sans accidents musculaires ni de force, à ce visage, à cette peau nue, à cette coïncidence entre cette peau et la vie qu'elle recouvre.

Vous lui dites que vous voulez essayer, essayer plusieurs jours peut-être.

Peut-être plusieurs semaines.

Peut-être même pendant toute votre vie.

Elle demande : Essayer quoi ?

Vous dites : D'aimer.

Elle demande : Pourquoi encore ?

Vous dites pour dormir sur le sexe étale, là où vous ne connaissez pas.

Vous dites que vous voulez essayer, pleurer là, à cet endroit-là du monde.

Elle sourit, elle demande : Vous voudriez aussi de moi ?

Vous dites : Oui. Je ne connais pas encore, je voudrais pénétrer là aussi. Et aussi violemment que j'ai l'habitude. On dit que ça résiste plus encore, que c'est un velours qui résiste plus encore que le vide.

Elle dit qu'elle n'a pas d'avis, qu'elle ne peut pas savoir.

Elle demande : Quelles seraient les autres conditions ?

Vous dites qu'elle devrait se taire comme les femmes de ses ancêtres, se plier complètement à vous, à votre vouloir, vous être soumise entièrement comme les paysannes dans les granges après les moissons lorsque éreintées elles laissaient venir à elles les hommes, en dormant — cela afin que vous puissiez vous habituer peu à peu à cette forme qui épouserait la vôtre, qui serait à votre merci comme les femmes de religion le sont à Dieu — cela aussi, afin que petit à petit, avec le jour grandissant, vous ayez moins peur de ne pas savoir où poser votre corps ni vers quel vide aimer.

Elle vous regarde. Et puis elle ne vous regarde plus, elle regarde ailleurs. Et puis elle répond.

Elle dit que dans ce cas c'est encore plus cher. Elle dit le chiffre du paiement. Vous acceptez.

Chaque jour elle viendrait. Chaque jour elle vient.

Le premier jour elle se met nue et elle s'allonge à la place que vous lui désignez dans le lit.

Vous la regardez s'endormir. Elle se tait. Elle s'endort. Toute la nuit vous la regardez.

Elle arriverait avec la nuit. Elle arrive avec la nuit.

Toute la nuit vous la regardez. Pendant deux nuits vous la regardez.

Pendant deux nuits elle ne parle presque pas.

Puis un soir elle le fait. Elle parle.

Elle vous demande si elle vous est utile pour faire votre corps moins seul. Vous dites que vous ne savez pas bien comprendre ce mot lorsqu'il désigne votre état. Que vous en êtes à confondre entre croire être seul et au contraire devenir seul, vous ajoutez : Comme avec vous.

Et puis une fois encore au milieu de la nuit elle demande : Quelle est l'époque de l'année en ce moment ?

Vous dites : Avant l'hiver, encore en automne.

Elle demande aussi : Qu'est-ce qu'on entend ?

Vous dites : La mer.

Elle demande : Où est-elle ?

Vous dites : Là, derrière le mur de la chambre.

Elle se rendort.

Jeune, elle serait jeune. Dans ses vêtements, dans ses cheveux, il y aurait une odeur qui stagnerait, vous chercheriez laquelle, et vous finiriez par la nommer comme vous avez le savoir de le faire. Vous diriez : Une odeur d'héliotrope et de cédrat. Elle répond : C'est comme vous voudrez.

Un autre soir vous le faites, comme prévu, vous dormez le visage dans le haut de ses jambes écartées, contre son sexe, déjà dans l'humidité de son corps, là où elle s'ouvre. Elle vous laisse faire.

Un autre soir, par distraction, vous lui donnez de la jouissance et elle crie.

Vous lui dites de ne pas crier. Elle dit qu'elle ne criera plus.

Elle ne crie plus.

Aucune jamais ne criera de vous désormais.

Peut-être prenez-vous à elle un plaisir jusque-là inconnu de vous, je ne sais pas. Je ne sais pas non plus si vous percevez le grondement sourd et lointain de sa jouissance à travers sa respiration, à travers ce râle très doux qui va et vient depuis sa bouche jusqu'à l'air du dehors. Je ne le crois pas.

Elle ouvre les yeux, elle dit : Quel bonheur.

Vous mettez la main sur sa bouche pour qu'elle se taise, vous lui dites qu'on ne dit pas ces choses-là.

Elle ferme les yeux.

Elle dit qu'elle ne le dira plus.

Elle demande si eux ils en parlent. Vous dites que non.

Elle demande de quoi ils parlent. Vous dites qu'ils parlent de tout le reste, qu'ils parlent de tout, sauf de cela.

Elle rit, elle se rendort.

Quelquefois vous marchez dans la chambre autour du lit ou le long des murs du côté de la mer.

Quelquefois vous pleurez.

Quelquefois vous sortez sur la terrasse dans le froid naissant.

Vous ne savez pas ce que contient le sommeil de celle-là qui est dans le lit.

De ce corps vous voudriez partir, vous voudriez revenir vers le corps des autres, le vôtre, revenir vers vous-même et en même temps c'est de devoir le faire que vous pleurez.

Elle, dans la chambre, elle dort. Elle dort. Vous ne la réveillez pas. Le malheur grandit dans la chambre en même temps que s'étend son sommeil. Une fois vous dormez sur le sol au pied de son lit.

Elle se tient toujours dans un sommeil égal. De dormir si bien il lui arrive de sourire. Elle ne se réveille que lorsque vous touchez le corps, les seins, les yeux. Il lui arrive aussi de se réveiller sans raison, sauf pour vous demander si c'est le bruit du vent ou celui de la marée haute.

Elle se réveille. Elle vous regarde. Elle dit : La maladie vous gagne de plus en plus, elle a gagné vos yeux, votre voix.

Vous demandez : Quelle maladie ?

Elle dit qu'elle ne sait pas encore le dire.

Nuit après nuit vous vous introduisez dans l'obscurité de son sexe, vous prenez sans presque le savoir cette route aveugle. Parfois vous restez là, vous dormez là, dans elle, toute la nuit durant afin d'être prêt si jamais, à la faveur d'un mouvement involontaire de sa part ou de la vôtre, l'envie vous venait de la prendre une nouvelle fois, de la remplir encore et d'en jouir seulement de jouissance comme toujours aveuglé de larmes.

Elle serait toujours prête, consentante ou non. C'est sur ce point précis que vous ne sauriez jamais rien. Elle est plus mystérieuse que toutes les évidences extérieures connues jusque-là de vous.

Vous ne sauriez jamais rien non plus, ni vous ni personne, jamais, de comment elle voit, de comment elle pense et du monde et de vous, et de votre corps et de votre esprit, et de cette maladie dont elle dit que vous êtes atteint. Elle ne sait pas elle-même. Elle ne saurait pas vous le dire, vous ne pourriez rien en apprendre d'elle.

Jamais vous ne sauriez, rien ni vous ni personne, de ce qu'elle pense de vous, de cette histoire-ci. Quel que soit le nombre de siècles qui recouvrirait l'oubli de vos existences, personne ne le saurait. Elle, elle ne sait pas le savoir.

Parce que vous ne savez rien d'elle vous diriez qu'elle ne sait rien de vous. Vous vous en tiendriez là.

Elle aurait été grande. Le corps aurait été long, fait dans une seule coulée, en une seule fois, comme par Dieu lui-même, avec la perfection indélébile de l'accident personnel.

Elle n'aurait ressemblé en effet à personne.

Le corps est sans défense aucune, il est lisse depuis le visage jusqu'aux pieds. Il appelle l'étranglement, le viol, les mauvais traitements, les insultes, les cris de haine, le déchaînement des passions entières, mortelles.

Vous la regardez.

Elle est très mince, presque gracile, ses jambes sont d'une beauté qui ne participe pas à celle du corps. Elles sont sans implantation véritable dans le reste du corps.

Vous lui dites : Vous devez être très belle.

Elle dit : Je suis là, regardez, je suis devant vous.

Vous dites : Je ne vois rien.

Elle dit : Essayez de voir, c'est compris dans le prix que vous avez payé.

Vous prenez le corps, vous regardez ses différents espaces, vous le retournez, vous le retournez encore, vous le regardez, vous le regardez encore.

Vous abandonnez.

Vous abandonnez. Vous cessez de toucher le corps.

Jusqu'à cette nuit-là vous n'aviez pas compris comment on pouvait ignorer ce que voient les yeux, ce que touchent les mains, ce que touche le corps. Vous découvrez cette ignorance.

Vous dites : Je ne vois rien.

Elle ne répond pas.

Elle dort.

Vous la réveillez. Vous lui demandez si elle est une prostituée. Elle fait signe que non.

Vous lui demandez pourquoi elle a accepté le contrat des nuits payées.

Elle répond d'une voix encore endormie, presque inaudible : Parce que dès que vous m'avez parlé j'ai vu que vous étiez atteint par la maladie de la mort. Pendant les premiers jours je n'ai pas su nommer cette maladie. Et puis ensuite j'ai pu le faire.

Vous lui demandez de répéter encore les mots. Elle le fait, elle répète les mots : La maladie de la mort.

Vous lui demandez comment elle sait. Elle dit qu'elle sait. Elle dit qu'on le sait sans savoir comment on le sait.

Vous lui demandez : En quoi la maladie de la mort est-elle mortelle ? Elle répond : En ceci que celui qui en est atteint ne sait pas qu'il est porteur d'elle, de la mort. Et en ceci aussi qu'il serait mort sans vie au préalable à laquelle mourir, sans connaissance aucune de mourir à aucune vie.

Les yeux sont fermés toujours. On dirait qu'elle se repose d'une fatigue immémoriale. Quand elle dort vous avez oublié la couleur de ses yeux, de même que le nom que vous lui avez donné le premier soir. Puis vous découvrez que ce n'est pas la couleur des yeux qui serait à jamais la frontière infranchissable entre elle et vous. Non, pas la couleur, vous savez que celle-ci irait chercher entre le vert et le gris, non, pas la couleur, non, mais le regard.

Le regard.

Vous découvrez qu'elle vous regarde.

Vous criez. Elle se retourne vers le mur.

Elle dit : Ça va être la fin, n'ayez pas peur.

D'un seul bras vous la soulevez contre vous tellement elle est légère. Vous regardez.

Curieusement les seins sont bruns, leurs aréoles, presque noires. Vous les mangez, vous les buvez et rien dans le corps ne bronche, elle laisse faire, elle laisse. Peut-être à un moment donné vous criez encore. Une autre fois vous lui dites de prononcer un mot, un seul, celui qui dit votre nom, vous lui dites ce mot, ce nom. Elle ne répond pas, alors vous criez encore. Et c'est alors qu'elle sourit. Et c'est alors que vous savez qu'elle est vivante.

Le sourire disparaît. Elle n'a pas dit le nom.

Vous regardez encore. Le visage est laissé au sommeil, il est muet, il dort comme les mains. Mais toujours l'esprit affleure à la surface du corps, il le parcourt tout entier, et de telle sorte que chacune des parties de ce corps témoigne à elle seule de sa totalité, la main comme les yeux, le bombement du ventre comme le visage, les seins comme le sexe, les jambes comme les bras, la respiration, le cœur, les tempes, les tempes comme le temps.

Vous retournez sur la terrasse face à la mer noire.

Il y a en vous des sanglots dont vous ne savez pas le pourquoi. Ils sont retenus au bord de vous comme extérieurs à vous, ils ne peuvent pas vous rejoindre afin d'être pleurés par vous. Face à la mer noire, contre le mur de la chambre où elle dort, vous pleurez sur vous-même comme un inconnu le ferait.

Vous rentrez dans la chambre. Elle dort. Vous ne comprenez pas. Elle dort, nue, à sa place dans le lit. Vous ne comprenez pas comment il est possible qu'elle ignore vos pleurs, qu'elle soit par elle-même protégée de vous, qu'elle ignore à ce point encombrer le monde tout entier.

Vous vous allongez près d'elle. Toujours sur vous-même vous pleurez.

Ensuite c'est presque l'aube. Ensuite il fait dans la chambre une sombre clarté de couleur indécise. Ensuite vous allumez des lampes pour la voir. Pour la voir elle. Pour voir ce que vous n'avez jamais connu, le sexe enfoui, voir cela qui engouffre et retient sans apparence de le faire, de le voir ainsi refermé sur son sommeil, dormant. Pour voir aussi les taches de rousseur répandues sur elle depuis la lisière des cheveux jusqu'à la naissance des seins, là où ils cèdent sous leur poids, accrochés aux charnières des bras, jusques aussi sur les paupières fermées et sur les lèvres entrouvertes et pâles. Vous vous dites : aux endroits du soleil de l'été, aux endroits ouverts, offerts à être vus.

Elle dort.

Vous éteignez les lampes.

Il fait presque clair.

Toujours c'est presque l'aube. Ce sont des heures aussi vastes que des espaces de ciel. C'est trop, le temps ne trouve plus par où passer. Le temps ne passe plus. Vous vous dites qu'elle devrait mourir. Vous vous dites que si maintenant à cette heure-là de la nuit elle mourait, ce serait plus facile, vous voulez dire sans doute : pour vous, mais vous ne terminez pas votre phrase.

Vous écoutez le bruit de la mer qui commence à monter. Cette étrangère est là dans le lit, à sa place, dans la flaque blanche des draps blancs. Cette blancheur fait sa forme plus sombre, plus évidente que ne le serait une évidence animale brusquement délaissée par la vie, que ne le serait celle de la mort.

Vous regardez cette forme, vous en découvrez en même temps la puissance infernale, l'abominable fragilité, la faiblesse, la force invincible de la faiblesse sans égale.

Vous quittez la chambre, vous retournez sur la terrasse face à la mer, loin de son odeur.

Il fait une pluie fine, la mer est encore noire sous le ciel décoloré de lumière. Vous entendez son bruit. L'eau noire continue de monter, elle se rapproche. Elle bouge. Elle n'arrête pas de bouger. De longues lames blanches la traversent, une houle longue qui retombe dans des fracas de blancheur. La mer noire est forte. Il y a un orage au loin, c'est souvent, la nuit. Vous restez longtemps à regarder.

L'idée vous vient que la mer noire bouge à la place d'autre chose, de vous et de cette forme sombre dans le lit.

Vous terminez votre phrase. Vous vous dites que si maintenant à cette heure-là de la nuit elle mourait ce serait pour vous plus facile de la faire disparaître de la face du monde, de la jeter dans l'eau noire, qu'il faudrait quelques minutes pour jeter un corps de ce poids dans la mer montante afin que le lit soit exempt de cette puanteur d'héliotrope et de cédrat.

Dans la chambre vous revenez encore. Elle est là, dormante, dans ses propres ténèbres abandonnée, dans sa magnificence.

Vous découvrez qu'elle est bâtie de telle sorte qu'à tout moment, dirait-on, sur son seul désir, son corps pourrait cesser de vivre, se répandre autour d'elle, disparaître à vos yeux, et que c'est dans cette menace qu'elle dort, qu'elle s'expose à être vue par vous. Que c'est dans le danger qu'elle encourt du moment que la mer est si proche, déserte, si noire encore, qu'elle dort.

Autour du corps, la chambre. Ce serait votre chambre personnelle. Elle est habitée par elle, une femme. Vous ne reconnaissez plus la chambre. Elle est vidée de vie, elle est sans vous, elle est sans votre pareil. Seule l'occupe cette coulée souple et longue de la forme étrangère sur le lit.

Elle remue, les yeux s'entrouvrent. Elle demande : Encore combien de nuits payées ? Vous dites : Trois.

Elle demande : Vous n'avez jamais aimé une femme ? Vous dites que non, jamais.

Elle demande : Vous n'avez jamais désiré une femme ? Vous dites que non, jamais.

Elle demande : Pas une seule fois, pas un instant ? Vous dites que non, jamais.

Elle dit : Jamais ? Jamais ? Vous répétez : Jamais.

Elle sourit, elle dit : C'est curieux un mort.

Elle recommence : Et regarder une femme, vous n'avez jamais regardé une femme ? Vous dites que non, jamais.

Elle demande : Vous regardez quoi ? Vous dites : Tout le reste.

Elle s'étire, elle se tait. Elle sourit, elle se rendort.

Vous revenez dans la chambre. Elle n'a pas bougé dans la flaque blanche des draps. Vous regardez celle-ci que vous n'aviez jamais abordée, jamais, ni à travers ses pareilles ni à travers elle-même.

Vous regardez la forme suspectée depuis des siècles. Vous abandonnez.

Vous ne regardez plus. Vous ne regardez plus rien. Vous fermez les yeux pour vous retrouver dans votre différence, dans votre mort.

Lorsque vous ouvrez les yeux, elle est là, toujours, elle est encore là.

Vous revenez vers le corps étranger. Il dort.

Vous regardez la maladie de votre vie, la maladie de la mort. C'est sur elle, sur son corps endormi, que vous la regardez. Vous regardez les endroits du corps, vous regardez le visage, les seins, l'endroit confondu de son sexe.

Vous regardez la place du cœur. Vous trouvez le battement différent, plus lointain, le mot vous vient : plus étranger. Il est régulier, il semblerait qu'il ne doive jamais cesser. Vous approchez votre corps contre l'objet de son corps. Il est tiède, il est frais. Elle vit toujours. Elle appelle le meurtre cependant qu'elle vit. Vous vous demandez comment la tuer et qui la tuera. Vous n'aimez rien, personne, même cette différence que vous croyez vivre vous ne l'aimez pas. Vous ne connaissez que la grâce du corps des morts, celle de vos semblables. Tout à coup la différence vous apparaît entre cette grâce du corps des morts et celle ici présente faite de faiblesse ultime que d'un geste on pourrait écraser, cette royauté.

Vous découvrez que c'est là, en elle, que se fomente la maladie de la mort, que c'est cette forme devant vous déployée qui décrète la maladie de la mort.

De la bouche entrouverte une respiration sort, revient, se retire, revient encore. La machine de chair est prodigieusement exacte. Penché sur elle, immobile, vous la regardez. Vous savez que vous pourriez disposer d'elle de la façon dont vous voulez, la plus dangereuse. Vous ne le faites pas. Au contraire vous caressez le corps avec autant de douceur que s'il encourait le danger du bonheur. Votre main est sur le dessus du sexe, entre les lèvres qui se fendent, c'est là qu'elle caresse. Vous regardez la fente des lèvres et ce qui l'entoure, le corps entier. Vous ne voyez rien.

Vous voudriez tout voir d'une femme, cela autant que puisse se faire. Vous ne voyez pas que cela vous est impossible.

Vous regardez la forme close.

Vous voyez d'abord les légers frémissements s'inscrire sur la peau, comme ceux justement de la souffrance. Et puis ensuite les paupières trembler tout comme si les yeux voulaient voir. Et puis ensuite la bouche s'ouvrir comme si la bouche voulait dire. Et puis ensuite vous percevez que sous vos caresses les lèvres du sexe se gonflent et que de leur velours sort une eau gluante et chaude comme serait le sang. Alors vous faites vos caresses plus rapides. Vous percevez que les cuisses s'écartent pour laisser votre main plus à l'aise, pour que vous le fassiez mieux encore.

Et tout d'un coup, dans une plainte, vous voyez la jouissance arriver sur elle, la prendre tout entière, la faire se soulever du lit. Vous regardez très fort ce que vous venez d'accomplir sur le corps. Vous le voyez ensuite retomber, inerte, sur la blancheur du lit. Il respire vite dans des soubresauts de plus en plus espacés. Et puis les yeux se ferment encore plus, et puis ils se scellent plus encore au visage. Et puis ils s'ouvrent, et puis ils se ferment.

Ils se ferment.

Vous avez tout regardé. A votre tour enfin vous fermez les yeux. Vous restez ainsi longtemps les yeux fermés, comme elle.

Vous pensez au-dehors de votre chambre, aux rues de la ville, à ces petites places écartées du côté de la gare. A ces samedis d'hiver entre eux pareils.

Et puis vous écoutez ce bruit qui se rapproche, vous écoutez la mer.

Vous écoutez la mer. Elle est très près des murs de la chambre. A travers les fenêtres, toujours cette lumière décolorée, cette lenteur du jour à gagner le ciel, toujours la mer noire, le corps qui dort, l'étrangère de la chambre.

Et puis vous le faites. Je ne saurais pas dire pourquoi vous le faites. Je vous vois le faire sans savoir. Vous pourriez sortir de la chambre, partir du corps, de la forme endormie. Mais non, vous le faites, comme apparemment un autre le ferait, avec cette différence intégrale, qui vous sépare d'elle. Vous le faites, vous revenez vers le corps.

Vous le recouvrez complètement du vôtre, vous le ramenez vers vous pour ne pas l'écraser de votre force, pour éviter de le tuer, et puis ensuite vous le faites, vous revenez vers le logement nocturne, vous vous y enlisez.

Vous restez encore dans ce séjour. Vous pleurez encore. Vous croyez savoir vous ne savez quoi, vous n'arrivez pas au bout de ce savoir-là, vous croyez être à l'image du malheur du monde à vous seul, à l'image d'un destin privilégié. Vous croyez être le roi de cet événement en cours, vous croyez qu'il existe.

Elle dort, le sourire aux lèvres, à la tuer.

Vous restez encore dans le séjour de son corps.

Elle est pleine de vous cependant qu'elle dort. Les frémissements légèrement criés qui parcourent ce corps se font de plus en plus évidents. Elle est dans un bonheur rêvé d'être pleine d'un homme, de vous, ou d'un autre, ou d'un autre encore.

Vous pleurez.

Les pleurs la réveillent. Elle vous regarde. Elle regarde la chambre. Et de nouveau elle vous regarde. Elle caresse votre main. Elle demande : Vous pleurez pourquoi ? Vous dites que c'est à elle de dire pourquoi vous pleurez, que c'est elle qui devrait le savoir.

Elle répond tout bas, dans la douceur : Parce que vous n'aimez pas. Vous répondez que c'est ça.

Elle vous demande de le lui dire clairement. Vous le lui dites : Je n'aime pas.

Elle dit : Jamais ?

Vous dites : Jamais.

Elle dit : L'envie d'être au bord de tuer un amant, de le garder pour vous, pour vous seul, de le prendre, de le voler contre toutes les lois, contre tous les empires de la morale, vous ne la connaissez pas, vous ne l'avez jamais connue ?

Vous dites : Jamais.

Elle vous regarde, elle répète : C'est curieux un mort.

Elle vous demande si vous avez vu la mer, elle vous demande si le jour est venu, s'il fait clair.

Vous dites que le jour se lève, mais qu'à cette époque de l'année il est très lent à envahir l'espace qu'il éclaire.

Elle vous demande la couleur de la mer.

Vous dites : Noire.

Elle répond que la mer n'est jamais noire, que vous devez vous tromper.

Vous lui demandez si elle croit que l'on peut vous aimer.

Elle dit qu'en aucun cas on ne le peut. Vous lui demandez : A cause de la mort ? Elle dit : Oui, à cause de cette fadeur, de cette immobilité de votre sentiment, à cause de ce mensonge de dire que la mer est noire.

Et puis elle se tait.

Vous craignez qu'elle ne se rendorme, vous la réveillez, vous lui dites : Parlez encore. Elle vous dit : Alors posez-moi des questions, de moi-même je ne peux pas. De nouveau vous lui demandez si l'on peut vous aimer. Elle dit encore : Non.

Elle dit qu'un moment avant vous avez eu envie de la tuer quand vous êtes revenu de la terrasse et que vous êtes entré pour la deuxième fois dans la chambre, qu'elle l'a compris dans son sommeil à votre regard sur elle. Elle vous demande de dire pourquoi.

Vous lui dites que vous ne pouvez pas savoir pourquoi, que vous n'avez pas l'intelligence de votre maladie.

Elle sourit, elle dit que c'est la première fois, qu'elle ne savait pas avant de vous rencontrer que la mort pouvait se vivre.

Elle vous regarde à travers le vert filtré de ses prunelles. Elle dit : Vous annoncez le règne de la mort. On ne peut pas aimer la mort si elle vous est imposée du dehors. Vous croyez pleurer de ne pas aimer. Vous pleurez de ne pas imposer la mort.

Elle est déjà dans le sommeil. Elle vous dit d'une façon à peine intelligible : Vous allez mourir de mort. Votre mort a déjà commencé.

Vous pleurez. Elle vous dit : Ne pleurez pas, ce n'est pas la peine, abandonnez cette habitude de pleurer sur vous-même, ce n'est pas la peine.

Insensiblement la chambre s'éclaire d'une lumière solaire, encore sombre.

Elle ouvre les yeux, elle les referme. Elle dit : encore deux nuits payées, ça va finir. Elle sourit et de sa main elle caresse vos yeux. Elle se moque en dormant.

Vous continuez à parler, seul au monde comme vous le désirez. Vous dites que l'amour vous a toujours paru déplacé, que vous n'avez jamais compris, que vous avez toujours évité d'aimer, que vous vous êtes toujours voulu libre de ne pas aimer. Vous dites que vous êtes perdu. Vous dites que vous ne savez pas à quoi, dans quoi vous êtes perdu.

Elle n'écoute pas, elle dort.

Vous racontez l'histoire d'un enfant.

Le jour est venu aux fenêtres.

Elle ouvre les yeux, elle dit : Ne mentez plus. Elle dit qu'elle espère ne jamais rien savoir de la façon dont vous, vous savez, rien au monde. Elle dit : Je ne voudrais rien savoir de la façon dont vous, vous savez, avec cette certitude issue de la mort, cette monotonie irrémédiable, égale à elle-même chaque jour de votre vie, chaque nuit, avec cette fonction mortelle du manque d'aimer.

Elle dit : Le jour est venu, tout va commencer, sauf vous. Vous, vous ne commencez jamais.

Elle se rendort. Vous lui demandez pourquoi elle dort, de quelle fatigue elle a à se reposer, monumentale. Elle lève la main et de nouveau elle caresse votre visage, la bouche peut-être. Elle se moque encore en dormant. Elle dit : Vous ne pouvez pas comprendre du.moment que vous posez la question. Elle dit que de la sorte elle se repose aussi de vous, de la mort.

Vous continuez l'histoire de l'enfant, vous la criez. Vous dites que vous ne savez pas toute l'histoire de l'enfant, de vous. Vous dites que vous avez entendu raconter cette histoire. Elle sourit, elle dit qu'elle a entendu et lu aussi beaucoup de fois cette histoire, partout, dans beaucoup de livres. Vous demandez comment le sentiment d'aimer pourrait survenir. Elle vous répond : Peut-être d'une faille soudaine dans la logique de l'univers. Elle dit : Par exemple d'une erreur. Elle dit : jamais d'un vouloir. Vous demandez : Le sentiment d'aimer pourrait-il survenir d'autres choses encore ? Vous la suppliez de dire. Elle dit : De tout, d'un vol d'oiseau de nuit, d'un sommeil, d'un rêve de sommeil, de l'approche de la mort, d'un mot, d'un crime, de soi, de soi-même, soudain sans savoir comment. Elle dit : Regardez. Elle ouvre ses jambes et dans le creux de ses jambes écartées vous voyez enfin la nuit noire. Vous dites : C'était là, la nuit noire, c'est là.

Elle dit : Viens. Vous venez. Entré dans elle, vous pleurez encore. Elle dit : Ne pleure plus. Elle dit : Prenez-moi pour que cela ait été fait.

Vous le faites, vous prenez.

Cela est fait.

Elle se rendort.

Un jour elle n'est plus là. Vous vous réveillez et elle n'est plus là. Elle est partie dans la nuit. La trace du corps est encore dans les draps, elle est froide.

C'est l'aurore aujourd'hui. Pas encore le soleil, mais les abords du ciel sont déjà clairs tandis que du centre de ce ciel l'obscurité tombe encore sur la terre, dense.

Il n'y a plus rien dans la chambre que vous seul. Son corps a disparu. La différence entre elle et vous se confirme par son absence soudaine.

Au loin, sur les plages, des mouettes crieraient dans le noir finissant, elles commenceraient déjà à se nourrir de vers de vase, à fouiller les sables délaissés par la marée basse. Dans le noir, le cri fou des mouettes affamées, il vous semble tout à coup ne l'avoir jamais entendu.

Elle ne reviendrait jamais.

Le soir de son départ, dans un bar, vous racontez l'histoire. D'abord vous la racontez comme s'il était possible de le faire, et puis vous abandonnez. Ensuite vous la racontez en riant comme s'il était impossible qu'elle ait eu lieu ou comme s'il était possible que vous l'ayez inventée.

Le lendemain, tout à coup, vous remarqueriez peut-être son absence dans la chambre. Le lendemain, peut-être éprouveriez-vous un désir de la revoir là, dans l'étrangeté de votre solitude, dans son état d'inconnue de vous.

Peut-être vous la chercheriez au-dehors de votre chambre, sur les plages, aux terrasses, dans les rues. Mais vous ne pourriez pas la trouver parce que dans la lumière du jour vous ne reconnaissez personne. Vous ne la reconnaîtriez pas. Vous ne connaissez d'elle que son corps endormi sous ses yeux entrouverts ou fermés. La pénétration des corps vous ne pouvez pas la reconnaître, vous ne pouvez jamais reconnaître. Vous ne pourrez jamais.

Quand vous avez pleuré, c'était sur vous seul et non sur l'admirable impossibilité de la rejoindre à travers la différence qui vous sépare.

De toute l'histoire vous ne retenez que certains mots qu'elle a dits dans le sommeil, ces mots qui disent ce dont vous êtes atteint : Maladie de la mort.

Très vite vous abandonnez, vous ne la cherchez plus, ni dans la ville, ni dans la nuit, ni dans le jour.

Ainsi cependant vous avez pu vivre cet amour de la seule façon qui puisse se faire pour vous, en le perdant avant qu'il soit advenu.

La maison

La maison, c'est la maison de famille, c'est pour y mettre les enfants et les hommes, pour les retenir dans un endroit fait pour eux, pour y contenir leur égarement, les distraire de cette humeur d'aventure, de fuite qui est la leur depuis les commencements des âges. Quand on aborde ce sujet le plus difficile c'est d'atteindre le matériau lisse, sans aspérité, qui est la pensée de la femme autour de cette entreprise démente que représente une maison. Celle de la recherche du point de ralliement commun aux enfants et aux hommes.

Le lieu de l'utopie même c'est la maison créée par la femme, cette tentative à laquelle *elle ne résiste pas,* à savoir d'intéresser les siens non pas au bonheur mais à sa recherche comme si l'intérêt même de l'entreprise tournait autour de cette recherche elle-même, qu'il ne fallait pas en rejeter résolument la proposition du moment qu'elle était générale. La femme dit qu'il faut se méfier et à la fois comprendre cet intérêt singulier pour le bonheur. Elle croit que ça amenera les enfants à rechercher plus tard un état heureux de la vie. C'est ce que veut la femme, la mère, amener son enfant à s'intéresser à la vie. La mère sait que l'intérêt au bonheur des autres est moins dangereux pour l'enfant que la croyance au bonheur pour soi.

A Neauphle, souvent, je faisais de la cuisine au début de l'après-midi. Ça se produisait quand les gens n'étaient pas là, qu'ils étaient au travail, ou en promenade aux Etangs de Hollande, ou qu'ils dormaient dans les chambres. Alors j'avais à moi tout le rez-de-chaussée de la maison et le parc. C'était à ces moments-là de ma vie que je voyais clairement que je les aimais et que je voulais leur bien. La sorte de silence qui suivait leur départ je l'ai en mémoire. Rentrer dans ce silence c'était comme rentrer dans la mer. C'était à la fois un bonheur et un état très précis d'abandon à une pensée en devenir, c'était une façon de penser ou de non penser peut-être — ce n'est pas loin — et déjà, d'écrire.

Lentement, avec soin, pour que ça dure encore, je faisais la cuisine pour ces gens absents pendant ces après-midi là. Je faisais une soupe pour qu'ils la trouvent prête au cas où ils auraient très faim. S'il n'y avait pas de soupe prête, il n'y avait rien du tout. S'il n'y avait pas une chose prête, c'est qu'il n'y avait rien, c'est qu'il n'y avait personne. Souvent les provisions étaient là, achetées du matin, alors il n'y avait plus qu'à éplucher les légumes, mettre la soupe à cuire et écrire. Rien d'autre.

J'ai pensé très longtemps à acheter une maison. Je n'ai jamais imaginé que je pourrais posséder une maison neuve. A Neauphle, la maison ça a d'abord été deux fermes bâties un peu avant la Révolution. Elle doit avoir un peu plus de deux siècles. J'y ai souvent pensé. Elle avait été là en 1789, en 1870. A la croisée des forêts de Rambouillet et de Versailles. En 1958 elle m'appartenait. J'y ai pensé jusqu'à la douleur certaines nuits. Je la voyais habitée par ces femmes. Je me voyais précédée par ces femmes dans ces mêmes chambres, dans les mêmes crépuscules. Il y avait eu neuf générations de femmes avant moi dans ces murs, beaucoup de monde, là, autour des feux, des enfants, des valets, des gardiennes de vaches. Toute la maison était lissée, frottée aux angles des portes, par le passage des corps, des enfants, des chiens.

Ce sont des choses à quoi les femmes pensent beaucoup, des années, et qui font le lit de leur pensée quand les enfants sont petits : comment leur éviter le mal. Et cela, pour presque toujours n'aboutir à rien.

Il y a des femmes qui n'y arrivent pas, des femmes maladroites avec leur maison, qui la surchargent, qui l'encombrent, qui n'opèrent sur son corps aucune ouverture vers le dehors, qui se trompent complètement et qui n'y peuvent rien, qui rendent la maison invivable ce qui fait que les enfants la fuient quand ils ont quinze ans comme nous l'avons fuie. *Nous fuyons parce que la seule aventure est celle qui a été prévue par la mère.*

Il y a beaucoup de femmes qui ne résolvent pas le désordre, le problème de l'envahissement de la maison par ce qu'on appelle le désordre dans les familles. Ces femmes savent qu'elles n'arrivent pas à surmonter les difficultés incroyables que représente le rangement d'une maison. Mais de le savoir ou non, rien n'y fait. Ces femmes transportent le désordre d'une pièce à l'autre de la maison, elles le déplacent ou elles le cachent dans des caves ou dans des pièces fermées, ou dans des malles, des armoires et elles créent comme ça, dans leur propre maison, des lieux cadenassés qu'elles ne peuvent plus ouvrir, même devant leur famille, sans encourir une indignité. Il y en a beaucoup qui sont de bonne volonté et naïves et qui croient qu'on peut résoudre la question du désordre en la remettant à « plus tard », qui ignorent que ce moment-là, qu'elles appellent « plus tard », il n'existe pas, il n'existera jamais. Et il sera trop tard lorsqu'il arrivera vraiment. Que le désordre, c'est-à-dire l'accumulation des biens, doit être résolu d'une façon extrêmement pénible, par la séparation d'avec les biens.

Je crois que toutes les femmes souffrent de ça, de ne pas savoir jeter, se séparer. Il y a des familles qui, lorsqu'elles ont une grande maison, gardent tout pendant trois siècles, les enfants, Monsieur le Comte, maire du village, les robes, les jouets.

J'ai jeté, et j'ai regretté. On regrette toujours d'avoir jeté à un certain moment de la vie. Mais si on ne jette pas, si on ne se sépare pas, si on veut garder le temps, on peut passer sa vie à ranger, à archiver la vie. C'est souvent, que les femmes gardent les factures d'électricité et de gaz, pendant vingt ans, sans raison aucune que celle d'archiver le temps, d'archiver leurs mérites, le temps passé par elles, et dont il ne reste rien.

Je le répète. Il faut le répéter beaucoup. Le travail d'une femme, depuis son lever jusqu'à son coucher, est aussi dur qu'une journée de guerre, pire que la journée de travail d'un homme, parce qu'elle, elle doit inventer son emploi du temps conformément à celui des autres gens, des gens de sa famille et de ceux des institutions extérieures.

En une matinée de cinq heures, elle fait le petit déjeuner des enfants, elle les lave, elle les habille, elle nettoie sa maison, elle fait les lits, elle fait sa propre toilette, elle s'habille, elle va faire les courses, elle fait la cuisine, elle met la table, en vingt minutes elle fait manger les enfants, elle hurle contre, elle les ramène à l'école, elle fait la vaisselle, elle fait la lessive et le reste, et le reste. Peut-être, vers trois heures et demie, pourrait-elle, pendant une demi-heure, lire un journal.

Une bonne mère de famille, pour les hommes, c'est quand la femme fait de cette discontinuité de son temps, une continuité silencieuse et inapparente.

Cette continuité silencieuse était d'ailleurs reçue comme la vie même et non comme un de ses attributs, par exemple le travail. Nous sommes ici au fond de la mine.

On peut dire que cette continuité silencieuse existait tellement, et depuis si longtemps, qu'elle finissait par ne plus exister du tout pour les gens qui entouraient la femme. Je veux dire qu'il en était pour les hommes, du travail des femmes, comme par exemple des nuages qui donnent la pluie, ou de la pluie elle-même que donnent les nuages. Cette tâche était pareillement accomplie que celle du sommeil de chaque jour. Alors l'homme était content, ça allait bien dans sa maison. L'homme du Moyen-Age, l'homme de la Révolution, l'homme de mille neuf cent quatre-vingt-six.

J'oublie de dire une chose que les femmes doivent se mettre dans la tête : il ne faut pas s'en faire accroire, les fils, c'est comme les pères. Ça traite la femme de la même façon. Ça pleure aussi de la même façon quand elle meurt. Ça dit aussi que rien ne la remplacera.

Avant c'était donc ainsi. Avant, de quelque côté que je me tienne, quel que soit le siècle dans l'histoire du monde, je vois la femme dans une situation limite, intenable, dansant sur un fil au-dessus de la mort.

Maintenant, de quelque côté de mon temps que je me tourne, je vois la starlette des offices médiatiques, de tourisme ou de banque, cette première de la classe, pimpante et inlassable, au courant de tout de la même façon, dansant, sur un fil au-dessus de la mort.

Donc, voyez, j'écris pour rien. J'écris comme il faut écrire il me semble. J'écris pour rien. Je n'écris même pas pour les femmes. J'écris sur les femmes pour écrire sur moi, sur moi seule à travers les siècles.

J'ai lu *Une chambre à soi* de Virginia Woolf, et *La Sorcière* de Michelet. Je n'ai plus aucune bibliothèque. Je m'en suis défaite, de toute idée de bibliothèque aussi. C'est fini. Ces deux livres-là, c'est comme si j'avais ouvert mon propre corps et ma tête et que je lise le récit de ma vie au Moyen-Age, dans les forêts et dans les manufactures du XIXe siècle. Le Woolf, je n'ai pas trouvé un seul homme qui l'ait lu. Nous sommes séparés, comme elle dit dans ses romans, M.D.

La maison intérieure. La maison matérielle.
La première école, c'était ma mère elle-même. Comment elle organisait ses maisons. Comment elle les nettoyait. C'est elle qui m'a appris la propreté, celle foncière, maladive, superstitieuse en 1915, en Indochine, d'une mère de trois tout petits enfants.

Ce que voulait cette femme, ma mère, c'était nous assurer à nous, ses enfants, qu'à aucun moment de notre vie, quoi qu'il arrive, les événements les plus graves, la guerre par exemple, on ne serait pris de court. Du moment qu'on avait une maison et notre mère, on ne serait jamais abandonnés, emportés dans la tourmente, pris au dépourvu. Il pouvait arriver des guerres, des isolements dus aux inondations, à la sécheresse, pour nous il y aurait toujours eu une maison, une mère, à boire et à manger. Je crois que jusqu'à la fin de sa vie, elle a fait des confitures pour la troisième guerre qui allait venir. Elle a empilé le sucre, les nouilles. Il s'agit d'une arithmétique pessimiste qui procède d'un pessimisme de base, dont j'ai totalement hérité.

Avec l'épisode des Barrages, ma mère avait été volée et elle avait été abandonnée par tous. Elle nous avait élevés sans aide aucune. Elle nous avait expliqué qu'elle avait été volée et abandonnée parce que notre père était mort et qu'elle était sans défense. Il y avait une chose dont elle était certaine, c'était qu'on était tous abandonnés.

J'ai ce goût profond de gérer la maison. J'ai eu ce goût toute ma vie. Et il m'en reste encore quelque chose. Maintenant encore, il me faut savoir ce qu'il y a à manger dans les armoires, s'il y a tout ce qu'il faut, à tout moment, pour durer, vivre, survivre. Moi aussi je cherche encore l'autarcie du bateau, du voyage de la vie, pour les gens que j'aime et pour mon enfant.

Je pense souvent aux maisons de ma mère dans tous ses postes de fonction, à 7 heures de piste du premier poste blanc, du premier docteur. Ils étaient pleins de nourriture et de médicaments, de grésil, de savon noir, d'alun, d'acides, de vinaigres, de quinine, de désinfectants, d'émétine, de peptofer, de pulmosé-rum, d'hépatrol, de charbons. Je veux dire que ma mère c'était plus que ma mère, c'était comme une institution. Les indigènes venaient la voir aussi pour être soignés par elle. La maison va jusque-là, elle se répand au-dehors aussi. C'était le cas. Très tôt dans notre vie nous avons été conscients de cela et nous en avons eu une très grande reconnaissance pour ma mère. C'était tout à la fois la mère, c'était la maison autour d'elle, c'était elle dans la maison. Elle s'étendait donc au-delà d'elle-même, avec les prévisions des temps mauvais, des années de damnation. Ma mère avait vécu deux guerres, soit neuf ans de guerre. Elle attendait la troisième guerre. Je crois qu'elle l'a attendue jusqu'à sa mort, comme on attend la prochaine saison. Elle ne lisait le journal que pour ça, je crois, pour essayer de lire entre les lignes, si la guerre approchait. Je ne me souviens pas qu'elle m'ait dit, une seule fois, que la guerre reculait.

Parfois, pendant notre enfance, ma mère jouait à nous *montrer* la guerre. Elle prenait un bâton long comme à peu près un fusil, elle se le mettait à l'épaule, et elle marchait au pas devant nous tout en chantant *Sambre et Meuse*. A la fin elle éclatait en sanglots. Et nous on la consolait. Oui, ma mère aimait la guerre des hommes.

Je crois, la mère, dans tous les cas ou presque, dans le cas de toutes les enfances, dans le cas de toutes les existences qui ont suivi cette enfance, *la mère représente la folie. Elle reste la personne la plus étrange, la plus folle qu'on ait jamais rencontrée,* nous, leurs enfants. Beaucoup de gens disent en parlant de leur mère : « Ma mère était folle, je le dis, je le crois. Folle ». Dans le souvenir on rit beaucoup des mères. Et c'est plaisant.

A Neauphle-le-Château, dans ma maison de campagne, j'avais fait une liste des produits qu'il fallait toujours avoir à la maison. Il y en avait à peu près vingt-cinq. On a gardé cette liste, elle est toujours là, parce que c'était moi qui l'avais écrite. Elle est toujours exhaustive.

Ici à Trouville, c'est autre chose, c'est un appartement. Je n'y penserais pas pour ici. Mais à Neauphle il y a toujours eu des provisions. Voici cette liste :

sel fin	oignons	nuoc mám	javel
poivre	ail	pain	lessive (mains)
sucre	lait	fromages	spontex
café	beurre	yaourts	ajax
vin	thé	mir	éponge métallique
pommes de terre	farine	papier hygiénique	filtres papier café
pâtes	œufs	ampoules électriques	plombs électricité
riz	tomates pelées	savon de Marseille	Chatterton
huile	gros sel	scotch brite	
vinaigre	nescafé		

La liste est toujours là, sur le mur. On n'a ajouté aucun autre produit que ceux qui sont là. Aucun des cinq à six cents nouveaux produits qui ont été créés depuis l'établissement de cette liste, en vingt ans, n'a été adopté.

L'ordre extérieur, l'ordre intérieur de la maison. L'ordre extérieur, c'est-à-dire l'aménagement *visible* de la maison, et l'ordre intérieur qui est celui des idées, des paliers sentimentaux, des éternités de sentiments vis-à-vis des enfants. Une maison comme ma mère les concevait, c'était pour nous, en effet. Je ne pense pas qu'elle l'aurait fait pour un homme ni pour un amant. C'est une activité qu'ignorent complètement les hommes. Ils peuvent bâtir des maisons, mais pas les créer. En principe, les hommes ne font rien pour les enfants. Rien de matériel. Ils les emmènent au cinéma ou en promenade. C'est tout je crois.

L'enfant leur arrive dans les bras lorsqu'ils reviennent du travail, propre, changé, prêt à aller au lit. Heureux. Ça fait une montagne de différence entre les hommes et les femmes.

Je crois, fondamentalement, que la situation de la femme, je le dis d'une façon incidente, n'a pas changé. La femme se charge de tout dans la maison même si elle est aidée à le faire même si elle est beaucoup plus avertie, beaucoup plus intelligente, beaucoup plus audacieuse qu'avant. Même si elle a beaucoup plus confiance en elle maintenant. Même si elle écrit beaucoup plus, la femme eu égard à l'homme, n'est pas changée. Son aspiration essentielle est encore de garder la famille, de l'entretenir. Et si socialement elle a changé, *tout ce qu'elle fait, elle le fait en plus de ça, de ce changement.* Mais l'homme, lui, a-t-il changé ? Presque pas. Il crie moins peut-être. Il se tait davantage aussi maintenant. Oui. On ne voit rien d'autre à dire. Il lui arrive d'être silencieux. D'en venir au silence et naturellement. De se reposer du bruit de sa propre voix.

La femme est le foyer. Elle l'était. Elle est encore là. On peut me poser la question suivante : Et quand l'homme s'approche du foyer, est-ce que la femme le supporte ? Je dis oui. Oui parce qu'à ce moment-là, l'homme fait partie des enfants.

Il faut subvenir aux besoins de l'homme, comme à ceux des enfants. Et c'est également un plaisir, pour la femme. L'homme se croit un héros, toujours comme l'enfant. L'homme aime la guerre, la chasse, la pêche, les motos, les autos, comme l'enfant. Quand il dort, ça se voit, et on aime les hommes comme ça, les femmes. Il ne faut pas se mentir là-dessus. On aime les hommes innocents, cruels, on aime les chasseurs, les guerriers, on aime les enfants.

Pendant très longtemps, ça a continué. Depuis que l'enfant était petit, j'allais chercher les plats à la cuisine, pour les amener sur la table. Quand un plat était fini, qu'on attendait l'autre, je le faisais, sans penser, dans le bonheur. Il y a beaucoup de femmes qui le font. Comme ça, comme moi. Elles le font quand les enfants ont en dessous de douze ans, et puis après elles continuent de le faire. Chez les Italiennes par exemple, en Sicile, vous voyez des femmes de quatre-vingts ans servir des enfants de soixante ans. J'en ai vu en Sicile, de ces femmes.

La maison c'est toujours un peu, avouons-le, comme si on vous donnait un yacht, un bateau. C'est un travail impressionnant que la gérance d'une maison, mobilière, immobilière et humaine. Les femmes qui ne sont pas tout à fait des femmes, qui sont légères, qui font des fautes graves dans leur gérance, ce sont celles qui ne font pas les réparations tout de suite. J'en arrive où je voulais, aux réparations de la maison. J'aimerais beaucoup rentrer dans tous les détails, mais le lecteur ne va peut-être pas comprendre pourquoi. Quand même, voici ce que j'ai à dire. Les femmes qui attendent qu'il y ait trois prises de courant cassées, que l'aspirateur soit déboîté, que les robinets fuient pour appeler le plombier, ou bien aller acheter des prises, eh bien elles ont tort. En général, ce sont d'ailleurs des femmes délaissées qui font ça, qui « laissent tomber », des femmes qui ont pensé que le mari devait s'en apercevoir et en déduire qu'elles sont malheureuses à cause de lui. Ces femmes ne savent pas que les hommes ne voient rien dans une maison tenue par elles puisque c'est une chose de tout le temps de leur vie, qu'ils ont vu pendant tout le temps de leur enfance avec une femme qui était leur mère. Ils voient bien que des prises de courant sont cassées, mais qu'est-ce qu'ils disent ? Ils disent : « Tiens, les prises de courant sont cassées », et ils passent. Si l'aspirateur est cassé, ils ne le verront pas. Ils ne voient rien de ça. De même que les enfants, rien. Donc, le comportement de la femme est impénétrable pour l'homme. Si la femme manque de faire une chose, si elle oublie, ou si elle se venge par exemple, en n'achetant pas des prises de courant, les hommes ne le verront pas. Ou ils se diront qu'elle a ses raisons de ne pas aller acheter les prises de courant ou de ne pas faire réparer l'aspirateur et qu'il serait indélicat de lui demander lesquelles. Sans doute ont-ils peur de se trouver brusquement devant leur désespoir, d'en être envahis à leur tour, terrassés. On vous dit : les hommes « s'y mettent » maintenant. On ne sait pas très bien ce qu'il en est. Les hommes essayent de « s'y mettre », — dans le pétrin matériel — ça c'est sûr. Mais je ne sais pas trop quoi en penser. J'ai un ami qui fait la cuisine, le ménage. Sa femme ne fait rien. Elle a un dégoût profond pour le ménage. La cuisine, elle ne sait pas la faire du tout. Alors mon ami élève les enfants, il fait la cuisine, il lave par terre, il fait les courses, les lits, toutes les corvées. Et de plus, il fait un travail pour gagner la vie de sa femme et des enfants. Sa femme voulait être loin du bruit et avoir des amants quand ça lui plaisait. Alors elle a pris une petite maison à côté de la maison où habite l'homme avec ses deux enfants. C'est une chose qu'il admet, pour la garder, elle est la mère de ses enfants. Il accepte tout. Il ne souffre plus. Que dire de ça ? Moi j'ai une réaction d'un léger dégoût devant un homme de devoir aussi considérable.

On me dit que les hommes font très souvent les gros travaux et qu'on les trouve aux rayons des outils, dans les grands magasins. Je ne réponds pas à ces choses-là, parce que les gros travaux, c'est du sport pour les hommes. Couper des arbres, c'est, au sortir du bureau, un genre de sport, c'est pas un travail. Un homme de force moyenne, de taille ordinaire, si on lui dit ce qu'il faut faire, il le fait. Laver deux assiettes, il le fait, faire les courses : il le fait. Il a cette tendance désastreuse de croire qu'il est un héros quand il achète les pommes de terre. Mais peu importe.

On me dit que j'exagère. On me dit tout le temps : Vous exagérez. Vous croyez que c'est le mot ? Vous dites, idéalisation, que j'idéaliserais la femme ? C'est possible. Qui le dit ? Ça ne lui fait pas de mal à la femme, qu'on l'idéalise.

Vous pouvez penser ce que vous voulez de ce que je raconte-là. Je dois vous tenir un langage inintelligible puisque je vous parle du travail de la femme. Le principal c'est de parler d'elle et de sa maison et de l'entour de la femme, de sa gérance du bien.

Un homme et une femme c'est quand même différent. La maternité ce n'est pas la paternité. Dans la maternité la femme laisse son corps à son enfant, à ses enfants, ils sont sur elle comme sur une colline, comme dans un jardin, ils la mangent, ils tapent dessus, ils dorment dessus et elle se laisse dévorer et elle dort parfois tandis qu'ils sont sur son corps. Rien de pareil ne se produira dans la paternité.

Mais peut-être que la femme sécrète son propre désespoir tout au long de ses maternités, de ses conjugalités. Qu'elle perd son royaume dans le désespoir de chaque jour, cela au cours de toute sa vie. Que ses aspirations de jeunesse, sa force, son amour s'écoulent d'elle par justement les plaies faites et reçues dans la plus pure légalité. Peut-être que c'est ainsi. Que la femme relève du martyre. Que la femme complètement épanouie dans la démonstration de son savoir-faire, de sa sportivité, de sa cuisine, de sa vertu, elle est à jeter par les fenêtres.

Il y a des femmes qui jettent. Je jette beaucoup.
Pendant quinze ans, j'ai jeté mes manuscrits aussitôt que le livre était paru.

Si je cherche pourquoi, je crois que c'était pour effacer le crime, le dévaloriser à mes propres yeux, pour que je « passe mieux » dans mon propre milieu, pour atténuer l'indécence d'écrire quand on était une femme, il y a de cela à peine quarante ans. Je gardais les restes des tissus de couture, des restes des aliments, mais pas ça. Pendant dix ans, j'ai brûlé mes manuscrits. Puis un jour on m'a dit : « Garde-les pour ton enfant plus tard, on ne sait jamais. »

C'était dans la cheminée de la salle de Neauphle que ça se passait. Il s'agissait de la destruction capitale, celle par le feu. Ai-je donc su si tôt dans ma vie que j'étais un écrivain ? Sans doute. Je me souviens des lendemains de ces jours-là. La place redevenait nette, virginale. La maison s'éclairait, les tables redevenaient disponibles, lisses, libres, toutes traces effacées.

Avant, les femmes gardaient beaucoup. Elles gardaient les jouets des enfants, leurs devoirs, leurs premières rédactions. Elles gardaient les photos de leur jeunesse. Photos sombres, floues, qui les émerveillaient. Elles gardaient leurs robes de jeune fille, leurs robes de mariée, le bouquet de fleurs d'oranger, mais avant tout, les photographies. Les photos d'un monde que leurs enfants n'avaient pas connu, valables pour elles seules.

L'envahissement de la maison par la marée des biens matériels provient aussi et peut-être avant tout, des soldes, archi-soldes, soldes soldés qui régulièrement inondent Paris, dans un rituel qui dure sans doute depuis longtemps. Le blanc, les méventes de l'été en automne, les méventes de l'automne en hiver, toutes choses que les femmes achètent comme on se drogue, parce que c'est bon marché et non pas parce qu'elles en ont besoin, toutes ces « folies », souvent, sont mises au rancard dès l'arrivée dans leur maison. Elles disent : « Je ne sais pas ce qui m'a pris... » Comme elles le diraient d'une nuit passée à l'hôtel avec un inconnu.

Dans les siècles qui ont précédé, les femmes avaient pour la plupart d'entre elles, deux à trois caracos, une camisole, deux jupons ; en hiver elles portaient le tout sur elles, en été ces vêtements tenaient dans un carré de coton noué aux quatre coins. C'est avec ça qu'elles partaient se louer ou se marier. Maintenant les femmes doivent avoir deux cent cinquante fois plus d'habits qu'il y a deux cents ans. Mais le séjour de la femme dans la maison reste de même nature. Il s'agit toujours d'une existence comme écrite, déjà décrite, même à ses propres yeux. D'un rôle en quelque sorte, dans le sens habituel du terme mais qu'elle se jouerait inévitablement et sans presque en avoir conscience : ainsi, dans le théâtre de la solitude profonde qui est pendant des siècles celui de sa vie, de cette façon, la femme voyage. Ce voyage, il n'est pas les guerres ni la croisade, il est dans la maison, la forêt, et dans sa tête criblée de croyances, souvent infirme, malade. C'est dans ce cas qu'elle est promue sorcière, comme vous l'êtes, comme je le suis, et qu'on la brûle. Pendant certains étés, certains hivers, certaines heures de certains siècles, les femmes se sont en allées avec le passage du temps, la lumière, les bruits, le furetage des bêtes dans les fourrés, les cris des oiseaux. L'homme n'est pas au courant de ces départs des femmes. L'homme ne peut pas être au courant de ces choses-là. L'homme est occupé à un service, à un métier, il a une responsabilité qui ne le quitte jamais, qui fait qu'il ne sait rien des femmes, rien de la liberté des femmes. Très tôt dans l'histoire, l'homme n'a plus de liberté. Très longtemps au cours des siècles les hommes qui sont proches des femmes ce sont des valets de ferme ; ils sont souvent arriérés, rieurs, roués de coups, impuissants. Ils sont là au milieu des femmes à les faire rire et elles, elles les cachent, elles les sauvent de la mort. A certaines heures des jours de ces siècles, des oiseaux solitaires criaient dans le noir clair d'avant la disparition de la lumière. Déjà, la nuit tombait vite ou lente, c'était selon les jours de la saison, selon l'état du ciel ou celui de la peine affreuse ou légère qu'on avait au cœur.

Les chaumières devaient être solides dans la forêt contre les loups, les hommes. On est en 1350 par exemple. Elle a vingt ans, trente ans, quarante ans, pas plus. Elle ne va encore que très rarement au-delà de cet âge. Dans les villes il y a la peste. Elle a faim tout le temps. Peur. C'est la solitude qui s'écoule autour de la forme famélique, qui fonde le règne. Ce n'est pas la faim ni la peur. Michelet ne peut pas penser à nous tellement nous sommes maigres, rachitiques. Nous faisons dix enfants pour en garder un. Notre mari est loin.

Quand serons-nous lassées de cette forêt-là de notre désespoir ? De ce Siam ? De l'homme qui mettait le premier le feu au bûcher ?

Pardonnez-nous d'en parler si souvent.

Nous sommes là. Là où se fait notre histoire. Pas ailleurs. Nous n'avons pas d'amants sauf ceux du sommeil. Nous n'avons pas de désirs humains. Nous ne connaissons que le visage des bêtes, la forme et la beauté des forêts. Nous avons peur de nous-mêmes. Nous avons froid à notre corps. Nous sommes faites de froid, de peur, de désir. On nous brûlait. On nous tue encore au Koweit et dans les campagnes de l'Arabie.

Il y a aussi des maisons trop bien faites, qui sont trop bien pensées, sans incident aucun, pensées à l'avance par des spécialistes. Par incident, j'entends l'imprévisible que révèle l'usage de la maison. La salle à manger est grande parce que c'est là qu'on reçoit les invités, mais la cuisine est petite, de plus en plus petite. Mais on y mange toujours, on s'y entasse — quand l'un sort tous les autres doivent se lever mais on ne l'a pas abandonnée.

On voudrait désapprendre aux gens à manger dans la cuisine et c'est là qu'ils se retrouvent, qu'ils vont tous le soir venu, c'est là qu'il fait chaud et qu'on reste avec la mère qui fait la cuisine tout en parlant. L'office, là où on fait le linge, la lingerie, ça n'existe plus non plus et c'est pourtant irremplaçable, comme les cuisines larges, les cours.

Maintenant, vous ne pouvez plus faire le plan de votre maison, c'est mal vu, on vous dit : « C'était bon avant ça, maintenant il y a des spécialistes qui font ça et ils le font donc mieux que vous ».

J'éprouve un grand dégoût à voir se développer ce genre de sollicitude. En général les maisons modernes manquent de ces pièces qui sont les phases complémentaires des propositions principales que sont la cuisine, la chambre à coucher. Je parle ici des pièces où ranger la dépense. On se demande comment s'en passer, où mettre le repassage, les provisions, la couture, les noix, les pommes, les fromages, les machines, les outils, les jouets, etc.

De même les maisons modernes manquent de couloirs pour les enfants, courir ou jouer, pour les chiens, les parapluies, les manteaux, les cartables, et puis n'oublions pas : les couloirs c'est l'endroit où roulent ces petits enfants quand ils sont exténués, c'est là où ils s'endorment, où on va les ramasser pour les mettre au lit, c'est là qu'ils vont quand ils ont quatre ans et qu'ils en ont marre des grands, de leur philosophie, de tout, c'est là qu'ils vont quand ils doutent d'eux-mêmes, qu'ils pleurent sans crier sans rien demander.

La maison manque toujours de place pour les enfants, toujours, dans tous les cas, même celui de châteaux. Les enfants ne regardent pas les maisons, mais ils les connaissent, les recoins, mieux que la mère, ils fouillent les enfants. Ils cherchent. Les enfants ne regardent pas les maisons, ils ne les regardent pas plus que les parois de chair qui les enferment lorsqu'ils ne voient pas encore, mais ils les connaissent. C'est quand ils quittent la maison qu'ils la regardent.

Je voudrais aussi parler de l'eau, de la propreté des maisons. Une maison sale c'est terrible, ce n'est là que pour la femme sale, l'homme sale, les enfants sales. On ne peut pas l'habiter si on n'est pas de la famille sale. Une maison sale ça signifie autre chose pour moi, un état dangereux de la femme, un état d'aveuglement, elle a oublié qu'on pouvait voir ce qu'elle a fait ou ce qu'elle ne fait pas, elle est sale sans le savoir. Les vaisselles superposées, la graisse, toutes les casseroles sales. J'ai connu des gens qui attendaient les asticots dans la vaisselle sale pour la laver.

Certaines cuisines effraient, désespèrent. Ce qu'il y a de pire, c'est les enfants élevés dans la saleté, ils restent sales pour le reste de leur vie. Les petits bébés sales sont ce qu'il y a de plus sale.

Aux colonies, la saleté était mortelle, elle amenait les rats et les rats amenaient la peste. Comme les piastres — en papier — amenaient la lèpre.

Pour moi la propreté est donc aussi une sorte de superstition. Quand on me parle de quelqu'un je demande toujours si c'est une personne propre, même maintenant, je le demande comme je demanderais si c'est une personne intelligente ou sincère, ou honnête.

J'ai hésité à garder le texte sur la propreté dans *L'Amant,* je ne sais pas bien pourquoi. On était toujours dans l'eau dans notre enfance aux colonies, on se baignait dans les rivières, on se douchait avec l'eau des jarres matin et soir, on était pieds nus partout sauf dans la rue, mais c'était quand on lavait la maison à grands seaux d'eau avec les enfants des boys que c'était la fête de la grande fraternité entre les enfants des Boys et les enfants des Blancs. Ces jours-là ma mère riait de plaisir. Je ne peux pas penser à mon enfance sans penser à l'eau. Mon pays natal c'est une patrie d'eaux. Celle des lacs, des torrents qui descendaient de la montagne, celle des rizières, celle terreuse des rivières de la plaine dans lesquelles on s'abritait pendant les orages. La pluie faisait mal tellement elle était drue. En dix minutes le jardin était noyé. Qui dira jamais l'odeur de la terre chaude qui fumait après la pluie. Celle de certaines fleurs. Celle d'un jasmin dans un jardin. Je suis quelqu'un qui ne sera jamais revenu dans son pays natal. Sans doute parce qu'il s'agissait d'une nature, d'un climat, comme faits pour les enfants. Une fois qu'on a grandi, ça devient extérieur, on ne les prend pas avec soi ces souvenirs-là, on les laisse là où ils ont été faits. Je ne suis née nulle part.

Dernièrement on a dû casser le sol de la cuisine — ici en France, à Neauphle — pour faire une marche supplémentaire. La maison s'enfonce. C'est une très vieille maison qui est près d'un étang, la terre est meuble et très humide et la maison s'enfonce peu à peu, ça fait que la première marche de l'escalier était devenue trop haute, fatigante. Le maçon a dû creuser un trou pour retrouver la partie empierrée, elle allait en descendant, on a creusé encore ça descendait toujours, très fort, mais vers quoi ? c'était quoi ? La maison était construite sur quoi ? On a arrêté de creuser, d'aller voir. On a refermé. On a cimenté. On a fait la marche supplémentaire.

ANNE-MARIE ALBIACH

Poète et traductrice, Anne-Marie Albiach est née le 9 août 1937 à Saint-Nazaire (France). Elle collabore à plusieurs revues, dont *Change, Action poétique, Diagraphe, Argile* et *Siècle à mains,* qu'elle co-fonde avec Michel Coutourier et Claude Royet-Journaud pendant les années 1960, à Londres. Elle vit à présent près de Paris. Sa philosophie du langage trouve expression dans la disposition des éléments de sa poésie : les mots, la blancheur de la page, la ponctuation. Elle a publié plusieurs recueils, dont *Flammigère* (1967), *État* (1971), « *H II* » *linéaires* (1974), *Césure : le corps* (1975), *Le double* (1975), *Objet* (1976) et *Mezza voce* (1984). En 1984 elle publie également *Anawratha,* puis en 1985 *L'amour* et *Figure vocative.* Traductrice reconnue, elle a fait connaître plusieurs poètes contemporains, dont Louis Zukofsky et Frank O'Hara.

꙳

Généralement reconnue comme la meilleure poète femme de la France contemporaine, Anne-Marie Albiach écrit des textes denses, abstraits et pourtant axés sur la description poétique d'une certaine réalité physique. Son travail allie, de manière provocante, les sensations saisies de près au point de susciter parfois la claustrophobie et la contemplation de loin d'éléments dépouillés et énigmatiques. Dès les titres de ses textes — « État », d'où vient cet « Énigme » que nous reproduisons ici, et « Figure vocative » —, on sent

son intérêt pour la complexité, ainsi qu'un désir enflammé pour ce qu'on pourrait appeler le corps métaphysique du poème lui-même, comme le poème « La
fièvre » l'indique. Sa poésie se déploie dans l'esprit du lecteur sans susciter le
désir d'une compréhension précise qui en aplanirait la difficulté voulue.

État

ÉNIGME, IX

   et l'emphase
   sa destruction
   inéluctable
         des métaphores
   le dénuement de
   la nécessité
   elle n'obtient pas
           refuse

   son hasard
   en défection
   extrême

   DE SA VENUE

       et la simplicité
   l'extension sans rapport
   par comparaisons
   dont nous n'avons critère
   lassitude
        de nos

   mesures
   indiscernables

   Vers leur article
   se donne
   de métaphore
      le plus
   incessant relief

   à fin d'autres
   tencurs
   les graphismes

Ainsi l'élan
de convoiter
nous les simulons

refuse les syntaxes
            la justesse

du geste

nous forme infirme
Ainsi pour

        l'insoupçonnable

sa matière

Énigme

        Cette personne
seconde
par laquelle il n'en
est point
si ce n'est
ce
perpétuel

Figure vocative

LA FIÈVRE

Si la langue est abattue dans la fièvre et sa
mémoire leurs réminiscences ne se multiplient
qu'afin de se dédire.
    Au-delà de cet interdit elles trouvent l'interdit
de leur élocution. Une menace corporelle engendre
des crispations dorsales, une nuque qui se raidit
dans l'affrontement des réels. Implicites.
    Écrits dans le désordre de l'espace et de la chair,
une versification vertébrée contient le mouvement
de retrait qui s'inflige.
                        mais le corps de mémoire
recherche le corps de Celui ;
    Les mots qu'il prononçait mezza voce dans un
élan de draps incestueux qu'il fuyait, faisaient

qu'elle l'entendait comme paralysée par un enchantement.

Du regard, du regard surtout, de la bouche et des mains, des cheveux, du regard surtout, une labialité imparfaite l'entourait, elle le témoin, de fleurs dressées dans des parures nocturnes. Son nom, il est à redire ; et une image, à lui donnée, se poursuivait en elle.

Leur lieu fortuit mais rapidement brisé par les lois du hasard.

GABRIELLE ROY

Née le 22 mars 1909 à Saint-Boniface (Manitoba), Gabrielle Roy est la cadette de onze enfants. Après avoir terminé ses études à l'École normale de Winnipeg, elle demeure au Manitoba, où elle enseigne pendant huit ans. En 1937, elle se rend en Europe ; elle étudie l'art dramatique en Angleterre. Elle rentre au Canada en 1939 et s'établit à Montréal, où elle devient journaliste. Inspirée par l'observation des gens des quartiers pauvres de Montréal et par ses souvenirs de sa mère, elle publie son premier roman, *Bonheur d'occasion,* en 1945. Ce roman, l'un des premiers au Québec à traiter de la vie quotidienne dans les grandes villes, est couronné par le Prix Fémina en 1947. En 1950, de retour d'un séjour de trois ans en Europe, elle s'installe à Québec, où elle vit jusqu'à sa mort en 1983. Son œuvre comprend une quinzaine de titres, romans et écrits autobiographiques. Dans ses romans, elle présente des gens du peuple aux prises avec leur quotidien : la pauvreté, le chômage, les problèmes familiaux et l'aliénation de l'individu au sein de la société. Elle exprime une grande sympathie pour ses personnages et pour leur situation, dans un monde déshumanisé et dénué de tendresse. Parmi ses œuvres les plus prisées, on retrouve *Alexandre Chenevert* (1954) ; *La montagne secrète* (1961) ; *Un jardin au bout du monde et autres nouvelles* (1975) ; son autobiographie, *La détresse et l'enchantement* (1984) ; et un recueil de ses lettres, *Ma chère petite sœur : lettres à Bernadette 1943–1970* (1988).

Dans ses deux recueils de nouvelles, *Rue Deschambault* et *La route d'Altamont,* Gabrielle Roy raconte les expériences qu'elle a connues, enfant, au Manitoba, province des prairies canadiennes où se sont installés nombre de francophones à la suite d'une pénurie de terres agricoles au Québec. Bien que le départ vers le Québec, qui lui a permis de se lancer dans l'écriture, ait éloigné Roy à la fois physiquement et mentalement des siens, grâce au personnage de Christine, elle renoue avec son enfance et son passé, sujet qu'elle reprendra dans son autobiographie posthume, *La détresse et l'enchantement.* Dans la nouvelle reproduite ici, de *La Route d'Altamont,* elle nous présente un séjour de Christine chez sa grand-mère « toute-puissante ». Celle-ci lui raconte la vie des femmes qui ont peuplé l'Ouest canadien, qui ont créé un nouveau foyer sur ces prairies nues tout en préservant la langue et les mœurs de leurs ancêtres français. Fait significatif, la grand-mère donne à la poupée qu'elle confectionne le nom de « catin », terme d'ancien français qu'a conservé le français canadien[1]. En même temps que les récits de la grand-mère rappellent à Christine les origines de sa famille, le travail de création de la grand-mère, qui fabrique non pas seulement une poupée, mais presque tous les biens dont a besoin sa famille, offre à celle qui en fait le récit un modèle de créativité au féminin.

La route d'Altamont

MA GRAND-MÈRE TOUTE-PUISSANTE

J'avais six ans lorsque ma mère m'envoya passer une partie de l'été chez ma grand-mère dans son village au Manitoba.

Je n'y allai pas sans regimber un peu. Cette grande vieille me faisait peur. Elle passait pour tant aimer l'ordre, la propreté et la discipline qu'il devenait impossible dans sa maison de laisser traîner la moindre petite chose. Chez elle, à ce qu'il paraissait, c'était toujours : « Ramasse ceci, serre tes affaires, il faut se former jeune », et autres histoires de ce genre. De plus, rien ne la mettait hors d'elle-même comme des pleurs d'enfant qu'elle appelait des « chignages » ou des « lires ». Autre chose encore justement que ce langage à elle, en partie inventé, et qui était loin d'être toujours facile à déchiffrer. Plus tard, dans mon vieux Littré, j'ai pourtant retrouvé plusieurs expressions de ma grand-mère, qui devaient remonter aux temps où arrivèrent au Canada les premiers colons de France.

1. Au Québec, le mot « catin » a toujours son sens originel de « poupée », tandis qu'en France le mot a évolué et signifie actuellement « prostituée ».

Malgré tout, elle devait souffrir d'ennui, puisque c'était d'elle que venait l'idée de m'inviter. « Tu m'enverras la petite chétive », avait-elle écrit dans une lettre que ma mère me montra pour me bien convaincre que je serais chez grand-mère la bienvenue.

Cette « petite chétive » déjà ne me disposait pas si bien que cela envers grand-mère ; aussi est-ce dans une attitude d'esprit plus ou moins hostile que je débarquai chez elle un jour de juillet. Je le lui dis du reste dès que je mis le pied dans sa maison.

— Je vais m'ennuyer ici, c'est certain, c'est écrit dans le ciel.

Je ne savais pas que je parlais ainsi le langage propre à l'amuser, à la séduire. Rien ne l'irritait autant que l'hypocrisie naturelle à tant d'enfants et qu'elle appelait : des chatteries ou des entortillages.

A ma noire prédiction, je la vis donc — ce qui était déjà assez extraordi-naire — sourire légèrement.

— Tu vas voir, tu ne t'ennuieras pas tant que cela, dit-elle. Quand je le veux, quand je me mets en frais, j'ai cent manières de distraire un enfant.

Pauvre chère vieille ! C'était elle, malgré sa superbe, qui s'ennuyait. Presque personne ne venait plus jamais la voir. Elle avait des nuées de petits-enfants, mais elle les voyait si peu souvent que sa mémoire, faiblissant malgré tout, ne les distinguait plus guère les uns des autres.

Parfois une auto pleine de « jeunesses » ralentissait à la porte, stoppait peut-être un instant ; une volée de jeunes filles agitaient la main en criant :

— Allô, mémère ! Tu vas bien ?

Grand-mère n'avait que le temps d'accourir sur le seuil, la troupe de jeunes filles dans un tourbillon de fine poussière déjà disparaissait.

— Qui est-ce qui est venu ? me demandait-elle. Les filles de Cléophas ? Ou celles de Nicolas ? Si j'avais eu mes lunettes, je les aurais reconnues.

Je la renseignais :

— C'était Berthe, Alice, Graziella et Anne-Marie.

— Ah ! disait-elle, cherchant dans sa tête si ces filles-là étaient de Nicolas, de Cléophas ou d'Albéric.

Puis elle se mettait à se disputer elle-même :

— Mais non, à quoi est-ce que je pense ! Nicolas a surtout des garçons.

Elle allait s'asseoir un moment dans sa berceuse près de la fenêtre pour tirer la chose au clair et établir un recensement complet de sa descendance. C'est ainsi que j'aimais le mieux la voir occupée, avec tout l'air d'en être à démêler des laines embrouillées.

— Chez Cléophas, commençait-elle, il y a Gertrude d'abord ; ensuite vient l'aîné des fils — comment s'appelle-t-il donc, ce grand brun-là ? Est-ce Rémi ?

— Bien non, voyons donc, l'aidais-je, en perdant un peu patience. Rémi, il appartient à mon oncle Nicolas.

— Ah ! tu m'en diras tant ! faisait-elle d'un air vexé.

Peu à peu je comprenais qu'elle craignait moins de me laisser voir ses infirmités : une vue affaiblie, l'ouïe défectueuse et, ce qui l'irritait encore plus, la défaillance de sa mémoire.

Le jour suivant, s'abattait dans la maison « mais pour cinq minutes seulement » un autre groupe de « jeunesses » venu cette fois en boghey.

Grand-mère se dépêchait de mettre la table, pensant peut-être ainsi retenir la bande, mais je t'en fiche ! pendant qu'elle descendait à la cave chercher un pot de cornichons, les filles endimanchées criaient : « On ne peut pas attendre ; on s'en va à Rathwell... Bye bye, mémère !»

Elle remontait, clignait un peu des yeux, me demandait :

— Elles sont parties ?

Dehors, on entendait un grand charivari de départ.

— Ah, cette jeunesse d'aujourd'hui ! s'écriait grand-mère.

Nous restions seules dans la petite maison à écouter se plaindre le vent de plaine, qui se tordait, sans trêve, au soleil, en nouant et renouant de petits anneaux de poussière.

Grand-mère commençait alors de se parler seule, ne pensant peut-être pas que je l'écoutais. Un jour, à la fenêtre, je l'entendis soupirer.

— On est puni par où on a désiré, toujours. J'ai sans doute trop souhaité mes aises, un bon ordre établi et de n'avoir plus constamment des enfants dans mes jupes avec leurs jérémiades. Oui, j'ai souhaité une minute à moi. A présent, j'ai à moi un siècle !

Elle soupira de nouveau, et finit par s'en prendre à Dieu.

— Pourquoi aussi nous écoute-t-il quand on lui demande des choses qui plus tard ne feront plus notre affaire ? Il devrait avoir le bon sens de ne pas nous écouter !

Puis elle se souvenait que j'étais dans sa maison, m'appelait d'un petit geste de la main :

— Toi, au moins, je connais ton nom.

Puis elle me demandait :

— Comment c'est-y déjà que tu t'appelles ?

Je le lui disais, avec un peu d'humeur :

— Christine.

— Oui, c'est bien cela, je le savais : Christiane.

Et elle me demandait, perdue dans ses songes :

— Quel âge a-t-elle, cette petite-fille-là ?

Il y avait une heure où malgré tout je m'ennuyais. C'était au moment où le soleil, sur le point de disparaître, jette sur la plaine une grande clarté rouge, lointaine et étrange, qui semble encore la prolonger, et aussi la vider comme de toute présence humaine, la rendre peut-être aux songes sauvages du temps où elle vivait dans sa solitude complète. On aurait dit alors que la plaine ne voulait pas sur elle de gens, de maisons, de villages, que, d'un coup, elle eût cherché à se défaire de tout cela, à se retrouver comme autrefois, fière et solitaire.

Du reste, pas moyen chez grand-mère d'éviter ce spectacle déroutant. Le village était petit, et la maison de grand-mère se tenait tout au bout ; comme la mer, de tous côtés la plaine nous cernait, sauf à l'est où l'on apercevait quelques autres petites maisons de planches qui nous tenaient lieu de compagnes dans ce qui m'apparaissait un voyage effarant. Car, dans cette immobilité de la plaine, on peut avoir l'impression d'être entraîné en une sorte de traversée d'un infini pays monotone, toujours pareil à lui-même.

Tout à coup, un jour, ne comprenant rien à ma peine, ne sachant surtout pas d'où elle me venait, je me mis à pousser de grandes plaintes :

— Oh, que je m'ennuie, que je m'ennuie, que je m'ennuie !

— Veux-tu te taire, fit grand-mère, énervée. On dirait un coyote qui hurle.

Je tâchai de me taire, mais bientôt ma peine étrange, sans nom, sans cause que je pouvais définir, me reprit et je hurlai de plus belle :

— Que je m'ennuie, que je m'ennuie !

— Ah, les pauvres innocents ! dit grand-mère.

Les jeunes enfants affligés, elle les appelait ainsi, surtout lorsqu'ils étaient dans l'excès de leur incompréhensif chagrin. Faisait-elle allusion au massacre des Saints-Innocents — je ne sais — mais chaque fois qu'elle vit pleurer profondément un enfant, chaque fois elle ne s'y trompa pas et s'écria, indignée : « Oh, les pauvres innocents !»

Ne sachant plus que tenter pour me distraire, me consoler, m'ayant vainement offert à manger tout ce qu'elle pouvait avoir de si bon à la maison, elle finit par dire :

— Si tu cesses de lirer, je vais te faire une « catin ».

Du coup mes pleurs cessèrent.

Sceptique, je regardai ma grand-mère assise en sa haute chaise berceuse.

— Une « catin », dis-je, ça se trouve dans les magasins, ça ne se fait pas.

— Ah, tu penses ! dit-elle, puis elle s'en prit comme toujours aux magasins, à la dépense, à cette mode d'aujourd'hui d'acheter tout fait.

Ayant épanché sa bile, il lui vint dans les yeux une petite lueur que je n'y avais jamais vue, tout à fait extraordinaire, comme une belle petite clarté s'allumant en un endroit qu'on avait pu croire désaffecté, désert et reculé. Ce qu'elle allait accomplir ce jour-là commença pourtant le plus simplement du monde.

— Va, dit-elle, me chercher au grenier mon grand sac de retailles. Ne te trompe pas. Prends celui qui est lié dans le haut par une cordelette. Apporte-le-moi, et tu vas voir si je ne suis pas capable de faire ce que j'ai envie de faire.

Incrédule encore, mais curieuse aussi et peut-être secrètement désireuse de prendre grand-mère en défaut, je m'en fus quérir le grand sac de retailles.

Grand-mère y puisa des bouts d'étoffes multicolores, mais très propres : — toutes les guenilles de grand-mère avant d'être serrées étaient soigneusement lavées et ne sentaient pas mauvais : — des morceaux d'indienne, de gingham, de basin ; je reconnaissais, comme en ses couvre-pieds, des restants d'une robe d'une de mes sœurs, d'un corsage de maman, d'une de mes robes et d'un tablier dont je ne me rappelais plus à qui il appartenait. C'était plaisant de pouvoir rattacher tant de souvenirs à ces retailles. Grand-mère finit par trouver un morceau de blanc. Elle le coupa en diverses pièces, dont elle fit des espèces de petits sacs d'allure différente, un pour le tronc, d'autres pour les bras et les jambes.

— Il va me falloir maintenant de la paille, du sel ou de l'avoine pour combler tout ça. C'est selon ce que tu aimerais le mieux. Que veux-tu, me demanda-t-elle, une « catin » molle, de paille, ou ?...

— Oh, d'avoine ! ai-je dit.

— Elle va être pesante, m'avertit grand-maman.

— Ça ne fait rien.

— Eh bien, en ce cas, va dans la grange. J'y ai conservé un sac plein d'avoine du temps où je pensais garder quelques poules. Apporte-m'en un petit plat plein.

Quand je revins, tous les membres de la « catin » étaient prêts à être remplis de l'avoine que mémère avait gardée dans le cas où elle aurait des poules. Comment ces conjonctures bizarres accouraient toutes aujourd'hui pour servir mon bonheur ne m'échappait pas tout à fait. Bientôt ma grand-mère eut cousu ensemble les membres pleins d'avoine, et j'eus sous les yeux une petite forme humaine assez bien faite, avec des pieds, des mains et une tête un peu plate au sommet.

Je commençai à prendre un vif intérêt à la fabrication.

— Oui, mais tu vas être bien attrapée, fis-je, pour les cheveux !

— Les cheveux ! Penses-tu ! fit grand-mère qui s'animait à retrouver du moins intactes les infinies ressources ingénieuses de son imagination. Ah, c'était bien là notre don de famille, nul doute !

— Retourne au grenier, fit-elle ; ouvre le tiroir à droite de la vieille commode que j'ai fait monter là-haut. Ne fouille pas. Prends un écheveau de laine... A propos, veux-tu une « catin » blonde à la mode d'aujourd'hui ? ou une brune ? ou bien une vieille à cheveux blancs comme moi ?

J'hésitai cruellement. Je penchais fortement pour une vieille « catin » à lunettes et à cheveux blancs, pensant combien cela serait original. Mais j'avais bien envie aussi d'une « catin » jeune.

— Peux-tu m'en faire une aux cheveux blonds frisés ?

— Rien de plus facile, dit grand-mère. Apporte la laine qui te plaira et, en revenant, prends dans ma chambre mon fer à friser. Apporte du même coup la lampe à pétrole. Ou plutôt, pour ne rien casser, apporte tout cela en deux voyages.

Ainsi fut fait. Grand-mère, après avoir confectionné une belle perruque de cheveux jaunes, la frisa en ondulations à son fer chauffé au-dessus de la lampe et ensuite en couvrit la tête de ma « catin ».

Je ne pouvais plus cacher mon émerveillement.

— Tu sais donc tout faire ? demandai-je.

— Presque tout, dit-elle rêveusement. Les jeunes d'aujourd'hui ne connaissent pas le bonheur et la fierté de se tirer d'affaire avec ce qu'on peut avoir sous la main. Ils jettent tout.

Elle poursuivit après un temps :

— Moi, jeune, je devais me passer d'acheter dans les magasins. J'ai appris, j'ai appris, dit-elle, regardant au loin dans sa vie... Mais maintenant, à ta « catin » il faut un visage. Monte sur la table, essaie de grimper et d'attraper sur la corniche ma plume et ma bouteille d'encre.

Ces choses apportées près d'elle, elle trempa sa plume et dessina sur la face encore muette de ma poupée l'arc des sourcils d'abord, ensuite les yeux puis la bouche et un petit nez droit, bien fait.

Je commençai à battre des mains, à trépigner d'une joie impossible à contenir. Sans doute était-ce le talent créateur de ma grand-mère qui me ravissait tant. Partout, en effet, où j'ai vu à l'œuvre ce don de Dieu, fût-ce chez la plus humble créature — et il se rencontre en d'étonnants endroits — toujours il m'a remplie des plus vives délices.

— Oui, mais il faudrait une bouche rouge, dis-je.

— C'est juste, fit grand-mère. Cette bouche bleue lui donne un air malade. Et cela, ça va être un peu plus difficile. Mais nous y arriverons...

J'observai qu'elle commençait à m'associer à son œuvre créatrice, et je fus encore plus fière de ses talents.

— Va donc voir, me dit-elle sous le coup de l'inspiration, s'il ne se trouve pas sur ma commode, dans ma chambre, un bâton de ce qu'ils appellent du rouge à lèvres — une horreur, de la vraie peinture pour les sauvages, mais pour une fois ça va nous être utile. Il me semble que Gertrude — non, Anne-Marie plutôt — en a oublié un ici la dernière fois qu'elle est allée dans ma chambre se pomponner.

Je trouvai effectivement, à l'endroit exact qu'elle m'avait indiqué, la peinture pour les sauvages.

Oh, la belle petite bouche rouge, un peu pincée comme en un vague sourire, que dessina alors grand-mère !

Frisée, une blonde aux yeux bleus, avec son sourire un peu moqueur, ma poupée me paraissait fort belle déjà, quoique encore toute nue.

— Pour l'habiller, dit grand-mère, j'ai de la belle dentelle de rideau dans la chambre d'ami, dans le tiroir du bas de la commode. Va la chercher et en même temps cherche dans le tiroir du haut. Je pense que j'ai là du ruban bleu.

Une demi-heure plus tard, ma poupée portait une jolie robe blanche ornée de volants et d'un ceinturon bleu ciel. Sur le devant de la robe, grand-mère était en train de coudre toute une rangée de minuscules petits boutons dorés.

— Mais elle est pieds nus, fis-je tout à coup avec consternation. Pour les chaussures, ça va être plus difficile, hein, mémère ?

Je devenais humble, très humble devant elle, devant la majesté de son cerveau, l'ingéniosité de ses mains, cette espèce de solitude hautaine et indéchiffrable de qui est occupé à créer.

— Les chaussures, dit-elle simplement, les veux-tu de cuir, de satin ou de peluche ?

— Oh, de cuir !

— Oui, c'est plus résistant. Eh bien, va donc chercher de vieux gants de cuir jaune qui appartenaient autrefois à ton oncle Nicolas. Tu les trouveras...

Cette fois encore, sur son indication, je mis sans peine la main sur les gants de cuir jaune.

— C'est du cuir de magasin, fit-elle, les examinant, les retournant sous ses yeux. Les magasins vendent surtout de la camelote, mal cousue, mal finie. Pour une fois, il en est sorti quelque chose de bon et de beau. Ton oncle Nicolas avait des goûts extravagants en sa jeunesse, me confia-t-elle. Mais il est vrai que c'est pour son mariage qu'il s'est acheté ces gants. Et tu vois comme tout sert plus d'une fois, fit-elle : hier au mariage, aujourd'hui à des souliers de « catin »! Ils disent que je garde tout, que je m'encombre, que je suis une vieille démodée. N'empêche qu'un jour arrive où on peut tirer un bon usage de ce qu'on aurait pu jeter par la fenêtre.

Tout en causant, elle tailla puis confectionna les plus mignons petits souliers de poupée que j'aie jamais vus.

— Pendant que j'y suis, fit-elle, autant lui faire aussi des gants.

La nuit venait. Grand-mère me fit allumer la lampe et l'apporter tout près d'elle. Ni l'une ni l'autre ne songions au repas du soir. Le strict horaire de la journée auquel ma grand-mère tenait tant, pour une fois n'existait plus. Quand quelque chose de plus grand que l'horaire se présentait, elle pouvait donc l'ignorer. Elle continuait à travailler, ses lunettes aux yeux, heureuse je pense bien, la chère vieille femme, comme au temps où des tâches urgentes la réclamaient du matin au soir et ne lui laissaient pas de répit pour examiner les vastes profondeurs mystérieuses du destin. Ou plutôt, heureuse comme elle ne l'était pleinement, sans doute, que lorsque sa tâche dépassait les seules exigences du moment présent.

— Lui as-tu trouvé un nom ? me demanda-t-elle, en me regardant sous ses lunettes.

C'étaient d'anciennes lunettes cerclées de fer.

— Oui, Anastasie.

— Ah, fit-elle, et je sus que le nom lui plaisait. Il y en avait une, Anastasie, dans mon village du Québec, autrefois. C'est un nom qui frappe. Ce n'est pas comme ces petits noms courts d'aujourd'hui qu'on oublie tout aussitôt : Jean, Jeanne, Robert, Roberte... Autrefois, les gens avaient des noms dont on se souvenait : Phidime, Viateur, Zoé, Sosthène, Zacharie...

Tout ce temps, ma poupée avançait. Elle n'avait pour ainsi dire plus besoin de rien, mais, trop bien lancée, ma grand-mère ne pouvait sans doute plus s'arrêter. Dans du drap noir, elle tailla une pèlerine de voyage, puis — une chose appelant l'autre — avec de la colle et du carton se mit en frais de lui faire une petite valise à laquelle elle cousit une minuscule poignée que je glissai à la main d'Anastasie.

Ce n'était pas encore assez.

— Il lui faudrait un chapeau, proposa grand-mère. On ne part pas en voyage sans chapeau, même dans le dévergondé d'aujourd'hui.

Elle m'envoya chercher, derrière la porte du tambour, un vieux chapeau de paille. Elle le détricota, puis lentement, de ses doigts raidis par le rhumatisme — avec des doigts pareils, travailler dans du petit était bien plus difficile que de travailler dans du grand, me dit-elle — elle tricota un nouveau, et cette fois très petit, très gracieux chapeau.

— Comment ! criai-je à plusieurs reprises, tu sais donc aussi faire des chapeaux !

— De la paille fine des marais, non loin de chez nous, autrefois, j'en ai fait de jolis... Du reste, me conta-t-elle, j'ai bien des fois habillé quelqu'un — ta mère, ton grand-père — de la tête aux pieds...

— De la tête aux pieds, mémère !

— De la tête aux pieds... et sans besoin d'aller au magasin pour quoi que ce soit, sinon peut-être pour des boutons. Et encore, des boutons, j'en ai fait dans de la corne de bœuf ; avec une alène pour percer les trous, j'y arrivais.

— De la tête aux pieds ! dis-je.

Elle me tendit ma poupée avec son chapeau de paille pendu au cou par une bride. J'étais si heureuse que je me mis à pleurer.

— Ah bien, s'il faut que ça recommence, que j'aie fait tout ça pour rien ! bougonna grand-mère.

Mais moi, oubliant combien elle se plaisait peu aux épanchements et aux caresses, je grimpai sur ses genoux, je lui jetai mes bras autour du cou, je sanglotai d'un bonheur aigu, trop ample, presque incroyable. Il m'apparaissait qu'il n'y avait pas de limites à ce que savait faire et accomplir cette vieille femme au visage couvert de mille rides. Une impression de grandeur, de solitude infinie m'envahit. Je lui criai dans l'oreille :

— Tu es Dieu le Père. Tu es Dieu le Père. Toi aussi, tu sais faire tout de rien.

Elle me repoussa sans trop d'énervement ni d'impatience.

— Non, je suis loin d'être Dieu le Père, dit-elle. Penses-tu que je saurais faire un arbre, une fleur, une montagne ?

— Une fleur peut-être.

Elle sourit un peu : « J'en ai assez fait pousser en tout cas... »

Je voyais que malgré tout elle n'était pas offensée de ce que je l'avais comparée à Dieu le Père.

— Car, dit-elle, après un moment de réflexion, avec ce qu'il m'a donné de moyens et mis de bois dans les roues, j'ai quand même pas mal aidé sa création. J'ai peut-être fait tout ce que peut faire une créature humaine. J'ai deux fois construit le foyer, me dit-elle, ayant suivi ton trotteur de grand-père d'un point à l'autre du vaste pays. J'ai recommencé, au Manitoba, tout ce que j'avais fait là-bas, dans le Québec, et que je pensais fait pour de bon : une maison. C'est de l'ouvrage, me confia-t-elle. Oui, une maison, une famille, c'est tant d'ouvrage que si on le voyait une bonne fois en un tas, on se sentirait comme devant une haute montagne, on se dirait : mais c'est infranchissable !

Elle s'aperçut que je l'écoutais, Anastasie serrée sur mon cœur, pensa peut-être que tout cela me dépassait — et en effet j'étais dépassée mais quand même retenais quelque chose — et elle continua :

— C'est ça la vie, si vous voulez le savoir : — et je ne sus plus à qui elle parlait : — une montagne de « barda ». Heureusement qu'on ne la voit pas dès le début, sans quoi on ne s'y aventurerait peut-être pas ; on rechignerait. Mais la montagne se dessine seulement au fur et à mesure qu'on monte. Et du reste, autant de « barda » on a fait dans sa vie, autant il en reste pour les autres, derrière soi. C'est de l'ouvrage jamais fini, la vie. Avec tout ça, quand on n'est plus bonne à aider, qu'on est reléguée dans un coin, au repos, sans savoir que faire de ses dix doigts, sais-tu ce qui arrive ? me demanda-t-elle et, sans attendre de réponse, me l'apprit : Eh bien, on s'ennuie à en mourir, on regrette peut-être le « barda », peux-tu comprendre quelque chose à ça ?

— Non, dis-je.

Alors elle parut immensément étonnée de me découvrir tout attentive à ses pieds.

— Tu es fâchée, hein ? lui demandai-je.

— Mêle-toi de tes affaires, fit-elle.

Mais un instant plus tard, repartie dans ses songes, elle me dit à qui elle en voulait tant.

— Ton grand-père Elisée, qui m'a fait le coup de partir le premier, sans m'attendre, le bel aventurier, me laissant seule en exil sur ces terres de l'Ouest.

— C'est pas l'exil, dis-je, c'est chez nous, le Manitoba.

— Puis tous ceux de sa race, continua-t-elle, toi comme les autres, des indépendants, des indifférents, des voyageurs, chacun veut aller de son côté. Et Dieu aussi ! Parce que vraiment, dit-elle, il laisse faire trop de choses étranges qui nous tracassent, quoi qu'en disent les prêtres qui, eux, comme de bon sens, lui donnent raison.

Elle ronchonnait encore de la sorte que je dormais à demi, appuyée à ses genoux, ma « catin » dans les bras, et voyais ma grand-mère arriver en colère au Paradis. Dans mon rêve, Dieu le Père, à la grande barbe et à l'air courroucé, céda la place à grand-maman aux yeux fins, rusés et clairvoyants. C'était elle qui, assise dans les nuages, dès lors prenait soin du monde, édictait de sages et justes lois. Or le pauvre monde sur terre s'en trouvait bien.

Longtemps il me resta dans l'idée que ce ne pouvait être un homme sûrement qui eût fait le monde. Mais, peut-être, une vieille femme aux mains extrêmement habiles.

ROSE-MARIE FRANÇOIS

Rose-Marie François est née en Belgique le 31 octobre 1939, « entre la verte Flandre et le noir Borinage ». Poète, romancière, essayiste, traductrice de l'allemand (Ilse Aichinger, *Le jour aux trousses,* 1992, *Défense de l'avenir : histoires allemandes,* 1993) et du néerlandais (Eric Derluyn, *D'un bond léger dans l'immortalité,* 1988), elle vit à Liège, où elle enseigne le néerlandais. Parmi ses œuvres, mentionnons *La cendre* (1985), *Girouette sans clocher* (1971), *Quartz* (1983), *Panne de télé* suivi de *Une femme rousse* (1983), *Émigrations* (1983), *Répéter sa mort* (inédit), recueil de poèmes en prose qui lui vaut le Prix Charles Plisnier en 1989. Son discours poétique est hanté par l'histoire ; ancré dans la condition moderne, il s'élève contre l'absence. Parmi ses ouvrages inédits, citons : « La belle enceinte », roman ; « L'aubaine », récit ; et « Poèmes d'un nôtre hiver : à mon père, in memoriam », nominé au Prix littéraire de la Communauté Française en 1993.

∽

Marquée par les souvenirs de sa prime enfance et par les événements survenus durant la guerre — l'occupation de la Belgique par les Allemands et le déracinement de sa famille —, Rose-Marie François traite, dans les textes autobiographiques de *La cendre,* des liens entre la mémoire affective et la mémoire historique. Dans les interstices de l'inconnu, de l'oublié, du mythique, elle montre

comment le langage naît des espaces ludiques de l'imagination. Pour
y avoir accès, il faut passer par la figure de la mère qui, en tant qu'autorité
adulte, possède la clé des premières expériences de l'ambivalence (affective) et
de l'ambiguïté (cognitive). Nous reproduisons ici les premières pages du livre.

La cendre

LES BLUETS

J'avais tout au plus cinq ans, car nous habitions encore Criquelions. C'était
l'été. Juillet sans doute, puisque Maman était disponible. Et c'est bien ici le
miracle, le caractère unique de l'événement, bien plus extraordinaire que la
calme plénitude de la nature étale, chaude, offerte, bien plus que la trève
apparente d'un après-midi dans la guerre : la disponibilité de ma mère.

Coiffée d'un chapeau de paille à large bord, elle marche, moi par la main, à
travers champs. Ralentie, elle paraît plus droite, plus sûre. Sans l'inquiétude qui
trop souvent la courbe jusqu'à moi, m'ombrageant l'univers, elle semble au
contraire grandir, s'alléger, s'éclairer. En regardant droit devant elle, ma mère
m'offre tout l'horizon.

Par le damier des champs et des prés, les peupliers couraient vers les terrils
lointains, les saules rayaient de leur bleu l'herbe luisante, les acacias (robiniers
ennoblis), empennaient de leurs ombres quelque sentier sableux.

Il vivait là tant de fleurs, aux couleurs si libres, que nous eûmes envie d'en
étreindre un bouquet.

Le long du canal, des hommes pêchaient, sur la tête un mouchoir noué aux
quatre coins. À quelque distance de là, des enfants nageaient. Mais nous
préférions ne parler à personne, donner la main à l'alouette, écouter battre le
cœur noir des bluets, savoir que le paysage s'étendait jusqu'au bout du monde.
Savoir que l'après-midi ne s'achèverait pas.

Et tout cela se vérifia. Le soleil garda haute et bleue cette journée. A la mort
de ma mère, ce sont ces heures-là que je regretterai. Cet après-midi sans hâte
où ma mère, confiante, marcha d'un pas souriant, plus légère que son grand
chapeau de paille, dont les rubans flottaient avec des chants d'oiseaux.

Nous cueillîmes des bluets.

Ma mère m'expliqua qu'il ne fallait pas coucher les épis de blé, me dit la
valeur de chacun d'eux, et comment se faisait le pain. Mythe d'abondance

remontant au lointain âge d'or d'« avant-guerre ». En ce temps d'Ersatz —
nous disions : « erzatt » — la légende du pain blanc rejoignait celle des oranges
et des bananes que Maman me montrait sur les planches en couleur de
l'encyclopédie Larousse. Ses commentaires sur le goût, l'odeur, la consistance
de ces fruits étaient si envoûtants que je déclarai un jour à une patiente en visite
chez nous, que j'adorais les bananes. Le rire, aux éclats brusques, de la dame,
me blessa : « Mais tu n'en as jamais mangé !» J'étais confondue de mensonge, je
rougis, je pleurai. D'humiliation, peut-être — d'avoir été abusée : qui eût
pensé à mal en parlant de si bonnes choses ? De chagrin surtout — d'avoir
perdu les délices que ma mère avait apportées aux planches du gros livre.

MARGUERITE YOURCENAR

Première femme élue à l'Académie française, Marguerite Yourcenar est née
Marguerite Antoinette Jeanne Marie Ghislaine Cleenewerke de Crayencour le
8 juin 1903 à Bruxelles. Elle perd sa mère dix jours plus tard. Jusqu'à l'âge de
neuf ans, elle passe une partie de l'année dans la demeure de ses ancêtres, à
Mont-Noir, près de Lille. Ensuite, elle s'installe avec son père à Paris, où elle
reçoit sous la tutelle de maîtres privés une formation privilégiée. A l'âge de
douze ans, elle sait déjà le latin et le grec, si importants pour son œuvre. Lorsque la guerre éclate, elle se réfugie avec son père en Angleterre, où ils passent
un an avant de voyager. Elle obtient son baccalauréat à l'âge de seize ans et se
lance dans l'écriture. Ses deux premières œuvres (*Le jardin des chimères,* 1921, et
Les dieux ne sont pas morts, 1922) sont publiées aux frais de son père ; c'est à
cette époque qu'elle prend le nom de plume Yourcenar, anagramme de Crayencour. Par la suite, elle publiera plus de cinquante ouvrages, fictions, pièces
de théâtre, traductions, œuvres critiques, poèmes, dont les plus importants
sont *Alexis, ou le traité du vain combat* (1929) ; son premier roman, *Denier du rêve*
(1934) ; *Le coup de grâce* (1939) ; *Mémoires d'Hadrien* (1951) ; *L'œuvre au noir*
(1968), qui lui vaut le Prix Fémina; *Comme l'eau qui coule* (1982) et *Quoi ? l'éternité* (1983). Elle vient aux États-Unis en 1940 grâce à l'invitation de Grace
Frick, son amie et la traductrice de ses œuvres, et s'y installe. Elle devient ci-
toyenne américaine en 1947. Après avoir consacré des années à voyager, elle

passe les années 1970 dans le Maine, avec Grace Frick d'abord, et après la mort de celle-ci en 1980, avec Jerry Wilson, qui devient son compagnon de voyage. Celui-ci meurt en 1985. Elle se remet à voyager ; c'est à la veille de son départ pour Paris, l'Inde et le Népal, en 1987, qu'elle fait une crise d'apoplexie. Elle meurt un mois plus tard. Élue membre de l'Académie française en 1980, elle a reçu plusieurs prix littéraires et divers doctorats et titres honorifiques.

〜

Le titre du recueil, *Nouvelles orientales,* renvoie entre autres aux *Nouvelles asiatiques* de Joseph-Arthur de Gobineau. Quelques-unes des nouvelles qu'il renferme traitent de la Grèce et des pays baltes, que Marguerite Yourcenar a souvent visités. Autrefois, on croyait que ces régions faisaient partie de l'Orient, d'où le titre. Les célèbres *Mémoires d'Hadrien* témoignent du rapport qu'entretenait Marguerite Yourcenar avec le monde ancien et de son imagination historique. Cette nouvelle orientale, « Comment Wang-Fô fut sauvé », dont les thèmes principaux sont la sagesse, l'esthétique et le pouvoir créateur des deux, s'inspire d'une ancienne légende taoïste.

Nouvelles orientales

COMMENT WANG-FÔ FUT SAUVÉ

Le vieux peintre Wang-Fô et son disciple Ling erraient le long des routes du royaume de Han.

Ils avançaient lentement, car Wang-Fô s'arrêtait la nuit pour contempler les astres, le jour pour regarder les libellules. Ils étaient peu chargés, car Wang-Fô aimait l'image des choses, et non les choses elles-mêmes, et nul objet au monde ne lui semblait digne d'être acquis, sauf des pinceaux, des pots de laque et d'encres de Chine, des rouleaux de soie et de papier de riz. Ils étaient pauvres, car Wang-Fô troquait ses peintures contre une ration de bouillie de millet, et dédaignait les pièces d'argent. Son disciple Ling, pliant sous le poids d'un sac plein d'esquisses, courbait respectueusement le dos comme s'il portait la voûte céleste, car ce sac, aux yeux de Ling, était rempli de montagnes sous la neige, de fleuves au printemps, et du visage de la lune d'été.

Ling n'était pas né pour courir les routes au côté d'un vieil homme qui

Marguerite Yourcenar, *Nouvelles orientales,* « Comment Wang-Fô fut sauvé », © Éditions GALLIMARD.

maraudait l'aurore et captait le crépuscule. Son père était changeur d'or ; sa mère était l'unique enfant d'un marchand de jade qui lui avait légué ses biens en la maudissant parce qu'elle n'était pas un fils. Ling avait grandi dans une maison d'où la richesse éliminait les hasards. Ling était timide : il craignait les fourmis, les typhons, et le visage des morts. Quand il eut quinze ans, son père lui choisit une épouse, et la prit très belle, car l'idée du bonheur qu'il procurait à son fils le consolait d'avoir atteint l'âge où la nuit sert à dormir. L'épouse de Ling était frêle comme un roseau, enfantine comme du lait, douce comme la salive, salée comme les larmes. Après les noces, les parents de Ling poussèrent la discrétion jusqu'à mourir, et leur fils resta seul dans sa maison peinte de cinabre, en compagnie de sa jeune femme, qui souriait sans cesse, et d'un poirier qui chaque printemps donnait des fleurs roses. Ling aima cette femme au cœur limpide comme on aime un miroir qui ne se ternirait pas, un talisman qui servirait toujours. Il fréquentait les maisons de thé pour obéir à la mode, et favorisait modérément les acrobates et les danseuses.

Une nuit, dans une taverne, il eut Wang-Fô pour compagnon de table. L'artiste avait bu pour se mettre en état de mieux peindre un ivrogne ; sa tête penchait de côté, comme s'il s'efforçait de mesurer la distance qui séparait sa main de sa tasse. L'alcool de riz déliait la langue de ce vieil homme taciturne, et Wang ce soir-là parlait comme si le silence était un mur, et les mots des couleurs destinées à le couvrir. Grâce à lui, Ling connut la beauté des faces de buveurs estompées par la fumée des boissons chaudes, la splendeur brune des viandes dorées par les coups de langue du feu, et la douce nuance rose des taches de vin parsemant les nappes comme des pétales fanés. Un coup de vent creva la fenêtre ; l'averse entra dans la chambre. Wang-Fô se pencha pour faire admirer à Ling la zébrure livide de l'éclair, et Ling, émerveillé, cessa d'avoir peur de l'orage.

Ling paya l'écot du vieux peintre : comme Wang-Fô était sans argent et sans hôte, il lui offrit humblement un gîte. Ils firent route ensemble ; Ling tenait une lanterne ; sa lueur projetait dans les flaques des feux inattendus. Ce soir-là, Ling apprit avec surprise que les murs de sa maison n'étaient pas rouges, comme il l'avait cru, mais qu'ils avaient la couleur d'une orange prête à pourrir. Dans la cour, Wang-Fô remarqua la forme délicate d'un arbuste, auquel personne n'avait prêté attention jusque-là, et le compara à une jeune femme qui laisse sécher ses cheveux. Dans le couloir, il suivit avec ravissement la marche hésitante d'une fourmi le long des crevasses de la muraille, et l'horreur de Ling pour ces bestioles s'évanouit. Alors, comprenant que Wang-Fô venait de lui faire cadeau d'une âme neuve, dont nul auparavant n'avait soupçonné l'existence, Ling coucha respectueusement le vieillard dans la chambre où ses père et mère étaient morts.

Depuis des années, Wang-Fô rêvait de faire le portrait d'une princesse d'autrefois jouant du luth sous un saule. Aucune femme n'était assez irréelle pour lui servir de modèle, mais Ling pouvait le faire, puisqu'il n'était pas une femme. Puis, Wang-Fô parla de peindre un jeune prince tirant de l'arc au pied d'un grand cèdre. Aucun jeune homme du temps présent n'était assez irréel pour lui servir de modèle, mais Ling fit poser sa propre femme sous le poirier du jardin. Ensuite, Wang-Fô la peignit en costume de fée parmi les nuages du couchant, et la jeune femme délaissée pleura, car c'était un présage de mort. Depuis que Ling lui préférait les portraits que Wang-Fô faisait d'elle, ses joues se fanaient comme deux fleurs de jasmin qu'on aurait laissé tomber. Un matin, on la trouva pendue aux branches du poirier rose : les bouts de l'écharpe qui l'étranglait flottaient dans sa chevelure ; elle paraissait plus mince encore que d'habitude, et pure comme l'idée qu'on se fait du malheur. Wang-Fô la peignit une dernière fois, car il aimait cette teinte verte que la pourriture donne aux morts. Son disciple Ling broyait les couleurs, et cette besogne exigeait tant d'application qu'il oubliait de verser des larmes.

Ling vendit successivement ses esclaves, ses jades, et les poissons de sa fontaine pour procurer au maître des pots d'encre pourpre qui venaient d'Occident. Quand la maison fut vide, ils la quittèrent, et Ling ferma derrière lui la porte de son passé. Wang-Fô était las d'une ville où les visages n'avaient plus à lui apprendre aucun secret de laideur ou de beauté, et le maître et le disciple vagabondèrent ensemble sur les routes du royaume de Han.

Leur réputation les précédait dans les villages, au seuil des châteaux-forts, et sous le porche des temples où les pèlerins inquiets se réfugient au crépuscule. On disait que Wang-Fô avait le pouvoir de donner la vie à ses peintures par une dernière touche de couleur qu'il ajoutait à leurs yeux. Les fermiers venaient le supplier de leur peindre un chien de garde, et les seigneurs voulaient de lui des images de soldats. Les prêtres honoraient Wang-Fô comme un sage ; le peuple le craignait comme un sorcier. Wang se réjouissait de ces différences d'opinions qui lui permettaient d'étudier autour de lui des expressions de gratitude, de peur, ou de vénération.

Ling mendiait la nourriture, veillait sur le sommeil du maître, et profitait de ses extases pour lui masser les pieds. Au point du jour, quand le vieux dormait encore, il partait à la chasse de paysages timides dissimulés derrière des bouquets de roseaux. Le soir, quand le maître, découragé, jetait ses pinceaux sur le sol, il les ramassait. Lorsque Wang était triste et parlait de son grand âge, Ling lui montrait en souriant le tronc solide d'un vieux chêne ; lorsque Wang était gai et racontait des plaisanteries, Ling faisait humblement semblant de l'écouter.

Un jour, au soleil couchant, ils atteignirent les faubourgs de la ville impériale, et Ling chercha pour Wang-Fô une auberge où passer la nuit. Le vieux s'enveloppa dans des loques, et Ling se coucha contre lui pour le réchauffer, car le printemps venait à peine de naître, et la maison était encore glacée. A l'aube, des pas lourds retentirent dans les corridors de l'auberge ; on entendit les chuchotements effrayés de l'hôte, et des commandements criés en langue barbare. Ling frémit, se souvenant qu'il avait volé la veille un gâteau de riz pour le repas du maître. Ne doutant pas qu'on ne vînt l'arrêter, il se demanda qui aiderait demain Wang-Fô à passer le gué du prochain fleuve.

Les soldats entrèrent avec des lanternes. La flamme filtrant à travers le papier bariolé jetait des lueurs rouges ou bleues sur leurs casques de cuir. La corde d'un arc vibrait sur leur épaule, et les plus féroces poussaient tout à coup des rugissements sans raison. Ils posèrent lourdement la main sur la nuque de Wang-Fô, qui ne put s'empêcher de remarquer que leurs manches n'étaient pas assorties à la couleur de leur manteau.

Soutenu par son disciple, Wang-Fô suivit les soldats en trébuchant le long des routes inégales. Les passants attroupés se gaussaient de ces deux criminels qu'on menait sans doute décapiter. A toutes les questions de Wang, les soldats répondaient par une grimace sauvage. Ses mains ligotées souffraient, et Ling désespéré regardait son maître en souriant, ce qui était pour lui une façon plus tendre de pleurer.

Ils arrivèrent sur le seuil du palais impérial, dont les murs violets se dressaient en plein jour comme un pan de crépuscule. Les soldats firent franchir à Wang-Fô d'innombrables salles carrées ou circulaires dont la forme symbolisait les saisons, les points cardinaux, le mâle et la femelle, la longévité, les prérogatives du pouvoir. Chacune des mille portes tournait sur elle-même en donnant une note de musique, et leur agencement était tel qu'on parcourait toute la gamme en traversant le palais de l'Est au Couchant. Tout se concertait pour donner l'idée d'une puissance et d'une subtilité surhumaine, et l'on sentait que les moindres ordres prononcés ici devaient être définitifs et terribles comme le sourire des morts. Enfin, l'air se raréfia ; le silence devint si profond qu'un supplicié même n'eût pas osé crier. Un eunuque souleva une tenture ; les soldats tremblèrent comme des femmes, et la petite troupe entra dans la salle où rêvait le Fils du Ciel.

C'était une salle dépourvue de murs, soutenue par d'épaisses colonnes de pierre bleue. Un jardin s'épanouissait de l'autre côté des fûts de marbre, et chaque fleur contenue dans ses pelouses appartenait à une espèce rare apportée d'au delà les océans. Mais aucune n'avait de parfum, de peur que la méditation du Dragon Céleste ne fût troublée par les bonnes odeurs. Par respect pour le silence où baignaient ses pensées, aucun oiseau n'avait été admis à l'intérieur de l'enceinte, et on en avait même chassé les abeilles. Un mur énorme séparait le jardin du reste du monde, afin que le vent, qui passe sur les chiens crevés et les cadavres des champs de batailles, ne pût se permettre de frôler la manche de l'Empereur.

Le Maître Céleste était assis sur un trône de jade, et ses mains étaient ridées comme celles d'un vieillard, bien qu'il eût à peine vingt ans. Sa robe était bleue pour figurer l'hiver, et verte pour rappeler le printemps. Son visage était beau, mais impassible comme un miroir placé trop haut qui ne refléterait que les astres, et le terrible ciel. Il avait à sa droite son Ministre des Plaisirs Tristes, et à sa gauche son Conseiller des Divertissements Cruels. Comme ses courtisans, rangés au pied des colonnes, tendaient l'oreille pour recueillir le moindre mot sorti de ses lèvres, il avait pris l'habitude de parler toujours à voix basse.

— Dragon Céleste, dit Wang-Fô prosterné, je suis vieux, je suis pauvre, je suis faible. Tu es comme l'été ; je suis comme l'hiver. Tu as Dix Mille Vies ; je n'en ai qu'une, et qui va finir. Que t'ai-je fait ? On a lié mes mains, qui ne t'ont jamais nui.

— Tu me demandes ce que tu m'as fait, vieux Wang-Fô ? dit l'Empereur.

Sa voix était si mélodieuse qu'elle donnait envie de pleurer. Il leva sa main droite, que les reflets du pavement de jade faisaient paraître verte comme une plante sous-marine, et Wang-Fô, émerveillé par la longueur de ces doigts minces, chercha dans sa mémoire s'il n'avait pas fait de l'Empereur, ou de ses ancêtres, un portrait médiocre qui mériterait la mort. Mais c'était peu probable, car Wang-Fô jusqu'ici avait peu fréquenté les empereurs, leur préférant les portefaix.

— Tu me demandes ce que tu m'as fait, vieux Wang-Fô ? reprit l'Empereur en penchant son cou grêle vers le vieil homme qui l'écoutait. Je vais te le dire. Mais, comme le venin d'autrui ne peut se glisser en nous que par les détours les plus subtils, pour te mettre en présence de tes torts, je dois te promener le long des corridors de ma mémoire, et te raconter toute ma vie. Mon père avait rassemblé une collection de tes peintures dans la chambre la plus secrète du palais, car il était d'avis que les personnages des tableaux doivent être soustraits à la vue des profanes, en présence de qui ils ne peuvent baisser les yeux. C'est dans ces salles que j'ai été élevé, vieux Wang-Fô, car on avait organisé autour de moi la solitude pour me permettre d'y grandir. Pour éviter à ma candeur l'éclaboussure des âmes humaines, on avait éloigné de moi le flot trouble de mes sujets futurs, et il n'était permis à personne de passer devant mon seuil, de peur que l'ombre de cet homme ou de cette femme ne s'étendît jusqu'à moi. Les quelques vieux serviteurs qu'on m'avait octroyés se montraient le moins possible ; les heures tournaient en cercle ; les couleurs de tes peintures s'avivaient avec l'aube et pâlissaient avec le crépuscule. La nuit, quand je ne parvenais pas à dormir, je les regardais, et, pendant près de dix ans, je les ai regardées toutes les nuits. Le jour, assis sur un tapis dont je savais par cœur le dessin, reposant mes paumes vides sur mes genoux de soie jaune, je rêvais aux joies que me procurerait l'avenir. Je me représentais le monde, le pays de Han au milieu, pareil à la plaine monotone et creuse de la main, que sillonnent les lignes fatales des Cinq Fleuves. Tout autour, la mer où naissent les monstres, et, plus loin encore, les montagnes qui supportent le ciel. Et, pour m'aider à me représenter toutes ces choses, je me servais de tes peintures. Tu m'as fait croire que la mer ressemblait à la vaste nappe d'eau étalée sur tes toiles, si bleue qu'une larme en y tombant ne peut que se changer en saphir, que les femmes s'ouvraient et se refermaient comme des fleurs, pareilles aux créatures qui s'avancent, poussées par le vent, dans les allées de tes jardins, et que les jeunes guerriers à la taille mince qui veillent dans les forteresses des frontières étaient eux-mêmes des flèches qui pouvaient vous transpercer le cœur. A seize ans, j'ai vu se rouvrir les portes qui me séparaient du monde : je suis monté sur la terrasse du palais pour regarder les nuages, mais ils étaient moins beaux que ceux de tes crépuscules. J'ai commandé ma litière : secoué sur des routes dont je ne prévoyais ni la boue, ni les pierres, j'ai parcouru les provinces de l'Empire sans trouver tes jardins pleins de femmes semblables à des lucioles, tes femmes dont le corps est lui-même un jardin. Les cailloux des rivages m'ont dégoûté des océans ; le sang des écorchés vifs est moins rouge que la grenade figurée sur tes toiles ; la vermine des villages m'empêche de voir la beauté des rizières ; la chair des femmes vivantes me répugne comme la viande morte qui pend aux crocs des bouchers, et le rire épais de mes soldats me soulève le cœur. Tu m'as menti, Wang-Fô, vieil imposteur : le monde n'est qu'un amas de taches confuses, jetées sur le vide par un peintre insensé, sans cesse effacées par nos larmes. Le royaume de Han n'est pas le plus beau des royaumes, et je ne suis pas l'Empereur. Le seul royaume sur lequel il vaille la peine de régner est celui où tu pénètres, vieux Wang, par le chemin des Mille Courbes et des Dix Mille Couleurs. Toi seul règnes en paix sur des montagnes couvertes d'une neige qui ne peut fondre, et sur des champs de narcisses qui ne peuvent pas mourir. Et c'est pourquoi, Wang-Fô, j'ai cherché quel supplice te serait réservé, à toi dont les sortilèges m'ont dégoûté de ce que je possède, et donné le désir de ce que je ne posséderai pas. Et pour t'enfermer dans le seul cachot dont tu ne puisses sortir, j'ai décidé qu'on t'arracherait les yeux, puisque tes yeux, Wang-Fô, sont les deux portes magiques qui t'ouvrent ton royaume. Et puisque tes mains sont les deux routes aux dix embranchements qui te mènent au cœur de ton empire, j'ai décidé qu'on te couperait les mains. M'as-tu compris, vieux Wang-Fô ?

En entendant cette sentence, le disciple Ling arracha de sa ceinture un couteau ébréché, et se précipita sur l'Empereur. Deux gardes le saisirent. Le Fils du Ciel sourit, et ajouta dans un soupir :

— Et je te hais aussi, vieux Wang-Fô, parce que tu as su te faire aimer. Tuez ce chien.

Ling fit un bond en avant pour éviter que son sang ne vînt tacher la robe du Maître. Wang-Fô n'eut pas le temps de lui dire adieu. Un des soldats leva son sabre, et la tête de Ling se détacha de sa nuque, pareille à une fleur coupée. Les serviteurs emportèrent ses restes, et Wang-Fô, désespéré, admira la belle tache écarlate que le sang de Ling faisait sur le pavement de jade vert.

L'Empereur fit un signe, et deux eunuques essuyèrent les yeux de Wang-Fô.

— Ecoute, vieux Wang-Fô, dit l'Empereur, et sèche tes larmes, car ce n'est pas le moment de pleurer. Tes yeux doivent rester clairs, afin que le peu de lumière qui leur reste ne soit pas brouillée par tes pleurs. Car ce n'est pas seulement par rancune que je souhaite ta mort ; ce n'est pas seulement par cruauté que je veux te voir souffrir. J'ai d'autres projets, vieux Wang-Fô. Je possède dans ma collection de tes œuvres un tableau admirable où les montagnes, l'estuaire des fleuves et la mer se reflètent, infiniment rapetissés sans doute, mais avec une évidence qui surpasse celle des objets eux-mêmes, comme les figures qui se condensent au fond des miroirs concaves. Mais ce tableau est inachevé, Wang-Fô, et ton chef-d'œuvre est à l'état d'ébauche. Sans doute, au moment où tu peignais, assis dans une vallée solitaire, un oiseau blessé t'apparut, ou un enfant qui poursuivait cet oiseau. Et le sang de l'oiseau, ou la bouche de l'enfant, t'ont fait oublier les paupières bleues des flots. Tu n'as pas terminé les franges du manteau de la mer, ni les cheveux d'algues des rochers. Wang-Fô, je veux que tu consacres les dernières heures de lumière qui te restent à finir ce tableau, qui sera alors pareil à un miroir sur lequel un mourant a exhalé son dernier souffle. Nul doute que tes mains, si près de tomber, ne trembleront sur la toile, et l'infini pénétrera dans ton œuvre par ces hachures du malheur. Et nul doute que tes yeux, si près de se fermer, ne découvriront des accords à la limite des sens humains. Tel est mon projet, vieux Wang-Fô, et je puis te forcer à l'accomplir. Si tu refuses, avant de t'aveugler, je ferai brûler toutes tes œuvres, et tu seras alors pareil à un père dont on a massacré les fils, et détruit les espérances de postérité. Mais crois plutôt, si tu veux, que ce dernier commandement n'est qu'un effet de ma bonté, car je sais que la toile est la seule maîtresse que tu aies jamais caressée. Et t'offrir des pinceaux, des couleurs et de l'encre pour occuper tes dernières heures, c'est faire l'aumône d'une fille de joie à un homme qu'on va mettre à mort.

Sur un signe du petit doigt de l'Empereur, deux eunuques apportèrent respectueusement le tableau inachevé où Wang-Fô avait tracé l'image de la mer et du ciel. Wang-Fô sécha ses larmes, et sourit, car ce petit tableau lui rappelait sa jeunesse. Tout y attestait une fraîcheur d'âme à laquelle Wang-Fô ne pouvait plus prétendre, mais il y manquait cependant quelque chose, car à l'époque où Wang l'avait peint, il n'avait pas encore assez contemplé de montagnes, ni de rochers baignant dans la mer leurs flancs nus, et ne s'était pas assez pénétré de la tristesse du crépuscule. Wang-Fô choisit un des pinceaux que lui présentait un esclave, et se mit à étendre sur la mer inachevée de larges caresses bleues. Un eunuque accroupi à ses pieds broyait les couleurs ; il s'acquittait assez mal de cette besogne, et plus que jamais Wang-Fô regretta son disciple Ling.

Wang commença par teinter de rose le bout de l'aile d'un nuage posé sur une montagne. Puis, il ajouta à la surface de la mer de petites rides qui ne faisaient que rendre plus profond le sentiment de sa sérénité. Le pavement de jade devenait singulièrement humide, mais Wang-Fô, absorbé dans sa peinture, ne s'apercevait pas qu'il travaillait les pieds dans l'eau.

Le frêle canot grossi sous les coups de pinceau du peintre occupait maintenant tout le premier plan du rouleau de soie. Le bruit cadencé des rames s'éleva soudain dans la distance, haletant et frais comme un battement d'aile. Le bruit se rapprocha, emplit doucement toute la salle, puis cessa, et des gouttes tremblaient, immobiles, suspendues aux avirons du pêcheur. Depuis longtemps, le fer rouge destiné aux yeux de Wang s'était éteint sur le brasier du bourreau. Dans l'eau jusqu'aux épaules, les courtisans, immobilisés par l'étiquette, se soulevaient sur la pointe des pieds. L'eau atteignit enfin au niveau du cœur impérial. Le silence était si profond qu'on eût entendu tomber une larme.

C'était bien Ling. Il avait sa vieille robe de tous les jours, et sa manche droite portait encore les traces d'un accroc qu'il n'avait pas eu le temps de réparer, le matin, avant l'arrivée des soldats. Mais il avait autour du cou une étrange écharpe rouge.

Wang-Fô lui dit doucement en continuant à peindre :

— Je te croyais mort.

— Vous vivant, dit respectueusement Ling, comment aurais-je pu mourir ?

Et il aida le Maître à monter en barque. Le plafond de jade se reflétait sur l'eau, de sorte que Ling paraissait naviguer à l'intérieur d'une grotte. Les tresses des courtisans submergés ondulaient à la surface comme des serpents, et la tête pâle de l'Empereur flottait comme un lotus.

— Regarde, mon disciple, dit mélancoliquement Wang-Fô. Ces malheureux vont périr, si ce n'est déjà fait. Je ne me doutais pas qu'il y avait assez d'eau dans la mer pour noyer un Empereur. Que faire ?

— Ne crains rien, Maître, murmura le disciple. Bientôt, ils se trouveront à sec, et ne se souviendront même pas que leur manche ait jamais été mouillée. Seul, l'Empereur gardera au cœur un peu d'amertume marine. Ces gens ne sont pas faits pour se perdre à l'intérieur d'une peinture.

Et il ajouta :

« La mer est belle, le vent bon, les oiseaux marins font leur nid. Partons, mon Maître, pour le pays au delà des flots.

— Partons, dit le vieux peintre.

Wang-Fô se saisit du gouvernail, et Ling se pencha sur les rames. La cadence des avirons emplit de nouveau toute la salle, pathétique et profonde comme le battement d'un cœur. Le niveau de l'eau diminuait insensiblement autour des grands rochers verticaux qui redevenaient des colonnes. Bientôt, quelques rares flaques brillèrent seules dans les dépressions du pavement de jade. Les robes des courtisans étaient sèches, mais l'Empereur gardait quelques flocons d'écume dans la frange de son manteau.

Le panneau achevé par Wang-Fô était posé contre une tenture. Une barque en occupait tout le premier plan. Elle s'éloignait peu à peu, laissant derrière elle un mince sillage qui se refermait sur la mer immobile. Déjà, on ne distinguait plus le visage des deux hommes assis dans le canot. Mais on apercevait encore l'écharpe rouge de Ling, et la barbe de Wang-Fô flottait au vent.

La pulsation des rames diminua, se perdit au loin comme une musique qui s'en va. L'Empereur, penché en avant, la main sur les yeux, regardait s'éloigner la barque de Wang qui n'était déjà plus qu'une tache imperceptible dans la pâleur du crépuscule. Une buée d'or s'éleva, et se déploya sur la mer. Enfin, la barque vira autour d'un rocher qui fermait l'entrée du large ; l'ombre d'une falaise tomba sur elle ; le sillage s'effaça de la surface déserte, et le peintre Wang-Fô et son disciple Ling disparurent à jamais sur cette mer de jade bleu que Wang-Fô venait d'inventer.

CRÉDITS

Les éditeurs remercient les maisons d'édition et les ayant droits qui les ont autorisées à publier les textes, ainsi que ceux qui ont fourni les photographies.

TEXTES

—Évelyne Accad, « Il suffirait d'un mot peut-être », « Il n'y a plus de soleil », « Nous allons la reconstruire ».

—Anne-Marie Albiach, *État,* « Énigme, IX », Mercure de France, 1971 ; *Figure vocative,* « La fièvre », Fourbis, 1991.

—Marie-Claire Blais, d'*Une saison dans la vie d'Emmanuel,* Éditions Quinze, 1978.

—Hélène Cixous, *Entre l'écriture,* « La venue à l'écriture », Des Femmes, 1986.

—Des Femmes : Assia Djebar, *Femmes d'Alger dans leur appartement,* « Regard interdit, son coupé », © 1980.

—Éditions Les Éperonniers S.P.R.L. : Rose-Marie François, *La cendre,* « Les bluets », © 1985.

—Éditions Gallimard : S. Corinna Bille, *La demoiselle sauvage,* « Le rêve », © 1975 ; Simone de Beauvoir, *Le deuxième sexe,* « Introduction », © 1976 ; Annie Ernaux, d'*Une femme,* © 1987 ; Nathalie Sarraute, d'*Enfance,* © 1983 ; Marguerite Yourcenar, *Nouvelles orientales,* « Comment Wang-Fô fut sauvé », © 1938.

—Éditions Bernard Grasset : Luce Irigaray, *J'aime à toi,* « Toi qui ne seras jamais mien », « J'aime à toi », © 1992.

—Éditions de l'Hexagone : Nicole Brossard, *La nef des sorcières,* « L'écrivain », © Éditions de l'Hexagone.

—Éditions Labor : Claire Lejeune, *Mémoire de rien : le pourpre, la geste, elle,* « Illettrée », « Où donc », Brussels, 1994, pp. 191, 217.

—Les Éditions de Minuit : Charlotte Delbo, d'*Auschwitz et après,* « Aucun de nous ne reviendra », © 1970, Les Éditions de Minuit, pp. 9–33, 40–49, 114–23, 162–68, 172–82 ; Marguerite Duras, « La maladie de la mort », © 1982, Les Éditions de Minuit ; Joyce Mansour, *Déchirures,* « On a pesé l'homme », © 1955, Les Éditions de Minuit.

—Éditions Quinze : Nicole Brossard, *Amantes,* « Ma continent », © Éditions Quinze.

—Éditions Seghers : Joyce Mansour, *Rapaces,* « La cuirasse », dans *Huit siècles de poésie féminine,* éd. Jeanine Moulin, © Seghers, 1975. « Pericoloso sporgersi » dans *Rapaces* de Joyce Mansour, © Seghers.

—Éditions du Seuil : Anne Hébert, des *Fous de Bassan,* © Éditions du Seuil, 1982 ; Simone Schwarz-Bart, de *Pluie et vent sur Télumée Miracle,* coll. *Points roman,* © Éditions du Seuil, 1980.

—Éditions Stock : Leïla Sebbar, des *Carnets de Shérazade,* © 1985.

—Entreprise Nationale du Livre : Yamina Mechakra, *La grotte éclatée,* © 1979, pp. 100–01, 142–144.

—Librairie Arthème Fayard : Julia Kristeva, « Le temps des femmes », dans *Les nouvelles maladies de l'âme,* © Librairie Arthème Fayard, 1993 ; d'« *Étrangers à nous-mêmes* », © Librairie Arthème Fayard, 1988.

—Flammarion : Andrée Chedid, *Les corps et le temps,* « La Soudanaise », © 1978.

—Fonds Gabrielle Roy : Gabrielle Roy, *La route d'Altamont,* « Ma grand-mère toute-puissante », éd. Stanke, © Fonds Gabrielle Roy, 1985.

—Hachette : Colette, *La maison de Claudine,* « La petite », « L'enlèvement », « Maternité », © 1973.

—Johns Hopkins University Press : Maryse Condé, « La châtaigne et le fruit à pain », *Callaloo,* vol. 12, no. 1, 1989.

—Leméac : Antonine Maillet, *Par-derrière chez mon père,* « La tireuse de cartes », © 1987.

—Samir Mansour : Joyce Mansour, *Prose et poésie,* « Seule défense contre le rideau de fer », Actes Sud, 1991.

—Les Nouvelles Éditions Africaines du Sénégal : Mariama Bâ, d'*Une si longue lettre.*

—P.O.L. : Marguerite Duras, *La vie matérielle,* « La maison », © P.O.L. 1989.

PHOTOGRAPHIES

—Évelyne Accad : « Évelyne Accad ».

—Anne-Marie Albiach : « Anne-Marie Albiach » (juin 1994), par Claude Royet-Journoud.

—Maurice Chappaz : « S. Corinne Bille », © Suzi Pilet, Atelier Grand St.-Jean 5, Lausanne.

—Maryse Condé : « Maryse Condé », © UCF Andersen/Gamma.

—Éditions Bernard Grasset : « Luce Irigaray », Grasset, © Ferrante Ferranti.

—Éditions Stock : « Leïla Sebbar », © Irmeli Jung.

—Rose-Marie François : « Rose-Marie François », © Marie Mandy.

—Le Groupe Ville-Marie Littéraire : « Nicole Brossard », © Germaine Beaulieu.

—Heinemann International : « Mariama Bâ », © George Hallet.

—Rosette Lamont : « Charlotte Delbo », photo Eric Schwab.

—Claire Lejeune : « Claire Lejeune ».

—Maison Henri Deschamps : « Marie Chauvet ».

—Samir Mansour : « Joyce Mansour ».

—Yamina Mechakra : « Yamina Mechakra ».

—Photographie Louis Monier : « Assia Djebar », « Julia Kristeva ».

—Roget-Viollet : « Marie-Claire Blais » , « Andrée Chedid » ; « Colette » ; « Annie Ernaux » ; « Anne Hébert » ; « Antonine Maillet » ; « Gabrielle Roy » ; « Renée Vivien », « Natalie Clifford Barney » ; © Collection Viollet ; « Marguerite Duras » ; « Marguerite Yourcenar », © Harlingue-Viollet ; « Simone Schwarz-Bart » ; « Simone de Beauvoir » ; « Hélène Cixous » ; « Nathalie Sarraute », © Lipnitzki-Viollet.

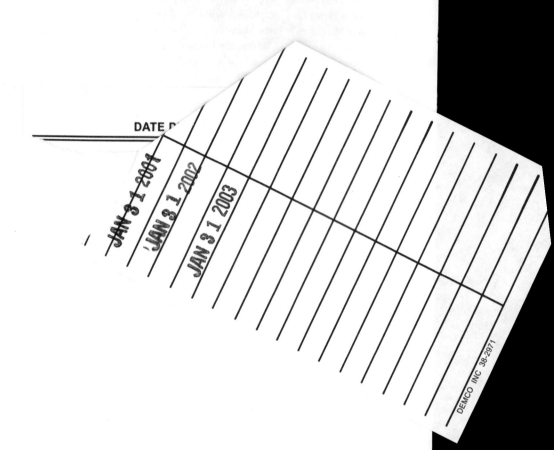